本书受国家社科基金重点项目"混合所有制改革背景下国有资产监管体制转型研究（18AJL007）"资助。

新时代国有资产
监管体制转型研究

RESEARCH ON TRANSFORMATION OF THE STATE-OWNED
ASSETS SUPERVISION AND ADMINISTRATION
SYSTEM IN THE NEW ERA

綦好东　朱　炜　等　著

人民出版社

总　序

　　近年来,山东财经大学高度重视高水平科研创新,相继出台系列科研支持政策,不断加强制度保障,极大地促进了高水平成果的产出。为进一步发挥学校优秀科研成果和科研人才的示范带动作用,彰显学校财经优势学科建设成效,促进学校哲学社会科学高质量发展,山东财经大学推出系列优质精品学术著作在人民出版社出版。本系列著作以党的二十大、二十届二中全会精神和习近平总书记重要论述作为选题重点,完整、准确、全面贯彻新发展理念,主动服务和融入新发展格局,通过深入分析和系统研究,探讨新时代背景下财经领域的战略性问题,致力于推动学术研究和实践相结合,为国家的繁荣发展贡献智慧和力量。

　　山东财经大学是财政部、教育部、山东省共建高校,一直秉持"立德树人、经世济民"的办学宗旨,弘扬"克明峻德、格物致知"的校训精神,全力推进内涵式高质量发展,建立起以经济学、管理学为主体,文学、理学、法学、工学、教育学、艺术学等多学科协调发展的学科体系,形成鲜明的办学特色,为国家培养了大批高素质人才,在国内外享有较高声誉和知名度。学校现设有 24 个教学院(部),全日制在校本科生、研究生 30000 余人。拥有 58 个本科专业,29个国家级一流本科专业建设点。拥有应用经济学、管理科学与工程、统计学 3个博士后科研流动站,应用经济学等 4 个一级学科博士学位授权点,11 个一级学科硕士学位授权点,20 种硕士专业学位类别。在"2024 软科中国大学专业排名"中,学校 A 以上专业 29 个,位居全国财经类高校第 13 位。工程学、计算机科学和社会科学进入 ESI 全球排名前 1%。

学校以全国一流财经特色名校为发展目标,坚定高质量内涵式发展方向,扎实推进学术创新,科研工作取得了明显成效。近五年,学校承担国家级科研课题 180 余项,其中,国家重点研发计划 1 项,国家社会科学基金重大项目 5 项,立项层次不断提升,学科分布逐年拓宽。学校累计获批省部级科研奖励 110 余项,成功入选《国家哲学社会科学成果文库》,实现人文社科领域研究成果的重大突破。学校教师发表 3500 余篇高水平学术论文,其中,被 SCI、SSCI 收录 1200 余篇,被 CSSCI 收录 1100 余篇,在《中国社会科学》《经济研究》《管理世界》等中文权威期刊发表 20 余篇。科研成果的竞相涌现,不断推进学校哲学社会科学知识创新、理论创新和方法创新。

2024 年是新中国成立 75 周年,是扎实推进中国式现代化的关键时期。在新的起点上,山东财经大学的学术研究将进一步体现鲜明的时代特征、时代价值与实践要求,以习近平新时代中国特色社会主义思想为指导,围绕迈向中国式现代化道路上面临的亟待解决的新问题,在新时代新征程上,稳中求进,积极关注并引领财经学术研究前沿,聚焦国家发展战略和地方经济社会转型实际,力求提出符合国家发展战略的具有针对性、现实性和较强参考价值的思路与对策。我相信,山东财经大学在人民出版社的系列专著出版计划将为全校教师营造更加浓厚的科研学术氛围,构建更加有利于人才汇集和活力迸发的学术生态环境,进一步激励广大教师持续产出具有重大影响的原创性、标志性、引领性学术成果,在积极构建中国特色哲学社会学科体系、学术体系、话语体系方面充分展现齐鲁特质、发出财大声音,谱写学校高质量发展新篇章。

山东财经大学校长:洪俊杰

2024 年 4 月 16 日

序　言

　　新中国成立 70 多年来,作为中国特色社会主义市场经济体制重要组成部分的国有资产监管体制,随着国有企业的功能定位和政治经济环境的变化经历了从建立到调整,再到完善的历史变迁。2013 年 11 月党的十八届三中全会首次将以管资本为主加强国有资产监管明确为国有资产管理体制改革的目标要求,至此我国国有资产监管体制进入了管资本为主的转型阶段。2019 年 11 月党的十九届四中全会指出,要形成以管资本为主的国有资产监管体制;2020 年 10 月党的十九届五中全会进一步强调,要健全管资本为主的国有资产监管体制。以管资本为主的国有资产监管体制,既有利于进一步明晰履行出资人职责的监管机构与所出资企业之间的政企关系,激发企业微观主体活力,又能促进国有资本的跨区域、跨行业流动配置,推动国有资本布局优化和结构调整。

　　以管资本为主,从"管资产"到"管资本"转型是国有资产监管体制的重大变革。这一监管体制转型,要求国有资产监管对象从实物形态的国有资产管理向价值形态的国有资本布局转变;国有资产监管方式从行政化监管方式更多向市场化、法治化监管方式转变;国有资产监管内容从注重资产经营、保值增值向强化资本运作、功能发挥转变。国有资产监管体制转型的稳步推进,需要有与时俱进的科学理论依据和标准,并从更广维度、更深层次认识国有资产监管体制转型的必要性与方向;同时,体制变革是一项复杂的系统工程,需要基于国资监管机构这一监管主体,围绕监管目标、监管内容、组织架构、制度体系和监管模式等关键要素,设计既契合理论逻辑又具有实践可操作性的新型国有资产监管体制框架。只有构建打造党的领导坚强有力、行权履职统一规范、横向扩展纵向穿透、法规制度协同有效、改革发展协调有序、系统合力显著增强的国有资产监管新格局,才能更好地把制度优势转化为做强做优做大国有资本和国有企业的治理效能,为发挥国有经济战略支撑作用、加快建设世界一流企业提供体制保障,为推动国家治理体系和治理能力现代化作出新的更大贡献。

国有资产监管是一个与国有企业连体存在的重大理论和实践问题,或者说它就是国有企业改革本身,也是一个不太容易破解的难题。基于这一认识,长期以来本人从跨学科角度研究国资国企改革理论与实践,密切关注国资国企改革的进程,坚持由实践再到理论探索国资国企改革的问题。早在 2000 年,本人受济南市委托带领研究团队对济南市属大中型国有企业进行了逐家实地调研;2015 年之后,又受山东省委深化改革委员会办公室委托,先后承担国企改革、防止国有资产流失、国有资产统一监管三个政策评价项目,政策评价报告受到山东省委深改委的充分肯定,所提政策建议对山东省的国资国企改革产生了积极影响;还受济南市委托为该市设计了"济南市市属国有资本投资运营公司规范发展方案"和"济南市市属国有企业混合所有制改革方案"。2018 年,由本人牵头负责的"混合所有制改革背景下国有资产监管体制转型研究(项目批准号 18AJL007)"获批国家社会科学基金重点项目。在进行以上课题研究、政策评价和改革方案设计过程中,我和研究团队其他成员有机会深入山东省属企业及济南、青岛、烟台等部分市属重点企业实地调查,深层次了解国有企业尤其是大中型国有企业公司治理、经营机制和内部管理等真情实况。与此同时,还多次深入山东省国资委及青岛、烟台、淄博等部分地市国资委,山东省审计厅、山东省财政厅、山东省社会保障基金理事会等部门进行实地调研,了解国资监管体制运行状况;还通过举办由理论界、实务界共同参加的研讨会,交流学术成果、总结实践创新。在进行"混合所有制改革背景下国有资产监管体制转型研究"的课题研究过程中,取得了许多有价值的阶段性成果,其中理论成果主要发表在《经济学动态》《南开管理评论》《会计研究》等权威学术刊物上,资政建议分别入选全国哲学社会科学工作办公室《成果要报》和获山东省委主要领导肯定性批示。本书正是在这个课题研究报告基础上修改完成的。本书试图构建混合所有制改革背景下新时代国有资产监管体制转型的理论框架,探寻国有资产监管体制转型的目标模式及最优制度安排,进而为中国特色国有资产监督管理体制的成熟定性贡献微薄之力。

本书由国家社会科学基金重点项目组集体完成,由本人担任主笔,负责课题研究方案的制订、组织实施和书稿的修改定稿;山东财经大学国有资本研究院副院长、会计学院博士生导师朱炜教授和山东财经大学国有资本研究院副院长、会计学院硕士生导师王伟红副教授担任副主笔,协助主笔人参与了书稿审阅和修改定稿等工作;参与本书的执笔人还有山东财经大学国有资本研究院/山东财经大学经济研究中心乔琳博士、山东财经大学会计学院王金磊副教授、山东财经大学会计学院苏琪琪博士,中国海洋大学管理学院博士生郭骏超,山东财经大学会计学院博士生李慧、彭睿。在本项目研究和本书写作过程中,得到了国资国企改革领域学者以及财政、国资监管和国有企业从事实务工作的领导和专家们的大力支持,在此向他们一并表示衷心的感谢。

綦好东

2024 年 2 月

目　　录

第一章　研究缘起

第一节　研究背景、研究目标与研究意义

一、研究背景

自 1999 年 9 月党的十五届四中全会提出要"积极探索公有制的多种有效实现形式,发展混合所有制经济"以来,以多种经济性质资本相融合的混合所有制经济得到了较快发展。2013 年 11 月党的十八届三中全会及 2017 年 10 月党的十九大报告明确地将发展混合所有制经济作为深化国企改革、培育具有全球竞争力的世界一流企业的重要突破口。截至 2016 年年底,中央企业集团及权属企业中混合所有制企业占比达到 68.9%,而截至 2021 年 6 月这一比例已经达到 75%。① 这足以说明混合所有制经济在我国现阶段所具有的强大生命力,混合所有制经济的健康发展需要有适宜的国有资产监管体制(以下简称"国资监管体制")相协同。

为此,2013 年 11 月党的十八届三中全会以来我国国资监管体制便步入加速转型的新阶段。2017 年 10 月党的十九大报告明确提出要"完善各类国

---

① 白天亮:《国企改革顶层设计基本完成》,《人民日报》2017 年 9 月 29 日。

有资产管理体制,改革国有资本授权经营体制"。2020年10月党的十九届五中全会明确"十四五"期间仍要加快完善中国特色现代企业制度,深化国有企业混合所有制改革(以下简称"国企混合所有制改革"),健全以管资本为主的国资监管体制。2022年10月党的二十大报告进一步指出要"深化国资国企改革"。新一轮国资国企改革深化提升行动更是将健全以管资本为主的国资监管体制作为重点任务之一。

经过长期努力,中国特色社会主义进入了新时代,这是我国发展新的历史方位。进入新时代,全面深化改革总目标是完善和发展中国特色社会主义制度、推进国家治理体系和治理能力现代化。国资监管体制,是中国特色社会主义市场经济体制和国家治理体系的重要组成部分,研究新时代国资监管体制转型的理论框架、目标模式及相关制度安排,既是实现党的十九大报告提出的"促进国有资产保值增值,推动国有资本做强做优做大"和党的二十大报告提出的"推动国有资本和国有企业做强做优做大,提升企业核心竞争力"实践要求,也是马克思主义政治经济学中国化的理论需要。

二、研究目标

本书研究的总体目标是:探索构建新时代国资监管体制的理论框架,设计新型国资监管体制,以丰富国有资产管理理论和为国家制定国资监管政策提供决策参考。研究目标包括:一是揭示国资监管体制沿革的阶段性特征及内在逻辑;二是探索国资监管体制转型的理论框架;三是构建以"管资本"为核心特征的新型国资监管体制;四是提出围绕国资监管体制转型的国有资本经营预算制度与国有资本收益分配制度、基于政府主体的国有资本运营信息报告制度及基于企业主体的国有资本运营信息报告制度的改革与完善对策。

三、研究意义

本书研究的学术价值主要是:一是以习近平新时代中国特色社会主义思

想为指导,服从于促进国有资产保值增值,推动做强做优做人国有资本和国有企业,提升企业核心竞争力的目标要求,探索构建新时代国资监管体制转型的理论框架,以充实国有经济理论,并努力使研究成果对马克思主义公有制理论中国化有所裨益;二是研究混合所有制改革对国有资产委托代理关系及国有企业治理体系产生的新影响,以丰富国有资产委托代理理论和国有资本管理理论。

本书研究的应用价值主要是:一是立足新时代中国特色社会主义市场经济体制改革的目标要求,构建新时代国资监管体制转型的目标模式,对国资监管方式、内容和方法等作出具体的组织和制度设计,为政府进行国资监管体制的系统性变革与创新提供决策参考;二是探讨国资监管体制转型过程中国有资本经营预算制度与国有资本收益分配制度、基于政府主体的国有资本运营信息报告制度及基于企业主体的国有资本运营信息报告制度等若干重要制度的改革与对策完善,为政府优化国资监管保障制度提供参考。

第二节　相关学术研究的简要回顾与评述

国资监管体制是关于国有资产管理机构设置、管理权限划分和确定调控管理方式等方面的基本制度体系;是涉及国有资产的管理、监督、运营,以及国家出资企业的公司治理等多方面相互联系又相互制约的体制和机制。完善的国资监管体制对"推动国有资本和国有企业做强做优做大,提升企业核心竞争力"至关重要。改革开放以来,我国国资监管体制伴随着宏观经济体制和微观企业制度的改革和创新而不断调整,历经多主体分散行使国资监管权、出资人代表集中行使国资监管权和构建新型国资监管体制三大阶段。由于国有资产、国有企业在我国具有特殊性,国外关于国资监管的研究文献较为罕见。基于本书的研究目标,这里主要对我国国资监管体制的研究文献进行梳理和评述。

一、相关学术研究的简要回顾

（一）多主体分散行使国资监管权阶段的学术讨论（1979—2002 年）

计划经济时期,政府各部门对国有资产采取集中统一的直接管理方式
（朱炜等,2022）[1]。进入改革开放时期,原有的国有企业制度及其监管制度
无法适应市场经济发展,20 世纪 80 年代末 90 年代初引发学界结合国企改
革展开了对国资监管体制改革的讨论。这一阶段人们关注的重点主要
包括：

一是解决国资监管体制内核心矛盾。有学者指出了国资监管体制的核心
矛盾是政资不分、政企不分,而解决这一核心矛盾的关键在"两个分离",即政
府社会公共管理职能和国有资产监管职责相分离,使国有资产监管职能相对
独立;政府国有资产监管职责与国有企业日常经营管理职能分离,使国有企业
日常经营管理职能相对独立,进而推动企业从政府附属物、由政府掌握日常经
营管理,向企业自主经营、自负盈亏转变（杨培新,1991;蒋一苇,1992;袁宝
华,1994）。[2][3][4]

二是寻找产权改革实施路径。有学者认为产权明晰是国资监管体制的基
础,应界定产权边界和产权主体的权利与义务关系,从而理顺产权关系,消除
原来产权模糊不清的状态,同时在产权明晰的基础上,引进多元化投资主体,
形成产权主体多元化,实现多元化产权协同监管国有资产局面（邓子基,

---

① 朱炜、李伟健、綦好东:《中国国有资产监管体制演进的主要历程与基本特征》,《经济学
家》2022 年第 2 期。
② 杨培新:《怎样才能搞活企业》,《中国工业经济研究》1991 年第 6 期。
③ 蒋一苇:《关于企业改革的系统思考》,《中国工业经济研究》1992 年第 4 期。
④ 袁宝华:《国有企业必须解决好政企不分的问题》,《经济管理》1994 年第 1 期。

1992；王珏和肖欣，1992；郭岩，1992）。①②③

三是提出国资监管体制改革基本思路。有学者提出了两类国资监管架构改革模式：组建专司国有资产监管职能的国资监管机构，形成"国资监管机构—国有企业"的"两层次"监管架构；在政府和国有企业之间形成一批国有资产经营公司，其在政府直接或间接授权下对权属企业履行日常经营管理职能，形成"国资监管机构—国有资产经营公司—国有企业"的"三层次"监管架构（邓荣霖，1992；吴敬琏等，1993；刘克崮，1993）。④⑤⑥

（二）　出资人代表集中行使国资监管权阶段的学术讨论（2003—2012 年）

2002 年 11 月，党的十六大报告提出，"国家要制定法律法规，建立中央政府和地方政府分别代表国家履行出资人职责，享有所有者权益，权利、义务和责任相统一，管资产和管人、管事相结合的国有资产管理体制"。2003 年 3 月，国务院正式成立国有资产监督管理委员会（以下简称"国资委"），其在中央政府的授权下，专门承担国有资产监管职责，不承担社会公共管理职能，国务院国资委开始作为中央政府特设机构担任国有企业出资人代表，之后各省市地方政府也相继设立了国资委（张宁和才国伟，2021）。⑦　国资委的成立意味着国资监管权力由分散走向集中，改变了原有的多头管理的监管局面（林盼和郭冠清，2023），标志着国资监管体制进入了"管资产和管人、管事"相结

---

① 邓子基：《深化财政改革 理顺分配关系》，《经济研究》1992 年第 11 期。
② 王珏、肖欣：《正确认识股份制改革的性质》，《经济理论与经济管理》1992 年第 4 期。
③ 郭岩：《第二届全国国有资产管理理论研讨会观点综述》，《经济研究参考》1992 年第 3 期。
④ 邓荣霖：《发挥股份公司在科技进步中的作用》，《中国软科学》1992 年第 4 期。
⑤ 吴敬琏等：《大中型企业改革：建立现代化企业制度》，天津人民出版社 1993 年版。
⑥ 刘克崮：《关于国有企业产权管理体制改革的思考》，《财政研究》1993 年第 9 期。
⑦ 张宁、才国伟：《国有资本投资运营公司双向治理路径研究——基于沪深两地治理实践的探索性扎根理论分析》，《管理世界》2021 年第 1 期。

合的新阶段(年志远和夏元琦,2016)。①② 这一关键节点前后关于国资监管体制的讨论十分活跃,主要集中在:

一是出资人及权利分配。有研究认为,国有资产出资人不到位、产权不完整、行政干预、多头管理、权责模糊等问题制约了国资监管的有效性(国务院体改办研究所课题组等,2003;李毅中,2003;陈清泰,2003)。③④⑤ 亦有研究认为,国资委成立后的"管资产和管人、管事相结合"的国资监管体制会因模糊了国家终极所有权与企业法人财产权而形成干预的"越位"或"错位",造成新的政资不分、政企不分问题(张卓元和路遥,2003;赵国良和干胜道,2003;乔琳和綦好东,2023)。⑥⑦⑧

二是明确企业国有资产所有者。这方面的研究主要分析了企业国有资产由中央和地方政府"分级管理"转变为"分级所有"的合理性,即中央和地方政府分别代表国家履行出资人职责,可以充分调动中央和地方政府的积极性,增强其责任心,解决所有者缺位问题,也可以从根本上解决中央和地方政府之间的委托代理问题,提高企业国有资产有效运营效率(陈清泰,2003;朱舜,2004;李松森,2004;黄洪敏和陈少晖,2005)。⑨⑩⑪⑫

---

① 林盼、郭冠清:《监管主体的变迁过程与国有资产监督体系的制度分析》,《上海经济研究》2023 年第 7 期。

② 年志远、夏元琦:《完善对国有资产监督管理机构的监管研究》,《经济体制改革》2016 年第 4 期。

③ 国务院体改办研究所课题组、李保民、彭绍宗:《产权制度与国有资产管理体制改革》,《经济学动态》2003 年第 1 期。

④ 李毅中:《深化国有资产管理体制改革》,《管理世界》2003 年第 9 期。

⑤ 陈清泰:《深化国有资产管理体制改革的几个问题》,《管理世界》2003 年第 6 期。

⑥ 张卓元、路遥:《积极推进国有企业改革》,《财经论丛(浙江财经学院学报)》2003 年第 1 期。

⑦ 赵国良、干胜道:《国有资产管理体制改革:难点与突破》,《财经科学》2003 年第 4 期。

⑧ 乔琳、綦好东:《国资监管体制改革对国有企业绩效的影响——基于以管资本为主改革的准自然实验》,《改革》2023 年第 3 期。

⑨ 陈清泰:《对国有资产管理体制改革的几点看法》,《党政干部文摘》2003 年第 5 期。

⑩ 朱舜:《企业国有资产管理体制创新研究》,《管理世界》2004 年第 11 期。

⑪ 李松森:《建立国有资产管理新体制的现实意义——分级所有,分层管理》,《财经问题研究》2004 年第 2 期。

⑫ 黄洪敏、陈少晖:《国有资产"分级所有"体制的重构》,《财经科学》2005 年第 2 期。

三是国资监管架构与监管范围。这方面的研究主要涉及应搭建"两层次（国资监管机构—国有企业）"监管架构还是"三层次（国资监管机构—国有资产经营公司—国有企业）"监管架构。而搭建不同监管架构的标准在于国有企业所处的行业和领域，以保障民生、服务社会、提供公共产品和服务为主要目标的国有企业适用于"两层次"监管架构，从事市场竞争性业务、以盈利为目的国有企业适用"三层次"监管架构（沈志渔和林卫凌，2005）[1]，以及第二层次主体（国有资产经营公司）的所有权性质与功能等深层次问题（文宗瑜，2002；魏杰和赵俊超，2002；马建堂，2002；欧阳敏等，2003）[2][3][4][5]，再就是国有资产（国有企业）实施分类（或分离）监管及其理论依据的研究（张治栋和黄威，2005；黄群慧，2005）[6][7]。

四是国资监管制度体系。这方面的研究内容聚焦于国资监管各项制度，重点是健全国资监管制度规范，主要包括国有资产产权管理、国有资本经营预算、国有企业评价考核、国有资产政府审计、国有资产评估管理、国有资产交易监督、国有资产退出等的制度安排（秦荣生，2003；李晓明等，2004；姜欣，2008；王景升，2008）[8][9][10][11]。

---

[1] 沈志渔、林卫凌：《国有资产监管体制的制度变迁及目标模式》，《新视野》2005 年第 1 期。

[2] 文宗瑜：《国资管理体制改革的建议》，《经济参考报》2002 年 12 月 25 日。

[3] 魏杰、赵俊超：《必须构建新的国有资产管理体制》，《改革》2002 年第 6 期。

[4] 马建堂：《国有资产管理体制改革的再思考——设立国资监管体制必须注意的几个问题》，《经济管理》2002 年第 23 期。

[5] 欧阳敏、朱少平、李保民、贾康：《国有资产管理体制改革：从"九龙治水"到"分级履行出资人职责"》，《人民论坛》2003 年第 5 期。

[6] 张治栋、黄威：《目标导向的国有资产管理体制及其改革趋势》，《经济体制改革》2005 年第 5 期。

[7] 黄群慧：《国资委亟待改进对国有企业的监管方式》，《财经科学》2005 年第 1 期。

[8] 秦荣生：《国有企业监督的机构设置和制度安排研究》，《审计研究》2003 年第 3 期。

[9] 李晓明、刘海、张少春：《强化国有资产受托经济责任的审计监督》，《审计研究》2004 年第 2 期。

[10] 姜欣：《国企改制中审计与资产评估错位问题》，《经济管理》2008 年第 8 期。

[11] 王景升：《我国国有资本经营预算体系及运行机制研究》，《财经问题研究》2008 年第 11 期。

(三) 构建新型国资监管体制阶段的学术讨论(2013 年至今)

2013 年 11 月党的十八届三中全会以来,向"以管资本为主"转变成为国资监管体制改革的最主要特征,这为加强和完善国资监管体制指明了方向,对于推动国有企业真正成为独立市场主体,增强国有经济整体功能和效率,维护国有资产安全,具有十分重要的意义。这一阶段的研究主要包括:

一是国资监管体制转型的基本方向。有学者认为,此次国资监管体制改革的基本方向是专业化、市场化,应注重国有资本运作模式和功能的转变,推动国有资本运作模式从行政化运作向市场化运作转变,充分竞争行业和领域国有资本的功能从公益性功能向收益性功能转变,但改革的关键是科学界定国有资产出资人监管边界,建立监管权力清单和责任清单,做到该管的科学管理、决不缺位,不该管的依法放权、决不越位,同时加快形成"以管资本为主"的国资监管体制(李锦,2015;张晓文和李红娟,2016;谢志华,2016;冯璐等,2021)。[1][2][3][4]

二是国资监管体制改革配合国企改革。有学者认为,无论是引导非公有资本参与国企混合所有制改革,还是"响应"国有企业产权制度的变化,都需要完善的国资监管体制作保障(厉以宁,2014;季晓南,2014;廖红伟和杨良平,2021)[5][6][7],但当前国资监管体制繁复僵化,阻碍了国企改革,故应加速改革

---

[1] 李锦:《发展混合所有制经济的 15 个要点》,《第一财经日报》2015 年 9 月 29 日。

[2] 张晓文、李红娟:《国有资产管理体制的变革:从管理到监管》,《经济与管理》2016 年第 5 期。

[3] 谢志华:《国有资产授权经营体系:理论和框架》,《北京工商大学学报(社会科学版)》2016 年第 4 期。

[4] 冯璐、邹燕、张泠然:《双循环格局下的竞争中性与国企改革——来自国有资本差异化功能的证据》,《上海经济研究》2021 年第 2 期。

[5] 厉以宁主编:《中国道路与混合所有制经济》,商务印书馆 2014 年版。

[6] 季晓南:《不断完善国有资产管理体制》,《经济日报》2014 年 9 月 23 日。

[7] 廖红伟、杨良平:《协同推进完善国资监管体制与深化国企改革》,《经济参考报》2021 年 10 月 18 日。

国资监管体制,以完善的国资监管体制推动国企改革深化提升(张文魁,2017)①。

三是国资监管架构与监管范围。随着中央改革文件对"三层次"国资监管架构的支持,有学者提出国有资本投资运营公司作为国资监管机构与国有企业之间的"隔离带",有效地分离所有权和经营权,真正实现政资分开和政企分开(刘纪鹏等,2020;张宁和才国伟,2021;卜君和孙光国,2021)。②③④ 有学者结合国有企业分类改革的思路,提出了国有资本要按照国有企业的功能定位和类别实行分类监管,不同功能定位和类别的国有企业应形成不同的"三层次"国资监管架构(张林山等,2015;徐传谌和翟绪权,2016;刘现伟,2017;朱炜等,2022)。⑤⑥⑦⑧ 也有学者提出了应深入推进经营性国有资产集中统一监管,稳步将党政机关、事业单位所属企业的国有资本纳入经营性国有资产集中统一监管体系,以及"管资本"下国有企业分类监管改革思路,即将分类观念融入国资监管制度架构(刘纪鹏和岳凯凯,2015;刘现伟,2017;龙泓任,2023)⑨⑩⑪,而以"管资本为主"推动国资监管体制改革的重点是,完善国

① 张文魁:《国资监管体制改革策略选择:由混合所有制的介入观察》,《改革》2017年第1期。

② 刘纪鹏、刘彪、胡历芳:《中国国资改革:困惑、误区与创新模式》,《管理世界》2020年第1期。

③ 张宁、才国伟:《国有资本投资运营公司双向治理路径研究——基于沪深两地治理实践的探索性扎根理论分析》,《管理世界》2021年第1期。

④ 卜君、孙光国:《国资监管职能转变与央企高管薪酬业绩敏感性》,《经济管理》2021年第6期。

⑤ 张林山、蒋同明、李晓琳、刘现伟:《以管资本为主 加强国资监管》,《宏观经济管理》2015年第9期。

⑥ 徐传谌、翟绪权:《国有企业分类视角下中国国有资产管理体制改革研究》,《理论学刊》2016年第5期。

⑦ 刘现伟:《以管资本为主推进国企分类监管的思路与对策》,《经济纵横》2017年第2期。

⑧ 朱炜、李伟健、綦好东:《中国国有资产监管体制演进的主要历程与基本特征》,《经济学家》2022年第2期。

⑨ 刘纪鹏、岳凯凯:《实现经营性国资的统一监管》,《政治经济学评论》2015年第6期。

⑩ 刘现伟:《以管资本为主推进国企分类监管的思路与对策》,《经济纵横》2017年第2期。

⑪ 龙泓任:《功能分类融入国有企业监管规则的兼容性分析》,《东北大学学报(社会科学版)》2023年第2期。

有资本授权经营体制,形成国有资本授权经营链条,分类开展放权授权(马忠等,2017;柳学信等,2019)。①②

二、相关学术研究的简要评论

由上述相关学术研究的简要回顾可以看出,有关国资监管的研究重点与我国国资监管体制的演进历程密不可分,具有典型的时空特征。已有研究对国资监管体制相关问题所进行的学术探讨使我国国资监管理论不断走向成熟,也推动了监管实践的发展。尽管如此,笔者认为在以下方面仍有深化研究的必要:

一是混合所有制改革与国资监管的关系。混合所有制改革如何引起国有资产产权委托代理关系的变化,引起了哪些国有资产产权委托代理关系的变化,以及这些变化对国资监管理论和实践产生何种影响尚缺乏有深度、有针对性的研究。

二是"以管资本为主"国资监管体制的理论内涵与实践推动。已有研究虽然对"以管资本为主"的国资监管方向有了较为一致的认识,也提出了颇有见地的观点,但对"为什么转型""如何转型"等问题的理论阐释和实践创新仍缺乏系统研究,亟须立足新时代中国特色社会主义市场经济体制改革的目标要求,从理论框架、体制机制与实现过程三个维度研究国资监管体制转型问题,并对实践创新进行系统设计。

三是国有资本功能定位和类别、国有资本经营激励机制、国企混合所有制改革与国资监管体制的相关性研究。目前关于国有资本功能定位和类别、国有资本经营激励机制设计、混合所有制企业公司治理与国资监管体制的关联

---

① 马忠、张冰石、夏子航:《以管资本为导向的国有资本授权经营体系优化研究》,《经济纵横》2017年第5期。

② 柳学信、孔晓旭、牛志伟:《新中国70年国有资产监管体制改革的经验回顾与未来展望》,《经济体制改革》2019年第5期。

性研究尚比较缺乏,而这些都直接影响国资监管的恰当性和有效性,进而影响国资监管体制的选择。

第三节 研究对象与研究内容

一、研究对象

本书研究混合所有制改革背景下新时代国资监管体制转型问题,具体包括新中国成立之后尤其是改革开放以来我国国资监管体制历史沿革的制度特征,新时代国资监管体制转型的理论框架和新型国资监管体制的目标模式、核心问题及相关制度安排。

二、研究内容

本书立足新时代我国经济体制改革和混合所有制改革的现实背景,力图从理论框架、体制机制与实现过程三个维度,研究服从于促进国有资产保值增值,推动做强做优做大国有资本和国有企业,提升企业核心竞争力目标要求的新时代国资监管体制转型问题。即主要回答三个问题:国资监管体制为何要转型? 转型的目标模式是什么? 如何改革和完善实现转型的相关制度? 本书的研究内容主要包括五个部分。

(一)揭示了国资监管体制沿革的阶段性特征及内在逻辑

新中国成立70多年来,国资监管体制作为经济体制的重要组成部分,随着国有企业的功能定位、主要任务和整个政治经济环境的变化经历了从建立到调整,再到完善的历史变迁。厘清国资监管体制历史沿革的发展脉络,深入剖析其发展脉络的内在逻辑,可为国资监管体制的转型发展提供实践经验。

我国国资监管体制沿革的历程大致可分为四个阶段。一是"集中管理"

阶段,这一阶段的特征主要有中央政府集中统一管理,政府直接行政干预为主,部分国营企业下放地方政府管理。二是"管企业"为主的阶段,这一阶段的特征主要有实施"两权分离",探索政企职责分开,由直接经营管理向间接监督管理转变。三是"管资产"为主的阶段,这一阶段的特征主要有监管主体由政资不分转向政资分离,监管方式由行政型管理转向市场化管理,监管内容由管企业转向管资产和管人、管事相统一,法规制度从零星制度转向制度体系建设。四是"管资本"为主的转型完善阶段,这一阶段的特征主要有制度体系注重顶层设计,监管内容以"管资本"为主,监管方式更多运用市场化法治化监管,监管方法实施分类监管。

纵观70多年国资监管体制的历史沿革,有其必然的内在逻辑。一是始终与社会主义经济体制的建立和改革阶段(计划经济体制、商品经济体制和市场经济体制)相适应,国资监管体制的核心要素——政资关系、政企关系发生了历史性变革。二是不论国资监管体制处于哪个发展阶段,国资监管体制改革的最终目标都是服务当时所处经济发展阶段国有经济目标的实现。三是坚持渐进式改革,在摸石头、探路径、找规律中改革和完善:从阶段改革到顶层设计,逐渐明晰委托代理关系;从系统谋划到重点突破,循序推进市场化管理方式;从局部改革到整体推进,统筹构建国资监管新格局。

(二)评价和检验了国资监管转型的绩效

国有企业的改革深化和效率提升需要有与之相适应的国资监管体制作保障,推进国资监管体制转型亦是做强做优做大国有资本和国有企业的必然要求,也是更好发挥国有资本功能的制度基础。在深化国企混合所有制改革的背景下,国资监管体制转型的绩效问题受到密切关注。然而,有关国资监管体制转型过程及效果的研究史多集中于理论探讨,国资监管绩效究竟如何尚需更多事实支撑和数据检验。

从宏观层面看,考察国资监管体制转型的绩效不仅要考虑国有资本的回报,也要关注国有资本的运作及布局情况。国资监管体制转型在宏观层面的主要成效有:一是多样化的资本运作方式提高了资本配置效率;二是国有资本布局和结构得到了优化调整;三是国有资本经济效益与创新绩效不断提升。国资监管体制转型在宏观层面存在的主要问题有:一是国有企业的证券化水平有待提升、负债水平仍需继续降低;二是国有资本的区域产业布局与结构有待进一步优化;三是国有资本的回报能力有待提高。

从微观层面看,围绕效益效率、创新驱动、主业实业以及资产安全四个方面构建了国资监管体制转型的微观绩效评价指标,在评价微观绩效的基础上,采用双重差分模型实证分析了国资监管体制转型对国有企业绩效的影响及其内在机制。研究发现,以管资本为主的国资监管体制转型有助于促进国有企业绩效的提升,这种提升作用主要通过降低政府干预程度和完善公司治理来实现,同时在竞争度较高行业和规模较大的国有企业中国资监管体制转型的绩效提升作用更显著。

(三) 探索了国资监管体制转型的理论框架

按照马克思主义的基本观点,生产力与生产关系、经济基础和上层建筑的矛盾运动是一个动态过程,支配着整个经济社会的发展进程。国资监管体制转型的稳步推进需要以系统和立体的视角,从更广维度、更深层次,结合制度环境、体制本身以及相关主体等层面认识国资监管体制转型的必要性与方向,形成强有力的理论支撑。

国资监管体制转型关键在于突破利益固化的藩篱,对公众、政府、企业及其利益相关者等多层面参与主体的权利予以合理配置、对责任予以明确划分,平衡各参与主体之间的责权利,构建起既行之有效又互相监督制衡的监管体系。出于社会化生产的分工协作以及企业生产经营活动的内在需要,社会事务管理者和出资人代表的双重角色使政府具备了社会公共管理、国有资产监管、国有企业出资人等职能。这使政企政资关系趋于复杂,需要重新审视政企关系的本质特征,厘清政府职能、明晰政企政资关系并调整方向和边界,在规范政府行为与企业行为、保障国家所有权的同时落实国有企业的市场主体地位。

"分类"是深化国企改革的必然选择和重要思路,对国有企业功能分类应主要遵循服务国有资本管理效率提升、动态调整和客观透明三项基本原则,而分级管理、分类管理、授权经营是推进国资监管体制更好地服务各类国有企业功能发挥的基本思路与方法。结合国企混合所有制改革和分类改革的现实,围绕股权结构和董事会层面,从剩余索取权和控制权的配置视角对商业一类、商业二类和公益类国有企业分别设计了以强化国有资本收益功能为主的治理模式、以强化国有资本控制功能为主的治理模式、以保障服务效率为主的治理模式。而欲重塑国资监管关系,一是建立与资本增值要求相适应的国资监管模式;二是构建适应市场化要求的国有资本授权经营体制;三是优化出资人监督与其他外部监督的协同机制。

(四) 构建了新型国资监管体制框架

以管资本为主,从"管资产"到"管资本"转型是国资监管体制的重大变革。体制改革不是某一项制度的改革,而是一项复杂的系统工程,牵涉诸多制度的协同配套。实践中各项制度的侧重点有所不同,有的重在约束,有的重在激励,也有的重在加强监管或者激发企业活力,各项制度还会对其他制度产生影响,同时也需要其他制度的配合和支撑。

促进国有资本做强做优做大是管资本的核心目标。达成这一目标有赖于在改革关键期以制度变革为重点,协同解决困扰改革国资监管体制的内外部核心问题,进而为发展动能的转化与跃迁创造必要的微观基础。其中,内以改革国有企业治理、经营管理、体制机制为重,外以变革和优化企业发展的制度环境为重。只有解决好新型国资监管体制的内外部核心问题,才能有序推进各项制度的制定和完善,实现良性互动,为构建新型国资监管体制提供制度支撑。监管模式的市场化转变、国有资本激励约束机制和国有企业财务硬约束是国资监管体制转型的三个核心问题,可为新型国资监管体制打造制度基本面的坚实基础。

设计新型国资监管体制的基本框架,才能打造党的领导坚强有力、行权履职统一规范、横向扩展纵向穿透、法规制度协同有效、改革发展协调有序、系统合力显著增强的国资监管新格局,推动国家治理体系的现代化。从监管目标看,在坚守政治目标的同时,必须追求国有资本宏观功能的发挥和微观效率的提升,体现出新型国资监管体制的三维目标;从监管内容看,应分别从功能类别、行政隶属、股权结构三个不同层面考虑,必要时可一企一策;从组织架构看,构建各级国家机关相关机构(例如人大、政府、监察、司法)之间国有资产管理责权明晰的横向组织架构以及从中央到地方自上而下垂直方向的委托代理关系和管理责权明晰的纵向组织架构;从制度体系看,应与时俱进地将相关变化体现在现行法规中,为新型国资监管提供法治保障,同时做好制度衔接和配套服务,提高制度体系的系统性和协同性;从监管模式看,应契合分类、分层改革的思路,实现国有资本配置的动态优化,提升监管效率。

(五)探讨了国资监管体制转型过程中配套性制度改革与完善的内容和对策

国资监管体制转型是一项系统工程,需要一系列国有资产管理制度的协同发力才能顺利完成转型目标,取得监管绩效。国有资本经营预算和收益分配制度不仅是国有资产管理制度的重要组成部分,也是国企改革的关键制度。构建以管资本为主的新型国资监管体制,需要做好信息报告与披露,基于政府主体和基于企业主体的国有资本运营信息报告制度能为国资监管体制转型提供信息披露层面的制度支撑和保障。

国有资本经营预算制度既是涉及政治领域的一项制度,也是落实国家股东权利和地位的有效途径,需从编制体系、管理监督体系、考核评价及其与一般公共预算、政府性基金预算、社会保险基金预算的衔接等方面完善。国有资本收益作为资本收益的一种表现形式,是由国有资本所有权派生的一项权利,应围绕明确国有资本收益的收缴(收缴主体、对象、比例)、国有资本收益的使用(使用范围、比例、流向)、国有资本收益的管理等方面做好设计,并在实践中不断加以完善。

政府层面国有资本运营情况的报告,主要包括国有资产负债表制度、政府国资监管信息披露制度和国有资产管理情况报告制度,可以反映国有企业作为资本运营主体的运营效率,以及管理者的受托责任履行情况,也有利于国家掌握国有企业的总量及发展情况,从而规范和约束企业行为和政府行为。企业层面国有资本运营信息报告制度的建设和实施,主要包括国资国企信息公开披露制度和国企信息公开披露评级制度,这有助于判断政府履行国资监管职责的有效性,也便于了解、分析国有经济整体的可支配资源和调动能力,为国家宏观决策的制定和实施提供数据支撑。

第四节　研究思路、研究方法及创新之处

一、研究思路

本书以习近平新时代中国特色社会主义思想为指导,立足新时代我国经济体制改革的目标要求展开研究。研究遵循"问题提出—文献研究—资料收集—资料分析—理论框架构建—实践目标模式设计—实践过程影响因素识别—核心问题及相关制度安排"的研究思路,从理论框架、体制机制与实现过程三个维度研究新时代国资监管体制转型。基本思路如图 1-1 所示。一是基于国企混合所有制改革的背景,找准国资监管面临的重大问题;二是采用文献分析和制度分析方法,揭示我国国资监管体制历史沿革所呈现的阶段性特征及内在逻辑;三是基于"问题"导向,探索新型国资监管体制的关键理论问题;四是在经验分析和理论探索的基础上构建新型国资监管体制,定义其目

标、组织架构、制度体系和运行机制；五是采用访谈、问卷调查、文献资料查阅等方法获取资料，科学分析转型过程中的影响因素，提出实现转型相关配套制度改革与完善的对策。

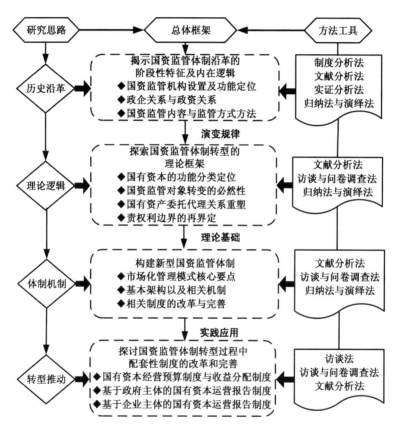

图1-1 本书的研究框架与技术路线

二、研究方法

（一）制度分析法

对我国国资监管体制沿革的历程及不同阶段的特征、影响因素及其内在关联的研究，主要采用制度分析方法，以探寻其中隐含的规律。

（二） 文献分析法

对国资监管体制沿革历程的研究、对国资监管体制理论框架的构建及转型模式的设计等都基于历史文献和现实文献资料的内容分析,从中提取有价值的资料,进行深度研究。

（三） 访谈与问卷调查法

通过深入国资监管机构、国家审计机关、国有企业等开展深度访谈,同时向这些政府部门和国有企业的相关人员发放调查问卷,更全面地调查了解国企改革与国资监管体制转型影响因素,进行绩效分析和问题查找。

（四） 实证分析法

通过二手资料的收集和加工,从资本运作、资本布局和资本回报方面设计反映国资监管体制转型绩效情况的指标体系,并在此基础上实证分析国资监管体制转型的成效;采用双重差分模型实证分析了国资监管体制转型对国有企业微观绩效的影响及其内在机制。

（五） 归纳法与演绎法

本书在运用制度分析法、文献分析法、访谈法与问卷调查法等获取一手和二手资料的基础上,通过归纳和演绎,揭示国资监管体制沿革的规律,检验现有国资监管理论并丰富国资监管体制转型理论,构建新时代国资监管体制转型的目标模式。

三、创新之处

（一） 在学术思想上的创新

在学术思想上的创新主要是:一是本书立足新时代中国特色社会主义市

场经济体制改革的目标要求,紧扣混合所有制改革的制度背景,从理论框架、体制机制与实现过程三个维度研究新时代国资监管体制转型问题,研究视角和问题具有独到之处。二是本书聚焦国资监管体制由"管企业"向"管资本"为主转型这个中心,研究国资监管体制转型所涉及的若干关键问题,构建理论框架和实践目标模式,以努力实现理论突破,推动实践创新。三是从混合所有制改革引起的产权关系变化入手,研究国资监管的理论突破和实践创新,使研究具有很强的针对性。

（二）在学术观点上的创新

在学术观点上的创新主要是:一是认为混合所有制改革导致国有资产委托代理关系发生深刻变化,这一变化也是国资监管对象由实物形态的"国有企业"转为价值形态的"国有资本"的主要原因。这一观点不同于单纯抽象地谈国有资本监管转型。二是认为尊重资本的逐利性必须强化财务硬约束,尽快以市场化的监管模式取代行政命令式监管模式,不能只"放"不"管",或只"管"不"放",应力求做到"放之有度,管之得当"。三是认为强调国有资本增值属性的同时,还必须注重国有资本在国家经济战略的核心功能,国资监管机构必须具有宏观战略意识,重视国有资本布局优化、科学配置国有资本,建立科学合理的国有资本配置效率考核体系。四是认为"制度"是监管最有效的"抓手",不断健全和优化制度体系是提升监管绩效的必然选择,必须尽快改革和完善国有资本经营预算制度与收益分配制度、基于政府主体的国有资本运营信息报告制度及基于企业主体的国有资本运营信息报告制度,以提升监管绩效。

（三）在研究方法上的特色

在研究方法上的主要特色是注重制度变迁经验研究,以马克思主义的公有制理论和所有权理论,尤其是以习近平经济思想为指导,合理借鉴现代产权经济学和制度经济学的有益成分,综合运用制度分析法、文献分析法、访谈与问卷调查法、实证分析法、归纳法与演绎法等研究方法,分析和揭示国资监管体制沿革的阶段性特征及内在逻辑、探索国资监管体制转型理论和实践面临的关键问题。

第二章　国资监管体制沿革的阶段性特征及内在逻辑

新中国成立70多年来,作为经济体制重要组成部分的国资监管体制,随着国有企业的使命任务、功能定位和整个政治经济环境的变化经历了从建立到调整,再到完善的历史变迁。厘清国资监管体制历史沿革的发展脉络,深入剖析其内在逻辑,为新时代国资监管体制的转型发展提供历史经验和现实依据。我国国资监管体制沿革的历程大致可分为四个阶段:"集中管理"为主的阶段,"管企业"为主的阶段,"管资产"为主的阶段,"管资本"为主的转型阶段。国资监管体制的生成和演进在不同阶段具有不同的特征,也有其特有的内在逻辑。

第一节　"集中管理"为主阶段(1949—1977年)

新中国成立初期,经过新民主主义革命时期,进入了社会主义革命和建设时期,建立了计划经济体制。随着国营企业的发展和壮大,开始探索构建"集中管理"为主的国资监管体制。

一、"集中管理"为主的国资监管体制的形成

（一）国资监管体制的建立

新中国成立后,通过延续战争时期根据地的公营企业、没收官僚资产和收购国外在华资产等方式形成并壮大了国营企业,在扩大并发展国营经济的同时开始探索建立国营企业的国资监管体制。在统一全国财政经济工作,加强中央政府集中统一管理的基础上,逐步建立国营经济管理部门,加强中央政府对国营企业的管理。1952 年 11 月中央人民政府委员会第十九次会议通过《关于增设中央人民政府机构的决议》,决定成立国家计划委员会,统一制定国营经济计划指标,强化中央政府对国营企业的集中计划管理权。1956 年 5 月第一届全国人大常委会第四十次会议决定增设国家经济委员会,负责审查监管企业的资产运营情况和计划任务完成进度,协助国家计划委员会统一管理国营企业。

至此,我国初步建立了"集中管理"为主的国资监管体制。在这一体制下,中央政府受全体人民的共同委托集国营企业所有权与经营权于一身。从理论上讲,国有资产监管应包括合理的监督、科学的管理和完善的企业治理机制,三者之间相互制约、互为辅助。但"集中管理"为主的国资监管体制造成监督与管理概念模糊,将二者等同看待导致国有资产监督、国有资产管理和企业治理之间的三边关系失衡。由于国营企业在资产运营各环节都接受国家计划委员会的统一计划,由中央政府统一下达指令性计划并采取行政科层式的反馈与审批程序,这一资产运营过程相对忽视了市场机制对经济活动的调节作用,忽略了地方政府和国营企业之间的利益分配关系,致使这一时期的国有资产收益和监管效率较低。为此,自"一五"计划后中央政府通过调整与地方政府之间国有资产管理权限的方式,探索改革中央高度集权的国资监管体制。

一是中央政府实施行政性分权的政策。以"行政分权"为目标,在"集中管理"为主的国资监管体制下坚持"统一领导、分级负责"的原则,下放一部分中央直属工业企业和商业企业的管理权。一方面,中央政府在短时间内将大部分国营企业管辖权、国民经济计划决策权、物资分配权、财权和税收权、基本建设项目审批权迅速下放给地方政府,同时扩大企业自身的管理权限,促成了新中国成立以来的第一次大规模放权。另一方面,中央政府对管理国营企业的经济管理部门和各专业主管部门实行"简政放权"政策(杨德才,2020)。①简政主要是缩减合并国务院所属的、管理国营企业的经济管理部门,进一步调整集中管理的国资监管体制。放权主要表现在以分散行政性权力为中心下放国营企业的管理权,促使地方政府的国营经济自成体系。同时,为平衡中央政府和地方政府之间国营企业收益的分配权和处置权,在地方财政收支、物资分配和基本建设上实行"大包干"政策。

二是平衡中央与地方的关系。按照"大权独揽、小权分散"的原则进一步加强中央政府的指令性计划,全面集中收回中央各部和各省已下放的国营企业经营管理权以及中央各部直属企业的行政管理权,集中分配国营企业经营收益。截至1965年,中央直属企业数量达到10000多家,企业自留利润由1961年的13.2%减至6.9%。②此外,运用社会主义经济办法减少中央政府的统一经营管理。1962年10月中共中央、国务院通过建立健全经济核算制开展经济活动分析,改进企业经营管理,改善工商企业亏损情况。1964年8月中共中央、国务院批转国家经济委员会党组《关于试办工业、交通托拉斯的意见的报告》,批准试办工业、交通托拉斯,运用社会主义经济办法替代行政办法实施统一经营管理,实行相对科学、高效率的集中统一领导。这些政策的实施使国营企业亏损数额明显减少,1962年亏损为26.85亿元,1963年亏损

---

① 杨德才:《中国经济史新论(1949—2019)》(上册),经济科学出版社2020年版。

② 杨德才:《中国经济史新论(1949—2019)》(上册),经济科学出版社2020年版,第325页。

减少了 14.56 亿元,1964 年比 1963 年亏损减少了 7.48 亿元。①

(二) 国资监管体制的基本架构

经过上述政策调整,以"国家所有、分级管理"为原则初步建立了政府直接管理国营企业的国资监管体制基本架构(见图 2-1)。这一国资监管体制下,国资监管主体的上下层级更加分明,中央政府作为国资监管的核心运用指令性计划,使各级计划委员会、经济委员会、财政部门和专业主管部门各司其职,采用直接干预国营企业经营管理的方式监督管理国有资产(高萍,2002)。②

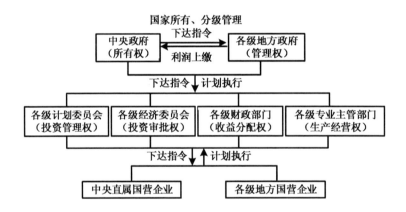

图 2-1 "集中管理"为主阶段国资监管体制的基本架构

按照"国家所有"的原则,中央政府成为国营企业的唯一产权主体,统一行使国有资产所有权。从中央政府的职权范围看,既包括宏观层面上的国家产业结构安排、地方国有资产的投入划拨与再配置、国有资产收益的集中管理与使用分配,又涵盖微观层面上国营企业的经营方向、资本运作方式、生产资

---

① 孙健编著:《中华人民共和国经济史(1949—90 年代初)》,中国人民大学出版社 1992 年版,第 304 页。

② 高萍:《50 年来中国政府经济职能的变化与启示》,《中国经济史研究》2002 年第 4 期。

料的供应、财政支持、人事调动以及产品销售等经营决策。全国范围内的国有资产都由中央统筹，兼顾社会与经济的发展形势和目标任务，以行政命令的方式逐级下达给各级地方政府和国营企业。从监管机构的设置看，政府未设置专门的国资监管机构，没有对政府的国有资产管理职能与一般的社会经济管理职能加以区分，国有资产管理职能分散于不同的行政管理部门。各级地方政府同样设立计划委员会、经济委员会、财政部门等经济管理部门以及各专业主管部门。地方政府设立的这些部门按照中央政府下达的计划，通过直接干预国营企业经营管理的方式监督管理国有资产（张晓文和李红娟，2016）①。在这一监管体制下，国营企业按照上级政府下达的指令和计划从事供产销、人财物等在内的生产经营活动，其自身没有独立的生产经营自主权，成为依附于政府且不具有独立法人资格的"生产车间"。由于财务上实行统收统支的政策，各级国营企业的经营利润要按照国家规定逐层上缴给中央政府，亏损也完全由政府统一承担（傅廷斌，2000）②。

在"国家所有"的基础上，各级政府按照"分级管理"的原则在规定权限范围内管理辖区内的国营企业。"分级管理"包括监管主体和监管职权的分级划分。一是监管主体的分级划分。国家将国资监管主体按照行政层级划分为中央政府和各级地方政府，分级管理中央直属国营企业和省、自治区、直辖市的各级地方国营企业，解决中央政府无法直接管理地方国营企业的问题。二是监管职责的分级划分。国营企业的所有权高度集中于中央政府，中央政府委托各级地方政府代为行使国营企业管理权，形成了中央政府运用指令性计划管控国营经济，各级地方政府以行政性手段分级直接管理国营企业的格局。

---

① 张晓文、李红娟：《国有资产管理体制的变革：从管理到监管》，《经济与管理》2016年第5期。

② 傅廷斌：《中国国有企业改革的理论探索》，《中南财经大学学报》2000年第2期。

二、"集中管理"为主阶段国资监管体制的主要特征

通过梳理"集中管理"为主阶段的国资监管体制的变迁过程发现,囿于计划经济体制行政指令的高度集权,此阶段的国资监管体制改革仅是基于社会与经济的现实需求,通过调整中央政府和地方政府之间的国有资产管理权限范围,探索中央与地方分级管理的适度点(吴敬琏,1998)。[①] 这一阶段的国资监管体制主要有以下特征:

(一) 中央政府集中统一管理

这一阶段既没有成立专门的国资监管机构,也没有明确界定国有资产出资人的职权范围和国家出资企业的产权管理界限,而是通过政府的经济管理部门和各专业主管部门,以下达行政命令的方式管理其管辖范围内的国营企业。即使在 20 世纪 50 年代至 70 年代,地方政府通过中央政府两次大规模下放国营企业管理权拥有了一定的管理权限,但这些权利的行使范围取决于中央政府统一制定并下达的计划要求。

首先,成立负责国营经济发展的中央政府经济管理部门。1952 年 11 月和 1956 年 5 月先后设立了国家计划委员会和国家经济委员会,负责拟定国营经济发展计划,加强和改进国营企业的宏观管理,制订改革方案。其次,初步实现对国营企业的集中统一管理。1950 年 3 月政务院决定将国营企业利润和折旧的一部分集中归于中央。国民经济调整时期,中共中央提出加强中央集中管理国营企业的政策:增加中央政府对国营企业的指令性计划,集中统一分配国营企业主要的生产资料;强化中央政府对基本建设的集中统一管理,投资总额和建设项目都要按照行政层级严格审批。再次,降低国营企业内部利润留成。1960 年 12 月财政部党组向中央提交的《关于改进财政体制、加强财

---

① 吴敬琏:《经济改革二十年:实践和理论的发展》,《马克思主义与现实》1998 年第 5 期。

政管理的报告》提出,各部门、各地区要因地制宜地将国营企业利润留成的提取比例减少一半左右。1961年1月中共中央作出《关于调整管理体制的若干暂行规定》,以"大权独揽、小权分散"为原则,降低国营企业利润的留成比重。1962年1月财政部、国家计划委员会发布的《关于颁发国营企业四项费用管理办法的通知》规定,除商业部门所属企业以外的各部门企业由国家拨款代替利润留存办法,进一步降低国营企业内部的利润留成。最后,进一步加强中央对国营企业的管理权。1966—1976年,中央政府为了进一步加强对国营企业的管理,将独立核算的小型工商企业升级为统一核算的大集体,又把大集体升级为全民所有制的国营企业。尽管这一举措在一定程度上增加了政府监管国有资产的行政成本,但充分发挥了集中力量办大事的制度优势,促进了国民经济快速恢复,也为后期的经济建设奠定了物质和技术基础。

(二) 政府直接行政干预为主

这一阶段,仿照苏联实施了高度集中的计划经济体制,由中央政府通过发布指令性计划直接管理国有资产,干预国营企业经营,政府与国营企业的关系在名义上表现为产权管理关系,但在实际上是行政隶属关系。

在逐步集中重要国营企业的经营管理权后,中央政府的各专业主管部门作为中央直属国营企业的直接管理者,通过下达指令性计划的方式负责企业日常的生产经营活动,并由国家计划委员会和国家经济委员会共同监督企业执行指令性计划的情况。1957年11月,国务院撤销了各级政府所属的商业公司,按照由上至下的行政层级分别改组为商业行政部门后与各级政府原有的商业行政部门合并,以加强政府对国营企业的行政干预。1961年1月,中共中央决定收回过度下放给地方政府的财权、骨干型企业的管理权、重要物资分配权等,以集中国营企业的收益,加强中央政府对国营企业的统一指令。1966—1976年,受"只算政治账、不算经济账"倾向的影响,致使社会主义经济手段和经济办法在国营企业经营管理层面上继续为政府指令性计划让位,导致国资监管体制政府行政干预特征的不断强化,而国营企业效益未获明显提升。

从上述政策可以看出,行政干预成为政府监管国营企业的主要手段,这一手段决定了政府在管理国有资产时可能会出现政治职能凌驾于经济职能之上的现象,从而导致国营企业成为依附于政府的生产车间。企业只考虑如何完成上级政府下达的指令,而没有将国有资产的保值增值作为自身经营目标,也没有成为根据价值规律制定生产经营决策和承担经营盈亏的独立经济主体,反而承担较多的公共管理职能,导致政府企业化、企业政府化的混乱局面。"集中管理"体制之下,政府凭借"有形之手"直接干预国营企业的经营管理,虽然在避免国有资产流失方面富有成效,但却因政府难以精准指挥,产生了巨大的行政成本,造成了一定程度的资源配置效率损失。

(三) 将部分国营企业下放地方政府管理

在集中管理的国资监管体制下,由于地方政府和国营企业被动执行中央政府下达的指令性计划,导致地方政府和国营企业缺乏生产经营动力。为发挥地方政府积极性,扩大地方政府对所辖国营企业的管理权,同时激发国营企业活力,增加国营企业收益,中央政府按照"统一领导、分级管理"的原则向地方政府实施两次大规模放权。

一是将部分中央直属工业企业和商业企业交由地方政府管辖,扩大地方政府对国营企业的经营管理权。中央政府通过下放给国营企业部分生产经营权调动企业的生产积极性,增加了地方政府管辖范围内的国营企业收益,从而进一步加强了地方政府对国营企业的管理权。在下放给国营企业部分生产经营权的同时,中央政府还下放给地方政府对国营企业的管理权。二是赋予地方政府更多的财权,扩大地方政府对国营企业的收益分配权和处置权。为确保地方政府能更好地行使国营企业管理权,中央政府在下放直属企业经营管理权的同时,相应地给予地方政府更多的财权。三是允许地方政府分配物资,扩大地方政府对国营企业的物资分配权。1958 年 9 月中共中央、国务院发布的《关于改进物资分配制度的几项规定》实施后,中央管理统配的物资由 1957 年的 532 种减少为 1959 年的 285 种。[①] 四是赋予地方政府更多税收权,扩大地方政府对国营企业的收益管理权。地方政府可根据自身的实际需求对工商统一税的起征点和征收环节进行权衡处理。

　　两次大规模的放权改革仍未改变通过行政指令管理国营企业的方式,资源配置与市场调节相分离,企业没有独立的经营自主权,更未触及计划经济体制的根本,但放权改革是中央政府在当时所处的政治经济背景下作出的必然选择,也是对国资监管体制改革的尝试性探索。从中央政府和地方政府对国营企业资产管理权限划分的层面上看,地方政府在中央政府掌握国有资产所有权的前提下拥有了更多的国有资产管理权、投资权及收益权,在一定程度上扩大了地方政府对国有资产的投资、分配、收益等权利,调动了地方政府的积极性和创造性。从政府与国营企业关系的层面上看,虽然放权改革没有改变政府与国营企业间的行政隶属关系,国营企业依旧作为政府的附属机构接受中央政府指令性计划和行政办法的控制与管理。但集中管理的国资监管体制,不仅能够合理地利用人力、财力、物力以汲取稀缺资源,保障国家顺利建设关系国民经济命脉的重点工程和国营企业,最大限度地提高经济效益;还能够通过收集有关国营企业的生产经营信息以统筹制定合理的计划,及时处理国营经济发展过程中出现的问题,有效地恢复了国营企业的生产经营,刺激了国营经济的增长。

第二节　"管企业"为主阶段(1978—2002 年)

　　随着我国改革开放历程的开启和日渐深化,集中管理的国资监管体制已

----

　　① 　中国物资经济学会编:《中国社会主义物资管理体制史略》,物资出版社 1983 年版,第 91—92 页。

经不能适应我国经济体制改革的新要求,需要探索调整国资监管体制的改革。改革初期通过扩大企业自主经营权、设立国有资产管理局、构建授权经营机制等举措建立了"管企业"为主的国监管体制。

一、国资监管体制的探索性调整

(一) 1978—1987 年:扩大企业经营自主权

这一阶段的国资监管体制改革仍未明确区分政府作为社会经济管理者和国有资产所有者的职能,未设立独立行使国资监管职能的机构,也未涉及国营企业产权管理的问题(郑海航,2008)①。因此,该阶段的国有资产管理体制与集中管理为主阶段相比没有发生实质性的变化,即按照"国家所有、分级管理"的原则,由政府直接管理国营企业的国资监管体制。

尽管这一阶段的国资监管体制与"集中管理"为主阶段相比未发生实质性变化,但聚焦"两权分离""放权让利"展开了以扩大企业经营自主权、激发国营企业活力为目的的改革实践(黄速建,2008)。② 一是转变企业经营方式,实现企业自主经营。通过对小型国营企业实行租赁经营,对大中型国营企业实行承包经营责任制,实现了企业自主经营,增强了国营企业活力,突破了对国营企业的束缚,将两权分离推向实质性的变革阶段。二是改进国营企业利润分配制度,落实企业经营自主权。通过实行经济责任制、两步利改税政策、拨改贷政策逐步改变国营企业完全依附于政府的现象,改革国家与企业的利润分配关系,显著提高了国营企业的活力和效益。

上述改革实践的主要成效是国营企业开始拥有部分经营管理权,即在保证完成国家计划和服从政府管理决策的前提下,对供产销活动、本企业工作人

---

① 郑海航:《中国国有资产管理体制改革三十年的理论与实践》,《经济与管理研究》2008年第 11 期。

② 黄速建:《国有企业改革的实践演进与经验分析》,《经济与管理研究》2008 年第 10 期。

员的任免和选举情况、用人机制与奖励方式等自行决策,并在国家规定的范围内调整自身生产的产品价格,还拥有部分自留资金支配使用的权利。与前一阶段相比,本时期的国营企业更有能力自负盈亏,不完全受制于政府统收统支的财务政策。

(二) 1988—1997 年:设立国有资产管理局

为从国资监管体制核心的产权关系入手提高国有企业经营活力和经济效益,我国开始改革集中管理的国资监管体制,探索建立适应于市场经济体制的国资监管体制。

1988 年 3 月国务院机构改革,按照"政企分开、两权分离"的要求设立了管理国有资产的职能机构——国家国有资产管理局,由国务院授权其行使国有资产所有者的管理职能,并设立国有资产管理司。随后,按照中央的机构设置方式,地方政府也在省、自治区、直辖市设置国有资产管理局。解决国有企业产权虚设的问题是国务院最初设立国有资产管理局的主要目的,这逐步将原分散在各行政部门的国有资产管理职能集中起来,由国有资产管理局作为代表统一行使国有企业财产所有权。为了进一步分离政府的社会经济管理职能与国有资产管理职能,1993 年 3 月国务院机构改革时再次调整了国有资产管理部门,国家国有资产管理局由国务院直属局变为财政部下设的国家局,专司国有资产管理。

国有资产管理局的设立标志着我国开始探索改革集中管理的国资监管体制,国资监管体制的基本架构尝试从"政府—国有企业"的两层架构向"政府—国有资产管理部门/监督机构—国有资产/国有企业"的三层架构转型(见图 2-2)。1993 年 11 月党的十四届三中全会从国家、政府和企业三个层面提出建立"国家统一所有、政府分级监管、企业自主经营"的国资监管体制。这一国资监管体制的建立,在机构设置上初步实现了政府的社会经济管理职能和国有资产管理职能、国家国有资产所有权与企业经营权的分离。

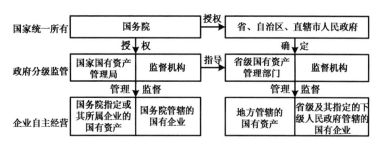

图 2-2　"管企业"为主阶段国资监管体制的基本架构（1988—1997 年）

第一层次是政府,按照"国家统一所有"的原则由国务院统一行使国有资产所有权。企业的国有资产属于全民所有,国家接受全民委托成为国有资产所有者。但国家是一个抽象概念,无法具体行使国有资产所有权,为此国家授权国务院代表国家统一行使。省、自治区、直辖市人民政府根据国务院授权依法对指定的或其所属企业的国有资产经营管理实施监督,但不享有与国有资产所有权相关的权益。

第二层次是国有资产管理部门和监督机构,在国务院统一领导下按照"政府分级监管"的原则行使国有资产的管理和监督职能。国务院设立国家国有资产管理局并授权其行使指定或其所属企业国有资产代表权,以及由国有资产代表权所赋予的国有资产监督管理权、投资和收益权、资产处置权（蒋乐民,1989）。① 同时,省、自治区、直辖市人民政府根据国务院规定设立省级地方国有资产管理局、国有资产管理处或者筹备组。

第三层次是国有资产和国有企业。国有企业按照"企业自主经营"的原则依法独立支配授予其经营管理的国有资产,拥有法人财产权。1994 年 7 月国务院发布的《国有企业财产监督管理条例》强调,要落实企业经营权,国有资产管理部门和监督机构不得干预企业的经营权,逐渐培育企业成为独立法人实体和市场竞争主体。1993 年 2 月中共中央委员会向第七届全国人大常

---

① 蒋乐民:《国家国有资产管理局的基本职责和任务》,《中南财经大学学报》1989 年第 4 期。

委会提出《关于修改宪法部分内容的建议》，将"国营企业"改为"国有企业"，从法律层次上明确全民所有制企业不再采取国家经营的方式，而是由法人主体独立经营。

（三）1998—2002 年：探索授权经营机制

国有资产管理局的设立标志着国资监管体制从集中管理向"管企业"转变。但由于未能真正将原分散在各行政部门的国有资产管理职能集中归属到国家国有资产管理局，这一时期的国资监管体制存在政府的社会经济管理职能和国有资产所有者职能不分，国有资产管理局与经济管理部门和行业主管部门的职能存在重叠与交叉、多个部门分别行使监管职能的多头管理问题。这些问题产生的直接影响是国有资产管理局难以对国有资产和国有企业履行监督职责，这也是 1998 年国务院机构改革时撤销国家国有资产管理局并将其职能并入财政部的主要原因。在推进国资监管机构改革的同时，1999 年 9 月党的十五届四中全会进一步提出建立"国家所有、分级管理、授权经营、分工监督"的国有资产监管和营运机制。这是我国首次以中央文件的形式正式提出"授权经营"的概念，即将国有资产授权给企业集团、大型企业和控股公司经营。由于"授权经营"的提出，这一时期国资监管体制除了"政府—国资监管部门—国有企业"的三层架构外，也出现了"政府—国资监管部门—企业集团、大型企业和控股公司—国有企业"的四层架构（见图 2-3）。

首先，按照"国家所有"的原则，由国务院代表国家统一行使国有资产所有权，省、自治区、直辖市人民政府根据国务院授权，依法监督管理其所管辖区域企业国有资产的经营管理，但不享有所有者权益。与上一时期的国资监管体制相比，尽管将"国家统一所有"改为"国家所有"，但其含义并未发生实质改变，仍是由国务院代表国家对国有资产统一行使所有权。

其次，按照"分级管理"原则，国务院授权管理国有资产的有关部门和省、自治区、直辖市人民政府管理国有资产的有关部门，在国务院统一领导下中央

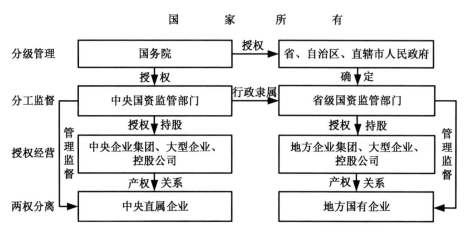

图2-3 "管企业"为主阶段国资监管体制的基本架构(1988—1997年)

政府和地方政府分级行使国有资产的管理职责。尽管这一时期仍然按照"分级管理"的原则管理国有资产,但国有资产的管理职责被分割到资产所属的不同部门行使,从国有资产管理局变为"多头管理"的国资监管局面。从中央层面看,原归属于国家国有资产管理局的国有资产管理职能分别由国家经济贸易委员会、财政部、劳动和社会保障部、国家计划委员会和中央大型企业工作委员会等部门行使。

再次,按照"授权经营"的原则,国有资产管理部门将部分国家直接出资企业的国有产权权利授予企业集团、大型企业和控股公司行使,使其成为国家直接出资企业的出资者。与"管资产"阶段的国有资产经营公司不同,这一时期的企业集团、大型企业和控股公司不是国家授权投资的机构,仅有少数具备条件的企业经政府授权才可以成为国家授权投资的机构。因此,这一时期的"授权经营"仍没有厘清政府与企业集团、大型企业和控股公司之间的经营管理关系,以及企业集团、大型企业和控股公司与成员企业之间的产权关系。

最后,按照"分工监督"的原则,实施稽察特派员制度和监事会制度,从体制机制上加强对国有企业的监督。与上一时期相比,这一时期的"分工监督"主要是创新监督方式。稽察特派员制度是在国有重点大型企业实行财务监督的一种方式,由国资监管机构派出稽察特派员代表国家行使监督权利,评价主要负责人的经营管理业绩,但不得参与、干预被稽察企业的经营管理活动。监事会制度是对国有重点大型企业国有资产保值增值状况实施财务监督的一项制度安排,由国资监管机构派出监事会重点监督企业财务活动及企业负责人的经营管理行为,也不得参与、干预企业的经营管理活动。

二、"管企业"为主阶段国资监管体制的主要特征

经过以上三个时期的探索调整,逐步形成了多头管理为特征的国资监管体制。与"集中管理"为主阶段的监管体制相比,这一阶段的国资监管体制主要有以下特征:

(一) 实施"两权分离"

在集中管理的国资监管体制下,政府作为国资监管的主体集所有权与经营权于一身,制约了国营企业的活力。为充分调动企业生产经营积极性,提高国有资产收益和监管效率,这一时期经历了从承包经营责任制、股份制试点到现代企业制度的一系列改革,以转变企业经营管理机制,推进企业成为自主经营、自负盈亏的独立法人实体和市场竞争主体,并通过建立和完善法人治理结构进一步分离了国有资产国家所有权与企业经营权。

首先,实行承包经营责任制,确定国家与企业的责权利关系,促进两权分离。按照所有权与经营权相分离的原则,1988 年 3 月开始在全民所有制工业企业实行承包经营责任制,以明确国家与企业的责权利关系。通过与政府建立契约关系,国有企业首次在平等、自愿和协商的基础上能够独立作出生产经营决策,这在一定程度上保护了企业作为利益主体以及承包者在企业经营管理中的核心地位,落实了国有企业经营管理自主权。承包经营责任制允许超基数收入留给企业,增强了企业自负盈亏能力和自我发展能力,为国有企业逐渐过渡成相对独立的市场竞争主体提供了物质基础和保障,也为实现国有资

产国家所有权与企业经营权的分离创造了条件。据初步统计,截至 1987 年第二季度,实行承包经营的预算内工业企业达 33312 户,占企业总数的 90%。[1] 虽然这一阶段国有企业的决策主体地位有所显现,但仍未真正成为市场经济的微观经济主体,尤其是承包经营责任制包死基数的做法,使国有企业难以对瞬息万变的市场环境及时作出反应,不能以独立法人身份参与市场竞争,未能真正实现两权分离。

其次,实行股份制试点,明确国家与企业的产权关系,实现两权相对分离。为进一步转换企业经营机制,1992 年 5 月国家经济体制改革委员会等部门联合发布《股份制企业试点办法》,从产权改革视角探索实现两权分离的新路径,国企改革的重心转向股份制试点阶段。截至 1996 年末,全国 100 多家公司制改制企业的资产总额达到 3600.8 亿元,相比于股份制试点前增加了 994.5 亿元,增长 27.6%;所有者权益 1231.8 亿元,相比于股份制试点前增加了 383 亿元,增长 31.1%;企业资产负债率相比于试点前下降了 5.31%。[2] 为了规范股份制试点企业中的国有资产股权管理,1992 年 7 月国家国有资产管理局联合国家经济体制改革委员会共同发布《股份制试点企业国有资产管理暂行规定》,对股份制企业设立时国有股的管理、国有股股权和股权代表的管理、国有股权的收入转让和清算作了规定。相比于承包经营责任制而言,股份制改革更加明确了国家与所出资企业的责权利关系,也解决了国家与所出资企业的产权关系,实现了企业所有权与经营权的相对分离。

最后,建立现代企业制度,改革组织体制制度,保障两权分离。1993 年 11 月党的十四届三中全会明确提出建立适应市场经济要求的现代企业制度。通过建立现代企业制度,一是国家能够以所有者身份拥有股权行使国家所有权,企业以独立法人身份拥有法人财产权行使经营自主权,为实现政企分开提供组织基础。二是国家以出资人身份成为国有企业的股东按出资额享有股东权

---

① 蔡昉、林毅夫:《中国经济:改革与发展》,中国财政经济出版社 2003 年版,第 164 页。
② 董辅礽主编:《中华人民共和国经济史》下卷,经济科学出版社 1999 年版,第 396 页。

利,企业成为享有民事权利、承担民事责任的法人实体,为理顺产权关系提供制度基础。三是企业以包括国家在内的出资者投资形成的全部法人财产依法经营,政府不直接干预企业的生产经营,为企业成为独立法人提供法治保障。四是健全企业法人治理结构,完善三会一层,逐步形成所有者、经营者和职工的激励约束机制,建立企业领导体制和组织管理制度,为国有企业实现科学管理提供机制支撑。

(二) 探索政企职责分开

两权分离与政企分开要解决的核心问题是避免政府直接干预企业生产经营,实现国有企业经营自主权,激发国有企业活力。两权分离侧重于实现企业经营独立化,其目标是完善企业内部经营机制,更偏重经济体制的改革,而这一阶段的政企分开更侧重政府社会经济管理职能的改变,其核心是在国有资产所有权与经营权之间、政府的社会经济管理与国有资产所有权之间、国有资产所有权与国有企业经营管理之间划分职责边界。这不仅需要进行经济体制层面的改革,还需要政治体制层面的改革(韦伟和张飞飞,1988)①。为实现政企职责分开,在两权分离的基础上,这一时期先后经历了放权让利、设立国有资产管理局、授权经营三个时期。

首先,通过放权让利调整国家与企业的利润分配关系,分离国有资产所有权职能与国有资产经营权职能。一是实行经济责任制。经济责任制的核心内容是把企业和个人的经济责任和经济效果同国家经济利益相联系,处理好国家、企业和个人之间的利益关系。经营责任制的实行调动了企业和职工的积极性,使企业从单纯抓生产转向注重经营管理和提高经济效益上来。二是实施利改税政策。通过利改税,进一步调整国家、企业和职工个人三者的利益关系,落实企业经营自主权。利改税政策通过税收固定了国家与企业的利润分

---

① 韦伟、张飞飞:《两权分离与政企分开》,《学术界》1988 年第 4 期。

配关系,企业只需向国家纳税,税后利润完全留给企业自主支配,在保证国家财政收入稳定增长的同时,有利于企业更加充分地行使经营自主权。三是逐步实行利税分流。利税分流把国营企业所得税和税后利润分开:一方面,国营企业作为国有资产经营者按照国家指定的企业所得税法向国家缴纳所得税,体现了国营企业与国家的税收分配关系,与其他企业在平等纳税的基础上自主经营、自负盈亏;另一方面,国家作为国有资产所有者以出资额为限享有国营企业利润,企业自主决定利润留存比例,体现了国家与国营企业的利润分配关系,增强了国营企业活力。

其次,设立国有资产管理局行使国有资产所有者的管理职能,在机构设置上分离政府的社会经济管理职能与国有资产所有权职能。设立国有资产管理局之前,由计划委员会、经济委员会、财政部门和各专业主管部门等部门共同履行社会经济管理、国有资产所有权和国有企业经营管理职能。1988 年 4 月国务院机构改革设立国家国有资产管理局,作为专司管理国有资产的职能机构,其设立目的是将原分散在各行政部门的国有资产管理职能集中,统一行使国有资产所有者的管理职能,在机构设置与组织结构上分离政府的社会经济管理职能和国有资产所有权职能。

最后,组建国家授权投资的机构行使国有资产经营管理职能,促进国有资产所有权与国有企业经营管理职能的分离。尽管国有资产管理部门的设立在机构设置上分离了政府的社会经济管理职能与国有资产所有权职能,但由于其既要履行所有权职能又要负责经营管理,这就要求在国有资产管理部门与国有企业之间增加"隔离带",即组建国家授权投资的机构。从国有资产管理部门看,由国家授权投资的机构履行出资人职责,通过经营管理国有资产,维护国有资产所有者权益,政府不再直接干预国有企业的生产经营;从国家授权投资的机构看,与所出资企业形成以产权为纽带的母子公司关系,作为出资者经营管理国有企业,依法行使选择管理者、重大决策、资产收益等权利。

（三）由直接监管向间接监管转变

"管企业"为主阶段成立了专司国有资产管理的机构,通过放权让利、两权分离、授权经营落实企业经营自主权,为使企业真正成为独立法人实体和市场竞争主体奠定了制度基础。这一阶段国资监管体制改革的重心是转换企业经营机制,把企业推向市场,增强企业经营活力,这就要求国有资产管理部门不能直接干预企业的经营管理,要从"集中管理"为主阶段政府下达行政命令式的直接监管向间接监管转变。这一阶段监管方式的转变主要体现在两个方面,管理方式从行政命令式的直接管理向运用经济、法律手段的间接管理转变,监督方式从直接监督向委派第三方的财务监督转变。

一是强化制度建设,转换企业经营机制。实行承包经营责任制,承包上交国家利润后的部分由企业留存,调动了企业经营者和员工的积极性,增强了企业的自我发展能力。实施股份制改革,国有企业改组为股份有限公司或有限责任公司,按照公司制企业的要求设置股东会、董事会、监事会和经理层,建立健全国有企业法人治理结构。建立现代企业制度,要求企业按照市场需求组织生产经营,在市场竞争中实现优胜劣汰。

二是运用财政手段,调整国家、企业和职工个人三者的利益关系。从利改税政策的"利税并存""以税代利"到实行"利税分流",统一所得税税率,建立了与两权分离产权关系相适应的国家与企业的分配关系和分配形式。按照所有权和经营权相分离的原则,企业以国有资产经营者身份向国家缴纳所得税,国家以所有者身份享有国有企业利润。同时,实行承包经营责任制和经济责任制,在保证国家财政收入逐年增长的基础上以不同形式试行工资总额与经济效益挂钩,处理好企业与职工个人的利益关系,充分调动企业职工生产经营积极性。

三是颁布法律法规,加强国资监管。法律层面,1993 年《公司法》的颁布和 1999 年对《公司法》的修改不断规范国有企业股份制改革。法规层面,先后颁布了《全民所有制工业企业承包经营责任制暂行条例》《国务院关于加强国有资产管理工作的通知》《全民所有制工业企业转换经营机制条例》《国有企业财产监督管理条例》《国务院稽察特派员条例》《国有企业监事会暂行条例》等。

四是转变监督方式,注重财务监督。1999 年 9 月党的十五届四中全会提出,继续通过稽察特派员制度和监事会制度从体制机制上加强对国有企业的财务监督。稽察特派员代表国家对国有企业行使监督权力,对国资监管机构负责,维护国家作为所有者的权益,与被稽察企业是监督与被监督关系。监事会制度是对稽察特派员制度的继承与补充,监事会代表国家对国有资产保值增值状况实施监督,防止国有资产及其权益遭受侵犯,与企业是监督与被监督关系。

第三节　"管资产"为主阶段(2003—2012 年)

虽然经过 1978—2002 年"管企业"为主的国资监管体制调整,但国资监管职能仍分散在政府的不同部门,国资监管体制的突出问题表现为多头管理、政资不分、职责不清(郑海航,2008)[①]。为此,2002 年 11 月党的十六大把改革国资管理体制作为经济体制改革的重大任务,明确提出建立中央和地方分级代表、责权利相统一、管资产和管人、管事相结合的国资管理体制。自此,拉开了我国国资监管体制宏观层面改革的序幕,我国国资监管体制进入了"管资产"为主阶段。

一、新型国资监管体制的初步建立

（一）新型国资监管体制的初步构建

首先,设立专门的国资监管机构明确国资监管主体。一是设立国务院国

---

① 郑海航:《中国国有资产管理体制改革三十年的理论与实践》,《经济与管理研究》2008 年第 11 期。

有资产监督管理委员会。2003 年 3 月根据《国务院机构改革方案》和《国务院关于机构设置的通知》,设立了国务院直属特设机构——国务院国有资产监督管理委员会,根据国务院的授权履行国家出资企业的出资人职责。二是设立地方国有资产监督管理委员会。参照国务院国资委,各省市人民政府相继设立了地方国资委,根据授权履行地方国有企业出资人职责。三是明确各级国资监管机构的指导监督关系。2003 年 5 月国务院颁布的《企业国有资产监督管理暂行条例》明确,国务院国资监管机构履行国家出资企业的出资人职责,各省市国资监管机构履行地方国有企业出资人职责,上级国资监管机构依法指导和监督下级国资监管机构的工作。

其次,制定国资监管相关法律法规赋予国资监管机构职责权利,明确了国资监管机构的主要职责和义务。国资监管机构的主要职责是:对所出资企业履行出资人职责,维护所有者权益;对企业改革和重组予以指导推进;依法向企业派出监事会;根据法定程序任免、考核和奖惩企业负责人;监督企业国有资产的保值增值等。国资监管机构的主要义务是:调整国有经济布局和结构;提高国有经济在关系国民经济命脉和国家安全领域的控制力和竞争力;探索有效的国资经营体制和方式;促进完善企业法人治理结构;维护企业经营自主权;解决企业改革和发展中的困难和问题等。同时明确了国资监管机构享有资产收益、重大决策和管理者选择等权利。

最后,组建国有资产经营公司经营管理国有资产。国资监管机构授权具备条件的国有独资企业或公司,经营、管理和监督其全资、控股和参股企业中国家投资形成的国有资产。根据这一规定,国资监管机构授权国有独资企业或独资公司组建国有资产经营公司,委托其行使出资人职责,对其所出资形成的国有资产进行经营和管理,形成了与国有资产经营公司之间的委托授权关系;国有资产经营公司将国有资产投入到所出资企业,与所出资的全资、控股、参股企业形成了以产权为纽带的母子公司关系(胡改蓉,2008)。①

(二) 新型国资监管体制的基本架构

完成上述宏观层面的国资监管体制改革后,初步建立了三个"三"的国资监管体制基本架构,如图2-4所示。

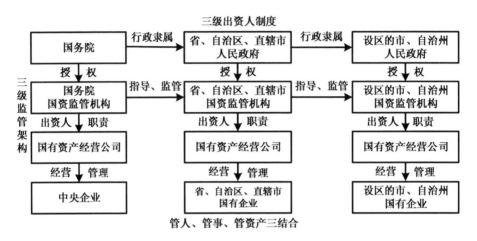

图2-4 "管资产"为主阶段国资监管体制的基本架构

第一个"三"是从监管主体看,建立了由中央政府和地方政府分别履行出资人职责的三级出资人制度。三级出资人制度,是指从国务院对国有资产行使所有者职能的"国家统一所有、地方分级管理"原则,转为中央和地方政府分别履行出资人职责的"国家所有、分级代表"原则。首先,"三级"是指根据政府的行政隶属关系分别设立国务院,省、自治区、直辖市,设区的市、自治州人民政府的三级国资监管机构。其次,上级政府国资监管机构与下级政府国资监管机构不是行政隶属关系,而是指导和监督的关系。三级出资人制度的确立,从体制上明确了国资监管主体,有利于发挥地方政府国资监管的积极性和有效性。

① 胡改蓉:《构建本土化的国有资产经营公司》,《法学》2008年第6期。

第二个"三"是从委托代理链条看,形成了"国资监管机构—国有资产经营公司—国有企业"的三层国资监管架构。第一层是国资监管机构,是履行出资人职责的主体。切实做到不缺位、不越位和不错位是国资监管机构履行出资人职责的关键所在(郭国荣和黄江宁,2004)①。第二层是国有资产经营公司,是在国资监管机构与国有企业之间设立的特殊企业法人。第三层是国有企业,是建立现代企业制度的独立法人实体。三层国资监管架构的建立,从体制上明确了各层级主体对国有资产管理的职责权限,有利于进一步实现政资分离和政企分开。

第三个"三"是从监管内容看,履行出资人职责的国资监管机构对所出资企业实行"管人、管事、管资产"三结合的统一管理。"三结合"是指将原分散在不同政府部门的多个监管内容统一到履行出资人职责的国资监管机构,由国资监管机构统一行使管人、管事、管资产的权利。其中,管人是指国资监管机构对企业负责人的选用机制和激励约束机制;管事是指国资监管机构对企业重大事项的决策管理;管资产是指国资监管机构对企业国有资产的管理。"管人、管事、管资产"相结合是有效落实"权利、义务、责任"相统一的前提,也是保障国资监管机构充分行使出资人职责的基础。

二、"管资产"为主阶段国资监管体制的主要特征

"管资产"为主阶段国资监管体制改革的重要举措是成立了专门的国资监管机构——国资委。国资委的成立将分散在不同政府部门的多个监管职责统一到由特设专门机构履行出资人职责,政府不再直接管理国有企业,初步构建了"国资监管机构—国有资产经营公司—国有企业"的三层国资监管架构。这一阶段的国资监管体制主要有以下特征:

---

① 郭国荣、黄江宁:《国有资产管理体制改革的制度设计和政策走向》,《宏观经济研究》2004 年第 7 期。

（一）监管主体由政资不分转向政资分离

从国资监管的委托代理链条看，"管资产"为主阶段的国资监管架构从"全体人民—政府—国有企业"转变为"全体人民—政府—国资监管机构—国有企业"。国资监管链条的这一转变使委托代理关系由两个层次变为三个层次：第一层次表现为政治委托关系，全体人民委托政府代为管理国有资产，这一层关系的形成与国家基本政治经济制度相关联；第二层次表现为行政委托关系，政府委托专门的国资监管机构履行出资人职责，这一层关系的形成与政府的行政体制改革相关联；第三层次表现为经济委托关系，国资监管机构负责监督和管理国有资产，这一层关系的形成与国家经济体制及其运营机制的改革相关联（张治栋和樊继达，2005）。[1]

由于"管企业"为主阶段的国资监管体制存在多头管理、政资不分、职责不清等突出问题，因此这一阶段国资监管体制改革首先触及的是委托代理链条的第二层关系，其目的是通过建立出资人制度更大程度分离政府的社会公共管理职能与国有资产出资人职能。为了实现这一目标，此次国资监管体制改革主要涉及委托代理链条第二层关系的两个关键问题：一是接受全体人民委托的政府应如何保证出资人职责的履行做到不缺位、不越位、不错位；二是管理不同类型企业的中央和地方政府应如何发挥地方国资监管机构的积极性和有效性。为此，该阶段从设立履行出资人职责的机构、划分出资人职责与监管职责以及明确中央与地方国资监管权限三个方面展开国资监管体制改革。

首先，设立履行出资人职责的机构，实现政府部门与国资监管机构的分离。此次国资监管体制改革第一步是通过政府行政体制改革，在政府与国有资产经营主体之间设立政府的直属特设机构——国资监管机构，作为专门履行出资人职责的主体。在这一监管体制下，政府与国资监管机构建立了第二

---

① 张治栋、樊继达：《国有资产管理体制改革的深层思考》，《中国工业经济》2005年第1期。

层次的委托授权关系,作为行使国有资产所有权的主体代表国家委托授权国资监管机构对其出资企业履行出资人职责,但不行使社会公共管理职能。从机构设置上看,出资人职责机构的设立保证了出资人的到位,即政府部门只履行社会公共管理职能,而由国资监管机构专门履行国有资产出资人职责。

其次,划分出资人职责与监管职责,分离政府社会公共管理职能与国有资产出资人职责。尽管 2008 年 10 月由第十一届全国人大常委会第五次会议通过的《企业国有资产法》赋予国资监管机构资产收益、重大决策和管理者选择等出资人权利,但同时也要求国资监管机构不得干预企业经营活动。同时,《企业国有资产监督管理暂行条例》要求国资监管机构负责国有资产基础管理工作、国有资产产权交易监管等监管职责。可见,法律法规明确划分了国资监管机构的出资人职责和监管职责,从职责界定上保证出资人的不错位、不越位。

最后,明确中央与地方政府国资监管的权限,以权责匹配提升地方政府监管国有资产的积极性和有效性。一是中央与地方政府分级代表。这在一定程度上解决了地方国有企业出资人不到位的情况,改变了"国家统一所有、地方分级管理"的国资监管体制。二是明确中央与地方政府国资监管的范围。国务院的监管范围是国民经济和国家安全、基础设施和自然资源等的重要领域,除此以外的国有企业由地方政府负责监管。三是确定中央政府与地方国资监管机构的关系。上级国资监管机构依法指导和监督下级国资监管机构的工作。地方政府出资人职责的明确使地方政府由原来的经营者变为出资人,有利于减少委托代理层级,发挥地方政府国资监管的积极性和有效性。

(二) 监管方式由行政型管理转向市场化管理

国资监管委托代理链条第二个层次改革的核心是政资分离。政资分离为政企分开提供了体制前提,只有政资分离才能保证出资人职责的不错位,进而实现国资监管的不越位。同时,要真正实现政资分离,履行好出资人职责,国资监管机构必须坚持政企分开,不得干预企业的生产经营活动。因此,这一阶段国资监管体制的改革除了触及国资监管委托代理链条第二个层次的改革,还涉及国资监管委托代理链条第三个层次的改革,其目的是在所有权与经营权分离的基础上进一步实现政企分开,提高国有企业运营效率。这需解决两个关键问题:一是如何避免国资监管机构对国有企业生产经营活动的直接干预;二是如何实现国资监管机构对国有资产的有效运作。为此,从国资监管委托代理链条第三个层次上看,国资监管体制改革主要体现在逐渐从行政型管理向市场化管理转变。

首先,组建国有资产经营公司,提高国资监管效率。此次国资监管体制改革在委托代理链条第三层次"国资监管机构—国有企业"的国有资本经营委托关系中,通过设立中间层使第三个层次的委托代理链条变为"国资监管机构—国有资产经营公司—国有企业",在一定程度上提高了国资监管的效率。一是在国资监管机构与国有企业之间组建国有资产经营公司履行出资人职责,分离了国有资产出资人所有权职能与国有企业经营管理职能,避免国资监管机构对国有企业生产经营活动的直接干预。二是组建的国有资产经营公司是具有市场主体地位的法人企业,专注于国有资本的运营,而不从事具体的生产经营活动。一方面,国资监管机构可以根据国有企业的数量、规模和行业等因素组建相应的国有资产经营公司;另一方面,组建的国有资产经营公司通过聘任专业的资本运营和管理人才从事国有资产运营,以实现专业化经营和管理国有企业。因此,通过组建国有资产经营公司,国资监管机构不再直接经营和管理国有企业,在实现政企分开的基础上提高了国资监管机构的监管效率。

其次,以产权为纽带履行出资人职能,运营和管理国有资产。国有资产经营公司作为国资委推进企业重组和运营国有资本的重要平台,与所出资企业形成投资与被投资关系,通过产权管理实现资本运作。国有资产经营公司的主要职责:一是按照《公司法》等法律法规选派股东代表,在所出资企业中履行所有者职能,参与所出资企业的公司治理,建立健全国有企业董事会、监事会和经理层。二是侧重从实物形态的资产管理向侧重价值形态的资本管理转变,通过持有、转让、出售、重组其所出资企业的国有产权,运用产权交易从事国有股权管理和资本经营活动。国有资产经营公司的组建将国有资产的监管与经营分开,政府与国有企业的行政隶属关系开始转变为按投入资本享受所有者权益的资本纽带关系,更有利于实现国有资产的有效运作(沈志渔和林卫凌,2005)。[1]

最后,探索以市场化方式管理企业,提高国有资产配置效率。由于国有资产经营公司以国有产权享有出资者权益,通过运营国有产权实现对国有资产的管理,这就要求将以行政方式管理国有资产,转变为对国有产权的管理和交易。这一阶段的国资监管体制改革开始尝试建立与国有产权运营相适应的管理制度和市场机制,运用市场化方式管理国有资产。管理制度方面,主要是颁布了与国有产权市场交易有关的法规规章;市场机制方面,主要是开展股权分置改革和实施股权激励。

(三)　监管内容由管企业转向管资产和管人、管事相统一

2002 年 11 月党的十六大明确提出建立管资产和管人、管事相结合的国资监管体制,以实现从管企业到管资产的国资监管体制转型。这一转型要求国资监管机构按照出资人职责管理国有资产,以出资额为限行使相应的权利、责任和义务的"三统一",按出资形成的国有资产实现管资产和管人、管事的"三结合"。《企业国有资产监督管理暂行条例》进一步明确了国资监管机构在"企业国有资产管理"、"企业重大事项管理"和"企业负责人管理"等方面的职责、权利和义务。《企业国有资产法》从法律层面明确了国资监管机构作为履行出资人职责的机构对国家出资企业的资产收益权、重大决策权和管理者选择权等出资人权利。因此,这一阶段国资监管体制的改革主要是建立国

---

① 沈志渔、林卫凌:《国有资产监管体制的制度变迁及目标模式》,《新视野》2005 年第 1 期。

有资产管理体系。

首先,从管资产来看,主要是以出资人身份加强国有资产的产权管理,包括基础管理、交易管理和收益管理。国有资产基础管理的目的是通过加强产权界定、产权登记、资产评估、清产核资、资产统计、综合评价等的管理,防止国有资产流失。国有资产交易管理的目的是规范国有资产的产权转让、资本运营等的管理,促进国有资产的合理流动。国有资产收益管理是对国家以所有者身份取得投资收益的管理,保证国家依法享有国有资产的收益权。

其次,从管人来看,主要是按照建立现代企业制度的要求围绕国有企业劳动、人事和分配进行制度改革,包括选拔任用制度、业绩考核评价制度和薪酬分配制度。选拔任用制度改革的核心是把党管干部与市场化选聘机制相结合,创新国有企业经营者的激励约束机制。业绩考核评价制度是通过建立年度考核和任期考核指标评价体系,对国有企业负责人经营业绩进行考核,为选拔任用国有企业经营者提供决策依据。薪酬分配制度是在对国有资产经营业绩进行考核评价的基础上,将考核评价结果与国有企业经营者薪酬相结合,调动国有企业经营者的积极性。

最后,从管事来看,主要是通过产权关系对国有企业的重大决策行为进行管理,包括重大事项管理、重大投融资管理和发展战略规划管理。重大事项管理是对所出资企业合并、分立、改制、上市、国有股权转让等重大事项的管理,将国有资本更多地聚焦重点发展以及必须保持控制力的行业和领域。重大投融资管理是对国有企业投融资总量、方向、收益和成本等投融资行为的管理,将国有资本更多地聚焦国有经济具有竞争优势和可能形成产业主导的领域。发展战略规划管理是对国有企业在未来一定时期内发展战略的方向性、整体性、全局性等战略规划的定位、目标和实施方案的管理,将国有资本更多地向国有企业主业集中。

（四）法规制度从分散制度转向制度体系建设

"管资产"为主阶段的国资监管体制与"管企业"为主阶段有着明显区别：从监管主体看设立了国资监管的专门机构；从监管职责看以出资人身份行使出资人权利、责任和义务；从监管方式看探索市场化管理；从监管内容看管资产和管人、管事相结合。基于此，亟须构建一套与"管资产"为主的国资监管体制相适应的法律法规制度体系，从法律法规制度建设上为依法履行出资人职责提供法治保障，也为进一步推进国资监管体制改革提供制度保障。这一阶段，国家和地方政府颁布了一系列与国资监管相关的法律法规，与已有的法律法规构成了国资监管的制度体系。

从国资监管制度体系的法规层级看，形成了法律、法规、规章、细则等的制度体系，如图2-5所示。《企业国有资产法》是我国第一部针对国资管理制定的法律，《企业国有资产监督管理暂行条例》也是我国第一部针对国资管理制定的行政法规。这一阶段，国务院国资委还制定了一系列与国资监管相关的部门规章。除了中央层面制定的各类国资监管法律法规规章外，地方国资监管机构和地方政府根据中央文件结合各地国资监管模式和国有企业特征，还制定了地方国资监管的实施办法、实施细则和配套文件。

从国资监管制度体系的内容看，涉及国有资产管理和国有资产监督两个方面的制度。国有资产管理相关的文件主要涉及管资产、管人和管事等方面的内容。管资产相关的文件主要涉及国有资产基础管理、国有资产交易管理和国有资产收益管理等内容；管人相关的文件主要涉及选拔任用、业绩考核和薪酬分配等内容；管事相关的文件主要涉及重大事项管理、重大投融资管理和发展战略规划管理。国有资产监督相关的文件主要包括监督主体、监督内容和监督方式。监督主体相关的文件主要涉及监管机构与职责等内容；监督内容相关的文件主要涉及外部监督和监督检查等内容；监督方式相关的文件主要涉及责任追究和监督信息化管理等内容。

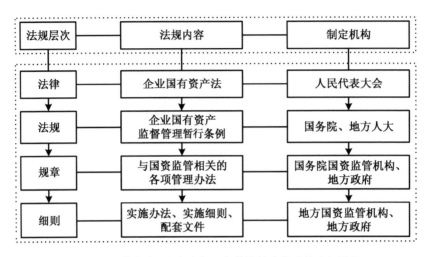

图 2-5 "管资产"为主阶段国资监管制度体系的法规层级

从国资监管制度体系的适用范围看,既有国务院国资监管机构针对中央企业制定的相关规章制度,也有地方国资监管机构和地方政府制定的适用于地方国有企业的相关规章制度;除了针对一般性国有企业制定的相关规章制度外,还有针对国有金融企业和国有文化企业制定的相关规章制度;除了适用于境内国有企业的相关规章制度,还有针对境外国有资产监督管理的相关规章制度。

从国资监管制度体系的发文数量看,以《企业国有资产监督管理暂行条例》为基础,国家层面共制定发布 16 个规章 80 余件规范性文件,地方层面制定了 1200 多件规范性文件;此外,2003 — 2004 年,清理或修订 200 多件涉及国资监管的法规规章制度。[1] 2003—2014 年仅国资委就发布了 27 项部门规章和 326 项规范性文件。[2]

---

① 郑海航:《中国国有资产管理体制改革三十年的理论与实践》,《经济与管理研究》2008 年第 11 期。

② 苏桂峰、彭海壴:《完善国资管理体制》,《中国金融》2016 年第 4 期。

第四节　"管资本"为主转型阶段（2013 年至今）

2013 年 11 月党的十八届三中全会强调以管资本为主加强和完善国资监管，至此，我国国资监管体制进入了"管资本"为主的转型阶段。

一、国资监管体制的转型完善

从实际运行情况看，"管资产"为主的国资监管体制仍存在政资政企分开不到位、国有资产经营公司法律地位不明晰、国有资产经营公司未真正拥有法人财产权、国有资本运营效率不高等主要问题（胡迟，2017）[①]。为了解决国资监管体制存在的这些问题，2013 年以来，我国颁布了一系列与国有资产管理体制、国有资本授权经营等国资监管相关的顶层设计，我国进入到了以"管资本"为主的国资监管体制转型完善阶段。与上一阶段的国资监管体制相比，以"管资本"为主的国资监管体制的转型主要体现在授权经营、监管架构、监管内容等方面。图 2-6 列示了"管资本"为主阶段国资监管体制的基本架构。

"管资本"为主国资监管体制转型的核心和关键是改革授权经营体制。改组组建国有资本投资运营公司作为授权经营体制改革的关键，中央和地方层面积极展开了相关改革试点。为加快推进国有资本投资运营公司的改革试点工作，从履职目标、管控模式、管控方式、功能作用、组建方式、授权机制、治理结构、考核机制等方面全方位规范并区分了国有资本投资运营公司的改组组建及其运营管理（见表 2-1）。国有资本投资公司以管控战略目标和财务效益为主，侧重国有资本的战略布局，主要通过产业培育和资本运作培育国有企业核心竞争力，以国有经济控制力和影响力为主要任务和目标；国有资本运营公司以管控财务为主，注重国有资本的运营效率，主要通过培育孵化和股权

[①]　胡迟：《国有资本投资、运营公司监管的新发展与强化对策》，《经济纵横》2017 年第 10 期。

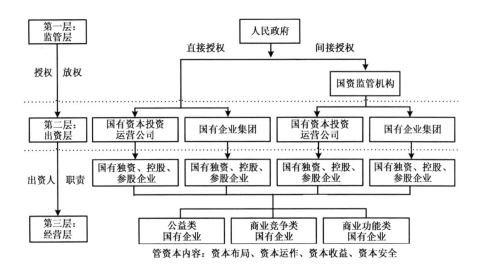

图 2-6 "管资本"为主阶段国资监管体制的基本架构

运作有效盘活国有存量资产,以实现国有资本合理流动和保值增值为主要任务和目标。

表 2-1 国有资本投资公司与国有资本运营公司的比较

项目	国有资本投资公司	国有资本运营公司
履职目标	服务国家战略、优化国有资本布局、提升产业竞争力	提高国有资本运营效率和收益回报
管控模式	战略性控股为主	财务性持股为主
管控方式	开展投资融资、产业培育和资本运作等	股权运作、基金投资、培育孵化、价值管理、有序进退等
功能作用	发挥投资引导和结构调整作用,推动产业集聚和转型升级,培育核心竞争力和创新能力,着力提升国有资本控制力和影响力	盘活国有存量资产,带动社会资本发展,实现国有资本合理流动和保值增值
组建方式	改组和新设	
授权机制	政府直接授权模式(政府直接对其进行考核和评价) 国资监管机构授权模式(国资监管机构对其进行考核和评价)	

项目	国有资本投资公司	国有资本运营公司
治理结构	由政府或国资监管机构授权国有资本投资运营公司董事会行使股东会部分职权，并设立党组织、董事会、经理层	
考核机制	对所持股企业考核侧重于执行公司战略和资本回报情况	对所持股企业考核侧重于国有资本流动和保值增值情况

从授权经营看，为了加快推进国有资本授权经营体制改革，2019 年 4 月《国务院关于印发改革国有资本授权经营体制方案的通知》要求，出资人代表机构切实减少对国有企业的行政干预，加快转变职能和履职方式。从授权模式看，分为政府直接授权和国资监管机构间接授权。政府直接授权是指政府直接授权国有资本投资运营公司或国有集团企业履行出资人职责；国资监管机构间接授权是政府授权国资监管机构依法对国有资本投资运营公司或国有集团企业履行出资人职责，国有资本投资运营公司或国有集团企业对授权范围内的企业履行出资人职责。从授权对象看，授权主体是出资人代表机构，授权对象是国有资本投资运营公司或国有集团企业，管理视角从国有资产转变为国有资本。从授权放权内容看，给予授权对象不同范围、不同程度的授权放权，从经营权、法人财产权向股东权利转变。向国有资本投资运营公司下放战略制定和主业管理、人员选聘和股权激励、工资总额和重大财务事项管理等权利；向集团企业要求充分落实企业经营自主权，依据股权关系参与公司治理。

从监管架构看，由于授权模式有政府直接授权和国资监管机构间接授权，授权对象包括国有资本投资运营公司或国有集团企业，因此以"管资本"为主的三层国资监管架构共存在四种授权模式，即直接授权的"政府—国有资本投资运营公司/国有集团企业—权属企业"模式和间接授权的"政府—国资监管机构—国有资本投资运营公司/国有集团企业—权属企业"模式。第一层是监管层，是政府履行国有资产监管职能的出资人代表机构。第二层是出资层，是在授权范围内履行出资人职责的国有独资公司，是以产权为基础、以资本为纽带的国有资本市场化运作的专业平台。第三层是经营层,多数是引入民营资本、外资等非国有资本后,按照现代企业制度要求从事生产经营的混合所有制企业。

从监管内容看,2013 年 11 月党的十八届三中全会将完善国有资产管理体制作为改革重点,明确在以"管资本"为主加强国资监管的同时,转变国资监管职能。2017 年 4 月发布推进监管职能转变的实施方案,提出强化规划投资监管、国有资本运营和激励约束三项管资本职能,落实保值增值责任。2019 年 11 月《关于印发〈国务院国资委关于以管资本为主加快国有资产监管职能转变的实施意见〉的通知》要求,国资监管机构以"管资本"为主,从国有资本的功能作用发挥、运营效率提高、保值增值实现以及防止国有资产流失和引领国有企业高质量发展等方面加快职能转变。2022 年 10 月党的二十大报告进一步指明了国资监管的主攻方向,以推进中国式现代化为根本动力,加快国有经济布局优化和结构调整,推动国有资本和国有企业做强做优做大,提升企业核心竞争力。

二、"管资本"为主阶段国资监管体制的主要特征

这一阶段通过改组组建国有资本投资运营公司,国资监管基本架构转变为以直接授权为特征的"政府—国有资本投资运营公司/国有集团企业—权属企业"模式和以间接授权为特征的"政府—国资监管机构—国有资本投资运营公司/国有集团企业—权属企业"模式,国资监管体制开始从"管资产"向"管资本"转型。这一阶段的国资监管体制主要有以下特征:

(一) 制度体系:注重顶层设计

不论是"集中管理"为主阶段,还是"管企业"和"管资产"为主阶段,国资国企改革大多围绕完善国有企业制度与公司治理结构等微观治理层面进行,较少涉及国资国企改革宏观层面的顶层制度设计。2013 年 11 月党的十八届

三中全会提出积极发展混合所有制经济,完善国资管理体制之后,2015年中共中央、国务院对国资国企改革作出了重大战略部署,围绕国资国企改革形成了"1+N"的政策体系。在国资监管相关制度体系方面,从经营性国有资产统一监管、不同行业国有资产管理、国有资产监管制度等宏观制度层面进行了顶层设计。

这一阶段,除了继续完善经营性国有资产管理,还进一步加强行政事业单位的国有资产管理。2015年12月财政部提出了构建从"入口"到"出口"全生命周期的行政事业单位资产管理体系;2021年2月国务院颁布《行政事业性国有资产管理条例》,要求对行政事业性国有资产,实行政府分级监管,各部门及其所属单位直接支配的管理体制。2018年5月首先对中央党政机关和事业单位展开经营性国有资产集中统一监管的试点工作,并要求在推进试点工作过程中坚持政企分开、政资分离、所有权与经营权分离原则的同时,理顺中央党政机关和事业单位同所办企业关系。全国各省、市国资委也都陆续开展了省属、市属经营性国有资产统一监管的工作。

一般性国有企业、国有金融企业和国有文化企业履行出资人职责的机构不同,国资监管体制也有所不同,这一阶段对三类企业国有资产制定了专门的国资监管体制改革文件。针对一般性国有企业,2015年10月《国务院关于改革和完善国有资产管理体制的若干意见》要求,以管资本为主推进授权经营体制改革,转型国资监管体制;针对国有文化企业,2015年9月中共中央办公厅、国务院办公厅印发《关于推动国有文化企业把社会效益放在首位、实现社会效益和经济效益相统一的指导意见》要求,国有文化企业把社会效益放在首位,建立健全实现社会效益和经济效益相统一的体制机制;针对国有金融企业,2018年6月《中共中央　国务院关于完善国有金融资本管理的指导意见》要求优化管理制度、完善国有金融资本管理体制。

自国资监管体制向管资本转型以来,国务院陆续颁布了国资监管宏观层面的顶层制度。构建国资监管格局方面,2019年11月国务院国资委发布《关于进一步推动构建国资监管大格局有关工作的通知》,为构建国资监管大格局、形成国资监管一盘棋作出了统一部署。加强监管职能转变方面,2017 年 4 月和 2019 年 11 月先后发布推进和加快国资监管职能转变的方案和意见,进一步明确了国资监管职能转变方向和要求。改革授权经营体制方面,2019 年 6 月提出了授权经营体制改革的方案,明确了改革授权经营体制的主要举措。健全国资监管法规制度方面,2016 年 8 月《国务院国资委推进国资监管法治机构建设实施方案》,提出了完善国资监管法规制度体系的具体措施。强化国有资产监督工作方面,2015 年 10 月《国务院办公厅关于加强和改进企业国有资产监督防止国有资产流失的意见》,从企业内部监督、出资人监督、审计监督、巡视监督、纪检监察、社会监督等方面对加强和改进国有资产监督提出了要求。

(二) 监管内容:以"管资本"为主

以"管资产"为主的国资监管体制强调"企业负责人管理"、"企业重大事项管理"和"企业国有资产管理",侧重微观层面的国有资产管理。从"管资产"向"管资本"转型是对"管资产"的提升和深化,是在静态追求微观层面国有资产保值增值的基础上,按照现代企业制度和市场经济体制的要求,以资本为纽带、以产权为基础,在动态调整过程中侧重宏观层面的国有资本布局,意味着国资监管体制从注重资产经营、保值增值向强化资本运作、功能发挥转变。这主要表现为资本布局优化、资本运作规范、资本收益管理和资本安全维护等方面。

首先,加强资本布局整体布控,发挥国有资本功能作用。一是推进战略性重组和专业化整合,引导国有资本更多聚焦国家安全、国民经济和国计民生的重要行业和关键领域,投向前瞻性战略性新兴产业,做强做优做大国有资本;二是通过清理退出不具备优势的非主营业务和低效无效资产,强化国有企业的战略规划、主业管理和控制非主业投资比例,引导国有企业聚焦主责主业,做强做优做大国有企业。

其次,强化资本规范运作,提高国有资本运营效率。在加强国有资产基础管理工作的基础上加快打造市场化专业平台,促进国有资本合理配置。一是通过改组组建国有资本投资公司开展投资融资、产业培育和资本运作的方式,融合产业资本与金融资本,推动产业集聚和转型升级。二是通过改组组建国有资本运营公司开展股权运作、基金投资、培育孵化、价值管理、有序进退的方式,推进国有资本有效流动。

再次,优化资本收益管理,促进国有资本保值增值。一是合理确定业绩指标,充分发挥考核导向作用,完善激励约束机制,推动企业高质量发展,对不同企业、不同行业、不同层级的国有企业实行差异化考核。二是合理使用国有资本收益,健全国有资本经营预算制度,完善国有资本经营预算收益与支出管理。

最后,维护国有资本安全,防止国有资产流失。一是加强全部业务领域,尤其是关键业务、重点领域、重要环节以及境外国有资产的监督。二是完善问责机制,加大违规经营投资责任追究力度。三是建立出资人、纪检监察、巡视、审计以及社会监督的协同联动,切实防止国有资产流失。

(三) 监管方式:更多运用市场化法治化监管

国资监管从"管资产"向"管资本"转型,其目的是使国资监管机构专注于国有资本布局结构调整,通过改组组建国有资本投资运营公司提高国有资本运营效率,真正确立国有企业市场主体地位。为实现这一转型目的,必须改进国资监管方式,从行政化监管方式向市场化、法治化监管转变。这一阶段,市场化、法治化监管方式的运用主要体现在以下三个方面:

宏观层面,国资监管机构加大授权放权力度。一是国资监管机构通过建立监管权力清单和责任清单,开展授权放权,转变国资监管机构职能。2018年《国务院国资委出资人监管权力和责任清单(试行)》,明确了 9 大类 36 项权责事项。2019 年 6 月《国务院国资委授权放权清单(2019 年版)》,进一步加大对中央企业,综合改革试点企业,国有资本投资运营公司和特定企业共35 项授权放权事项。二是通过制定负面清单管好投资方向,引导企业围绕主责主业,更多聚焦国家安全、国民经济和国计民生的重要行业和关键领域,优化调整国有资本布局结构。

中观层面,国有资本投资运营公司加强市场化运作。首先,从企业性质看,两类公司是独立享有权益、承担风险的市场主体。两类公司是依法自主开展国有资本运作的国有独资公司,对所持股企业行使股东权利,以出资额为限承担有限责任。其次,从功能定位看,两类公司是国资监管机构与国有企业之间市场化运作的专业平台,两类公司通过市场化经营机制激发国有企业活力,促进国有企业各类要素资源的有效配置,实现国有资本布局结构的优化调整。再次,从治理结构看,两类公司按照《公司法》等法律法规的要求,建立法人治理结构。两类公司按照建立现代企业制度的要求,设立党组织、董事会和经理层,清晰界定各治理主体的权责边界和决策执行监督机制。最后,从运营机制看,两类公司按市场化方式经营。两类公司采用市场化改革思路,加大在投融资管理、选人用人、考核评价、管控模式等方面的市场化经营程度。

微观层面,国有企业法治建设和市场化经营机制。一是进一步完善现代企业制度,改进国有企业法人治理结构,全面提升依法治企能力。二是以市场化为导向,分别打造管理人员、员工和收入能上能下、能进能出和能增能减的市场化机制。企业领导人员管理制度方面,推行职业经理人制度,按市场化方式选聘和管理职业经理人;企业薪酬分配制度方面,通过市场化选聘的经理人推行相匹配的薪酬分配机制;企业内部用人制度方面,实行合同管理和岗位管理相结合的市场化用人制度。

(四) 监管方法:分类实施监管

2015 年 10 月《国务院关于改革和完善国有资产管理体制的若干意见》要

求,按照不同功能定位对国有企业实施分类监管。基于这一要求,2015年12月《国资委 财政部 发展改革委关于印发〈关于国有企业功能界定与分类的指导意见〉的通知》(以下简称《分类指导意见》)明确,按照功能作用和主业范围将国有企业分为商业类和公益类,商业类又分为商业一类和商业二类。商业一类是主业处于充分竞争的行业和领域;商业二类是主业处于国家安全、国民经济命脉的重要行业和关键领域、承担重大专项任务。2022年12月中央经济工作会议强调坚持分类改革方向,处理好国有企业经济责任和社会责任关系。表2-2列示了公益类、商业一类和商业二类国有企业在功能定位、股权设置、发展方向、分类监管和分类考核的基本要求。以这两个文件为基础,在战略规划、资本运作、人员选用、业绩考核等方面实行了分类监管。

表2-2 国有企业功能界定与分类

项目	公益类	商业一类	商业二类
功能定位	保障民生、服务社会、提供公共产品和服务	增强国有经济活力、放大国有资本功能、实现国有资产保值增值	
			保障国家安全和国民经济运行
股权设置	采取国有独资形式,也可推行投资主体多元化,鼓励非国有企业参与经营	通过引入非国有资本实现股权多元化,国有资本可绝对控股、相对控股或参股	保持国有资本控股地位,支持非国有资本参股
发展方向	根据任务和社会发展要求加大国有资本投入,提高公共服务质量和效率	培育一批具有创新能力和国际竞争力的国有骨干企业	
		优化国有资本投向,推动国有产权流转,发展有竞争优势的产业,及时处置低效、无效及不良资产,提高市场竞争能力	合理确定主责主业,加大国有资本在服务宏观调控、保障安全和国民经济运行等方面的投入
分类监管	重点监管公共产品和公共服务的质量和效率,加大信息公开力度,接受社会监督	重点管好资本布局、资本回报、资本运作和资本安全	
		重点监管集团企业,落实董事会的重大决策权、选人用人权、薪酬分配权,保障经理层经营自主权,推行职业经理人制度	重点监管国有资本布局,引导国有企业突出主业,服务国家重大战略和宏观调控政策

项目	公益类	商业一类	商业二类
分类考核	加强对成本控制、产品质量、服务水平、营运效率和保障能力的考核,有区别地考核不同特点企业的经营业绩和国有资产保值增值,要引入社会评价	根据不同特点企业的经济效益和社会效益制定差异化考核标准,推进年度和任期考核、结果考核与过程评价、考核结果与奖惩措施考核制度的建立	合理确定经营业绩和保值增值的权重,重点考核国家战略、安全和经济运行、前瞻性战略性产业
		加强对经营业绩指标、国有资产保值增值和市场竞争能力的考核	

战略规划制定方面,以发布投资项目负面清单的方式分类实施监管。禁止类项目一律不得投资;特别监管类项目需报国资监管机构审核把关;负面清单外项目可以由企业根据战略规划自主作出决策。

资本运作模式方面,改组组建国有资本投资运营公司,分类授权放权。一是出资人代表机构向两类公司或集团企业分类授权放权。对两类公司授权放权的内容主要包括战略规划和主业管理、选人用人和股权激励、工资总额和重大财务事项管理等权利;仅对集团企业层面实施监管或依据股权关系参与公司治理,对集团企业充分落实企业经营自主权,不干预集团企业所属企业生产经营的具体事项。二是两类公司或集团企业对所投资企业分类授权放权,做到层层"松绑",充分激发各层级主体活力。

人员选用机制方面,对国有企业负责人实施分类分级管理。一是根据企业类别和层级实行选任制、委任制、聘任制等不同选任制度,建立国有企业领导人员分类分层管理制度。二是根据企业功能性质和负责人选任方式突出不同考核重点,建立负责人经营业绩的差异化薪酬分配管理制度。

经营业绩考核方面,根据企业功能性质,分类考核。一是根据功能定位分别对公益类、商业一类、商业二类企业设置经营业绩考核评价指标。公益类企业把社会效益放在首位,重点考核产品服务、成本管控、运营效率和保障能力;

商业一类企业注重资本运营效率的提高,重点考核经营效益、资本回报和竞争能力;商业二类企业在保证国有资本保值增值的基础上重点考核国家战略、国家安全和经济运行的保障,前瞻性战略性产业的发展以及重大专项任务的执行情况。二是建立特殊事项管理清单制度。将保障国家安全、提供公共服务、发展重要前瞻性战略性产业和实施“走出去”重大战略项目作为考核指标确定和结果核定的重要参考依据。三是对不同行业、不同类型国有企业实行分类管理并动态调整资产负债约束指标标准。

第五节　国资监管体制沿革的内在逻辑

新中国成立 70 多年来,我国国资监管体制经历了“集中管理”为主、“管企业”为主、“管资产”为主和“管资本”为主四个阶段;国资监管基本架构从“政府—国有企业”的两层架构逐渐转变为“政府—国资监管机构—国有资本投资运营公司/国有集团企业—权属企业”的四层架构;国资监管对象从实物形态的国有资产逐渐转变为价值形态的国有资本。纵观 70 多年国资监管体制的历史沿革,有其必然的内在逻辑。

一、始终与经济体制改革相适应

国有企业是中国特色社会主义的重要物质基础和政治基础,国企改革一直是我国经济体制改革的中心环节。为进一步实现经济体制改革的目标和任务,国资监管体制改革始终在不断自我探索、调整和转型的过程中保障国企改革的稳步推进,并与经济体制变迁的进程相协同。我国的经济体制先后经历了社会主义计划经济体制、社会主义商品经济体制和社会主义市场经济体制三个时期。新中国成立以来,国资监管体制建立和改革始终与经济体制的阶段性特征和内在要求相适应,国资监管体制的核心要素——政资关系、政企关系发生了历史性变革。

（一）直接管理：与社会主义计划经济体制相适应

新中国成立以后，经过 3 年的国民经济恢复时期，统一了国家财政经济工作，完成了从新民主主义经济向社会主义经济转变的过渡，建立了社会主义国有经济，进入了社会主义计划经济体制时期。这一时期经济体制的形成可分为两个阶段：1953—1957 年计划经济体制的建立阶段和 1958—1977 年计划经济体制的曲折发展阶段。与此相适应，这也是探索形成国资监管体制的时期。

1953 年起我国进入了大规模有计划的经济建设时期，建立了高度集中的计划经济体制。这一阶段的主要任务是通过三大改造，将生产资料私有制转变为社会主义公有制，在建立高度集中的计划经济体制的同时，开展大规模的工业化建设（章百家和朱丹，2009）[①]。随着这一经济体制的建立，国家拥有国有资产所有权并掌握生产资料，国有企业的生产目的不是盈利，而是满足人民生活需要。为了满足经济发展和人民生活的需要，中央政府统一制定指令性计划，组织国有企业生产，国有企业成为由政府直接管理的生产车间。为此，中央政府通过指令性计划的行政手段统一代为行使国有资产的处置权、收益权和使用权等权利，向地方政府下达经营管理国有企业的指令，实现政府对国有企业的直接管理，建立了与高度集中的计划经济体制相适应、政府直接管理国有企业的国资监管体制。

尽管计划经济体制的建立基本适应了当时生产力的发展水平，推动了生产力的发展，但经济建设中也暴露出一些问题。尤其是高度集中的计划经济体制下，中央政府掌握了关系经济发展的产供销、人财物权利，但地方政府作为指令性计划的执行者缺乏必要的积极性（郝继明，2009）[②] 在不改变经济体制和资源配置方式，坚持中央政府统一领导的前提下，1958—1977 年进入

---

① 章百家、朱丹：《中国经济体制两次转型的历史比较》，《中共党史研究》2009 年第 7 期。

② 郝继明：《60 年经济体制：演变轨迹与基本经验》，《现代经济探讨》2009 年第 8 期。

计划经济体制的曲折发展阶段,按照放权、集权、放权的思路探索调整中央政府和地方政府的管理权限。首先,1957 年 11 月实行行政性分权。中央政府将财政权、计划管理权和物资分配权下放给地方政府。为此,这一阶段国资监管体制调整的重心是平衡好中央政府和地方政府对国有企业的管理权限,适当给予地方政府对国有企业的收益分配和处置权、物资分配权,以在一定程度上发挥地方政府的积极性。其次,1961 年 1 月,加强中央集权。以强化中央政府统一领导为主要目的收回"大跃进"时期过度下放给地方政府的计划管理权,综合平衡中央政府和地方政府的管理权限。为此,这一阶段的国资监管体制又呈现出中央政府直接管理企业的特征,由中央政府集中分配国有企业生产经营收益,加强中央政府对国有企业的管理权限;在强化中央政府指令性计划的同时允许使用社会主义经济办法管理工业企业,更好地服务当时计划经济体制的运行,促进国民经济快速恢复和国有经济的发展壮大。最后,1970 年 3 月再次实行行政性分权。为加快建成独立完整的经济体系,中央政府再次扩大地方政府的权限,将部分计划管理权、财政权和物资分配权下放给地方政府。为此,这一阶段国资监管体制调整的重点是在中央政府简政放权的同时,下放部分国有企业管理权给地方政府,以提高国有资产监管的效率和质量,促进地方国有经济的发展。尽管高度集中的计划经济体制经历了反复调整,但以指令性计划的方式管理经济活动和配置社会资源的基本特征并未改变。与此相适应,这一阶段直接管理国有企业的国资监管方式也未发生实质性改变。

(二) 两权分离:与社会主义商品经济体制相适应

不可否认,计划经济体制可以在短期内快速集中有限经济资源,对新中国成立初期国民经济的恢复和促进起到了积极作用。但随着时间的推移,高度集中计划经济体制下缺乏竞争性、缺乏激励性、缺乏灵活性、缺乏可比性等问题越来越突出,难以适应社会生产力的发展(李章忠,2018)。① 党的十一届三中全会开始着手改革计划经济体制,开启了从计划经济体制向社会主义市场经济体制过渡的新征程,首先进入的是有计划的社会主义商品经济体制时期。这一时期的经济体制改革可分为两个阶段:1978—1983 年商品经济体制的探索阶段和 1984—1991 年社会主义商品经济体制的建立阶段。与此相适应,国资监管体制也进行了配套性改革。

1979 年 4 月中共中央提出对国民经济实行"调整、改革、整顿、提高"的新八字方针。在"八字方针"的指引下,为了配合国民经济的调整,也开始着手改革经济体制,进入商品经济体制的探索阶段。由于计划经济体制的主要弊端在于中央运用指令性计划进行集中管理,没有充分发挥地方政府和国有企业的积极性,因此,在 1978—1983 年商品经济探索阶段,经济体制改革的重心是改革企业管理体制、财政体制和对外经济贸易体制,这些改革的核心是中央对地方政府和国有企业的放权让利(方福前,2018)②。与此相适应,这一阶段国资监管体制改革主要以扩大国有企业自主权为特征。具体体现为,通过实行经济责任制、利改税和利税分流下放给国有企业一定的生产经营权和利润分配权,有限度地分离了国有资产所有权与国有企业经营权。由于这一阶段的经济体制改革仍遵循以计划经济为主市场调节为辅的原则,并未触及计划经济体制的根基,因此这一阶段仍是沿用由政府直接管理国有企业的国资监管体制,改革未触及资产使用权、收入分配权和处置权的内容,未涉及国有资产产权管理和国资监管职责分离,未设立独立行使国资监管职能的机构,也未涉及国有企业产权管理的问题。

经过实行"调整、改革、整顿、提高"的八字方针,国民经济基本比例关系趋于合理。党的十二届三中全会明确指出:应在公有制基础上建立商品经济体制,这标志着我国经济休制改革进入了全面展开的新阶段。建立社会主义

---

① 李章忠:《我国经济体制改革 40 年的主要特点》,《理论与改革》2018 年第 6 期。

② 方福前:《四十年中国经济体制的三次革命》,《经济理论与经济管理》2018 年第 11 期。

商品经济体制就是要改革生产关系和上层建筑中不适应生产力发展的环节和方面,改革的中心环节则是增强企业活力。在1984—1991年商品经济体制的建立阶段,经济体制的改革从生产关系入手,改革的重点是在明确社会主义全民所有制经济占主导地位的前提下发展多种经济形式和经营形式。在这一经济体制改革任务的要求下,这一阶段国资监管体制改革的方向是分离所有权与经营权,改革的重心是根据企业规模、技术特点和产业性质等采取不同的形式,切实转变国有企业经营机制,使其成为相对独立的商品生产者和经营者。

(三) 授权经营:与社会主义市场经济体制相适应

从表面上看,商品经济体制似乎是实现了国有资产所有权与经营权的分离,在一定程度上推动国有企业成为相对独立的市场主体。但这一经济体制的根本特征在于具有生产要素的计划配置和社会商品的有限市场配置(邱卫东,2014)①,资源配置方式仍以计划指令为主,市场调节为辅。1992年1月邓小平同志南方谈话发表,明确了计划经济与市场经济的关系,开始步入市场经济体制的建设时期。这一时期经济体制的建设可分为三个阶段:1992—2001年市场经济体制的初步建立阶段、2002—2011年市场经济体制的改革完善阶段、2012年至今市场经济体制的全面深化阶段。与此相适应,作为经济体制改革重要组成部分的国资监管体制也开始加快转型。

尽管社会主义商品经济体制强调运用价值规律,逐步缩小国家指令性计划,放弃了相对单一的计划经济体制,但即使如此,仍没有处理好计划与市场的关系问题。党的十四大将建立市场经济体制确立为经济体制改革的目标,标志着我国步入市场经济体制的初建阶段。这一阶段的主要特征是,以公有制为主体发挥市场在国家宏观调控下对资源配置的基础性作用。与此相适应,国企改革的方向是建立现代企业制度,其核心目标是通过理顺产权关系,

---

① 邱卫东:《论有计划商品经济体制的历史地位——基于经济哲学视角的考察》,《华东理工大学学报(社会科学版)》2014年第1期。

实现政企分开,使企业真正成为适应市场的法人实体和竞争主体;同时,国有经济控制国民经济命脉并起主导作用,不仅要从战略上调整国有经济布局,而且还要在重要行业和关键领域占支配地位。为此,1992—2001年市场经济体制初步建立阶段国资监管体制改革的重心是政企分开和国有经济战略调整。1992年9月首先从集团企业层面展开国有企业授权经营的试点,国有资产管理部门不再直接干预企业生产经营,以实现国有资产出资人所有权职能与国有企业经营管理职能的分离。政企分开的前提是政资分离,1988年4月成立了专司国有资产管理的机构,以政资分离推动政企分开,进一步实现政府的社会经济管理职能和国有资产所有权职能的分离。同时,为了从战略上调整国有经济布局,坚持"抓大放小",着力培育实力雄厚、竞争力强的企业集团、大型企业和控股公司。国有资产管理部门的设立和企业集团的组建为政企分开提供了前提条件。

虽然经过1992—2001年市场经济体制的初步建立阶段,公有制为主体、多种所有制经济共同发展的基本经济制度在我国已基本确立,但经济体制尚不够完善,生产力发展仍面临诸多体制性障碍。党的十六大提出不断完善市场经济体制,这标志着我国开始进入2002—2011年市场经济体制的改革完善阶段。这一阶段经济体制改革的主要目标是更大程度地发挥市场在资源配置中的基础性作用,增强企业活力和竞争力,以建立现代产权制度作为改革突破口。虽然在市场经济体制初步建立阶段,从集团企业层面实施了授权经营试点,但这一阶段仅有少数具备条件的企业经政府授权才可以成为国家授权投资的机构,集团企业与子公司之间大多是行政科层的上下级关系,并没有建立产权关系。产权是所有制的核心和主要内容,进入市场经济体制的改革完善阶段,国资监管体制改革围绕产权改革构建了"国资监管机构—国有资产经营公司—国有企业"的新授权经营链条。

随着经济体制的不断完善,我国经济已由高速增长阶段转向高质量发展阶段,党的十八大提出,全面深化市场经济体制,切实转变经济发展方式。至此,我国进入市场经济体制改革的全面深化阶段。这一阶段经济体制改革的核心目标是重新调整政府和市场的关系,改革的重点是完善产权制度和要素市场化配置。完善产权制度,包括宏观层面的授权经营体制改革和微观层面的混合所有制改革(李松龄,2018)①。在改革授权经营体制方面,通过加快战略性重组以实现国有经济结构调整和布局优化;在打造国有资本授权经营的微观主体方面,通过国企混合所有制改革积极稳妥推进国有企业引入非国有资本形成混合所有制企业。改组组建国有资本投资运营公司,其目标就是通过市场化运作促进国有资本合理流动以提高国有资本配置和运营效率。为此,这一阶段的国资监管体制通过改革国有资本授权经营体制以实现从"管资产"向"管资本"转型,进而推动国有资本和国有企业做强做优做大。

二、助推国有经济目标实现

国资监管体制改革始终与当时的经济体制改革相适应,其最终目标都是促进当时所处经济发展阶段国有经济目标的实现。因此,本部分按照国有经济"五力"的内在逻辑,即竞争力是核心,创新力是源泉,控制力是根基,影响力是引领,抗风险能力是保障的思路,系统梳理了国有经济"五力"在我国经济发展不同时期的内涵以及我国国资监管体制改革如何助推国有经济"五力"的实现。

(一)提升国有经济竞争力

提升国有经济竞争力始终是我国国资监管体制改革要解决的核心问题。竞争力是对象在竞争中显示的能力,基于优势角度竞争力通常可分为三层,第一层是表层竞争力,第二层是制度层竞争力,第三层是核心竞争力。国有经济竞争力的内涵也经历了从表层的经营层、制度层的产权改革到核心层的全球

---

① 李松龄:《新时代经济体制改革重点的理论认识与制度安排》,《现代经济探讨》2018 年第 7 期。

竞争力,由表及里逐步深化的进程:表层竞争力体现为下放管理权和经营权增强国有企业的经营活力;制度层竞争力体现为发展混合所有制经济激发国有经济的内生活力;核心竞争力体现为培育具有全球竞争力的世界一流企业兼顾国有经济的"内生"活力和"外生"竞争力。

经过新中国成立初期国民经济的恢复和社会主义三大改造的完成,国有经济得到了扩大与发展,逐渐在国民经济中处于领导地位。与此同时,建立了与计划经济体制相适应的国资监管体制,其主要特点是中央政府集中统一管理国有企业。为了提高国有经济效益和管理水平,调整国家和企业的关系,充分发挥国有企业生产经营活力,国资监管体制改革过程中实施了一系列措施。利润分配关系方面,通过放权让利调整了国家与企业的利润分配关系;责权利关系方面,实行承包经营责任制确定了国家与企业的权利、义务和责任;产权关系方面,实行股份制试点明确了国家与企业的产权关系;两权分离方面,建立了现代企业制度使国有企业真正成为独立法人实体和市场竞争主体。

所有权与经营权的分离,极大地增强了国有企业的经营活力,但与民营经济相比,国有经济仍存在经营效益不高,经营效率较低,市场竞争能力较弱的问题,国有企业亟须混资本、转机制、提效率。为此,党的十五大明确混合所有制经济中的国有成分和集体成分同属于公有制经济;党的十六届三中全会要求推动混合所有制经济的发展,通过非公有制经济激发公有制经济的活力。混合所有制经济的发展要求对国有控股、国有参股企业的国资监管作出相应改革,"混资本"要求推动股权多元化,实施差异化管控;"改机制"要求转变运营机制,实施分类治理;"提效率"要求提高资本运行效率,实施分类考核和评价。

经过70多年的改革发展,我国国有经济规模稳步提高,布局进一步优化,但国有经济仍存在"大而不强""大而不优"的问题,尤其是部分国有企业,与民营企业相比竞争优势不突出,与国外企业相比不具备"世界一流企业"的综合实力,更不具有"全球竞争"的发展能力。为此,国资监管体制改革的重点是兼顾国有经济的"内生"活力和"外生"竞争力：一方面,要求国有企业通过提升内生"活力"增强新发展动能,成为在专业领军、全球资源配置、自主创新等方面强的领军企业,在价值创造、可持续发展、社会形象等方面优的龙头企业,在市场话语权、引领带动作用、对经济社会贡献等方面大的链主企业；另一方面,要求国有企业以高水平对外开放打造国际合作和竞争新优势,提升包括政治素养、战略素养、管理素养、文化素养在内的综合实力,发挥国有企业在全球价值链和国际市场中的影响力,保持全球领先的市场竞争力并成长为获得全球业界一致性认可的企业。

（二）驱动国有经济创新力

国有经济创新力主要体现为国有企业、国有资本在科技、技术、管理、制度等方面的创新能力。新中国成立以来,党和国家历来十分重视创新问题,我国已经成功走出了一条具有中国特色的创新发展道路,国有经济在创新发展道路中始终发挥着主导和引领作用。国有经济创新力的主导和引领作用主要经历了三个阶段:吸收引进阶段,购进先进设备或引进关键技术后的跟随创新；自主创新阶段,注重基础研究和高技术研究领域的原始创新；创新驱动发展阶段,实现前瞻性基础研究和引领性原创成果重大突破的集成创新。

新中国成立初期,国家建设和国民经济技术改造所必需的技术设备,主要采用从苏联等其他国家购进先进设备或引进关键技术,通过仿造逐步达到能够自行设计和制造。为了鼓励技术创新,在国有企业内部开展了机械工业生产协作、以技术革新为中心的劳动竞赛、奖励创造性劳动等一系列活动。为了振兴国民经济和引进国外先进技术,要求国有企业积极采用先进技术和科学管理方法,开发新产品；选择大型企业集团试点时,企业集团有利用外资和技术引进计划的,可在国家或省级计划中实行单列。

尽管改革开放以来,我国经济持续高速增长,但创新能力尚有待提升,在世界科技领域仍是以消化、吸收为主的跟随创新。随着我国经济增长方式从粗放型向集约型转变,要求除了注重结构优化效益和规模经济效益外,更要注重科技进步效益,为此这一时期国有企业通过提高技术起点在引进先进技术的同时增强自主开发和创新能力,推进企业技术进步。党的十五大明确了科技进步在经济社会发展中居于关键地位,要求将经济建设转到依靠科技进步的轨道上来。为此,国有企业技术进步和产业升级的重点是加强现有企业的技术改造,发展高新技术,提升产业技术水平,通过技术进步和产业升级在工艺技术、生产装备等方面达到或接近世界先进水平,积极参与国外市场竞争。党的十六大明确走新型工业化道路,把科学技术作为第一生产力,并提升到前所未有的高度,坚持通过信息化与工业化的互促互进改善经济增长质量和效益。为此,国有企业要聚焦基础研究和高技术研究的原始创新提高自主创新能力,实现技术跨越式发展。为了鼓励自主创新,推动国有企业实施"人才强企"战略,建设科技水平高、具有较强创新能力的科技人才队伍;在对国有企业经营业绩考核指标中综合考虑反映企业技术创新能力的相关指标,并对自主创新有突出成绩的给予特别任期奖。

我国社会主义市场经济经过 30 多年的高速增长,国有企业自主创新能力有了很大提高,但相比其应承担的使命与责任,其创新水平和创新能力还有较大的差距和不足。为了加快国有企业以创新驱动发展,建立了国有科技型企业自主创新和科技成果转换的激励分配机制,对重要技术人员和经营管理人员实施股权和分红激励;优先支持科技型国有企业在关键岗位工作并对公司经营业绩和持续发展有直接或较大影响的科研人员开展员工持股试点;健全完善有利于中央企业自主创新和科技成果转化的中长期激励机制,对"双百企业"和"科改示范企业"实施超额利润分享机制;推动数字经济和实体经济融合发展,要求国有企业推进数字化转型,进一步强化数据驱动、集成创新。

（三）增强国有经济控制力

国有经济作为整个国民经济发展的主导力量,其控制力主要体现在维持社会经济稳定发展和持续推动经济增长的主导作用上，但国有经济控制力的具体内涵在不同经济体制和经济发展阶段有所不同。大体来看，国有经济控制力的内涵可划分为两个阶段：党的十五大之前国有经济控制力强调国有经济在国民经济中的领导力量和主导力量；党的十五大之后则更多地表现为国民经济的主导作用。国有经济控制力内涵的变化体现了从数量控制向质量控制、从整体控制向重点控制、从微观控制向宏观控制、从实物控制向价值控制、从静态控制向动态控制的转变。

社会主义三大改造完成后，建立了计划经济体制，有关国家经济命脉和足以操纵国民生计的营业，均由国家统一经营，国有经济在国民经济中占据了绝对优势，成为国民经济的领导力量。进入有计划的商品经济体制时期，逐步发展了非公有制经济，但国有经济因明显的存量优势依旧起着决定性作用，成为国民经济的主导力量。国有经济对国民经济的领导力量和主导力量表现在：国有经济在产值、资产总额、利税等方面的总量和国有经济在国民经济中所占份额或比重的数量控制；国有经济对国民经济各部门和不同所有制结构的整体控制；国有企业通过独资、控股、参股等方式实现对经济活动的微观控制；国家对独资、控股、参股企业等各种形式出资所形成的国有资产的实物控制；对国有资产分布、国有资本存量、国有经济所占比重等国有经济现状的静态控制。与此相适应，计划经济体制时期实行了集中管理的国资监管体制，运用指令性计划直接管理国有企业；有计划的商品经济体制时期国资监管体制进入"管企业"为主阶段，在实现所有权与经营权分离的基础上，仍由国家统一行使国有企业所有权。

社会主义市场经济体制建立后，国有经济的领导力量和主导力量在一定程度上夯实了国有经济的控制力，但国有经济整体效益不高，经济结构不合理的矛盾仍比较突出。自党的十五大以来，陆续提出控制力是国有经济在国民经济主导作用的重要体现，具体体现在在国民经济的重要行业和关键领域占支配地位；持续推进国有资本布局调整和结构优化增强国有经济控制力，具体体现在更多地聚焦国家安全、国民经济的重要行业和关键领域。国有经济对国民经济的控制力主要表现在:优化和调整国有经济、国有资本布局和结构的质量控制;在与国家安全、国民经济命脉密切相关的重要行业和关键领域的重点控制;通过控制国民经济的运行支撑和带动国民经济健康发展的宏观控制;国有资本有进有退、合理流动的价值控制;对国有资本增量、国有资本结构和国有经济所占比重的发展趋势,以及用国有资本增量更好地激活国有资本存量的动态控制。与此相适应,"管资产"为主的国资监管体制,设立了专门的国资监管机构履行出资人职责,监管内容由管企业转向管资产和管人、管事相结合;"管资本"为主的国资监管体制,着眼于国有资本整体功能和效率,在更大范围、更深层次、更广领域统筹配置国有资本。

(四) 发挥国有经济影响力

公有制经济在国民经济中占据主体地位,非公有制经济是社会主义市场经济的重要组成部分,在促进国民经济的发展中发挥着积极作用。国有经济的自身发展不仅肩负着巩固和发展公有制经济主体地位的历史使命,也承载着支持和引导非公有制经济健康发展的历史责任。因此,国有经济影响力主要体现在两个层面:一是对公有制经济的巩固和发展,主要表现在公有制的全面建立、独立的比较完整的社会主义工业体系的建成、现代企业制度的建立、混合所有制经济的发展;二是对非公有制经济的支持和引导,主要表现为深化供给侧结构性改革、加快发展现代产业体系、推动经济高质量发展。

新中国成立初期,为了加强对国有企业的集中统一管理,中央政府改革了国家行政体制,并改进了工业管理体制和商业管理体制。中央政府先后发布了"工业七十条""手工业三十五条",并提出了在工业、交通部分行业试办托拉斯的决定。改革开放后,先后发布了扩大国营工业企业经营管理自主权、完善工业经济责任制、国营工业企业暂行条例等相关规定,到 20 世纪 80 年代中期,我国已建成了相对独立的、较完整的工业体系。为初步建立社会主义市场经济体制,要求国有企业转换经营机制,同时现代企业制度成为社会主义市场经济体制的基础。党的十五大提出混合所有制经济中的国有成分和集体成分同属于公有制经济,要不断探索公有制的有效实现形式。

公有制为主体、多种所有制经济共同发展是我国的基本经济制度,这表明不论是公有制经济还是非公有制经济都是社会主义经济的重要组成部分,发展多种所有制经济的同时,必须毫不动摇地支持、引导非公有制经济发展。经过多年国有资本布局的战略性调整,国有资本更多地聚焦国民经济的重要行业和关键领域,国有企业多集中在生产中间产品和服务的、居于主导地位的产业链上游,民营企业多集中在处于产业链下游的劳动密集型产业,从而形成了上游国有企业主导、下游民营企业竞争的"垂直结构"(王勇,2017)[1]。垂直结构的形成有利于为下游民营企业提供更多优质产品和服务,加快供给侧结构性改革;加强业务协作和技术交流,加快发展现代产业体系;通过质量变革、效率变革和动力变革创新生产方式,推动经济高质量发展。

(五) 提高国有经济抗风险能力

不断提高国有经济抗风险能力是 2015 年 9 月《中共中央 国务院关于深化国有企业改革的指导意见》(以下简称《深化国企改革指导意见》)中在"三力"的基础上首次加入。尽管国有经济抗风险能力的提出晚于国有经济活力、控制力和影响力,但从计划经济体制向社会主义市场经济体制转变以来,就已开始注重国有经济、国有资产和国有企业的风险防范。国有经济抗风险能力在不同时期的侧重有所不同:改革开放初期,体现在防止国有资产流失,确保国有资产保值增值;21 世纪以来,体现在防范和化解金融风险,供给侧结构性改革去杠杆;向管资本监管体制转型之后,体现在国有资本市场化运作,提升全面风险管控能力。

---

[1]　王勇:《"垂直结构"下的国有企业改革》,《国际经济评论》2017 年第 5 期。

改革开放初期,在明确国有经济占主导地位的前提下,改革的中心环节是增强国有企业活力,改革的内容是分离所有权与经营权,转变企业经营机制,使国有企业成为独立市场主体。但承包经营责任制、股份制试点、建立现代企业制度的实行,并未让国有企业真正具有自我承担风险的能力与防范风险的动力,国家仍然要对经营后果负责;放权让利、利改税的实施,缺乏对企业经济责任的明确,导致经营者只关心企业短期盈利的最大化,而忽略企业的长期盈利。为此,这一时期加强了对国有企业的财务监督,从外部试行了稽察特派员制度,从内部健全监事会制度,以防止国有资产流失,确保国有资产保值增值。

2001 年 12 月我国正式加入世界贸易组织,为我国经济发展提供重大机遇的同时,也使我国经济面临着受国际金融不稳定和金融危机影响的潜在风险。为了防范和化解金融风险,我国出台了一系列措施维护金融稳定和金融安全,并积极推动供给侧结构性改革去杠杆。国有企业债务风险是金融稳定和金融安全的关键,因此国有企业成为去杠杆的重点对象,国有企业债务风险防控成为国有企业提高抗风险能力的重中之重。为此,中央采取了一系列措施健全国有企业资产负债约束机制,以降低资产负债率。这些措施主要包括:设置资产负债率警戒线和重点监管线,列出重点关注和重点监管企业名单,并明确资产负债率降低目标;同时,鼓励自有资金、增资扩股、引入战投、债转股等多种融资渠道筹资。

党的十五大以来,始终要求推进国有经济布局优化和结构调整,这既是深化社会主义市场经济体制改革的重要任务,也是推动国民经济持续健康发展的动力使然。要推进国有经济的布局优化和结构调整,需要完善国有资本有进有退、合理流动的机制,推动国有企业的战略性重组和专业化整合,促进国有企业与各类所有制企业相互融合。为此,党的十八大提出以管资本为主改革授权经营体制加强国有资产监管,其中改组组建国有资本投资运营公司是改革国有资本授权经营体制的重要举措。作为专业化平台公司,国有资本投资公司通过开展投资融资、产业培育和资本运作等方式,国有资本运营公司通过股权运作、基金投资、培育孵化、价值管理、有序进退等方式,实现国有资本市场化运作。这就意味着国有资本投资运营公司通过专业化投资组合管理国有资本,风险管控是其最重要的能力,也是其核心竞争力之一。这就要求国有资本投资运营公司在注重国有资本投资的持续、稳健的同时,更应注重提升全面风险管控能力,尤其是投资全生命周期的风险管控,这也是实现国有资本保值增值的基础。

三、坚持渐进式改革路径

摸着石头过河是富有中国特色、符合中国国情的渐进改革方法。70 多年以来国资监管体制的建立和改革也是摸着石头过河,在探路径、找规律中演进。这种渐进式改革路径既与我国经济体制改革的进程相协同,也与我国国资监管体制历史实践相符合。经济体制变迁中国资监管体制改革演进路径大体可以概括为三个方面:

(一) 从阶段改革到顶层设计:逐渐明晰委托代理关系

生产资料公有制是我国经济体制的基础,全体人民是国有企业的初始所有者,由于全体人民的行为能力较弱,其最优选择是政府代理(杨瑞龙,1997)[①]。这就导致从初始委托人到最终代理人之间的国资监管委托代理链条长、主体多。这一委托代理链条的实质是围绕国有产权进行的一系列制度安排,各代理主体之间的委托代理关系涉及国资监管体制的框架、主体及其职责和方式等关键环节的顶层设计。有鉴于此,需明晰我国国资监管体制委托代理关系的两个核心问题:一是界定国有企业的出资人代表,避免政府对国有企业的多头管理,其实质是实现政资分离;二是提高国有企业的运营效率,避免政府直接干预国有企业经营管理,其实质是实现政企分开。因此,我国国资

---

① 杨瑞龙:《论国有经济中的多级委托代理关系》,《管理世界》1997 年第 1 期。

监管体制改革是在实现政资分离和政企分开的过程中,逐步明晰国资监管委托代理链条中的委托代理关系,完善国资监管体制关键环节和顶层设计的渐进改革过程。

这一改革路径可划分为三步。首先是所有权与经营权的分离。计划经济体制下形成了"全体人民—政府—国有企业"的国资监管体制基本架构。这一监管架构的最大特点是政府直接管理国有企业,其最大弊端是导致国有企业缺乏活力。为此,国资监管体制改革从放权让利开始,通过所有权与经营权的分离扩大企业经营自主权。两权分离的目的是实现政企分开,但通过这一阶段的改革实践表明,政企分开的关键是转变政府职能,政资分离是政企分开的前提。因此,国资监管体制改革的第二步是政资分离。通过设立专门履行出资人职责的国资监管机构,使其不再承担政府的社会公共管理职能,国资监管体制基本架构变为"全体人民—政府—国资监管机构—国有企业"。经过这一阶段国资监管体制的实际运行,仍未解决政企分开的问题,导致国有企业运营效率不高。因此,政企分开成为下一步国资监管体制改革的重点。通过组建国有资本投资运营公司代表国资监管机构履行出资人职责,国资监管体制基本架构变为"全体人民—政府—国资监管机构—国有资本投资运营公司/国有集团企业—权属企业",国有资本投资运营公司与所出资企业形成投资与被投资关系,运营和管理国有资本。

至此,我国国资监管委托代理链条形成了四层代理关系:一是全体人民与政府的代理关系;二是政府与国资监管机构的代理关系;三是国资监管机构与国有资本投资运营公司的代理关系;四是国有资本投资运营公司与国有企业的代理关系。这四层代理关系也可以进一步概括为两个层次的代理关系。一是"全体人民—政府—国资监管机构"之间的代理关系,形成了自下而上的从初始委托人到国家出资人代表的授权链。由于作为初始委托人的全体人民无法直接对国有企业进行管理,需要委托政府作为代理人管理国有企业。而政府自身具有多重经济目标和社会目标,同时还要兼顾上游委托人(全体人民)

和下游代理人(国有企业)的利益目标,因此委托国资监管机构专司国有资本管理,实现了政府社会公共管理职能与国有资产出资人职能的分离。二是"国资监管机构—国有资本投资运营公司/国有集团企业—权属企业"之间的代理关系,形成了自上而下的国家出资人代表到最终代理人的授权链。在这一委托代理关系下,国资监管机构既要履行监管职能又要履行出资人职能,因此委托具有国有资产管理的专业化代理人——国有资本投资运营公司,以产权为纽带在进一步分离国有资产监管职能与出资人职能的同时,实现了国有资产出资人所有权职能与国有企业经营管理职能的分离。

(二) 从系统谋划到重点突破:循序推进市场化管理方式

由于国有产权行使的委托代理特征,要提高国有产权的制度效率就需要建立对最终代理人的市场化激励与约束机制。为此,我国国资监管体制改革也需要有系统谋划和创新举措,在重点突破国有产权要素配置、激励机制、约束机制的过程中逐步推进市场化管理方式,提高国资监管效率和效益。

通过对国有企业的股份制改造,建立现代企业制度,混合所有制改革以及组建国有资本投资运营公司,逐步推进以市场化方式配置国有资本。通过股份制改革,国家以出资人身份成为国有企业股东,这有利于促进国有股权的合理流动,为国有企业重组整合提供条件。企业以独立法人身份拥有法人财产权,便于企业资产的自由转让和企业资源的市场化流动。股份制改革和现代企业制度的建立,进一步明晰了产权关系,理顺了政企关系,使企业成为独立的市场经济主体,建立了法人治理结构,为引入多元化产权主体提供了组织制度基础。同时,我国国资监管体制从"管资产"为主向"管资本"为主转型,亟须实行国有资本的市场化运作,提高国有资本效率。为此,改组组建了作为市场化运作专业平台的国有资本投资运营公司,通过市场化经营机制促进国有企业各类要素资源的有效配置。

调整国家与企业的利益分配机制,激励经营者和员工是国企改革激励机制的主要内容。计划经济体制下国有企业的利润分配基本上采用的是利润全额上缴的方式。改革开放初期,国家先后对国有企业实行经济责任制、利改税、利税分流、承包经营责任制,在一定程度上给予国有企业利润分配的自主权,但这一阶段国家更多是以行政手段参与国有企业的利润分配,国家与国有企业的分配关系并不符合市场经济的要求,国有企业不能以独立法人身份参与市场竞争。随后的分税制改革,将国有企业的利润上缴分为所得税和国有资本收益两部分。但分税制改革后的十几年仅向国有企业征收所得税,并没有收缴国有资本收益。针对国有企业利润上缴比例过低的问题,国家启动国有资本经营预算改革,逐步提升国有企业利润上缴比例,并开始收缴国有资本收益。这表明国家逐步退出直接干预企业经营活动的作用范围,开始运用市场化手段,通过产权关系以资本回报的方式获取国有企业利润,将其作为国有资本再投资,促进国有经济结构调整和布局优化,提高国有资本配置效率。

计划经济体制时期,对经营者和员工的分配采用的是平均主义的做法,难以对经营者和员工起到激励效果。进入商品经济体制时期,经济责任制、利改税的实行,将经营者的收入与企业利润挂钩;承包经营责任制的实行,实现企业工资总额与经济效益的挂钩。这一阶段的薪酬激励虽然打破了收入分配的平均主义,开始遵循按劳分配原则,并将经营者和员工收入与经营业绩挂钩,但多是基于当期业绩的短期激励,还未涉及中长期激励。随着市场经济体制的建立,开始探索多元化的薪酬激励机制,对厂长经理试行年薪制和股权激励,将经营者收入与企业经营业绩挂钩,使国有企业经营者收入开始向市场化激励方式转变。尽管这些改革大幅提升了国有企业经营者和员工的薪酬水平,但仍不能充分激发国有企业活力,为此开始积极探索资本、管理、技术等要素参与的、与股东价值挂钩的中长期激励机制。随后,分别在国有控股上市公司、国有控股混合所有制企业、国有科技型企业,探索试行了股权激励、员工持股、股权和分红等中长期激励机制。同时,积极探索灵活多样的中长期激励方式,除了早期的股票期权、股票增值权以外,开始尝试限制性股票、超额利润分享等激励方式。

国资监管机构对国有企业的约束机制主要有内部约束机制和外部约束机制。内部约束机制是按照现代企业制度的要求,逐步完善法人治理结构。随着社会主义市场经济体制完善,国资监管机构开始运用市场化监管方式,探索符合市场经济规律和我国国情的国有企业法人治理结构。市场化选人用人机制方面,在坚持党管干部原则的基础上与经理层选聘的市场化机制相结合,合理增加市场化选聘经理层的比例,并推行经理层任期制和契约化管理,加快建立职业经理人制度,按照市场规律管理经理层。市场化考核评价机制方面,2003 年 11 月国务院国资委印发的《中央企业负责人经营业绩考核暂行办法》,已先后四次修订,其核心是坚持以经营业绩为主要评价内容,不断构建与世界一流企业对标的考核评价体系,实行经营业绩与聘任挂钩、与市场薪酬挂钩、与职业生涯和职业声誉挂钩的机制。外部约束机制是按照建立市场经济体制的要求,逐步培育和发展市场体系,实施对经理层的约束,降低代理成本,主要包括产品市场、资本市场、职业经理人市场等。

(三) 从局部改革到整体推进:统筹构建国资监管新格局

国资监管体制是由互相关联、互相制约、互相作用的若干组成部分构成的有机整体,其改革必然是一项涉及国资监管体制不同领域、不同层面、不同要素的复杂系统工程。由于理论认知和实践探索的渐进性,我国国资监管体制改革也始终坚持从某个领域、某个层次、某个要素的局部入手而后再向整体推进、全方位构建国资监管新格局的渐进式改革路径。从国有资产管理看,逐步从实物形态的国有资产管理向价值形态的国有资本布局推进;从国有资产监督看,逐步从加强内外部监督向提升监督合力努力;从监管对象看,逐步从分散管理向经营性资产集中统一监管推进。

计划经济体制时期,政府作为国有资产的唯一产权主体,拥有国有企业的所有权与经营权,运用指令性计划,通过直接干预国有企业经营来管理国有资产,管理的范畴包含国有企业的全部资产。改革开放以来,政府逐渐放松对国有企业生产经营的直接干预,赋予国有企业经营自主权,但仍规定国家是企业国有资产的所有者,管理内容仍强调的是国有企业的国有资产,未区分国有资产所有权与法人财产权。国资委作为政府特设机构代表国家履行出资人职责,并以出资额为限管理国家对企业各种形式出资所形成的权益。国有资产管理不再强调以国有企业的全部资产为对象,而是强调所有权主体多元化下国资监管机构以股东身份对国家出资形成的不同形式的企业享有出资人权利。尽管管理内容已从企业国有资产转变为股东出资所形成的权益,但都是对实物形态的资产管理,还没有上升到对价值形态的资本管理。自以管资本为主推进国资监管体制转型以来,通过推进授权经营体制改革优化股权运作和价值管理,以市场化运作促进国有资本流动,推动国有资本有效配置,国有资产管理的内容从实物形态的资产管理向价值形态的国有资本转变,国资监管机构作为出资人通过授权放权重点管好国有资本布局、运作、收益和安全。

随着经营权与所有权的分离,国家作为所有者,不断从内外部加强对国有企业的监督。早期的"老三会"(党代会、职代会和工会)以及股份制改革和建立现代企业制度以来的"新三会"(股东会、董事会和监事会),主要是从完善企业内部治理结构方面加强国有企业的内部监督。同时,注重开展企业职工民主监督,企业党组织的保证监督,加强企业内部控制建设和健全内部审计领导与管理。对国有企业的外部监督,始于以财务监督为核心的出资人监督,主要目的是防止国有资产流失,先后经历了国务院授权部门向企业派出监事会、稽察特派员制度、国有企业监事会制度和国有企业财务总监外派制度。国资委成立后,展开了以审计部门和中介机构为主体的审计监督,以纪检部门为主体的纪检监察和巡视监督,以媒体和公众为主体的社会监督,并加大对国有企业违规经营的责任追究。至此,我国形成了多种监督机制并存的、多元主体参与的国有资产监督体系。尽管这一监督体系保障了不同监督主体对不同内容的监督,但从实践层面看,仍存在因不同监督主体职责划分不清晰引发的多头监督、重复监督和监督不到位现象,以及因不同监督内容目标任务未有效整合导致的监督效果不佳现象。为此,以防止国有资产流失、实现国有资产保值增值为导向,加快形成全面覆盖、分工明确、协同配合、制约有力的国资监督体系,进一步协调内外部监督之间的关系,有效提升监督合力。

经营性国有资产作为以营利为主要目的的国有资产,能够直接为社会创造使用价值和价值,并为实现这些价值服务,是国家作为出资者在企业依法拥有的资产。经营性国有资产集中统一监管之前,除了国资监管机构履行出资人职责形成的企业国有资产以外,还有行政事业单位所办企业形成的国有资产。国资委成立以前,国资监管机构履行出资人职责形成的企业国有资产由多个部门同时管理;国资委成立以后,由于履行出资人职责的机构不同,逐渐形成了由国资委统一管理一般企业国有资产,由财政部门统一管理国有金融企业国有资产,由财政部门或宣传部门统一管理国有文化企业国有资产的监管体制。由于行政事业单位所办企业形成的国有资产,一直以来都由主管部门或单位管理,导致政企不分,不利于提高国有资本运营效率。随着以管资本为主的国资监管体制的转型,对行政事业单位所办企业采用脱钩划转由国资委履行出资人职责,纳入国资委统一监管范围,以保障经营性国有资产的保值增值。

国资监管体制的转型发展需要以史为鉴才能不断推陈出新,把握国资监管体制的历史发展规律和大势是明晰国资监管体制实践经验的基础,是推动国资监管体制转型的前提。通过梳理新中国成立70多年以来国资监管体制历史沿革的脉络,可以将国资监管体制分为"集中管理"为主、"管企业"为主、"管资产"为主和"管资本"为主的四个历史阶段。"集中管理"为主的阶段,以政府直接行政干预为监管的主要方式。"管企业"为主的阶段,开始对国资监管体制进行第一次改革,实施"两权分离",探索政企职责分开,监管方式由直接监管转变为间接监管。"管资产"为主的阶段,我国初步构建了新型国资监管体制,在一定程度上实现了监管主体的政资分离,监管方式由行政型管理向市场化管理转变。"管资本"为主的阶段,进一步加快国资监管体制的转型,改革更加注重制度体系的顶层设计,强调通过分类实施的方法,更多地运用市场化法治化的方式监管。纵观70多年国资监管体制改革的历史沿革,有其必然的内在逻辑:始终与社会主义经济体制的建立和改革阶段(计划经济、商品经济和市场经济体制)相适应;推动国有经济竞争力、创新力、控制力、影响力和抗风险能力目标的实现;坚持渐进式改革,在摸石头、探路径、找规律中改革和完善。

第三章 国资监管体制转型的
理论依据

按照马克思主义的基本观点,生产力与生产关系、经济基础和上层建筑的矛盾运动是一个动态过程,支配着经济与社会发展的进程。在中国特色社会主义市场经济体制的建立和加快完善的背景下,为切实使市场在资源配置中的决定性作用得到充分体现、政府的作用得到更好发挥,亟须建立与之相适应的国资监管体制。2013年11月党的十八届三中全会首次将以管资本为主加强国资监管明确为国有资产管理体制改革的要求;2019年11月党的十九届四中全会指出要形成以管资本为主的国资监管体制;2022年10月党的二十大报告强调要深化国资国企改革,加快国有经济布局优化和结构调整,推动国有资本和国有企业做强做优做大;2023年4月召开的二十届中央全面深化改革委员会第一次会议进一步指出要加强和改进国有经济管理,构建顶层统筹、权责明确、运行高效、监管有力的国有经济管理体系。持续推进国资监管体制转型是加强和改进国有经济管理的重要内容,需要我们从更广维度深化理论认识,形成逻辑严谨的理论框架。基于此,本章不只局限于监管体制本身来讨论国资监管体制转型的理论问题,而是以系统观点,融合制度环境、体制本身以及相关主体等要素阐释国资监管体制为什么要转型、转型的基本方向是什么。

第一节　国有企业功能分类及其对
国资监管体制的影响

马克思主义认为,分工是社会性质的劳动,反映人类生产活动的具体方式。我国当前仍处于社会主义初级阶段,社会分工的发展程度决定了置于社会主义市场经济体制中国有企业的应有功能和历史使命,而界定其功能是深化国企改革的现实依据,也是构建新型国资监管体制的前提。因此,国有企业的功能分类不仅是国企改革首先要解决的问题,也是推进以管资本为主国资监管体制转型的逻辑起点。

一、国有企业按功能分类的必然性及基本原则

国企改革与现代经济发展的整个过程相生相伴,尤其是自 20 世纪初以来,从任何一个国家的经济发展进程中都可以看到国有企业的身影。而国有企业作为经济体系中普遍且长期存在的企业组织形式,其分布具有明显的产业偏好倾向(陆军荣,2008)。① 国有企业会因处于产业领域不同而肩负着不同功能和职责,与此相联系的经营目标也必然有所差异。因此,"分类"是深化国企改革的必然选择和重要思路,而对国有企业功能分类需要遵循相应原则。

(一)　国有企业按功能分类的必然性

国有企业在国民经济发展中的重要性毋庸置疑。这不仅是因为国有企业是坚持公有制主体地位的基础和保障,也是由于国有企业在特定产业领域能够发挥其他企业所无法替代的作用。面对错综复杂的国际形势和艰巨繁重的国内改革发展稳定任务,置于社会主义市场经济的国有企业不仅要承担巩

---

① 陆军荣:《国有企业的产业经济学分析》,《上海经济研究》2008 年第 6 期。

社会主义基本经济制度、弥补市场缺陷、保障国家经济安全等政策性使命,同时也要作为独立市场主体参与市场竞争,以完成国有资本和国有企业做强做优做大等经济性使命。然而,政策性使命与经济性使命既有相统一的一面又有相矛盾的一面,这就要求对国有企业功能定位不能仅仅停留在基于国有经济整体层面的认识,而应细化至产业、行业、企业层面。分类界定国有企业功能,辩证地理解和科学处理好国有经济"整体"使命实现与国有企业"个体"功能发挥之间的关系。

国有企业按功能分类能有机结合市场经济与公有制经济,是构建高水平社会主义市场经济体制的现实要求。生产资料公有制是社会主义经济制度的基础,作为探索公有制实现形式的主体力量,国有企业兼具经济、政治和社会等多重属性,不仅是中国特色社会主义经济的"顶梁柱"、国民经济的"领头雁"、关键领域的"压舱石",更是我们党执政兴国的重要支柱和依靠力量。与此同时,国有企业是社会主义市场经济的法人实体,作为特殊商品生产者具有二重性,在面对激烈市场竞争时不仅要适应市场机制的要求,更要发挥宏观导向作用,以保障国民经济的健康可持续发展。自我国开启市场取向的经济体制改革以来,有关公有制经济与市场经济的"兼容"问题一直是理论界争论的焦点。秉持西方主流经济学观点的学者们,基于"经济人"假设,采用个体主义的成本收益分析方法,认为只有持续推进国有企业市场化改革,才能充分发挥市场机制在资源配置中的决定性作用。而秉持政治经济学观点的学者们,在坚持"社会人"假设下,采用整体主义的阶级分析方法,认为国有资本和国有企业的做强做优做大是巩固社会主义基本经济制度的基础和保障。国有企业作为公有制实现形式的主体力量和市场经济的法人实体,界定其功能是实现市场经济与公有制经济有机结合,也是完善中国特色社会主义市场经济的现实要求和关键内容。通过对国有企业功能类别的准确界定,推进国有企业分类改革发展与考核监管,既能够保障公有制经济在社会主义市场经济中的主体地位,也有利于在竞争领域发挥市场配置资源的决定性作用。

　　国有企业按功能分类是深化国企改革的重要内容。国有企业是我国社会主义现代化建设进程中完成社会主义积累、确立竞争市场模式的组织载体(陆军荣,2014)①。回顾国企改革发展历程可以发现,国有企业分类早已出现在法律规定、政策文件中,但这些分类更多出于推进改革、统计分析和便于管理的目的,而不是从功能意义上进行的分类(见表3-1)。然而,正是由于早期缺乏明晰的功能分类,国有企业功能不清晰、定位不明确,导致国有企业在实际经营中面临经济效益和社会效益两难的困境,在改革措施上存有冲突与难点。1992年开始的国有企业股份制改革,使国有资本流动性增强,为国有企业的改革深化战略奠定了制度基础。随后,以国有经济布局和结构战略性调整为主的分类思路开始显现。2003年10月党的十六届三中全会指出,推动国有资本更多地投向关系国家安全和国民经济命脉的领域和行业。2012年11月党的十八大报告继续强调,推动国有资本更多投向关系国家安全和国民经济命脉的关键领域和重要行业。

表3-1　国有企业的早期分类(2013年之前)

分类标准	类别		相关法律和政策
法律形式	国有独资企业 国有控股有限责任公司 国有控股股份有限公司	国有独资公司 国有参股有限责任公司 国有参股股份有限公司	《公司法》 《企业法》
产权结构	国有独资企业 国有控股公司	国有独资公司 国有参股公司	《公司法》 《企业法》
企业规模	大型企业	中小企业	《中小企业划分标准规定》
行　业	行业大类20余个,其中制造业包括20多个细分行业		国家统计局统计口径
	国有经济控制的七大行业,国有资本保持较强控制力的九个行业		《关于推进国有资本和国有企业重组的指导意见》

资料来源:罗新宇主编:《国有企业分类与分类监管》,上海交通大学出版社2014年版,第60页。

---

　　① 陆军荣:《国有企业的产业经济学分析》,上海人民出版社2014年版。

尽管以国有经济布局和结构战略性调整为主的分类思路早已逐步显现，但政府部门自 2011 年起才明确提出分类治理和分类监管的概念。2011 年《国民经济和社会发展第十二个五年规划纲要》提出，探索实行公益性和竞争性国有企业分类管理。2013 年 11 月党的十八届三中全会将"准确界定不同国有企业功能"作为推动国有企业完善现代企业制度、深化国企改革的重要内容。这不仅首次将国有企业功能界定的概念纳入党中央的决议之中，而且针对不同类别国企改革发展提出了差异化要求。2015 年 9 月《中共中央 国务院关于深化国有企业改革的指导意见》，同年 12 月《国资委 财政部 发展改革委关于印发〈关于国有企业功能界定与分类的指导意见〉的通知》，将国有企业分为商业类和公益类，并在推进改革、促进发展、实施监管、定责考核中融入"分类"的思路。显然，国有企业按功能分类已成为新时代深化国企改革顶层设计中的重要内容。

国有企业按功能分类作为联结企业产权与产业组织的桥梁，将企业层面改革向产业领域发展延伸，是推动国有经济结构调整与布局优化的现实要求。实践表明，从计划经济到市场经济，从发展中国家到发达国家，从国防、自然垄断、公共产业到金融、石油、高科技产业，国有企业的存在是一个不容置疑的普遍现象（陆军荣，2014）[①]。从世界各国的经济发展历程看，尽管不同国家或地区的国有企业会随着区域产业发展和市场竞争而呈现出差异化的演变规律，但往往有限地集中在特定产业，这些产业既可能是电力、煤气、邮政、铁路、航空等具有网络特征的自然垄断产业，也可能是钢铁、化工等对国家工业化进程有重要意义的产业。由于特殊历史和制度背景，我国国有企业作为社会主义经济建设的重要力量，在经济发展中一直扮演着重要角色，国有企业的生产经营领域几乎遍布整个国民经济。国有企业的改革发展不仅是优化产权结构、完善产权制度的过程，也是根据产业发展环境变化调整国有经济产业布局结

---

① 陆军荣：《国有企业的产业经济学分析》，上海人民出版社 2014 年版。

构的过程。只有清晰认识处于不同产业领域国有企业所承担的功能与使命,衔接好国企改革和产业领域发展,继续推动国有经济结构调整与布局优化,才能使国有经济发展之路行稳致远。

总体来看,划分国有企业类别、明确不同类别国有企业的功能定位,不仅是深化国企改革的重要内容和因企施策分类推进国企改革的出发点,也是联结企业产权与产业组织、推动国有经济布局优化与结构调整的现实要求。

(二) 国有企业功能分类的基本原则

国有企业功能分类必须综合权衡增强国有资本控制力、提高国有企业核心竞争力、促进国有资本和国有企业做强做优做大的目标要求,应主要遵循服务国有资本管理效率提升、动态调整和客观透明三项原则。

从分类目标看,国有企业功能分类应以服务国有资本管理效率提升为首要原则。应基于企业所处产业领域、在社会分工中所必须实现的目标使命、所承担经营活动内容等方面的定性与定位,对国有企业按功能进行分类。《中共中央 国务院关于深化国有企业改革的指导意见》将国有企业划分为商业类和公益类,并进一步将商业类国企划分为主业处于充分竞争行业和领域与主业处于关系国家安全、国民经济命脉的重要行业和关键领域、主要承担重大专项任务两类。与此同时,该文件也指出金融类、文化类国企改革,中央另有规定的依其规定执行。2015 年 9 月中共中央办公厅、国务院办公厅印发的《关于推动国有文化企业把社会效益放在首位、实现社会效益和经济效益相统一的指导意见》和 2018 年 6 月发布的《中共中央 国务院 关于完善国有金融资本管理的指导意见》分别对国有文化企业和国有金融企业改革作出明确规定。基于上述文件,国有企业按其功能可以分为商业类、公益类、金融类和文化类四个类别。如表 3-2 所示,商业类、公益类、金融类、文化类国有企业在行业领域分布、基本任务和主要特征等方面存在显著差异。

表3-2　不同类别国有企业的比较

项目	商业类国有企业	公益类国有企业	金融类国有企业	文化类国有企业
所处行业领域	主要在充分竞争领域、关系国家安全、国民经济命脉的重要行业和关键领域	基本集中于民生行业	主要集中于银行、保险、证券、信托和租赁等经营金融商品和提供金融服务的行业	主要集中于文化内容生产和文化信息传播行业
基本任务	增强国有经济活力、放大国有资本功能、实现国有资产保值增值	保障民生、服务社会、提供公共产品和服务	服务实体经济、防控金融风险、深化金融改革	提升文化软实力、参与国际文化竞争、维护国家文化安全
主要特征	①运作模式商业化 ②独立的市场主体，依法独立开展生产经营活动	①产品和服务关系国民经济发展和人们生活最基本的保障条件，必要产品或服务价格可由政府调控 ②引入市场机制，根据政府要求和社会发展需要，提高公共服务能力和效率	在经营方面具有高风险、高负债强外部性等显著特征	兼具意识形态和产业经济的双重属性，在注重经济效益的同时更要将社会效益放在首位

资料来源:根据《中共中央 国务院关于深化国有企业改革的指导意见》《国资委 财政部 发展改革委关于印发〈关于国有企业功能界定与分类的指导意见〉的通知》《中共中央 国务院关于完善国有金融资本管理的指导意见》《关于推动国有文化企业把社会效益放在首位、实现社会效益和经济效益相统一的指导意见》整理。

国有企业功能分类应根据其所处产业的战略定位和发展目标，以有利于建立和完善分类治理和分类监管体制为准绳，以提升企业管理效率为目的，结合国有资本未来发展趋势和投资领域，更好发挥国有企业的重要作用，推动国有经济可持续发展。在不同产业领域中，公有制经济和市场经济的组合方式各有差异。例如，处于公共产品生产领域的企业大多不具有竞争性，以国有独资、全资企业居多;处于垄断领域的企业具有不完全竞争性，国有资本往往具有控制力;而处于一般性生产部门的国有企业往往与其他市场主体共同参与市场竞争，国有资本可以控股，也可以参股。不难看出，国有企业的功能分类不仅应综合考虑国有资本组织载体与所处产业领域的内在联系(张晖明和张陶,2019),也应反映不同产业领域中公有制经济与市场经济结合的方式。①

从分类环境看,国有企业功能分类应遵循动态调整原则。国有企业功能分类既要立足当前国有企业发展现状,又要有前瞻性,充分考虑国有企业的功能特征与所处产业之间的内在联系。国有企业功能分类应在合理判断国有企业所处产业部门、产业领域及其所生产产品性质的基础上开展。尽管国有企业的存在会在一定程度上影响产业演进,但随着市场需求以及技术变革所导致的产业结构变化将会在更大程度上影响国有企业的发展变革和功能发挥。《中共中央 国务院关于深化国有企业改革的指导意见》指出,要结合国企在经济社会发展中的现状、作用及发展需要对国有企业分类。这意味着随着经济社会的发展,不同国有企业在经济社会中的作用和发展要求可能存在差异。基于此,国有企业功能分类并非一成不变,应在保持相对稳定的情况下,根据经济社会发展和国家战略需要,结合国有企业承担的阶段性任务和使命,以及所处产业环境变化而作出适应性调整。

从分类标准看,国有企业功能分类应符合客观透明原则。全国范围内国有企业功能分类应有一个公开客观的参照标准(杨瑞龙,2018)。②《中共中央 国务院关于深化国有企业改革的指导意见》指出应遵循谁出资谁分类的原则,由履行出资人职责的机构负责制定国有企业的功能界定和分类方案并报本级政府批准。尽管这为因地制宜开展国有企业功能界定留下了较大空间,但不免会使地方国有企业分类中夹杂着履行出资人职责机构的主观判断与意愿。从现实实践来看,中央及各省市对国有企业按功能定位分类各有差异,尚未形成上下连贯的分类标准。这不仅有碍于国有资本分类管理的标准制定和统一指导,在一定程度上也可能造成地方国有资产管理职责分散、权利分割等

---

① 张晖明、张陶:《国有企业改革再出发:从"分类"到"分层"》,《学术月刊》2019 年第 1 期。

② 杨瑞龙:《分类改革逻辑下的国企混改》,《企业家日报》2018 年 1 月 15 日。

问题。有鉴于此,界定国有企业功能类别时,既应兼顾国际经验,更要充分考虑中国国情,尤其是在推进国资监管转型和国企改革方面的可操作性。在充分结合地方实际的基础上,可按照国家发展和改革委员会及其他部门较为具体的产业细分标准,确定一个细分国有企业功能的产业目录,进一步明确特定产业性质的竞争程度,并将其作为产业细分清单向社会公示,建立一个公开透明且客观公正的分类标准。

二、国有企业功能分类与国资监管体制的内在关系

国有企业功能定位与其所处产业的特征有直接关系,不同产业领域的国有企业承担着不同的功能使命。功能分类要求对不同类别国企应采取差异化的监管思路,也即国资监管体制的构建要有利于不同类别国企的功能发挥。

(一) 国资监管体制服务于国有企业功能实现的逻辑

国有企业按功能界定与分类是新形势下完善国资监管体制的逻辑起点,而国资监管体制转型的目的是更好地服务国有企业功能实现。

一是保障国有资本配置效率提升。市场配置资源是依据供求关系将生产要素按比例分配至各个产业,甚至是市场主体的过程,而有序的国资监管体制是保障市场配置资源的合理性与规范性、提升国有资本配置效率的制度工具。自党的十四大报告将经济体制改革目标确立为建立和完善社会主义市场经济体制以来,市场在资源配置中的作用实现了由基础性地位上升至决定性地位的理论嬗变。经济体制沿革的历史过程、发展方向与内在逻辑也始终围绕政府与市场关系这一核心命题突破创新,然而无论是基于理论逻辑抑或历史逻辑,政府与市场关系的边界都处在动态演化与系统调试之中。2013 年 11 月党的十八届三中全会将处理好政府与市场关系明确为经济体制改革的核心问题,将市场决定资源配置作为市场经济的一般规律,重新调整政府与市场的关系,创新政府与市场的协作互补形式,提出充分发挥市场在资源配置中的决定

作用和更好发挥政府作用。在国有资本配置领域,亦需要遵循市场决定资源配置的经济规律,但由于国有资本作为中国特色社会主义事业的重要物质基础和政治基础,政府作用的"更好"发挥也尤为关键。政府作用的发挥主要通过国资监管体制实现。对不同功能定位国有企业实施分类监管,能够将市场配置资源的决定性作用与政府更好发挥作用在国资监管领域融会贯通,使政府与市场关系探索重点转向政府行为的合理适度与市场功能的充分发挥,以差异化制度手段保障市场配置资源的合理性和规范性。这不仅能够更有针对性地关注处于不同领域国有资本的配置和运营效率,而且能够通过结构调整助力国有经济的布局优化,尤其是发挥市场在充分竞争领域国有资本配置中的决定性作用,保障国有资本配置效率的提升。

二是助力国有企业生产经营效率提升。按照功能定位对国有企业分类能够加深社会专业化分工,有益于提升国有企业的生产效率,而国资监管体制是保障生产效率提升的必要手段。国有企业功能分类及与分类相适应的治理模式,是为了适应社会生产力发展而对生产关系进行的调整,这种调整有益于促进商品生产的专业化,提升企业生产效率和社会生产力。随着我国社会主义市场经济进入高水平建设时期,国有资产的存在形式及其所存在的产业领域分化特征更加明显。对不同功能定位的国有企业匹配与之相适应的监管模式是更好提升国有企业生产效率的关键。例如,以国有经济活力增强、国有资本功能放大、国有资产保值增值实现作为对商业类国有企业监管的目的;以公共产品供给保障、公共产品的供给效率提升、公共产品成本和质量控制作为对公益类国有企业监管的目的。不仅如此,分类监管能够在一定意义上形成与不同类别国有企业相适应的激励手段和考核措施。国资监管体制通过分类授权放权,能够针对不同功能定位、行业领域、发展阶段的国有企业采取差异化考核体系,执行不同的企业领导人员选任制度、国有资本收益上缴制度、国有企业负责人经营业绩考核办法、国有企业绩效评价制度等。在此基础上,按照企业类别建立起与之相适应的激励约束机制,有益于激发经营管理层和企业员工工作的积极性,形成行之有效的监督制约机制,进而促进企业生产效率的提升。

三是推动国企改革走深走实。以分类为思路的国资监管体制,有助于因企制宜推进国企改革,积极稳妥地深化国企混合所有制改革,提升国企改革的效益和质量。2020 年 6 月中央全面深化改革委员会第十四次会议审议通过的《国企改革三年行动方案(2020—2022 年)》明确指出,分层分类深化混合所有制改革。其中,对不同类别国有企业推进混合所有制改革的力度和程度有所差异,例如,商业一类国有企业"积极推进"混合所有制改革;商业二类国有企业"稳妥推进"混合所有制改革;具备条件的公益类国有企业应"规范有序推进"投资主体多元化。从国有金融企业改革看,《中共中央 国务院关于完善国有金融资本管理的指导意见》指出,对处于竞争领域的其他国有金融机构,积极引入各类资本,国有金融资本可以绝对控股、相对控股,也可以参股。总的来看,以分类为思路的国资监管体制能够充分结合不同类别国企混合所有制改革的现实要求,采取差异化的支持策略与监督措施,保障不同领域国企混合所有制改革的平稳推进。而以管资本为主的国资监管体制转型一定程度上亦是对各出资主体基本权利的认同。从专业部委的行政管理到国资监管机构代表国务院履行出资人职责,国资监管体制经历了从政府行政体系的延续向以资本为纽带、产权为基础的委托代理链条的转变。这将原本属于投资者的权利归位于投资者,为非公资本参与国企混合所有制改革提供了制度激励与保障。

(二) 国资监管体制服务于国有企业功能实现的思路与方法

不同类别国有企业,不仅改革路径与推进重点大相径庭,而且相应的国资监管机构、监管方式等也相去甚远。正如表 3-3 所示,商业类、公益类、金融类、文化类国有企业在国资监管体制特征、出资人代表机构、监管方式方面存有显著差异。

表3-3　不同类别国有企业的国资监管比较

项目	商业类国有企业	公益类国有企业	金融类国有企业	文化类国有企业
国资监管体制特征	以管资本为主	以管资本为主	以管资本为主	管人管事管资产管导向相统一
出资人代表机构	国有资产监督管理委员会	国有资产监督管理委员会	财政部门	政策尚未明确实践尚未统一
监管方式	出资人代表机构直接管理	出资人代表机构直接管理	出资人代表机构直接管理 出资人代表机构委托管理	出资人代表机构直接管理

资料来源:根据公开文件资料整理。

如表3-3所示,商业类、公益类、金融类国有企业均强调以管资本为主,而文化类国有企业由于兼具意识形态和产业经济的双重属性,在注重经济效益的同时更要将社会效益放在首位。因此,国有文化资产监管需把好政治方向关,坚持党委宣传部门的主管主办职责和管人管事管资产管导向相统一,转变国有文化企业的经营机制,保障社会效益和经济效益的实现。不仅如此,国资委代表本级政府对投入商业类和公益类国企的国有资本履行出资人职责,各级财政部门代表本级政府对投入金融类国企的国有资本履行出资人职责,其监管方式也有所差异。《中共中央 国务院关于完善国有金融资本管理的指导意见》明确了由财政部门履行国有金融资本出资人职责,同时也指出各级财政部门可根据需要分级分类委托其他部门、机构管理。金融类国有企业相比非金融类国有企业,具有较高的行业集中度,且杠杆和风险均显著较高。将国有金融资本与国有非金融资本分属不同出资主体,交由财政部门统筹管理,能够避免预算软约束及产权主体重叠所导致的指令性贷款与关联交易等不当行为,更有利于形成资本管理制衡,进而可防范金融风险、提高经济效益(汤倩等,2020)①。而与商业类、公益类、金融类国有资产监管不同,国有文化资

---

① 汤倩、苏琪琪、朱炜:《新时期国有金融资本管理体制构建探析》,《财务与会计》2020年第4期。

产监管体制改革尚处于过渡和探索阶段,中央和地方不仅体制设计存在差异,而且监管机构设置及其管理手段也不尽相同。2010年中央文化体制改革领导小组设立中央文化企业国有资产监督领导小组,同年中央编办批准成立中央文化企业国有资产监督管理领导小组办公室,挂靠财政部,形成"领导小组+办公室"的国有文化资产管理机构模式。尽管大部分省份采取"领导小组+办公室"的机构设置,但因办事机构挂靠部门不同而呈现出各具特色的管理体制模式。纵观全国,国有文化资产监管尚未形成关系稳定、上下连贯的模式框架,亦未有明确统一的出资人代表机构。

尽管国有金融资本和国有文化资本都是国资监管体制的重要组成部分,但由于二者本身的特殊性,加之相对应的监管体制在出资人代表机构、监管方式等方面的本质不同,故本书不将其作为重点,而是主要围绕商业类和公益类国有企业讨论其监管体制转型问题。按照商业类和公益类国企的功能类别,分级管理、分类管理、授权经营是推进国资监管体制转型,以更好的服务各类国有企业核心功能发挥的基本思路与方法。

一是分级管理。国有资产统归国家所有,中央与地方各级国资监管机构分别对中央和地方国有资产履行出资人职责,根据本级企业的国有资产总量、行业布局、经营状况制定具体管理规划与方式方法。通过分级管理,从中央与地方的区域层面进一步服务于国企功能定位,有益于将企业国有资产的产权在各层级、环节上予以人格化,以进一步明晰国有资产的产权主体,使国资监管摆脱产权虚置现状,建立清晰有效的责、权、利关系。权力下放促使地方政府拥有国有资产的控制权和收益权等权利,使国有资产管理的委托代理链条缩短,减少信息与决策的不对称程度,有助于调动地方政府参与管理的积极性,因时制宜、因地制宜、因境制宜管理国有资本。不仅如此,分级管理下的明晰产权有益于促进产权主体多元化,同级不同地区之间形成区域竞争,强化市场机制建设。基于此,分级管理应遵循,中央政府和地方政府分别依法代表国家对中央和地方政府出资企业履行出资人职责,享有出资人权益。在履行国资监管职责时,上下级政府监管制度的标准应既符合统一的制度规范,又突出地方企业国有资产管理特色。

二是分类管理。对国有企业的差异化分类是有效运行国资监管体制的基本前提。2008 年 10 月第十一届全国人大常委会第五次会议审议通过的《企业国有资产法》把企业国有资产简称为国有资产,并将其界定为"国家对企业各种形式的出资所形成的权益"。作为国资监管对象的组织载体,不同国有企业的功能定位与运行机制存在较大不同。因此分类管理是当前制度环境下提高管控效率的较优选择。商业类和公益类国企均是国有经济不可或缺的关键部分,对其监管均应以国有资产保值和增值为基本目标和任务。但具体到不同战略定位和发展目标的国有资产,除保值增值的基本目标之外,仍肩负其他具体使命。其中,商业一类国企以提升企业的市场竞争能力作为具体使命;商业二类国企不仅具有市场化发展的巨大潜力又关乎人民生活安泰,既具有竞争性又带有公共事业性质;公益类国企的主要目标是保障民生、提供公共产品和服务以及服务社会。例如,我国基础设施和基础工业①等产业尚具有"自然垄断"特征,而处于基础设施和基础工业等基础产业领域的国有企业一般具备经济效益和社会效益的双重特征。企业不仅要提升经济效益以增强自身的竞争力,而且还承担着国有资产保值增值、繁荣发展产业、保障国家经济安全、维护社会稳定等重要功能与使命(杨瑞龙,2013)②。与商业类国有企业不同,公益类国有企业往往因行政权力或技术特征而具有一定的市场影响力。由于公益类国有企业的功能定位及特征,应将公共产品提供、公共服务质量和效率作为重要监管内容。国有企业的差异化决定了商业类和公益类企业国有资产的管理内容、管理方式、具体目标存有区别,因此,分类监管是服务于国有企业功能定位的现实选择。

---

① 基础设施主要指机场、水利、港口、交通运输、通信等设施;基础工业主要包括能源、矿产资源、石油化工、钢材等工业。
② 杨瑞龙:《国有企业的重新定位及分类改革战略的实施》,《国企》2013 年第 7 期。

三是分类授权。由于商业类和公益类国有企业的不同性质,应考虑采取差异化的授权方式。经济有效性是商业类国有企业授权应关注的重点。政府与商业类国有企业通过授权经营建立了委托代理关系,使政府作为社会监管者和股东两种不同角色能够被有效区分。在企业组织中存在规模经济,而资本提供中则不存在(Demsetz,1967)[1]。为缓解资本出资人直接参与企业决策或者管理活动产生的高昂谈判费用,出资人会将大多数事项的决策权通过合法形式授予企业管理团队,以所有权与经营权分离的形式使企业有效营运。然而,基于代理费用的考虑,以及两权分离的有限性,所有者必然对经营权施以约束。具体运营中,这种"约束"既是授权过程的一部分,又作为关键要素纳入国有资本委托代理链条之中,形成资本所有者与资本经营者的契约关系。这种契约关系内化于两权分离下的所有权对经营权的约束,外化为资本委托代理链条下的授权经营机制(汤倩等,2020)[2]。而公益类国有企业的管控必须注重代理效率改进,国资监管机构直接管控更为适宜。所有者对代理者的约束手段是决定代理效率的关键,这与所有者信息获取过程及其参与管理程度有关。各级国资监管机构直接管控的方式能够与公益类国有企业的特殊运行机制相适应,这有益于缩短所有者信息获取的过程,以更好监督代理者行动,改进公益类国有资本的代理效率。

第二节　基于国资监管视角的政企政资关系调整:方向和边界

政企政资关系是中国经济体制改革过程中社会关系调整的一个重要组成

---

[1]　Demsetz ,H., "Toward a Theory of Property Rights", *American Economic Review*, Vol.57, No.2, 1967.

[2]　汤倩、苏琪琪、朱炜:《新时期国有金融资本管理体制构建探析》,《财务与会计》2020年第4期。

部分,在国资监管体制转型中更是处于核心位置。

一、政府监管国有资产的必要性

从监管权利的不同属性来看,国有资产监管具有两层含义:一是具有公权力的政府对国有资产的规制性监督管理(王强,2012)①;二是基于私权意义的政府股东对国有资产代理主体的合意性监督管理。政府在以上两种国有资产监管权利的行使中均扮演着重要角色。

"监管"本身的公共产品属性和集体行动的必要性是具有公权力的政府监管国有资产的理论依据。作为全体人民都能从中受益的商品,监管可以被称为公共产品。公共产品的生产者无法排斥那些不为此产品付费的人,抑或是排他消费的高成本使"排他"几乎难以实现。公共产品的以上特性使得几乎没有任何人愿意为其支付价格。若公共产品交由私人生产,在面临收费困难的条件下,私人生产者会面临自己负担全部成本和不生产之间的选择。因此,纯粹的个人主义机制不会产生最优数量的公共产品(杨瑞龙,1996)②,大多数公共产品的生产必须通过集体行动。国有资产监管是在政府干预市场的背景下产生的,分析国有资产监管问题离不开对政府和市场关系的讨论。尽管市场在运行良好的经济体制中发挥着至关重要的作用,但市场机制本身又难以克服稳定性弱的缺陷。仅仅依靠市场机制难以达到有序、有效和结果公平,也不会自动实现经济和社会的可持续发展。市场不仅在信息不对称、存在不完全竞争时难以发挥应有作用,而且也无法生产足够多的公共物品以满足国民消费需求(斯蒂格利茨,2020)③。因此,在市场不能发挥作用的领域需要集体行动,而政府作为国家权力的执行机关,是集体行动中最重要的机构。

---

① 王强:《国资监管经济学:从价值坚持到制度创新》,东方出版社 2012 年版。

② 杨瑞龙:《现代企业产权制度》,中国人民大学出版社 1996 年版。

③ [美]斯蒂格利茨:《美国真相:民众、政府和市场势力的失衡与再平衡》,刘斌等译,机械工业出版社 2020 年版。

为了保障经济社会的良好运转,政府需要出资完善经济社会体制,例如鼓励基础研究、建立健全监管机构与监管体系等。而由于集体行动的相容性和排他性,以及集体利益的公共性(奥尔森,2014),集体中每个成员或企业不论是否为之付出努力都能共同且均等地分享国有资产监管所带来的收益,这将产生集团成员的搭便车行为。① 因此,监管规则的制定与执行必须采取集体行动,通过集体的共同努力,构建高效且公平的监管体系。除此之外,即便市场本身是稳定且有效的,但市场机制调节的结果很有可能造成社会公正的缺失与贫富差距的拉大,这就要求由政府合理干预来保障机会平等和社会公正。在资源配置过程中,政府和市场的作用发挥不是非此即彼的对立关系,关键在于如何将二者有机结合,也即寻找激发有效市场和有为政府的结合机制。

政府监管国有资产的权利也来源于其另一个重要身份——国有资产出资人代表。2002 年 11 月党的十六大报告对国有资产管理体制改革提出要求,中央和地方政府要分别代表国家履行出资人职责。这是首次明确提出国有资产实行“分级代表”,开启了国资监管体制由“政府分级管理”转变为“政府分级代表”模式的新阶段。而政府代表国家履行国有资产出资人职责,究其根本是由基于我国经济社会发展的历史选择和社会主义基本经济制度所要求的公有制主体地位所决定的。

我国基本经济制度是由我国处于并将长期处于社会主义初级阶段这一基本国情所决定。国家通过法律手段对生产资料归属情况作出明确规定,将基本经济制度确立为生产资料的所有权归属、人们在生产中的相互关系和地位、生产产品分配情况等的总和。按照历史唯物主义观点,新中国成立伊始,面对资源短缺、技术落后、工业基础薄弱,以及美国等西方国家的政治和经济封锁等诸多不利条件,通过集聚资本加快社会主义建设、发展经济以巩固政权是当时紧迫而现实的选择。国家作为发动者与组织者,通过凝聚全国上下的人力

---

① [美]奥尔森:《集体行动的逻辑》,陈郁等译,上海人民出版社、格致出版社 2014 年版。

财力物力,将极为有限的资源在短时间内集聚,以大力发展工业化,建立相对完备且独立的工业体系。在这样的政治经济背景下,市场本身难以承担跨越式发展的任务,政府面临着非传统意义上的市场失灵现象(中国宏观经济分析与预测课题组,2017)①。为发展国民经济,中央决策层选择集中利用国有企业的力量,发挥社会主义制度优势,迅速建立起生产资料公有制,成为实施国家发展战略的基础性制度安排(綦好东等,2021)。② 因此,国家作为投资主体直接兴建的企业,所形成的国有经济通过不断改革与发展已成为现阶段国民经济的重要组成部分,而作为国家权力执行机关的政府,是代表国家履行国有资产管理职责的主体,扮演着界定和实施财产权利的角色。政府的出资人代表身份决定了政府对国有资产的监管权利不仅限于监督职能的履行,而是应囊括所有者享有的法定权利。

总而言之,"监管"本身的公共产品属性和出资人代表的身份决定了政府监管国有资产的必要性。尽管国资监管体制转型的推进需要充分发挥市场在资源配置中的决定性作用,使市场主体通过交易与竞争等经济活动来追求利益,但值得注意的是,要"更好"发挥政府作用,也需要一个职责明确但权力有限的政府部门。

二、政府职能的双重角色及作用范围

在国家不断发展经济的过程中,社会对政府的需求将会越来越多(斯蒂格利茨,2020)③。随着国有经济的发展,国资监管中政府履职的方式方法也在不断优化。我国国资监管体制改革经历了由关注所有权与经营权分离到探

---

① 中国宏观经济分析与预测课题组:《新时期新国企的新改革思路——国有企业分类改革的逻辑、路径与实施》,《经济理论与经济管理》2017 年第 5 期。

② 綦好东、彭睿、苏琪琪、朱炜:《中国国有企业制度发展变革的历史逻辑与基本经验》,《南开管理评论》2021 年第 1 期。

③ [美]斯蒂格利茨:《美国真相:民众、政府和市场势力的失衡与再平衡》,刘斌等译,机械工业出版社 2020 年版。

索由谁行使国资监管权以及如何行使这一权利的系列制度创新过程,其目的都是为了更好地规范政府和企业的行为。社会主义基本经济制度决定了政府的双重角色及职能的二重性。为保障资源配置效率、实现国有资本保值增值,作为出资人代表的政府和作为社会事务管理者的政府分别履行国有资产出资人职能和公共管理职能,但两种职能的实现方式及作用范围有本质差异。

为保障资源配置效率,具有公权力的政府监管应主要发生在市场失灵领域,通过宏观调控和微观规制与企业活动发生联系。由市场失灵所产生的问题,例如不完全竞争产生的垄断、信息不对称产生的消费者福利损失、负外部性产生的社会承担私人成本和公共危害、公共物品市场供给缺少激励产生的短缺等,均是具有公权力的政府监管发挥作用的主要领域(经济合作与发展组织,2015)[1]。在国资监管体制转型过程中,政府"有形之手"与市场"无形之手"作用的范围、方向有所差异,各有其功用,尤其在资源配置方面产生着不同影响。市场配置资源具有优先性,但也意味着它的有限性(张守文,2014)[2]。从内在功能和外在作用看,市场配置资源一般更有效率,但却不能完全保障公平正义。因此,即使是欧美等所谓市场成熟国家也不是仅有私有经济,而多是包含国有经济部门和私有经济部门的混合经济,各国政府基于公权力的监管来促进公平竞争和分配,作为对市场有限性的补充。不仅如此,资源稀缺导致的对资源使用的竞争性需求是外部效应存在的根源,这总是与产权相联系(杨瑞龙,1996)[3]。在交易费用大于零的条件下,外部效应将引致资源非帕累托最优配置的问题,即市场失灵。而在市场失灵领域,特别是在公平分配和公平竞争、外部效应和公共物品等方面,不仅涉及效率问题,更是涉及公平正义和社会价值的实现。在克服市场失灵现象上,引入政府干预力量成

---

[1]　经济合作与发展组织:《OECD 监管影响分析》,席涛等译,中国政法大学出版社 2015年版。

[2]　张守文:《国有企业降杠杆、防风险问题研究》,《云南社会科学》2018 年第 5 期。

[3]　杨瑞龙:《现代企业产权制度》,中国人民大学出版社 1996 年版。

为重要思路,这里的政府干预涉及权利界定与分配,既可能是直接的行政控制,亦可能是间接的经济控制。

然而,政府干预并不总能保证解决所有市场问题。为充分发挥市场配置资源的决定性作用,应合理界定公权力政府监管的边界。政府作为受托提供"监管"的主体,应主要依据法律、行政法规和规章等干预市场,在行使监管权之时必须将公共利益置于首位。但政府内部机构设置仍由有限理性的"人"构成,他们在凭借政府赋予职能机构的权利行使公权力之时,可能会以公共利益之名从事实质侵害私人主体法定利益的活动。因此,应对"公权力"予以合理限制,将作为社会事务管理者政府的监管职能实施范围限定至市场失灵领域,并通过宏观调控和微观规制建构企业运行的外部环境。这就要求作为社会事务管理者的政府监管国有资产时,应将"简政""限权""放权"三者有机结合,在减少对市场主体约束的基础上以法治手段保障并促进市场自由交易和竞争。例如,构建相应的国资监管制度体系,以权责清单形式明确作为社会事务管理者的政府职权及应用范围。通过国资监管的制度安排,为政府和企业行为提供稳定的、能够不断重复且被大家所认可的行为模式,并定义政府和企业在新制度中行为的不同条件,进而提高效率以实现预期监管目标。简言之,作为社会事务管理者的政府,其职能在于协调经济主体之间的利益关系,并从整体层面规划经济发展战略与目标,以规则制定与行使管制权利为己任,创造市场公平。

为实现国有资本保值增值,政府股东要在国有资产投资领域履行好代理人职责。作为国有企业出资人的政府与一般意义上的出资人(所有者)在追求"经济"目标方面具有一致性,具体表现为注重微观国有资产的保值增值。从这个意义上看,国资监管可以理解为国家作为所有者保护国有产权的一种手段,而界定和实施财产权利成为政府股东监管国有资产的重要内容。以管资本为主的国资监管体制转型,其本质是分离政府社会管理者与出资人代表的角色,在履行出资人职责过程中以财产权利逻辑取代政府权力逻辑,履行好政府股东的权利,重塑国资监管关系。与此同时,厘清并剥离相关政府部门及机构的国有资产出资人职责与监管职责,使政府股东的履职方式与手段向市场化转变,通过全面正确履行自身职能,增强治理能力,提高管理效率。国有资产出资人应以参与重大决策、资产收益和选择管理者为主行使所有者权利,下放事权,保障国有企业法人的主体地位和自主经营决策的权利,以资本为纽带、产权为基础参与国有企业管理。

　　总的来看,出于社会化生产的分工协作以及企业生产经营活动的内在需要,社会事务管理者和出资人代表的双重角色使政府具备了社会公共管理、国有资产监管、国有企业出资人等职能。这使政企政资关系趋于复杂,而转型国资监管体制需要进一步调整政企政资关系。

三、政企政资关系的调整方向和边界

　　如前所述,政府不仅扮演着社会事务管理者和出资人代表的双重角色,更是作为集经济社会公共管理职能、国有资产监管职能、国有企业出资人职能于一体的机构,不可避免会面临不同角色的价值取向冲突以及行为选择困境。作为社会事务管理者的政府将社会性目标置于首位,而作为出资人代表的政府又需重视经济性目标。政府两种身份及其追求目标的冲突势必会深刻影响资源配置效率、市场竞争秩序以及企业创造财富的动力。而解决上述问题的根本在于重新审视政企关系的本质特征,厘清政府职能、明晰政企政资关系并调整方向和边界,在规范政府行为与企业行为、保障国家所有权的同时落实国有企业的市场主体地位。

　　重新审视政企关系的本质特征。尽管政府被赋予宏观调控与微观规制的权力,但政府与企业之间的关系不能简单地概括为控制与被控制的关系。从各国政企关系模式的实践来看,与企业相关的政府职能一般包括建立、监督、引导、参与市场,以及社会资金和社会保障的筹集与实施等。青木昌彦和奥野正宽(1999)根据各国政治经济特征①,以及构成政府的各部委管辖范围的细化程度、相互之间的独立性,将政企关系模式划分为权威主义型、关系依存型、规则依存型,并认为政企关系的制度结构是否有利于资源配置取决于各国所处的发展阶段,以及是否存在作为补充的民间经济组织。不难看出,政府作为与经济体系相互作用的内在参与者之一,代表着一套协调连贯的机制,而不是附着于经济体制之上的、仅负责解决协调失灵问题的机构(青木昌彦等,1998)②。政企关系模式的选择要与经济发展阶段、市场经济发育程度相契合。与此同时,政企关系也是发展着的,政企关系的调整应充分结合我国社会主义市场经济体制改革的阶段特征。政企关系的本质特征在于服务企业和社会组织,也即政府通过宏观调控和微观规制为企业运行创造外部环境,企业接受规制与服务并以税收等形式向这种服务支付费用(朱鸿伟,2003)③,形成双向嵌入并互相制约的关系。

从制度与组织层面看,政府主导下的政企关系,其制度创新与变迁动力既来源于内在目标的追求,又受到外部结构性压力的影响(李汉林和魏钦恭,2014)④。作为经济社会公共管理者的政府,其目标函数包括国家安全、经济增长、社会安定、维持非经济活动等,注重培育竞争中性的市场环境以及服务于宏观经济调控。而作为国有资产出资者的政府,依法享有对国有资产的占有权、收益权、使用权和支配权,更注重国有资产的保值增值。社会主义市场经济需要匹配市场化的监管方法,这不仅要从制度层面明确作为社会事务管理者的政府和作为出资人代表的政府管什么,而且要从组织层面通过机构设

---

① [日]青木昌彦、奥野正宽编著:《经济体制的比较制度分析》,魏加宁等译,中国发展出版社1999年版。

② [日]青木昌彦、金滢基、奥野-藤原正宽主编:《政府在东亚经济发展中的作用:比较制度分析》,张春霖等译,中国经济出版社1998年版。

③ 朱鸿伟:《政企关系的国际比较及启示》,《南方经济》2003年第1期。

④ 李汉林、魏钦恭:《嵌入过程中的主体与结构:对政企关系变迁的社会分析》,中国社会科学出版社2014年版。

置来切割两种身份所承担的职责。在分离政府的行政管理与国有资产管理职能的基础上,将国有资产管理由"管企业"向"管资本"转变。由国资监管机构专职代表国家履行国有资产出资人职责,通过改革授权经营体制进一步分离所有权与经营权,对行使国有资产所有权的主体建立起有效的激励约束机制,在政资分开的基础上推进公有制经济的政府职能和企业职能分开。

我国不仅是社会主义国家,而且是处于经济转型期的发展中国家,政府所发挥的作用远比一般市场经济国家要大得多(杨瑞龙等,2017)①。科学的宏观调控和有效的市场规制,不仅是发挥社会主义市场经济体制优势的内在要求,亦是做强做优做大国有资本和国有企业的客观需要。要坚持政治体制改革和经济体制改革的相互配合,发挥市场在资本配置和价格形成中的决定性作用。作为社会管理者的政府,应以制定规则与行使管制权力为己任,创造市场公平,促进市场效率;作为国有资本所有者的政府,要履行好代理人和委托人的职责,实现国有资本和国有企业的做强做优做大。

第三节　混合所有制改革与国有资产委托代理关系新变化

与萨缪尔森定义的混合经济②不同,我国混合所有制经济是根据中国正处于并将长期处于社会主义初级阶段的历史方位和实践要求所提出的,强调坚持以公有制经济为主体、多种所有制经济的共同发展,以增进人民福祉为出发点和落脚点。如果说基本经济制度的实现形式与国有产权的实现形式相联系(宋方敏,2017)③,那么作为基本经济制度实现形式之一的混合所有制经济,其发展必将引致国有产权制度的深刻变化。国企混合所有制改革作为混

① 杨瑞龙等:《国有企业分类改革的逻辑、路径与实施》,中国社会科学出版社 2017 年版。
② 萨缪尔森将"混合经济"定义为政府与市场、垄断与竞争并存的经济体制。
③ 宋方敏:《习近平国有经济思想研究略论》,《政治经济学评论》2017 年第 1 期。

合所有制经济发展的重要微观实现方式,由此引起的产权制度深刻变革不仅为国有资产委托代理关系带来新变化,而且直接或间接地影响着包括监管主体、监管链条、监管对象等在内的国资监管体制。

一、混合所有制改革背景下国资监管机构的职能转变

改革开放以来,我国国企改革历经了由放权让利、承包经营责任制,到公司制、股份制,再到深化混合所有制的系列过程。其实,混合所有制经济与混合所有制企业并非新创事物,早在 1999 年 9 月党的十五届四中全会就提出了发展混合所有制经济的改革指向,一批国有企业已通过改制发展成为混合所有制企业。2013 年 11 月党的十八届三中全会和 2017 年 10 月党的十九大报告进一步将发展混合所有制经济政策推向了新高度。混合所有制改革实质是产权制度改革,股权结构调整是其中的关键。与国有独资、全资企业相比,混合所有制企业不仅有着明确的持股主体、具备股权结构多元混合的特征,而且在落实企业市场主体地位、董事会决策机制、利润分配机制、薪酬激励机制等公司治理层面采用更加市场化的方式。有鉴于此,在深化国企混合所有制改革的制度背景下,需要重新审视履行国有资产出资人主体的职责。

尽管学术界常常提及国有资产所有者职能和出资人职能,并将二者视作同等概念,但从法律意义上看,所有者与出资人的权利属性存有较大差异。我国《宪法》将生产资料的社会主义公有制作为经济制度的基础。2020 年 5 月第十三届全国人民代表大会第三次会议审议通过的《民法典》第二百四十六条明确国务院代表国家行使国有财产的所有权。并对国家所有权作出了规定,即国家具有对全民所有的财产进行占有、使用、收益和处分的权利。全民所有制经济的地位决定了国家所有权的特殊法律地位,不仅所有权权利主体具有唯一性和统一性,而且权利客体具有无限广泛性和专有性(杨立新,2020)。[1]

---

[1] 杨立新主编:《〈中华人民共和国民法典〉条文精释与实案全析》(上),中国人民大学出版社 2020 年版。

《民法典》第二百五十七条进一步指出国家出资的企业,由国务院、地方人民政府享有出资人权益,并分别代表国家履行出资人职责。这对国有企业出资人作出了规定,明确了国家所有权由国务院及地方政府代表国家行使,将国家所有权在法律上予以人格化。这为我国在经济体制改革过程中,确立"国有资产出资人代表制度"提供了法治保障。如表 3-4 所示,国有资产所有者和出资人的法理依据、权利性质、权利范围及权能行使方面均存有较大差异,出资人权利仅是所有者行使对所有物支配权的一种方式,国家所有者对国有企业出资后,国家所有权即转化为《公司法》意义上的股权,其法律身份也由国有资产的所有者转化为出资人。

表 3-4 国有资产所有者与出资人的权利对比

项目	国有资产所有者	国有资产出资人
法理依据	民法原理	公司法原理
权利性质	所有权	出资人权利
权利范围	广泛性	有限性
权能行使	既可以由所有者行使,也可以根据所有者意志和需要授权他人行使	出资人仅依据其投资的份额在《公司法》规定范围内享有权利

资料来源:根据《民法典》《公司法》《企业国有资产法》整理。

不难看出,国资监管机构的法律定位应是代表政府对国家出资企业履行出资人权利。从法律意义上看,国有经济是全民所有制经济,国有资产所有者并非是严格意义上的缺位。国务院和地方政府对国有资产履行出资人代表职责。作为最高国家权力机关执行机关的政府,其职责实现要依赖于各职能机构(王鸿,2007),出资人职责的履行也不例外。[①] 而国资监管机构的设置正是从形式上明确了国有资产出资人代表,并通过设置专门化的履职机构促进政

① 王鸿:《国有资产管理体系构建论——经济与法律视角的制度分析》,人民出版社 2007年版。

资、政企分开。早在 1988 年国家设立国家国有资产管理局,开始尝试设置专门化的国有资产管理机构。中央层面国有资产管理主体,先后经历了行业管理部门管理到国家国有资产管理局、国家经济贸易委员会与中央企业工作委员会共同监管,再到国务院国有资产监督管理委员会统一监管的演变。作为政府特设机构,国资委对国家出资企业的权利性质及权能行使方式与其他行政机构存有显著差异。它不具有社会公共事务管理职能,只是拥有基于公司法法理的出资人权利,在出资额限制范围内享有对所出资企业的重大决策、选择经营管理者和资产收益等权利,对企业债务承担有限责任,不干预企业日常经营活动。

随着混合所有制经济的发展,我国在宏观经济层面构筑了国家或地区不同所有制成分共存的经济形态,在微观组织层面形成了不同性质产权主体的企业经济形式(綦好东等,2017)。① 为充分激发市场主体活力,对国有企业尤其是对国有资本不再绝对控股的混合所有制企业,亟须探索实施更加灵活高效的监管机制,以落实混合所有制企业的市场主体地位。这不仅对国有资产出资人行权的合法合规性提出更高要求,更是凸显了国资监管机构职能转变的必要性。为适应深化混合所有制改革与完善中国特色现代企业制度的现实背景,推动有效市场和有为政府更佳结合,国资监管机构应进一步聚焦管资本要求转变职能,准确把握履行出资人职责的定位,厘清出资人权利的边界,依据其出资份额依法依规行使权利。这不仅在监管理念、监管重点、监管方式、监管导向上要求国资监管机构更加强调基于出资关系的监管、更加关注国有资本核心功能、更多运用市场化法治化手段、更加注重提升质量效益,而且应探索建立有别于国有独资、全资企业的混合所有制企业监管方式方法。

---

① 綦好东、郭骏超、朱炜:《国有企业混合所有制改革:动力、阻力与实现路径》,《管理世界》2017 年第 10 期。

二、混合所有制改革背景下国有资本投资链条延展引致的产权关系变化

如果说股份制改革为公有制经济和市场经济的有机结合提供了可能路径,那么混合所有制改革则进一步将这一路径细化至公有资本与非公资本结合的结构层面。辩证地看,混合所有制改革与国有资本投资链条延展之间存有内生关系,一方面,国有资本投资链条延展所形成的授权经营关系能够为推进混合所有制改革提供制度与组织支持;另一方面,混合所有制改革亦会导致国有资本投资链条延展,而二者均会通过授权经营关系与产权关系的改变对国资监管体制形成直接或间接影响。

作为从国有资产委托代理链条的终极所有者到受托代理者之间责任、权力和利益划分的规则体系或制度安排(齐守印和何碧萍,2019)①,国资监管体制围绕国有资产占用、配置、管理和运营,形成自上而下的特定责权利关系。为更好支持国企混合所有制改革,落实混合所有制企业的市场主体地位,需要进一步分离国有资本所有权和经营权,厘清出资人代表机构与国家出资企业之间的责权范围。《中共中央　国务院关于深化国有企业改革的指导意见》指出通过改组组建国有资本投资运营公司形成国资委与实体企业的中间隔离层,打造市场化专业平台,探索国有资本的有效运营模式,完善国有资产管理体制。国有资本投资运营公司作为隔离层置于出资人代表机构和市场竞争主体混合所有制企业之间,是以市场化运作方式承担国有资本投资和运营功能的重要主体。

出资人代表机构对国有资本投资运营公司及国有集团企业(或产业集团)等不同类型企业给予不同范围、不同程度的授权放权,使以管资本为主改革国有资本授权经营体制不仅重要而且必要。

---

① 齐守印、何碧萍:《关于国有资产管理体制的理论辨析、逻辑结构、国外经验与总体建构目标》,《当代经济管理》2019年第10期。

产权关系作为生产关系的一种形式,需要具体地、历史地适应生产力发展要求。按照马克思主义所有制理论,产权是生产资料的占有、使用、支配和收益所反映的全部经济关系,而不仅仅是法律意义上抽象的财产权利。我国国有资产全民所有的产权特性决定了国有资产委托代理不仅仅是涉及国有资产所有权与经营权的分离,还囊括着各级国有资产监管主体、投资运营主体、生产经营主体的层层委托与授权。从组织架构上看,国有资本投资运营公司作为"资本"纽带,置于国资监管机构与国有企业(或混合所有制企业)之中,形成"国资监督管理机构—国有资本投资运营公司—国有企业"的三层组织架构。从监管关系来看,国有资本投资运营公司作为国有产权代理链条上介于政府和企业之间的市场化专业平台组织,既是国资监管机构监督管理的对象,又对所出资企业行使股东职责。

以管资本为主、授权经营为特点的国有资产管理体制不仅是现阶段高水平社会主义市场经济体制构建和混合所有制经济发展的现实需求,更是与国有资本投资链条延展引致的产权关系变化相配套的制度安排。

三、混合所有制改革背景下国资监管对象形态的变化

在中国社会主义现代化建设进程中,国有企业是完成社会主义初始积累、确立社会主义市场经济模式的关键组织载体。自20世纪90年代开始,部分国有企业先后通过股份制改革和公开上市在股权结构层面形成了混合所有的组织形式,实现了公有资本与非公资本的有机结合。目前,混合所有制已成为能够有效推动社会生产力发展的所有制实现形式。国企混合所有制改革是实现国有资本保值增值和做强做优做大的重要路径,它有利于集中资本并放大其功能。从产业领域的投资机会角度而言,混合所有制改革实质上也涉及产业领域的开放问题。正是因为国有企业在不同产业领域的不同发展阶段具有不同的功能定位,与之相适应的国有资本布局优化和结构性调整使得诸多领域国有企业不再全资或绝对控股,这也必然推动国资监管对象由实物形态向价值形态

转变。

尽管2013年党中央才正式提出以管资本为主实现国资监管体制转型,但国有资产"资本"属性的认可和法律体现早就存在。在我国经济体制改革由计划到商品再到市场的演进发展过程中,对国家出资企业的称谓由"国营"转变为"国有"。这种转变蕴含着将国家所拥有或控制的国有企业从国家"计划指令经营"的模式中摆脱出来,国家不再通过行政性指令的方式主导资源配置与经济活动,而是通过授权、许可、股份制等多样化方式让渡国家拥有或控制资源的使用权甚至收益权,使国有资产以市场法则运行,成为市场经济系统的一部分。在市场经济中,资产以实物形态投入,国家所拥有或控制的资源由传统实物形态的"资产"向价值形态的"资本"转化。《企业国有资产法》将国家对企业各种形式的出资所形成的权益明确为企业国有资产。这里的权益有两层含义:一是指法律上的权益,意指受法律保护的权力和利益;二是经济上的股东(所有者)权益,即国有资产所有者(即国家)对企业资产的剩余索取权。而国有资本根据国家出资形式与主体的差异性也包含两类:一是由政府部门或机构等代表国家投资形成的国家资本;二是由国家授权投资主体即国有企业法人等以其可支配资产或国家允许用于经营的资产投资入股国有企业所形成的国有法人资本。

新时期国资监管体制改革的一个鲜明特点在于由过去的"管企业"向"管资本"转变,这是对国有资产管理体制理论的重大突破。以管资本为主的国有资产管理是市场经济条件下出资人代表机构以价值管理为主要手段,通过授权、许可、股份制改革等多样化方式让渡部分国有资产使用权,将规范国有资产运作、优化国有资产布局、提高国有资产回报作为重点,对国家所拥有或控制的资源进行管理并切实管好。国有资本既是反映社会主义基本经济制度中公有制经济为主体的国有资金,也是用于企业生产经营的国有资产。所谓"管资本",即改革国有资产的实现形式,由传统计划经济条件下"实物形态"转向现代市场经济条件下"价值形态"。具备良好流动性、可进入市场运作、能够用财务语言清晰界定等是价值形态国有资本的特性。

国企混合所有制改革通过产权改革实现资本积累与集中,形成公有制经济与非公有制经济贯通发展的新优势。国有资本、集体资本、非公有资本等的交叉持股和相互融合进一步凸显了国资监管对象形态的变化。但需要强调的是,国有企业做强做优做大和国有资本做强做优做大是相互承继、互为一体的。以管资本为主实现国资监管体制转型,必须立足我国社会生产力的发展现状,以发展和巩固基本经济制度为前提。

第四节 国有资产委托代理关系中相关
主体责权利划分及其依据

国资监管体制转型是一项系统工程,不仅涉及公众、政府、企业及其利益相关者等多层面、多主体,而且包括产权、治理、监管、运营等多要素,各主体、各要素既互相联系又互相制约。法约尔(1999)提出责任作为权力的当然结果和必要补充,是权力的孪生物。[①] 从激励约束角度而言,权责明晰要求权力与责任相对等,权责明晰原则的贯彻有赖于奖惩制度的行之有效。因此,国资监管体制转型的关键在于突破利益固化的藩篱,对各参与主体的权利予以合理配置、对责任予以明确划分,平衡各参与主体之间的责权利,构建起既行之有效又互相监督制衡的监管体系。

一、人民代表大会

依据《宪法》规定,生产资料社会主义公有制是我国社会主义经济制度的基础。因此,国有资产管理的初始委托方即终极所有者为全体人民。但"全体人民"并非是一个边界清晰、主体明确的法律概念,更多是一种社会意义和

---

① ［法］法约尔:《工业管理与一般管理》,曹永先译,团结出版社 1999 年版。

政治意义上的概念,且国有资产难以量化到个人,其所有权的行权只能以"全体人民"的名义进行。

由少数成员代表全体人员进行决策和行动的代议制是现代民主法治国家中常见的政治委托方式。作为中国特色的"代议制",人民代表大会制度在确保人民当家作主中发挥了重要作用。我国《宪法》第二条规定,我国的一切权力属于人民,人民代表大会(包括全国和地方各级)是人民行使国家权力的机关。处于国有资产管理委托代理链条最顶端的初始委托方是全体人民,全国人大和地方人大是全体人民行使权力的机关。因此,以管资本为主推进国资监管体制转型必须要依据现有法律体系,设计契合宪法、民主等基本要求的权利安排来体现和保障全体人民的初始委托权利。

全体人民作为国有资产管理的初始委托方,依法享有参与权、监督权。尽管人民代表大会制度将全体人民对国有资产所有权的权利行使赋予全国人大和地方人大,但仍需要保障全民参与权,使全体人民作为初始委托方仍享有参与国有资产管理的基本权利,这对国有资产监管效率和效果至关重要。一是通过民主参与决策程序可以缓解人民群众与国资监管机构之间的信息不对称;二是真正体现人民的所有者地位,使国有资产服务于全民、全社会的共同利益。人民主权是监督权的法理基础,它意味着政府的权利来自全体人民,人民有对他们直接或间接选举产生的政府官员的监督权利。监督权就其内涵而言,包括罢免权、知情权、要求国家赔偿权、批评建议权等具体权利。尽管《企业国有资产法》第六十六条规定,对造成国有资产损失的行为,任何单位和个人均有权进行检举和控告。但在具体实践中,监督途径相对狭隘,相应的保障措施与执行程序的缺失在一定程度上制约了初始委托方对国有资产管理监督与权利的行使。

二、人民政府及其内设职能部门

人民政府接受全民的委托,作为国资监管的代理组织,将微观层面的代理者、经营者身份与宏观层面经济管理者身份合二为一,体现为政府内部综合经济部门和专业主管部门之间的差异化分工。构建国资监管新体制的核心在于解决国资监管机构的"专司"问题,改善管理缺位、越位问题。为实现这一目标,就需要政府内部进行配套改革以确保部门之间的权责界限清晰。

虽然全体人民作为国有资产管理的初始委托方,但是人民不可能直接参与企业治理,因此国有资产的具体管理工作将由全体人民委托"代表"来行使。作为全体人民利益代表的全国人大是法律意义上的首选受托人。而中央人民政府即国务院作为全国人大的执行机关,接受全国人大的授权,从事国有资产管理的具体工作。作为总代理人的政府具有多重身份:既是国家宏观经济的管理者,又是国有资产初始委托方即全体人民的代理者,还是国有企业的委托者。内设机构的"专业"分工与合作成为政府多重角色的必然选择。政府根据其内部的专业化分工将国有资产出资和管理职能授予专业的部门或机构。

作为具体行权主体的相关职能部门会根据自身优势或专长来获取所需信息以实现自身所追求的管理目标。但各行权主体根据自己所掌握的不完全信息参与国资监管,会影响信息拥有与管理决策的匹配程度,这对各主体管理目标的实现形成了隐性约束。而这种隐性约束对国有资产管理效用函数的影响,很可能成为行权主体推卸责任承担的借口。

总的来看,政府及其内设职能部门作为行权主体,由于多元异质的任务和模糊的权利边界,以及非对称的交易信息,使国有资产管理各主体之间的效用函数存在差异。这导致了作为行权主体的代理人缺少约束与监督,使代理人逆向选择与道德风险程度增加。

三、国有资产监督管理机构

国资监管机构[①]作为政府特设机构,并不具有严格意义上的政府职能。

---

① 注:此处的国资监管机构主要是指国务院国有资产监督管理机构和地方人民政府按照国务院的规定设立的国有资产监督管理机构。

国资监管机构在组织形式上虽与政府部门相近,但在功能定位与实质运行中却不具有一般意义上政府部门的特征,其职责在于代表政府依法行使国有资产出资人权利。

出于适应市场经济发展的需要,出资人代表制度得以建立,政府所有者通过转换为类似于私人股东性质的所有者,以商业化方式来行使国有股权,进而实现公有制经济与市场经济的有机结合。在此背景下,出资人权利实质上是各种法律关系规范调整而产生的权利,以私权行使的方式来实现资本投资功能。出资人权利的私权性质要求国有资产出资人代表履职机构所扮演的角色应当是遵循竞争规则的市场主体。作为平等市场主体参与者的国有股股东,在面对重大决策时应具备及时且专业的反应和领导能力。国有资产出资人代表的职责范围应囊括:监督管理国有企业发展战略;调整优化国有资产布局结构;决定国有资产经营预算使用范围;分享国有资产经营收益;选聘并考核评价董事会、经理层等高级管理人员;推动国有企业改制重组等。

2003 年 5 月国务院颁布的《企业国有资产监督管理暂行条例》第十二条指出,作为直属特设机构,国务院国资委是履行出资人职责、监督管理企业国有资产的机构。其中,将国资监管机构定位为"直属特设机构",并且明确其代表国务院履行出资人职责和负责监督管理国有资产两项职责,这一表述内含着出资人职责与国有资产监管职责是互相平行、彼此独立的关系。《企业国有资产法》以立法的形式确定了国资监管机构的出资人职责。对于不同类型的国有资产,履行出资人职责的政府机构有所不同,例如金融类国有资产由财政部门集中统一履行出资人职责,非金融类经营性国有资产一般由国资委代表政府履行出资人管理职责。而如何界定出资人代表的行政监管权与股东治理权对完善国有资产管理体制至关重要。

履行出资人代表职责的国资监管机构对国有资产的监管权属于"政府监管"职能的权利延伸。出资人监管是指在市场经济体制下为防止"市场失灵",政府通过相应规则对经济活动施以监督和控制,类似于为促进经济健康发展而提供一种"公共产品"。因此,出资人监管权是基于市场经济体制下,国资监管机构(政府特设机构)为行使国家所有权而产生的一种新型政府行政监管。出资人监管权既是国家所有权的一种实现形式,也是政府股东对国有资产行使管理职权的一种方式。国资监管机构履行出资人监管权,应先界定和厘清出资人行政监管权的职责边界。结合现阶段国资监管改革方向和实践,出资人监管权应当包括:(1)制定包括国有资产的所有权政策和国有资产出资人权益行使的监管规则在内的政策与规定;(2)依据国有经济发展状况与政策取向调整国有资产布局与结构,包括明确国有资产应在行业和领域的进退与布局,调节国有资产的空间区域布局,重组与谋划企业国有资本结构;(3)实行收支预算管理,对企业国有资本经营收益享有合法的分配权;(4)基础管理;(5)产权交易监管;(6)对下级国资监管机构履责行权的监督指导;(7)对所出资企业所任免的董监高等管理人员依据经营业绩考核予以奖惩。值得注意的是,出资人行政监管与公共行政监管在监管对象和监管目标上存有明显区别。在监管对象上,出资人监管限于对政府出资国有企业所形成的资本或权益加以管理,而公共行政监管是对所有市场主体所从事市场活动的约束。在监管目标上,出资人监管是基于国家所有权职能对国有资产保值增值的追求,与此同时,促使部分处于重要行业和关键领域的国有资产承担相应的政治、经济和社会责任,而公共行政监管主要为了维护公共利益和市场秩序。

除政府出资人的监管权以外,作为股东的政府可依法依股权行使股东治理权。股东治理权作为国家授权国资监管机构履行出资人职责的权能之一,属于私法范围。置于公司法的制度框架之中理解,国有资产投入企业后财产所有权转化为企业所有权,也即资本化的国有股权。从现有法律法规及有关规章政策来看,尚未发现"国家股东"类似表述出现在官方制度文件中。此外,在国有企业的工商登记中,尚未发现登记"国家"为股东的企业。因此,国家虽作为出资人投资国有企业,但其特性决定了国家不能作为国有企业股东。

这就必须有一个具有民事权利能力和行为能力的法律主体来行使国有股东权利、以股东身份参与国家出资企业的公司治理。尽管国家将国有资产投入企业成为国有企业的出资人,但国家的公法属性使其难以成为人格化、特定化的公司股东。基于此,需要通过立法的方式构造国家出资企业的股东主体,《企业国有资产法》将国有资本股东主体赋予国资监管机构,要求其对国家出资企业履行出资人职责,行使国有股东权利。

作为现代国有企业治理的逻辑起点,出资人以其出资额为限享有企业的剩余控制权和索取权。出资人治理表现为对企业经营管理活动的控制、激励约束与监督。出资人治理是将出资人股东的身份融入企业法人治理之中,其治理活动的实现不仅需要依托现有国有企业的法人治理结构,而且还需要额外的管控活动。主要内容包括且不限于对企业的人事控制,通过提名或任命出资企业的高管人员实现人员治理;对出资企业资本营运的管理以及优化资本结构;以参与制定公司章程的形式,在企业法人治理结构中形成分权与制衡,同时实现对所控制国有企业子公司的依法管控。

四、国有资本投资运营公司和国有集团企业

作为市场化运作的专业平台,国有资本投资运营公司是国有独资公司,不从事具体生产经营活动,在性质上与一般意义上的国有集团企业有区别。如表3-5所示,国有资本投资公司、国有资本运营公司、国有集团企业三类企业在公司属性、管理方式、战略定位、投资领域、运作方式、对所投资企业的管控方式等方面各具特色。应根据管理对象的性质和特征,对不同类型企业采取不同范围、不同程度的授权放权。因此,政府授权的国有资本投资运营公司不从事具体的生产经营业务,仅在授权范围内自主开展国有资产管理工作。也即国有资本投资运营公司在授权范围内对所投资企业组织实施管理工作,汇总所投资企业国有资产基本情况并由履行国有资产出资人职责的机构核准或备案。作为掌握战略性资源的国有集团企业自身直接或间接从事生产经营活

动,它们主要是产业集团,并聚焦于其主业范围内的产业链延伸。因此,履行国有资产出资人职责的机构"直接"组织实施国有集团企业层面国有资产管理工作,但也要充分落实国有集团企业的经营自主权,不干预集团企业及其所属企业的生产经营活动。

表3-5 国有资本投资公司、国有资本运营公司、国有集团企业的特征比较

项目	国有资本投资公司	国有资本运营公司	国有集团企业
公司属性	国有资本市场化运作的专业平台		产业集团
管理方式	以资本为纽带,以产权为基础		以产业为纽带
战略定位	作为合格受托管理者,对所持股企业实施全方位改革,推动企业高质量发展		在关系国家安全、国民经济命脉的重要行业和关键领域发挥支柱作用
	①服务国家战略 ②优化国有资本布局 ③提升产业竞争力	①提升国有资本运营效率 ②提高国有资本回报	
投资领域	业务相对多元,风险可控的前提下可在主业范围之外,培育产业新领域	无主业限制,投资方向、行业领域等相对灵活	所处产业战略性较强,需要国有资本牢牢掌控,原则上主业明确或围绕产业链布局开展投资
运作方式	运用"市场+行政"的综合模式从事具体运作		围绕确定的主业范围,从事具体生产经营和管理
	围绕"产业资本",投资融资、产业培育和资本运作等	围绕"布局结构",股权运作、基金投资、培育孵化、价值管理、有序进退等	
对所投资企业的管控模式	以战略目标和财务效益管控为主	财务管控模式	运营、战略、财务等多层次管控体系

资料来源:根据公开资料整理所得。

尽管国有资本投资运营公司、国有集团企业各有其明确的功能定位、运营方式和发展战略,但它们之间又不是非此即彼的孤立关系,三者是密切配合、协同发展的关系。国有集团企业是国有资本投资运营公司发挥作用的基础;国有资本运营公司通过"横向运营"优化国有资本布局结构,不仅能够配合国有集团企业、国有资本投资公司盘活存量资产,而且能向国有集团企业、国有

资本投资公司提供资源支持;国有资本投资公司通过"纵向运营"提升国有资本的竞争力,不仅为国有资本运营公司提供更优运作对象,也助力着国有集团企业的转型发展。总体看来,作为国有资本委托代理链条的关键行为主体,国有资本投资运营公司及其他国有集团企业向上受出资人代表机构的委托独立经营国有资本,接受其监督并对其负责;向下作为独立国有法人股东,按照出资额对持股企业行使股东权利并承担股东责任。

(一) 国有资本投资运营公司

国有资本投资运营公司向上接受国资监管机构的委托,向下依法依股权对国有资产履行出资人管理职责,以产权关系为纽带连接政府与国家出资企业。国有资本投资运营公司并不隶属于政府部门,它们作为国有资产经营管理主体,是独立的法人企业。改组组建国有资本投资运营公司,不仅在形式上有益于明晰出资人代表的履职主体,而且一定程度上有助于解决国有资产的经营效率问题,缓解政府对国有企业的行政干预。国有资本投资运营公司对所投资企业在经营管理范畴内施以监督,以资产投资与经营为重点,作为独立法人企业以其出资额为限履行部分出资人职责,组织实施所投资企业的国有资产管理工作,向上汇报所投资企业国有资产管理情况,并接受上级主管部门的监督。

国有资本投资运营公司对所出资国有企业的监管权利来自政府部门或政府授权的国资监管机构的授权与放权。作为中间层接受政府部门或国资监管机构的授权,国有资本投资运营公司应首先解决好与所出资企业的权责边界。

一是依法依股权行使出资人权利。国有资本投资运营公司按照《公司法》和公司章程等制度规定,通过股东(大)会、董事会行使与股权份额相对应的股东权利,以出资额为限承担有限责任,审议表决所出资企业的利润分配,依规上缴国有资本收益和管理使用留存收益。梳理国有资本投资运营公司与所出资企业的权责边界,除涉及产权管理、企业改制、股份变动、资产收益、重大决策、选择董事、资产减值准备财务核销、清产核资等依法依规应由投资运营公司决定的特别事项外,在所出资企业具备相应承接能力的前提下,重点将选人用人、资产配置、生产与研发创新、考核评价和薪酬分配等权限下放。在投资管理上,可由投资运营公司对投资计划进行把控,将一定限额内的投资事项决策权限授予所出资企业。

二是下放资产经营调度权。国有资本投资运营公司应明确界定与所出资企业的权责边界,依法归位应由所出资企业自主经营决策的事项,同时也应避免过度授权。在授权范围内履行国有资产出资人职责,对尚未授权的事项,原则上仍然需要国有资本投资运营公司对所出资企业进行管理,并且与所出资企业的实际发展阶段和能力相契合。投资运营公司突出战略引领、资源配置、资本运作、财务监管、风险管控、绩效评价等职能,下放资产经营调度权,不干预所出资企业的日常生产经营,提升所出资企业的市场化决策和经营权,最终实现国有资本的保值增值。

(二) 国有集团企业

国有集团企业作为现代企业的高级组织形式,其所衍生的集团企业控制已然成为国有企业治理的重要模式之一。集团企业具有自我放大、协同共享、整体作战等特有功能,通过治理、控制、宏观管理对子公司开展管理活动。国有集团企业作为独立法人,是国有企业的出资人之一,凭借其可支配资产向企业投入资本金,形成国有法人资本。因此,在设计子公司章程、股东(大)会、董事会等决策程序和议事规则中,能够充分发挥集团企业持股的治理优势,积极参与制定相关条款及细则。作为子公司出资人的国有集团企业,能够通过参与子公司董事会决策,在企业中观或微观运行层面实现对子公司的控制。国有集团企业利用其特有的战略地位,以价值创造、宏观调控、制度整合等实现对子公司的宏观调控,帮助子公司之间在业务上实现协同与互补。各级政府通过母子公司产权链条以较少的资本实现了对国有企业(混合所有制企业)的实际控制。国有集团企业是国家调整国有经济布局、优化产业结构、增强国有经济实力和国有企业市场竞争力的重要载体。各级政府国资监管机构授权于国有集团企业由其行使经营管理权,其好处一是有利于加强对国有企业的管理,二是能使国有企业的最终控制权仍由政府掌握,以实现国有经济的稳定发展。在集团企业层面,母公司作为直接股东有权组织实施国有资产管理工作,接受上级主管部门监督管理并将具体情况上报至上级主管部门。

国有集团企业是其所投资企业的经济联合体,以整体价值为导向的集团发展战略为各个子公司的战略制定予以引领并产生集约效应,是子公司战略的顶层设计和先决条件。2019 年 6 月国务院国资委向各中央企业、地方国资委印发《国务院国资委授权放权清单(2019 年版)》,以强化分类和精准放权的设计理念,对一般中央企业、综合改革试点企业、国有资本投资运营公司试点企业、少数特定企业等四类企业差异化开展授权放权工作,同时明确集团企业要对所投资企业同步开展授权放权,做到层层"松绑",全面激发各层级企业活力。

集团企业对子公司管控模式的合理设计是开展授权放权工作的基础,也是厘清国有集团企业权责边界的前提。一般可以从战略制定、风险防范、监督与考核三个方面综合考虑管控模式。一是从战略制定层面明确集团企业的总部定位与子公司的业务定位。对集团内部不同业务板块的子公司,例如商业类业务、公益类业务与内部支撑类业务等,采取不同的授权策略与考核机制。对从事商业类业务的子公司应加大授权放权力度,引导子公司以市场化、专业化的角色参与微观主体的竞争,集团企业着重考核其收益;对从事公益类业务与内部支撑类业务的子公司应以集约管理为导向,着重考核其经营过程中的成本控制和任务完成等事项。二是从风险防范视角对子公司开展合理授权。在开展集团企业授权放权时,集团企业层面要充分考量国有资产运营的合法合规风险承担主体。对于国有资产合法合规风险责任最终由国有集团企业承担的事项,集团层面要审慎确定授权放权程度,并在授权放权过程中加强监督和指导。此外,集团企业应根据不同子公司的经营管理情况,综合评价子公司的公司治理结构、基础制度建设、组织能力、内部控制等方面的实际情况,并根据综合评价结果对子公司开展分类授权。三是加强对授权放权事项的监督和考核。集团层面一方面可通过放开事前审批事项来提高子公司的决策效率,但另一方面须强化事后的考核和监督,以避免子公司的盲目决策与机会主义行为,及时发现与整治子公司行权过程中的不合法、不合规行为,降低授权放权所带来的风险。

五、国有企业

作为国有资产的经营主体,国有企业是国资监管体制中的关键组成部分。国有企业接受上级政府部门或机构的委托,从事具体生产经营活动,以所有权与经营权相分离的组织形式开展经济活动。广义的国有企业包括国有集团企业及其子公司,为了行文方便,本部分的国有企业主要指国有资本投资运营公司和国有集团企业所出资的、直接从事生产经营的国有及国有控股企业。作为国有资产管理的关键组成部分,国有企业是从事生产经营活动的主体,在国有资产管理的委托代理链条中有着特殊的职能,直接进行价值创造,承担国有资本保值增值的重任。

作为参与市场竞争主体和国有资产经营者,国有企业按照现代企业制度形成了内部委托代理关系。国有资产的微观营运靠的是科学有效的公司治理模式与组织方式。当然,我国国有企业的公司治理模式并非完全相同。例如依据《公司法》规定,国有独资公司由履行国有资产出资人职责的机构行使股东职权,不设立股东会;上市国有企业中必须设立独立董事、董事会秘书等相关岗位。目前我国国有企业已基本实现公司制改革,形成了所有权与经营权两权分离的现代法人公司治理架构,包括股东(大)会、董事会、监事会、经理层,同时党的领导也被嵌入公司治理结构。在国有企业的经营管理活动中,除法律与公司章程中明确由股东(大)会执行的权利之外,董事会和经理层享有充分的决策权及经营权。而董事会与经理层日常工作与决策是否能够获得理想绩效,基本取决于国有资产委托代理链条中委托方对代理方权利授予范围的适当性、监督机制的有效性以及代理者的个人能力和道德水平。在国有企业这一参与主体层面,可将国有资产管理的委托代理活动描述为:董事会接受国有股东及其他股东的委托,围绕价值创造这一目标从事国有资产的经营管理,经理层负责日常经营活动。

国有企业作为国有资产委托代理链条中的终端受托者,承担着国有资产经营管理责任和保值增值任务,而要完成好这样的责任和任务就必须建立富有成效的公司治理结构。2017年5月《国务院办公厅关于进一步完善国有企业法人治理结构的指导意见》将各司其职、各负其责、有效制衡、协调运转作为健全国有企业法人治理结构的目标。以完善法人治理结构为改进国有企业公司治理的指导思想,将企业制度和治理结构的建立健全确立为改革的基本方向。上述指导意见根据完善国有企业法人治理结构的要求,梳理了股东(大)会、出资人机构、董事会、董事长、董事、经理层、监事会等治理主体的权利、责任、权利来源、特别规定等相关内容。

第五节　分类改革战略下国有企业公司治理的理论模式

改革开放40余年来,我国国有企业制度发生了根本变化,实现了由行政附属物到公司独立法人的法律形式转变;由单一工厂制到现代公司制企业的组织形式转变;由国有独资到股权多元混合的所有权结构转变;由厂长经理负责制到现代公司治理结构的公司治理转变。尽管委托代理理论和产权理论已解释了企业治理各主体权利的博弈关系,但由于国有企业内部权利属性的异质性引发了治理模式差异,特别是分类改革背景下商业类和公益类国有企业内部权利结构的明显差异,由此需要进行理论创新,建立不同战略定位与功能特征国有企业分类治理的新理念。广义的公司治理包括外部治理和内部治理两个层次,本部分主要讨论后者。

一、国有企业公司治理的理论逻辑

国企股份制改革,尤其是混合所有制改革后,作为政府股东的出资人代表机构在约束管理层机会主义行为和防范国有资产流失现象中处于"管"与"不管"、"管多"与"管少"的两难境地。而要从根本上改变企业的效率损失、提高企业核心竞争力和增强核心功能,就必须改革国有企业的治理结构。合理的公司治理结构是实现分配公平进而生产效率最大化的根本保证(杨瑞龙,2001)①,而"如何"构建一个合理的公司治理结构是问题的关键。

历史地看,我国国有企业公司治理改革主要是围绕股东至上逻辑展开的。股东至上逻辑来源于公司治理股东利益最大化的价值取向,其本质是将公司财产属性确认为股东所有。按照股东利益最大化原则,国有企业公司治理改革以改进和完善政府对企业经营行为的激励和约束为着眼点,政府拥有任免国有企业经理人员、控制重大决策的权利等。在股东至上逻辑中,公司被视为股东的财产,是股东谋求利益的载体或工具。国家投入企业的资产只能由国家权力执行机构的政府代表行使股东权利,但受国有资产委托代理链条纵向延伸的影响,在出资人代表机构实际行权时可能由于剩余索取权与控制权的不匹配而产生"廉价投票权"问题。股东至上逻辑在一定程度上掩盖了法人利益的追求,作为独立法人的公司制国有企业,其经营目标不仅包括国有资产保值增值等经济效益,还包括承担社会责任等社会效益。不仅如此,公司作为一个集合资本、劳动、技术等多种要素所有者的契约组织,其运行依赖于各种

---

① 杨瑞龙主编:《企业共同治理的经济学分析》,经济科学出版社 2001 年版。

要素的组合演绎,只有各种要素所有者的良好合作才能实现公司发展壮大。但股东至上逻辑相对忽视了除股东之外其他要素所有者的利益。总的来看,股东至上的逻辑隐含着股东权力设置本身、股东权利和公司法人权利、股东同其他要素(例如劳动)所有者利益追求之间的矛盾,这也在某种程度上使国企公司治理改革陷入了困境。

同其他性质的企业相类似,国有企业治理也不能只重视股东尤其是控股股东的作用,还要重视其他利益相关者的作用,应以合作逻辑替代股东至上逻辑,为国有企业治理改革提供新的理论支撑。早在 1995 年,由 29 个发达国家组成的经济合作与发展组织制定的《OECD 公司治理结构原则》,重申了"合作"的原则和思想在改善各国企业治理结构框架中的地位和作用。市场经济中的公司制企业本质上是各种契约关系的联结,它应以公司法人财产为依托追求企业发展,需平等服务于各缔约主体而非仅限于股东。合作逻辑强调理性的产权主体将公司的适应能力视为自身利益的源泉,每个产权主体享有平等参与企业所有权分配的机会(杨瑞龙和周业安,1998)[①],共同参与并监督企业决策。从系统论角度看,公司作为独立法人拥有整体意义上的法人财产权,公司法人与资本、劳动、技术等多种要素投资者之间是"整体"与"个体"的关系。公司法人的性质和特点并非要素投资者个体性质和特点的简单相加,而是由各要素投资者之间联系和互动的结果。从法律意义上看,各要素投资者通过与公司发生权利让渡,形成一种以权利义务为基础的法律关系,是对公司法人具有独立利益法律主体地位的认可。

合作逻辑是以公司整体利益为主的公司治理价值取向,不仅关注股东利益的实现,也体现为对其他利益相关者的尊重。马克思(1975)从企业的历史起源和分工出发,分析了企业生产和契约两重基本规定性的内在矛盾运动,揭

---

① 杨瑞龙、周业安:《论利益相关者合作逻辑下的企业共同治理机制》,《中国工业经济》1998 年第 1 期。

示了资本主义生产关系现实决定的"资本雇佣劳动"企业所有权安排。① 组织内部决策及决策权的分配是企业实现专业化生产效率的关键,共同知识在其中起到了关键作用(杨瑞龙和刘刚,2002)。② 要在国有企业治理结构中形成治理新机制,应遵循利益相关者的合作逻辑。企业的所有利益相关者之间的一组契约安排可以被理解为公司治理结构(张维迎,2014)。③ 公司治理结构主体多元化不仅是混合所有制改革背景下的现实特征,更是现代产权内涵的逻辑延伸。嵌入至公司治理结构的利益相关者治理作为符合社会主义市场经济内在要求的一种治理机制,不仅能够使企业将股东利益与其他利益相关者的利益并重,而且也能促进股东和其他利益相关者均实质参与到公司治理。

混合所有制企业是投资各方价值资本的合作融合(张晖明和张陶,2019)④。欲在混合所有制企业构建一个合理的公司治理结构,就必须首先处理好不同出资人之间的关系,合理安排控制权结构,按照分类治理的思路设立企业组织、建构治理机制、采取治理手段。

二、分类改革战略下国有企业公司治理模式的设计

公司治理作为现代股份公司运行的基本保障,不仅在很大程度上决定着企业的生存和发展,也影响着资本市场体系的健康有序演化。公司治理的核心在于通过一定手段实现剩余索取权和控制权的配置优化,以提升企业资源配置效率与发展质量。而从企业的契约属性来看,企业剩余索取权和控制权

---

① [德]马克思:《资本论》,中共中央马克思恩格斯列宁斯大林著作编译局编译,人民出版社 2018 年版。

② 杨瑞龙、刘刚:《双重成本约束下的最优企业所有权安排——企业共同治理的经济学分析》,《经济学(季刊)》2002 年第 2 期。

③ 张维迎:《理解公司:产权、激励与治理》,上海人民出版社 2014 年版。

④ 张晖明、张陶:《国有企业改革再出发:从"分类"到"分层"》,《学术月刊》2019 年第 1 期。

的配置是各产权主体达成一致的契约化过程。在分类改革战略下,商业类与公益类国有企业在改革方向、股权结构、考核重点等方面面临着不同的政策要求(见表3-6)。与此相适应,必须深化国有企业公司治理改革,以形成与分类改革相匹配的公司治理模式。基于利益相关者理论视角的企业共同治理机制(杨瑞龙和周业安,1998)是完善公司治理结构的重要模式。① 共同治理,就是要通过公司章程等正式制度安排,使控股股东以外的其他股东以及劳动、技术等企业各要素所有者,按照权责对等的原则参与公司决策和监督,进而发挥治理作用。本部分将结合国企混合所有制改革的现实,主要围绕股权结构和董事会层面,从剩余索取权和控制权的配置视角探讨适宜于商业类国有企业和公益类国有企业的公司治理模式。

表3-6　商业类与公益类国企改革的政策要求与公司治理模式设计

项目		商业类国有企业		公益类国有企业
		商业一类	商业二类	
政策要求	改革方向	积极引入其他国有资本或者各类非国有资本实现股权多元化改革	保持国有资本控股地位,积极推进股权多元化改革	引入市场机制,提高公共服务效率和能力
	股权结构	国有资本可以绝对控股、相对控股,也可以参股	①必须实行国有全资的,要积极引入其他国有资本 ②实行国有控股的,支持非国有资本参股	可以采取国有独资形式,具备条件的也可以推行投资主体多元化
	考核重点	以经济效益为主	综合经济效益和社会效益	以社会效益为主
基于合作逻辑的公司治理模式设计				

---

① 杨瑞龙、刘刚:《双重成本约束下的最优企业所有权安排——企业共同治理的经济学分析》,《经济学(季刊)》2002年第2期。

续表

项目		商业类国有企业		公益类国有企业
		商业一类	商业二类	
模式设计	治理模式	以强化国有资本收益功能为主的治理模式	以强化国有资本控制功能为主的治理模式	以保障服务效率为主的治理模式
	权利配置	"收益权"优先	"控制权"优先	适度规制
	实现路径	①探索将部分国有股权转化为优先股 ②允许非国有股东超额委派董事	①实际控制人委派董事长 ②金字塔式控股结构、交叉持股 ③设置国家特殊管理股	①转变规制理念 ②改变规制方式

资料来源:政策要求部分根据《中共中央 国务院关于深化国有企业改革的指导意见》《〈关于深化国有企业改革的指导意见〉学习读本》《国资委 财政部 发展改革委关于印发〈关于国有企业功能界定与分类的指导意见〉的通知》整理。

(一) 以强化国有资本收益功能为主的治理模式

以强化国有资本收益功能为主的治理模式是指,部分主业处于充分竞争领域的国有企业可通过混合所有制改革引入非国有资本并引导其积极参与公司治理。不仅在股权结构层面和董事会组织层面重点完善利益相关者参与治理机制,而且更注重国有资本收益功能的实现。具体来说,在股权结构层面形成国有股东与非国有股东共同持股;在董事会组织层面形成由股东派出的董事、职工董事等组成的利益相关者共同体。在此模式下,商业一类国有企业可通过混合所有制改革形成主要股东之间的分权控制格局,国有股东通过让渡董事会层面的部分决策控制权以换取优先收益权,探索将部分国有股权转化为优先股,允许非国有股东在董事会超额委派董事,按照国有股东"收益权"优先的思路构建公司治理机制。

作为一种契约制度,公司治理结构通过一定的手段合理配置剩余控制权和收益权,以形成激励和约束机制,其目的是协调利益相关者之间的责权利关系(洪银兴和桂林,2021)。① "收益权"优先实质是剩余索取权和控制权配置优化的一种实现形式。2020年5月《中共中央 国务院关于新时代加快完善社会主义市场经济体制的意见》指出,为强化国有资本收益功能,可在充分竞争领域探索将部分国有股权转化为优先股。将部分国有股权转化为优先股意味着处于充分竞争领域的国有资本将以谋求收益为主。这不仅赋予了竞争领域的国有资本更大的灵活性和流动性,亦为探索差异化的国有企业治理模式提供了新思路。国有股权转化为优先股的目标是强化国有资本财务收益,亦有益于提高国有资本的安全性,强化资本的收益功能,以获取相对稳定的投资回报,使竞争性领域国有资本保值增值更有保障。尽管秉持收益权优先的思路,但商业一类国有企业的治理亦应遵循现代公司治理的自身逻辑与市场规律,应通过制度设计采取以强化国有资本收益功能为主的治理模式,促进商业一类国有企业成为真正意义上的市场竞争主体、资源配置主体和财富创造主体。

(二) 以强化国有资本控制功能为主的治理模式

以强化国有资本控制功能为主的治理模式是指,部分商业二类国有企业,在保持国有资本控股地位的前提下、注重国有资本控制功能实现的基础上,通过混合所有制改革吸收非国有资本参股,在股权结构层面和董事会组织层面构建利益相关者治理机制。具体来说,在股权结构层面形成国有股东与非国有股东共同持股;在董事会组织层面形成由股东派出的董事、职工董事等组成的利益相关者共同体。在此基础上,商业二类国有企业可通过混合所有制改革形成主要股东之间的共同持股格局。国有控股股东凭借高持股比例在股东(大)会上行使占优势地位的表决权,通过委派董事、金字塔式控股结构、交叉持股、设置特殊管理股等方式实现收益权(现金流

---

① 洪银兴、桂林:《公平竞争背景下国有资本做强做优做大路径——马克思资本和市场理论的应用》,《中国工业经济》2021年第1期。

权)与控制权的分离,按照国有股东"控制权"优先的思路构建公司治理机制。

"控制权"优先亦是剩余索取权和控制权配置优化的一种实现形式。企业控制权本质是决定"如何使用"和"谁有权使用"实物资产的能力。在国有企业中,政府股东参与治理的权利既来源于政府职能在企业中的体现,又出自国有资产出资人代表的产权权利。其中,政府职能主要来源于两个方面,一是弥补市场失灵,二是行业特殊战略导向(曲亮等,2016)。① 我国部分商业二类国有企业尚具有"自然垄断"特征,承载经济效益和社会效益的双重目标,企业不仅要提升经济效益以增强自身的竞争力,而且还承担着国有资产保值增值、繁荣发展产业、保障国家经济安全、维护社会稳定等重要功能与使命。因此,需要增强国有资本的控制力。但"控制权"优先的思路并不意味着放弃收益的权利,而是在保障国有资本控制力的同时,使国有股东平等获取国有资本收益。剩余索取权亦是使拥有控制权的主体采取恰当行动的激励机制,公司治理结构的核心问题是如何在不同企业参与主体之间分配剩余索取权和控制权(张维迎,2014)。② 尽管秉持控制权优先的思路,但商业二类国有企业作为独立市场主体,具备运作模式商业化的特征,应依法独立自主开展生产经营活动。

(三) 以保障服务效率为主的治理模式

以保障服务效率为主的治理模式是指,部分公益类国有企业可通过投资主体多元化引入多个国有法人股东并引导其参与公司治理,以提高公共服务效率和能力为目标,在股权结构层面和董事会组织层面构建利益相关者治理机制。具体来说,在股权结构层面形成多个国有法人股东共同持股;在董事会

---

① 曲亮、谢在阳、郝云宏、李维安:《国有企业董事会权力配置模式研究——基于二元权力耦合演进的视角》,《中国工业经济》2016 年第 8 期。

② 张维迎:《理解公司:产权、激励与治理》,上海人民出版社 2014 年版。

组织层面形成由各国有法人股东派出的董事、职工董事等组成的利益相关者共同体。在此基础上,以保障服务效率为主的治理模式是将政府力量合理融入至这些环节之中,有机耦合政府力量与市场力量。我国资本市场正处于不断发展和完善时期,外部治理约束机制尚未健全,在公益类国有企业领域仍需要采取部分行政化的治理手段以弥补市场失灵。因此,构建公益类国有企业的治理结构需要从"政府规制"视角加以理解,通过"适度规制"加强控制。但政府规制的理念与方式需要逐步实现由规制的正面清单向负面清单、由命令控制式规制向成本效益式规制、由完全行政干预规制向基于契约关系规制等的转变。

政府对公益类国有企业实施干预,大多通过国有独资或全资的股权结构来保障国有资本对该领域的控制力。政治经济学的理论逻辑从全局性概念出发,认为公益类国有企业是社会共同需要的产物,而西方经济学的研究思路从局部性概念出发,将公益类国有企业的存在理解为弥补市场失灵。尽管两种理论范式从不同角度和概念范畴阐释了公益类国有企业存在的缘由,但总的来看均为公益类国有企业治理的必要性和基本方向提供了理论依据。公益类国有企业具有公益性质,这并不等同于它们可以置营利性于不顾,而仍需要在实现社会效益的前提下,获得盈利和扩大再生产。公益类国有企业提供的主要商品一般以生活必需品为代表,与社会大众的基本需求密切相关,其生产的商品需求弹性一般较小。而不同领域国有资本投入的方式和比例取决于公共产品的性质(罗新宇,2014)。① 提供公共产品的公益类国有企业若完全交由市场机制调节,可能会产生市场失灵现象,难以达到资源配置最优(杨瑞龙,1997)。② 因此,适度规制是公益类国有企业应采取的权利配置思路,这要将提供公共产品、公共服务的质量和效率作为重要内容,并加大信息公开程度,接受社会监督。从这个意义上看,公益类国有企业治理的首要目标是确保实

---

① 罗新宇主编:《国有企业分类与分类监管》,上海交通大学出版社 2014 年版。

② 杨瑞龙:《国企宜实行分类改革》,《前线》1997 年第 3 期。

现特定功能,在建立符合现实约束条件科学治理结构的基础上,有机耦合政府力量与市场力量,以保障服务效率为主构建有效的治理机制。

第六节 分类改革背景下国资监管关系的重塑

国资监管体制转型的聚焦点在于构建相互嵌套、权利制衡、协同联动的国资监管系统,其中包括国资监管主体间的关系以及国资监管主体与关联主体间的关系。

一、建立与资本增值要求相适应的国资监管模式

国有资本增值作为扩大国有经济再生产的源泉,既要体现国有经济的发展要求,又要遵循市场经济的运行规律。资产作为生产要素,将财产的使用属性作为关键,而资本将财产的流动本质和价值形态作为重点。

实际上,无论是国有资本抑或是非国有资本,都有保值增值、做强做优做大的要求。资本作为投资者向企业投入的资源,是在运动中实现自身价值增值。马克思将剩余价值的资本化视作资本积累,也即资本增值的价值会转化为资本。资本积累不仅是社会财富的简单集中,更是促进社会财富持续增长的基础(洪银兴和桂林,2021)。[1] 国有资本作为国有资产的价值形态,也具有增值属性。

以管资本为主转变国资监管职能,是为了顺应资本增值要求,从价值形态层面加强对国有企业整体发展方向的监督、调节和管控(宋方敏,2019)[2]。国

---

[1] 洪银兴、桂林:《公平竞争背景下国有资本做强做优做大路径——马克思资本和市场理论的应用》,《中国工业经济》2021年第1期。

[2] 洪银兴、桂林:《公平竞争背景下国有资本做强做优做大路径——马克思资本和市场理论的应用》,《中国工业经济》2021年第1期。

有经济既具有价值意义上存在的合理性,也具有与市场经济共存的经济意义上的合理性。但国有企业作为中国特色社会主义市场经济的有机组成部分,不应将其视为享有特权的实体,而应作为平等的市场主体参与市场经济的运行,而且,也应在这个前提下按照资本增值要求匹配适宜的国资监管模式。为了从价值形态加强对国有经济结构与布局、效率与效益的管控,需要不断优化国有资产监督管理体系,推进国资监管机构转变职能,这也意味着更加注重国有资本的效率和回报率。在以管资本为主实现国资监管体制转型的背景下,企业国有资产作为国家向企业投入的资源,内化为股权、债权等权利,外化于企业实体的经营和价值创造。而国有资本的经营性用途决定了其必然以独立的组织载体参与市场竞争,国家应作为资本所有者通过产权关系对国有控股和参股企业的运营产生影响。

分类改革、分类治理,要求建立不同的监管模式。国有企业会因处于不同产业领域而承担不同功能、履行不同职责,具有不同经营目标。这就要求对不同功能的国有企业实施不同的授权政策、考核体系和激励约束机制。整体而言,无论是商业类还是公益类企业的国资监管工作,均应以促进国有资本保值与增值为基本目标和任务。但具体到不同功能定位和发展目标的国有资本,又有不同的具体使命。具体来看,处于公益类企业的国有资本以服务社会、提供公共产品和服务、保障民生为主要目标;处于商业一类企业的国有资本以提升国有经济的市场竞争能力和收益能力作为具体使命;处于商业二类企业的国有资本不仅具有市场化发展的巨大潜力且关乎人民生活安泰,既具有竞争性又带有公共事业性质。不仅如此,随着混合所有制经济的发展,国有资本和非国有资本混合多元的企业越来越多,对混合所有制企业的国资监管成为积极稳妥深化混合所有制改革的制度保障。与国有独资、全资企业相比,混合所有制企业不仅具备股权结构多元混合特征,而且在落实企业市场主体地位、董事会决策机制、利润分配机制、薪酬激励机制等公司治理层面应采用更加市场化的方式。因此,对混合所有制企业中的国有资本,更应结合其功能定位、行业特征、相关利益主体诉求,分层分类构建有差别的国资监管模式,探索建立有别于国有独资、全资公司的灵活高效的监管制度。

基于社会主义市场经济体制本质要求和参与国际市场竞争的需要,坚持公有制经济的主体地位只能依靠依法竞争、提升资本效率而获得国有经济的高质量发展,而不应依靠过度保护得到增长。因此,国有资本实现保值增值和做强做优做大必须建立在平等对待各类市场参与主体、公平竞争的市场化监管模式之下。

二、构建适应市场化要求的国有资本授权经营体制

国有产权委托代理是国资监管不可或缺的重要环节。不容置疑,授权经营是国有产权委托代理中一个重要且特有的制度安排。在深化国企混合所有制改革背景下,构建适应市场化要求的国有资本授权经营体制已成为以管资本为主国资监管体制的重要内容。

历史地看,国有产权的制度设计应兼顾委托代理链条的长度和有效率的管理幅度两个方面(陈清泰,2003)。[①] 中国国有资产规模庞大,不仅在国民经济中占据重要地位,而且国有企业数量及其涉及的行业众多。即便国有资产由中央政府与地方政府分级管理,仍然面临国有资产管理对象多、委托代理链条长等管理问题。目前,数量庞大的国有资产和国有企业,在国有产权委托代理关系上主要表现为两种形式:一是直接管理方式,即由本级政府授权国资委、财政部门及其他部门、机构作为出资人代表机构直接持股、行权;二是间接管理方式,即由出资人代表机构授权委托国有资本投资运营公司及其他国有集团企业等不同类型企业(以下简称"授权经营机构")代理行使国家股东权利。尽管从国家安全和经济发展的重要性来看第一种管理方式更有优势,但从市场化运营效率角度看第二种管理方式可能更具有经济效益。因此,在保

---

① 陈清泰:《国企改革:过关》,中国经济出版社 2003 年版。

留政府国有资产监督实质性权力的前提下,加快构建和完善国有资本授权经营体系有着重要的意义。

从委托代理理论视角来看,授权经营是在履行国有资产出资人职责的机构与国有企业之间新设一个委托代理主体,纵向延伸国有资本管理的委托代理链条,使国有资本所有权和经营权进一步分离。从语义上理解,国有资本经营管理中的"管理"意味着对价格变化作出反应,并重新安排生产要素,涉及组织内部及其具体环节(科斯,1990)。[①] 而"经营"意味着签订新的契约,并利用价格机制进行操作,涉及组织外部及整体(科斯,1990)。[②] 因此,国有资产的经营管理囊括了组织、决策、规划、控制、用人的各个环节,几乎涵盖了利用资源的整个过程。而国有资产监督则是对其经营管理状况的查看和督促,包括内部监督和外部监督。其中,内部监督又是管理的一部分,不仅包括出资人对所出资企业的监督,也包括企业内部的自我监督。构建授权经营体制,实际是将国有资本的监督职能和经营管理职能剥离,形成国资监督与国资运营的适当分离。

从政资分开角度而言,授权经营所形成的国资监督与国资运营纵向分离具有较高的政资分开程度,进而形成基于"出资人代表机构—授权经营机构—国有企业"三层次委托代理链条为主的国有资本管理模式。以授权经营机构作为控股公司担任国有资本出资人以实现高度市场化管理,在全球多个国家已有良好实践,其中以淡马锡模式最为成功。相对而言,设置授权经营机构能够实现较高程度市场化,是完善国有资本管理、促进政资分开的较优路径。其优点:一是由于授权经营机构的设立,使国有股权的行使主体转变为国有法人,在出资人代表机构和国有企业之间形成了一道天然屏障,将行政性指令的直接影响程度降到最低水平;二是授权经营机构作为法人股东,并不具有政府公共管理职能,对所持股份额亦拥有排他性的股东权利,能够按照现代公

---

① ［美］科斯:《企业、市场与法律》,盛洪等译,上海三联书店1990年版。

② ［美］科斯:《企业、市场与法律》,盛洪等译,上海三联书店1990年版。

司制度通过行使股东权利发挥国有股东作用,影响企业的管理决策。

当然,授权经营体制并非全是优点。从信息经济学角度看,随着国有资产管理委托代理层级的纵向延伸,会增加国有资本出资人与企业经营者之间的信息不对称程度,进而导致监督成本和代理成本的增加。因此,为更好提高管理效率并尽量节省代理成本,一方面应明确授权经营机构的权责清单以明晰其委托代理关系的具体机制,从而降低委托人与代理人之间信息的不对称程度,尤其是要减少多重决策信息的不对称程度,缓解行权主体之间效用函数不一致性及委托任务的异质性带来的负面影响,形成权利拥有与责任承担相匹配的新型委托代理关系;另一方面应注重采取科学有效的授权方式,委托代理契约的签订既要有对代理人的有效约束又要有充分激励,以减少代理人的道德风险,激发代理人勤勉尽责和创新创业。

三、优化出资人监督与其他外部监督的协同机制

国资监管模式改革和机制创新本质上也是一个政治与法治的过程。从全民所有到国家所有,再到出资人代表机构、国有企业,经由法定授权方式确定的出资人监管权和股东治理权最终还是要交由具有独立人格和经济人特质的"人"行使。法国启蒙思想家孟德斯鸠(1961)曾认为,有权力的人都容易滥用权力,有权力的人使用权力,一直到有界限的地方才会休止。[①] 当前,以混合所有制改革为突破口的国企改革正持续深入,为防止在改革中出现颠覆性失误,在加大放权和授权力度的同时,还必须从多个层面改进监管方式,加强协同监管,构建监督和再监督的新体制,以保障国资监管体制转型和国企改革深化的有序推进。

政府是集体行动中最重要的机构,但政府所拥有的权力可能会被一些个人或团体利用,这些个人或团体会以牺牲他人为代价攫取利益(斯蒂格利茨,

---

① [法]孟德斯鸠:《论法的精神》,彭盛泽,当代世界出版社 2008 年版。

2020)。① 萨缪尔森(1980)称这种情况为"政府失灵"。② 虽然出资人代表机构的履职范围区别于政府的公共行政管理,但也在一定程度上含有政府权力属性,同样可能存在政府失灵问题。因此,在国资监管上,既要看到出资人代表机构通过行使出资人监管权和股东治理权对国资规范运营及运营效率的有效性,又应认识到出资人代表机构监管效果的局限性。《中共中央 国务院关于深化国有企业改革的指导意见》指出:当前国有企业不仅存在管理不规范的情况,而且还存在利益输送、内部人控制、国有资产流失等问题,国资监管体制尚有待完善。这表明,国资监管体制建设和机制改革是一个永恒的主题。事实上,因我国国有资产规模庞大,国资监管一旦失控和失范,就可能产生经济利益对监管权力的腐蚀,进而导致严重的经济损失。因此,加强协同监督、形成对监管者的再监督尤为重要。

提高国资监管效率的关键是通过法律法规规范政府参与国资监管的方式和程序,对不同监管主体的监督权力、监督方式以及责任追究等作出明确规定,形成国资监督与再监督的有效制度体系。我国《企业国有资产法》已明确了国资监督的再监督主体,各级人大常委会、各级政府、各级政府的审计部门以及社会公众等都被确定为再监督主体。尽管如此,理论和实践中仍常常混淆"出资人监督"与"对出资人监督的监督"。国资监管体制不仅仅是简单的股权管理,而应是有关国有资产经营和管理的一系列制度安排。从监督过程看,主要包括出资人监督和对出资人监督进行再监督两个方面。前者属于履行出资人职责的监督权能,国家出资企业是其监督对象;而后者是对出资人监督所进行的再监督,以履行出资人职责的机构为监督对象。

从成本效益的角度看,监督资源的整合有益于提高监督效能。通过整合出资人监督、审计监督、巡视、纪检监察等监督力量,形成监督工作会商机制,

---

① [美]斯蒂格利茨:《美国真相:民众、政府和市场势力的失衡与再平衡》,刘斌等译,机械工业出版社 2020 年版。

② [美]萨缪尔森:《经济学》,高鸿业译,商务印书馆 1980 年版。

加强国有资产监督工作的统筹,可以减少不必要的重复检查、形成监督合力,从而提升监督效能。《中共中央 国务院关于深化国有企业改革的指导意见》围绕防止国有资产流失对建立健全国有企业监督体制、机制和制度作出重大部署,提出切实加强国有资产监督工作的政策措施。将其他外部监督与出资人监管一并纳入国资监管的统一制度体系。

协同出资人监督与其他外部监督、推进国资监督体系创新发展,需要进一步从理论和实践层面明晰适应以管资本为主国资监管体制转型下监督体系的内在逻辑。从理论上讲,出资人监督与其他外部监督之间的联动和协调是一种静态关系,这意味着出资人监督与其他外部监督之间相互联系可以形成监督合力,并呈现共存与互补的有机统一。一是出资人监督与其他外部监督均是国有资产监督体系不可或缺的关键组成部分;二是出资人监督与其他外部监督在监督性质、监督主体、监督方式等方面存有差异,彼此之间既相对独立又相互交叉、互为补充。从实践层面看,出资人监督与其他外部监督在不同空间、时间方位上发挥着不同作用,表现为一种动态运行的关系。国资监督体系的纵向结构由自上而下的组织监督和自下而上的民主监督构成,国资监督体系的横向结构由出资人监督和审计、企业内部监督、纪检监察形成。而以民主监督、人民群众监督和舆论监督在内的社会监督更是从事前、事中、事后形成对国有企业内部监督、出资人监督和审计、纪检监察、巡视监督的有利补充。

总的来看,以管资本为主实现国资监管体制转型,意味着要构建与管资本相适应的国资监督体系,加强出资人监督与其他外部监督的协同,建立系统联动的再监督体系,完善包括立法机构监督、政府行政性监督、社会监督在内的国资监督体系,形成监管主体之间的权利制衡与纠错机制。

本章以系统和立体的视角,结合制度环境、体制本身以及相关主体等层面,从理论层面阐释了国资监管体制为什么要转型和转型的基本方向。本章将"分类"视为深化国企改革的必然选择和重要思路,认为国有企业按功能界定与分类是新时代完善国资监管体制的逻辑起点,并指出对国有企业功能分类应主要遵循服务国有资本管理效率提升、动态调整和客观透明三项基本原则,而分级管理、分类管理、授权经营是推进国资监管体制更好地服务各类国有企业核心功能发挥的基本思路与方法。

国资监管体制转型是一项系统工程,其关键在于突破利益固化的藩篱,对公众、政府、企业及其利益相关者等多层面参与主体的权利予以合理配置、对责任予以明确划分,平衡各参与主体之间的责权利,构建起既行之有效又互相监督制衡的监管体系。出于社会化生产的分工协作以及企业生产经营活动的内在需要,社会事务管理者和出资人代表的双重角色使政府具备了社会公共管理、国有资产监管、国有企业出资人等职能。这使政企政资关系趋于复杂,需要重新审视政企关系的本质特征,厘清政府职能、明晰政企政资关系调整方向和边界,在规范政府行为与企业行为、保障国家所有权的同时落实国有企业的市场主体地位。

国企混合所有制改革作为混合所有制经济发展的重要微观实现方式,由此引起的产权制度深刻变革不仅为国有资产委托代理关系带来新变化,而且直接或间接地影响着包括监管主体、监管链条、监管对象等在内的国资监管体制。结合国企混合所有制改革的现实,围绕股权结构和董事会层面,从剩余索取权和控制权配置视角对商业一类、商业二类和公益类国有企业分别设计了以强化国有资本收益功能为主的治理模式、以强化国有资本控制功能为主的治理模式、以保障服务效率为主的治理模式。建立与资本增值要求相适应的国资监管模式、构建适应市场化要求的国有资本授权经营体制、优化出资人监督与其他外部监督的协同机制是重塑国资监管关系的重要内容和关键环节。

第四章　新型国资监管体制的核心问题与基本框架

国资监管体制是一个包含激励和约束、规则和方法的制度体系。监管模式由行政管理型向市场治理型转变、健全符合管资本模式的国有资本激励约束机制和建立资本监管主线下的国有企业财务硬约束是国资监管体制转型的三个核心问题，也是新型国资监管体制建构的基础。基于国资监管机构这一监管主体，围绕监管目标、监管内容、组织架构、制度体系和监管模式等关键要素，设计新型国资监管体制的基本框架，才能打造党的领导坚强有力、行权履职统一规范、横向扩展纵向穿透、法规制度协同有效、改革发展协调有序、系统合力显著增强的国资监管新格局，进而推动国家治理体系的现代化。

第一节　构建新型国资监管体制需解决的三个核心问题

党的十八届五中全会强调坚定不移把国有企业做强做优做大，党的十九大和十九届四中全会强调做强做优做大国有资本，党的十九届五中全会进一步提出做强做优做大国有资本和国有企业，党的二十大报告重申推动国有资本和国有企业做强做优做大。管资本为主是新时代国资监管体制的重大变革,国有资本和国有企业的做强做优做大是管资本的核心目标。这一目标的达成有赖于在改革关键期,以制度变革为重点,协同解决困扰改革国资监管体制的内、外部核心问题,进而为发展动能的转化与跃迁创造必要的微观基础。其中,内以改革国有企业治理、经营管理、体制机制为重,外以变革、优化企业存续的制度环境为重。解决好新型国资监管体制的内外部核心问题,才能使不同制度的制定和完善统筹有序推进,实现良性互动,为新型国资监管体制提供制度支撑。

国资监管机构,是代表政府履行出资人职责,负责监督管理企业国有资产。但国资监管机构在行权过程中难免受政府行政干预的影响,若处理不好,很容易产生超越股东权力的履职行为,而带有行政色彩的行政干预必然加大隐性组织成本和信息成本,其委托代理关系导致的结果必然是政企不分、政资不分,这在一定程度上导致了国资监管的越位与缺位并存,影响了国资监管的效率和效果。这需要将原本行政层级性质的"行政管理型"委托代理关系转变为股东与企业之间应有的"经济型"委托代理关系,将生产经营自主权放归企业,以管资本为主转变国资监管机构的职能,突出国资监管的经济有效性与市场化运作目标。新型国资监管体制改革的本质就是重新界定国有资产相关产权,即如何将国有资产所有权、法人财产权、人事权、决策权和经营权等,在政府、国资监管机构、国有资本投资运营公司/国有集团企业以及所出资企业之间进行合理的再分配。因此,监管模式向市场治理型转变成为构建新型国资监管体制的一个核心问题。

国资监管体制转型过程中的诸多制度创新,最终需由企业的参与才能落实。国有企业是制度实施的载体,负责人是具体的执行者,因而国有企业及其负责人是制度落地的关键。制度是牵引企业行动的"风向标"和"指挥棒",推动国资监管体制转型的一个关键环节就是建立健全面向国有企业及其负责人的激励约束机制。激励和约束既对立又统一,缺失约束的激励则失去制约和监督,离开了激励的约束导致企业发展缺乏动力和效率。薪酬的激励机制调动企业尤其是企业核心员工的积极性,激活企业的能动性和人力资本的价值,提升国有企业创新活力和竞争力,促进国有经济和国有企业的高质量发展。而面向国企的考核机制和财务硬约束机制则有助于通过各种制度安排及约束,减少国有企业及其负责人的机会主义行为。若缺乏相应的激励约束和财务硬约束机制,则顶层改革愿景、压力与要求传导至企业的效果就不易实现。为保证新型国资监管体制改革目标的顺利实现,应以管资本为基本要求,健全国有企业的激励约束机制,建立国有企业的财务硬约束机制,形成对国有企业的制度约束。这是保证国资监管体制转型顺利推进的必要制度构建,有利于新时代下国企改革以制度的方式融入企业决策和运行的基本逻辑中。因而,健全符合管资本要求的国有资本激励约束机制、建立企业财务硬约束成为国资监管体制转型的另外两个核心问题。

一、实现监管模式由行政管理型向市场治理型转变

深入贯彻落实党的二十大关于"推动国有资本和国有企业做强做优做大"的重要部署,必须坚持"放活"与"管好"相结合、监管与服务并重,国资监管体制要切实在监管中服务好企业发展,在服务中履行好监管责任。实现监管模式由行政管理型向市场治理型转变,即由国资监管机构直接实施监管,转变为授权国有资本投资运营公司对所出资企业履行出资人职责,其实质是清晰界定国有资产所有权与企业经营权的职责边界。推动行政管理型国资监管模式向市场治理型的转变,必须解决好政府与国企的关系,转变国资监管机构的职能,构建国有资本市场化运作的专业平台,实现国有资本配置的资本化与证券化。

(一) 改革政府与国企关系,确立国有企业的市场主体地位

第一,以减少行政化管理手段为核心,加大国资监管机构对企业的授权和放权力度。市场交易的竞争性是国有企业可持续发展的促进力量,国资监管

机构对国有企业的监管应重在维护市场秩序,在管理上去行政化,使得国资监管机构的职责边界更加清晰、行权履职更加规范。坚持市场治理型监管,即要求国资监管机构对国有企业的规制和管理,应以不干预国有企业按照市场规则与商业原则进行资源配置为前提。国资监管机构按照精简效能的原则管少和管好国有企业,依据管理关系分类确定并精简监管事项,优化监管流程,提高监管效率,对企业实施清单式管控,通过削弱国有企业的行政化管理色彩,使国有企业按照市场经济规则参与市场的平等竞争,接受市场对其生产经营活动的评价。

第二,控制国资监管机构监管幅度,切实保障国有企业市场化运营自主权。新型国资监管体制要求在政府和市场之间设立"隔离带",监管指令主要以市场治理的方式,层层传递至企业,以避免国资监管机构对国有企业市场活动的直接干预,赋予企业更多的经营自主权。虽然国资监管机构是代表国家履行出资人职责的机构,但对出资企业而言,其身份也应是一般意义上的股东,因此不应有特殊性。国资监管机构在履行出资人职责时,应压缩管理层级,只监管到国有资本投资运营公司/国有集团企业,不应跨越管理层级直接监管国有资本投资运营公司/国有集团企业所出资企业,将应由企业自主决策的事项依法归位于企业,维护企业作为独立法人依法应享有的权利,尊重其市场化主体地位。

第三,国资监管机构依据国有企业公司治理能力建立动态授权。国资监管机构放权到位后,以股东的身份通过董事会发表意见,重视公司章程在治理体系中的统领地位,科学配置治理主体的权责,对涉及战略规划、董事监事选派及考核、非契约化管理的企业管理人员薪酬及考核、财务预决算和利润分配等事项行使股东权利。国资监管机构可从以下几个方面加强公司治理能力建设的动态授权,以确保国有企业对国资监管机构的授权放权具有承接能力:推动国有企业强化集团管控,精简、优化管理链条,打造灵活高效的国有资本运行体系;推动国有企业完善内部治理,明确放权与授权事项在企业内部的规范决策、正确执行和严格监督机制,增强企业管控能力和运行效率;加强对授权放权事项的事中、事后监管,建立放权授权事项的定期评估和动态调整机制,根据公司治理的规范性以及授权效果动态调整,扩大或收回授权事项,确保权力"授得下、接得住、用得好"。

(二) 聚焦管资本,切实转变国资监管机构职能

新时代新征程完善国资监管模式,要坚持把履行国有资本出资人职责和监管职责结合起来,进一步统一国资监管政策,提高监管效能。坚持市场治理监管并非无为而治,而恰恰需要国资监管机构的正确引导与积极参与。以往"管人、管事、管资产"的监管方式,实际是将资产所有者职能与监管职能集于一身,国资监管机构重在监管企业,此时的双方均缺乏独立性。以管资本为主的国资监管体制转型意味着应有所转变,适应于政企分离改革的相应要求,改变以往国资监管机构对国有企业的直接行政干预,实现由实物形态的企业监管转变为价值形态的资本监管,解决国有企业面临的体制困境。国资监管机构与所出资企业之间应是出资人与被出资人的关系。国资监管机构作为出资人,凭借资本投资链条依法通过董事会发表意见,遵照《公司法》和公司章程的规定,以出资额为限行使股东权利。国资监管机构专司对国有资本投资运营公司的监管,对其管理层进行考核和评价;将出资人职责授予国有资本投资运营公司,国资监管机构不再直接管理、干预国有企业,还自主权于企业。国有资本投资运营公司履行对所出资企业的出资人权利,根据监管政策的要求实施科学监管,并定期向国资监管机构出具所出资企业的国有资本运营报告。

(三) 构建国有资本市场化运作的专业平台

改组或组建国有资本投资运营公司,并将其作为国有资本市场化运作的专业平台,通过该平台管理国有股权、运营国有资本,负责国有资本在不同行业、不同企业之间的流转,发挥管资本模式优势,成为有效管资本的重要举措。

为了与新型国资监管体制契合,国有资本投资运营公司作为市场化运作的专业平台,应依照以下机制设计运行:以资本为纽带,履行对所出资企业的出资人职责,直接参与国有企业的上市培育、再融资、引入战略投资者以及内部重组优化等,或者提供专业化服务;促进国有资本与非国有资本的股权融合、战略合作与资源整合,放大国有资本功能,实现国有资本形态转换,推动国有企业经营机制转换;加强对所出资企业的股权管理,助推资产证券化,通过国有资本的有序流动,实现管资本的既定目标。规范合理、科学有序地发展国有资本投资运营公司,向上联动国资监管体制改革的完善,向下对接国企混合所有制改革的深化,处于国资监管体制改革的中心与枢纽地位,具有深远意义。

有别于进行直接的国有资本管理和实体营运的一般国有集团企业,国有资本投资运营公司是实现国资监管体制变革的重要依托,以管资本的方式管理所出资企业,通过股权制约关系激发国企改革的内在活力,因此必须理顺国资监管机构与国有资本投资运营公司间的权责关系。国资监管机构将部分控股权和监管权下放到国有资本投资运营公司,成为国资监管机构与国有企业间的隔离层。国有资本投资运营公司依据国资监管机构的授权完成自身职能定位的转型,明确承接的股权份额并基于出资额承担有限责任,实现国有资本市场化的有效运作。国有资本投资运营公司处于中间层,对上承接国资监管机构授权,履行部分出资人职责,对下以资本为纽带参与所出资企业治理,享有股东权利,承担国有资本保值增值的责任。

(四) 以资本化、证券化等方式优化国有资本配置

市场是实现资源配置的有效机制,资本化运作和资产证券化是市场化运作的重要手段。国有资本投资运营公司应积极利用资本市场,实现国有资本的优化配置与整合,并加快推进国有资产资本化和国有资本证券化。企业上市是国有资产资本化的高级形式。这是因为,以资本化的方式运行、以证券化的手段推进,可发掘资本市场带来的价值增值,为国有企业的薪酬发放与业绩

考核提供更多可参考的标准,有利于提升国有经济的运行效率,促进国有资本保值增值。

我国的国有资本体量庞大,需要有明确的政策导向,根据国有企业的功能定位和使命要求分类推进国有资产资本化,才能实现国有资本的配置优化。对于商业类国企,应稳步推进国有资本向关键领域集中或重点投放于关键项目。公益类国有企业专注于弥补市场不足,重在实现公共政策目标,应慎重推进国有资产资本化。对处于完全竞争领域的国有资本,可通过政策宣传鼓励、支持企业推进混合所有制改革,实现公司股权的多元化。运营状况较好、市场竞争力强的国有企业可上市,也可并购上市公司,推动优质国有资产向上市公司集中,扩大国有企业的上市面和市场影响力,使上市公司成为国有企业的主要组织形式;或将部分国有股权转化为优先股,实现国有资本收益;支持符合条件的混合所有制企业建立骨干员工持股,允许建立科技型企业股权和分红激励、上市公司股权激励等中长期激励机制。国有资本是稀缺性资源,必然追求资本的投资回报和投资效率,需保持其作为资本的一般属性。国有资本转向价值化管理后,在运营中发现既有的资本存量配置存在不科学、不合理或者效率不高的问题,也要适当选择退出方式,在行业和企业间灵活配置国有资本,通过国有资本的有进有退,实现国有资本的优化配置。

二、健全符合管资本模式的国有资本激励约束机制

国有资本激励约束机制的建立健全需要满足动态优化要求。差异化考核评价体系和差异化负责人薪酬分配方式是国有资本激励约束机制的两个重要组成部分。因而,需要以国有企业分类改革、分类评价为基本思路,突出差异化,对不同类别的企业绩效考核评价指标体系和企业负责人薪酬分配规则作出设计。

(一) 实行差异化的考核评价体系

实施科学的绩效考核评价是推动国有企业实现更好发展的重要途径。依

据 2015 年 9 月《中共中央 国务院关于深化国有企业改革的指导意见》,国有企业分为商业一类、商业二类与公益类三类。根据此分类,需设计与各类企业经营与管理特征相契合,更具有合理性、针对性和适用性的差异化考核评价体系,促进国有资本在市场经济体制中做强做优做大。

本节所采取的考核评价体系设计思路可概括为:保持基本财务指标在绩效考核评价中的基础作用,通过调整指标权重、增(减)特殊非财务指标等计量方式,体现不同类别企业的功能性质差异。具体来说,参考 2018 年 5 月国务院《关于改革国有企业工资决定机制的意见》、2018 年 12 月国务院国资委《中央企业工资总额管理办法》及 2019 年 3 月《考核办法》等政策文件,将差异化考核评价体系分为考核评价体系设立程序与考核评价指标体系两部分。前者用来规范国有企业绩效考核评价体系的设立流程,后者则专注于评价指标的选取和设计,以此提高考核评价的科学性与有效性。

1. 差异化国有企业绩效考核评价体系构建的必要性及其典型特征

实施国有企业绩效差异化考核是改革国资监管体制,优化国企治理机制的制度化举措。针对不同类别、功能定位与功能特性的国有企业设计不同的绩效考核体系,科学合理地确认企业经营管理和发展的阶段性成果也是国资监管走向现代化的标志,兼具理论与实践意义。

经典委托代理理论认为,所有权与经营权分离与不完全契约的存在使得企业经营者(或内部控制人)违背道德约束的可能性增大,给企业健康经营与长期发展带来不利影响,所有者也会面临因道德风险的增加所带来的损失。为防止企业经营者败德行为的出现,所有者通过设计事前(如与经营成果目标挂钩的管理层激励计划)或事后(绩效考核或审计)的监督激励机制约束(或正向引导)经营者行为。例如,企业绩效考核体系通过将历史经营成果与经营者自身获益(激励性奖励)绑定等方式,可较好激发经营者的才能与努力水平。而从契约设计的角度看,由所有者(或履行所有者职责的主体)主导设计(并被代理人接受)的绩效考核标准实质上具备了部分事前承诺的特性(即使这种承诺是有限且非完备的），知晓考核标准的代理人会在开展当期经营活动的时候将自己的计划、行为调整到与考核标准相一致的方向上来，进而为保护所有者权益提供保障。

从计划经济时期到社会主义市场经济时期，国有企业历经多次改革，企业制度、形态、经营治理模式等均发生了深刻变革。改革开放后，我国经济迎来高速发展时期，私营企业、合资或外资企业携技术、管理、商业模式上的优势迅速占领了广阔的国内外市场。在急剧变化的制度环境下，"向市场要利润"成为国有企业在剧烈转型时期的新挑战。在相关改革政策的配合下，国有企业走向市场以重获新生的动力。部分大中型国有企业转型成功，逐渐发展成为在国民经济乃至世界经济范围内举足轻重的力量。步入追求高质量发展的新时期，国有企业面临更为复杂的国内外环境，既要关注经济效益，实现国有资产保值增值，稳固共同富裕的经济基础，又要肩负战略任务，在科技创新、企业国际化等领域内作出突出成果或贡献，成为中国经济稳步增长的基石。准确评价企业绩效既是对企业经营实践的总结，亦是构成衡量国家经济社会发展水平的微观基础。以此为参照，微观层面企业经营管理实践的变革，中观层面产业（行业）发展方向与政策倾向变化，以及宏观政策调整将更为合理与稳健。因此，这一客观需要催生了优化国有企业绩效考核评价体系的必要性，其应具备以下几个典型特征。

第一，考核架构差异化。国有企业分布在多行业、多门类，国家依照企业功能定位、经营特点等将其分为商业一类、商业二类与公益类。因此，企业绩效考核的目标、内容、标准以及与此关联的经营者（和核心员工）的激励计划等制度规则也应尊重归属不同类别的企业的运行特点进行分类设计，使其体现出系统性的差异化特征。理论上，实施差异化的考核可在加强事后监督的针对性与有效性的同时，更好发挥其事前承诺的潜在作用，即给予企业经营者明确、具体的约束与方向。

第二，考核指标综合平衡。在分类考核评价的基础上，平衡经济效益与非经济效益的考核权重。虽然现代企业必须以获得经济效益为基础存续目标，但当审视新中国成立以来国有企业在积累工业基础、保障社会生活运行、攻克重大科技创新问题中取得瞩目成就的过程会发现，若单纯以经济效益衡量国有企业绩效，所得结论是狭隘的、非客观的，也是脱离实践的。不同类型的国有企业均承担着发展国民经济、提高社会福利与促进社会发展等主要责任，所不同的是它们对各种责任轻重的区别。已有研究认为，国有企业肩负了多重目标使其相对于非国有企业，展现出较低的经济效率（Bai 等，2006）。① 对国有企业进行分类，在一定程度上解决了这一问题，即明确并促使每一类企业能够专注主要业务与责任。在企业绩效考核评价实践中，这一认识体现为考核评价指标体系在设计过程中对经济效益指标和非经济效益指标权重的分配与平衡。需要说明的是，这里所说的平衡并非以百分比的形式机械地划分不同指标的重要性，而是在深刻理解国有企业分类原则与标准的基础上，以科学、合理、可行的指标设计与组合突出考核重点，客观反映企业经营现实，防止评价一维化、简单化。

第三，考核制度兼具稳定性与包容性。有效的制度（或机制）需要满足激励相容和参与相容的标准，国有企业绩效考核评价制度亦不例外。考核评价标准（包括指标设计与达标门槛等）与评价流程虽由行使出资人职责的监管机构所制定，但必须要考虑企业经营者在此评价制度约束下是否能诚实地按考核目标的引导调整自身行为与经营策略。因此，考核制度应在一段时期、一定范围（这里可为企业类别）内具有稳定性，使经营者可形成对考核评价重点的稳定预期，以此规划经营活动。同时，考核制度也应具有包容性，具体到实践中表现为允许一企一策，综合考虑企业运行特征、所处环境（例如制度、技术、政策变化）等因素，以分类考核评价指标体系为基础作出再设计，并应依发展情况进行阶段性调整，保持制度的约束力。

---

① Bai, C., Lu, J. and Tao, Z., "The Multitask Theory of State Enterprise Reform: Empirical Evidence from China", *American Economic Review*, Vol. 96, No. 2, 2006.

2.国有企业绩效考核评价指标体系

在绩效考核指标的选取和设计上,国有企业与非国有企业虽具有一定的相似性,即均可依靠成熟的财务指标在一定范围内对企业经营与管理绩效进行较为清晰的刻画,但前者又呈现出鲜明的特殊性。在设计理念上,国有企业绩效考核标准应体现多方权益诉求,故需对传统的以经济后果为中心的企业绩效评价指标体系作出调整。在计量技术上,国有企业所取得的部分成果无法用普通的财务指标予以衡量和解释,需要评价者自行设计合适的标准应用于考核评价。由此,如上文所述,国有企业绩效考核评价指标体系可由财务指标和非财务指标两部分组成,各部分权重及其中的具体指标构成在不同企业分类中应有所不同。本节将按照商业一类、商业二类与公益类的次序,对不同分类下的国有企业运行特征与绩效考核评价的主要一级指标构成进行探析(一级指标下的二级指标在表4-1中列示)。需要特别说明的是,金融类国有

表4-1　国有企业绩效考核评价指标体系(商业一类)

财务指标		
一级指标	二级指标	注释
盈利能力	净利润	对财务指标在一段时期内(如三年)的增长率一并计算并纳入考核对各指标(包括财务指标和非财务指标)的完成情况实施分档计分(商业二类与公益类亦然),所累计的分数依不同企业分类换算为企业绩效考核等级
	总资产报酬率	
	净资产收益率	
	营业收入利润率	
	经济增加值	
经营效率	总资产周转率	
	存货周转率	
	股东权益周转率	
企业运行效率	劳动生产率	
	全要素生产率	
	国有资本保值增值率	
风险水平	负债权益比率	
	流动比率	
	利息保障倍数	

非财务指标		
一级指标	二级指标	注释
企业创新水平	专利获批数量	发明型专利与实用新型专利分别统计
	新产品投入生产销售情况	新产品销售收入/主营业务收入(%)
	研发投入强度	以 R&D 费用为主要衡量方式
客户服务质量	客户满意度	参考网络平台的评分/问卷调查结果
	产品服务质量	参考接到客户投诉数量
市场竞争能力	产品/服务占有率(国际\国内两个市场)	企业所处行业\可达市场\相对市场分别计算
企业社会责任	就业岗位提供与员工权益保障	可参考企业社会责任报告编制材料
	环境保护及其他	
企业党的建设	党组织建设	
	组织生活开展	

企业与文化类国有企业在严格意义上亦是出资人代表机构考核评价的对象，但与商业类、公益类国有企业相比，在功能、业务监管隶属等方面具有特殊性。对于金融类国有企业来说，考核评价聚焦于资产质量、偿付能力、风险控制水平、服务实体经济发展情况等方面。对于文化类国有企业来说，其考核评价则聚焦于企业经营所获得的社会效益，包括优秀文化产品创作、文化服务创新、先进文化理念传播等方面。同时兼顾考核文化类国有企业经济效益和改革情况，重点在于国有资产保值增值，企业分类改革、实施股份制改造或并购重组等方面。本节不再单独对这两类企业的评价指标体系进行系统设计。

第一，商业一类。依分类标准，主业处于充分竞争行业和领域的国有企业属于商业一类，故其经营管理决策与行为必须符合社会主义市场经济运行的基本要求与商业逻辑。在与不同所有制性质的企业展开充分竞争时,应将企业经济效益、资本回报水平及国有资本保值增值作为主要目标,以合法合规的商业行为应对市场的种种变化,保持或取得在行业或细分市场中的优势地位,放大国有资本在国民经济中的影响力,增强国有经济活力。同时,企业需高质量地履行企业社会责任。由此,对该类企业绩效的考核主要借由相对成熟的、通用的财务和非财务指标完成评价,目的在于通过提高绩效衡量方法与结果的可比性,准确定位企业经营水平与发展阶段,为实现企业经营者激励市场化打下基础。同时,当期考核成绩的判定不仅要对比前期绩效(或考核评价等级),还应参考同期行业平均水平(可结合宏观经济形势等因素作出调整)。具体而言,财务指标主要由盈利能力、经营效率、企业运行效率、风险水平四个一级指标构成,且权重配置向盈利能力适度倾斜。非财务指标主要由企业创新水平、客户服务质量、市场竞争能力、企业社会责任、企业党的建设五个一级指标构成。具体如表4-1所示(包括但不限于表中指标,下同)。

第二,商业二类。依照分类标准,主业处于关系国家安全、国民经济命脉的重要行业和关键领域并主要承担重大专项任务的国有企业属于商业二类。该类国有企业虽已融入市场竞争环境中,独立自主地开展经营管理,但其不仅要实现国有资产保值增值的基本目标,还要肩负起服务国家战略、保障国家安全和国民经济运行、发展前瞻性战略性产业等重大使命。毋庸置疑,在全面建设社会主义现代化国家新征程中,后者具有极其重要的意义。由此,对该类企业进行绩效考核评价时不能只算经济账。具体而言,在财务指标的选择上,可沿用商业一类的四个基本一级财务指标,不过分强调当期或短期盈利水平,适当降低经济效益指标在考核中的权重。同时,应对非财务指标构成进行调整,突出对企业功能使命与中长期发展能力的关注,包括企业重大课题攻关、企业重大专项任务完成、企业重大决策执行与战略保障完成、企业党的建设四个一级指标。具体如表4-2所示。

表4-2 国有企业绩效考核评价指标体系(商业二类)

财务指标		
一级指标	二级指标	注释
盈利能力	财务指标的二级指标的选取可同商业一类,但在考核中,需对各指标的评价标准,及其在最终评价结果中的权重做单独设定。如可适度降低经济效益指标和国有资本保值增值指标考核权重,取得合理回报,可支持企业持续发展即可	
经营效率		
企业运行效率		
风险水平		
非财务指标		
企业重大课题攻关	重要课题申请批准数与攻关完成数	攻关完成质量与关键环节完成情况需听取专业意见
	重要课题攻关完成进展(关键环节完成比例)	
	科技成果转化情况	
企业重大专项任务完成	专项任务承担数与完成数	完成质量需参考上级或相关机构的专业评价
	专项任务完成质量	
企业重大决策执行与战略保障完成	重大决策落实程度	需履行出资人职责的专业机构作出判断,参考受保障单位的意见
	战略保障不间断	
企业党的建设	党组织建设	
	组织生活开展	

第三,公益类。依照分类标准,主业处于保障民生、服务社会、提供公共产品和服务的国有企业属于公益类。大多数公益类国有企业已完成改制,建立了现代企业制度,以市场主体身份参与经济活动,但特殊的功能定位与经营目标决定了这类企业并不以盈利为目的而创立,而主要是为弥补市场失灵、促进社会公平和谐而存续。由此,对该类企业的绩效进行考核评价应以社会效益为先,经济效益为后,在考察国有资产是否流失的基础上,重点考核企业的公

共品(包括有形产品和无形服务)提供质量与水平。具体而言,财务指标部分可由企业运行效率、风险水平、成本控制与政府(预算)支持四个一级财务指标构成,但关注重点转换为指标结果与前期相比是否存在异常(例如资产总额、各项成本的变化),以及出现异常的原因是什么。非财务指标的选择可包含公共品覆盖范围、公共品提供质量(社会满意度)、基础设施建设、企业党的建设这四个一级指标。此外,为了对公益项目的开展成果作出更科学的评价,国资监管机构可引入第三方专家进行考察鉴定。对于社会效益考核成绩不合格的企业,其考核评价等级应列最低一级。

在明确一级指标的基础上,可着手对二级指标进行选取或设计。需要注意的是,纳入评价体系的各项指标并不是固定的,应随着经济实践的变化而调整。因此,表4-3中所列的各二级指标只起到一定的指引作用,不能涵盖绩效考核评价的所有方面。此外,针对部分国有企业在不同发展阶段,不同经济形势下所面临的重点任务可设置专门考核清单,例如传统工业企业清理落后产能,调整主业布局的情况,高新技术企业取得重大科技攻关成果情况,科技成果转化情况等。在一个时期内,对清单内事项进行常态化考核。同时,建立业绩预警和重大事项报告机制,逐步实现对企业经营情况的持续性关注。

表4-3　国有企业绩效考核评价指标体系(公益类)

财务指标		
一级指标	二级指标	注释
企业运行效率	劳动生产率	社会效益为先,适当降低经济效益和资本保值增值水平在考核中的权重
	国有资本保值增值率	
	人工成本投入产出率	
风险水平	资产负债率	
	债务权益比率	
	未偿还债务	

续表

财务指标		
一级指标	二级指标	注释
成本控制	主营业务成本	社会效益为先,适当降低经济效益和资本保值增值水平在考核中的权重
	管理/销售费用	
	营业外支出	
政府(预算)支持	政府注资	
	政府补贴	
非财务指标		
公共品覆盖范围	公共品(服务)用户增加数	
	新增公共品(服务)使用区域	
公共品提供质量（社会满意度）	公共品(服务)提供中断次数与恢复时间	
	公共品(服务)受用户投诉次数	
基础设施建设	新增基础设施数量	基础设施建设应服务于公共品提供
	更新基础设施数量	
企业党的建设	党组织建设	
	组织生活开展	

此外,国有企业绩效考核评价指标的设计程序须兼具规范性与合理性,以达到科学设置各项指标、客观考核企业绩效和有效引导企业持续发展的目的。因此,设计程序可包括三个主要步骤:第一,对企业所属行业发展、国有企业功能定位等多方面状况进行详细调研,以此为前提对企业分类特征作出更具体和准确的总结;第二,明确不同类别国有企业的功能定位和企业发展目标,科学设计能够反映不同类别企业运行特点的绩效考核评价指标体系,提升评价过程及结果的系统性、客观性与可比性;第三,企业绩效考核评价所涉主要利益相关方对指标体系设计及实施考核评价的具体事项进行深入讨论并尽量达成共识后确认,以更好地遵照实施。通过集思广益与民主集中,降低在指标设

计、考核实践中出现"一言堂"等不利行为或现象的风险。

（二）健全差异化的负责人薪酬分配方式

国有企业负责人的薪酬分配与企业绩效考核评价紧密相连。企业负责人薪酬差异化分配方式的设计在一定程度上是企业绩效差异化考核评价的延伸。因此，在把国有企业分为商业一类、商业二类与公益类的基础上，需要对不同类别的国有企业负责人薪酬分配方式进行初步设计。所采取的设计思路可概述为，依法灵活应用市场化激励方式，保持企业经营业绩考核评价结果与负责人薪酬间的正向关系，通过设定不同薪酬支付方式在薪酬计划中的权重体现分配规则的差异化。

理论上，设计合理且运行有效的薪酬分配计划有利于缩小企业经营者与企业所有者之间的利益分歧。具体来说，一方面能够平衡企业经营者所独立承担的风险与所获得利益，另一方面能够更密切地关联企业经营者利益与企业经营发展成果，在一定程度上解决经营者消极懈怠、投资不足、缺乏进取精神等问题，放大分配方式变革所带来的积极效应。其实，近年来股权激励、员工持股等激励工具逐步被国有企业所应用。政策支持方面，2006 年 9 月国务院国资委和财政部印发的《国有控股上市公司（境内）实施股权激励试行办法》，2016 年 2 月财政部、科技部、国资委印发的《国有科技型企业股权和分红激励暂行办法》，2016 年 8 月国资委印发的《关于国有控股混合所有制企业开展员工持股试点的意见》，2019 年 10 月国资委发布的《关于进一步做好中央企业控股上市公司股权激励工作有关事项的通知》，2020 年 4 月国资委印发的《中央企业控股上市公司实施股权激励工作指引》等专项政策、规定或指引，促进和保障了股权激励等市场化激励方式在国有控股上市公司的合理运用。实践情况亦表明随着相关制度构建与资本市场环境逐渐完善，国有企业（以国有上市公司为主）利用股权激励等方式丰富薪酬分配"工具篮"的工作步伐在逐步加快。据《经济参考报》报道，截至 2020 年 5 月 30 日"已有 53 家中央企业控股的 119 家上市公司有效实施了股权激励"。[①] 另据新华社报道，2020 年 A 股国有控股上市公司股权激励公告量达到 65 例，同比增长超 20%，中央企业与地方国有企业公告数量分别为 30 例和 35 例，且首期公告股权激励的数量为 52 例，同比增长 10.64%。[②] 以首次实施公告量为计，2021 年有 74 家国企上市公司实施股权激励，2022 年有 101 家国企上市公司实施股权激励[③]，连续 3 年呈增长趋势。

在国有企业，运用市场化导向的薪酬分配措施（或工具）已达到补偿管理者劳动付出、提升管理者工作热情与努力水平的目的，是公司治理进一步实现现代化的重要尝试。我国的基本经济制度、国有企业的功能定位、社会对收入分配的认知都要求监管者或企业在制定负责人薪酬计划时，既要摒弃唯经济利益的思维，又要保持激励的有效性和灵活性，创新激励机制，使其符合国有企业和国民经济发展的大方向。因此，在对负责人薪酬总额作出合理限定的同时，需以国有企业分类改革、分类考核为契机，对差异化的负责人薪酬分配方案作出初步探索，以加强分配规则与考核规则的关联。具体而言，与负责人薪酬分配相关的基本元素有二：一是可分配薪酬的总额，二是分配规则。国有企业是国有资产的载体，因国有资产归全体人民所有，故在此意义上企业经营成果或资产的增值部分亦归属全体人民。由此，国有企业负责人薪酬的发放总额必须有所限制，防止个别企业以激励为名将经营所得随意发放，造成国有资产隐性流失。但限制薪酬总额，并不等于薪酬总额固定。针对限制标准，可设计滚动机制，使薪酬总额于一个时期内与企业综合绩效表现（包括经济效益与其他非经济成果）挂钩，同时适当参考企业所处行业的同期平均薪酬水

---

① 《新规落地满周年　助推企业业绩增长　央企上市公司股权激励提速》，《经济参考报》2020 年 11 月 12 日，见 http://www.sasac.gov.cn/n2588025/n2588139/c15937097/content.html。

② 新华社：《报告显示股权激励助力国企混改不断深化》，2021 年 5 月 29 日，见 http://www.xinhuanet.com/2021-05/29/c_1127507749.htm。

③ 《"金手铐"留人心添动力 国企上市公司股权激励密集落地》，《上海证券报》2023 年 3 月 30 日，见 https://paper.cnstock.com/html/2023-03/30/content_1741964.htm。

平,适时进行合理调整。其中,对于各类国有企业若"未实现国有资产保值增值的,工资总额不得增长,或者适度下降",薪酬总额的限制规则与每年度企业预计发放薪酬总额等均需在履行出资人职责的机构获得核准或备案。

分配规则的设计是企业激励问题的重点与难点。有效的规则既要维护公平性又要体现出激励性,同时还需符合经济理性。国有企业负责人的薪酬分配相较私营企业或外资企业更加复杂,国有企业的经营绩效、企业负责人的工作业绩不能仅采用单一的经济指标来评价。当以绩效为基础设计企业薪酬分配方案时,既要考虑与企业经济效益相联系,又要结合企业功能定位、行业特点、激励工具可用性进行分类设计。与前文相似,本节对薪酬激励分配规则的设计仍然以商业一类、商业二类、公益类国有企业为主。金融类国有企业与文化类国有企业因在主业经营、利润形成、考核重点等方面具有特殊性,其负责人的薪酬分配规则在一定时期内亦将有所不同。随着我国金融市场的逐步开放,实体经济与金融的融合日益加深,金融类国有企业创造了可观的利润。近年来,金融类企业(包括国有金融企业)负责人的平均薪酬水平位列各行业企业负责人薪酬排行的前列。为了科学评价负责人工作绩效,规范薪酬发放,由财政部主导的对金融类国有及国有控股企业负责人薪酬的管理也在实践中不断细化与改进。该类企业负责人薪酬分配规则的设计应以经济效益为主导,薪酬水平在总额限定下紧密关联国有资本的运作效率效益,企业风险控制水平以及服务实体经济发展情况,根据不同功能定位平衡三者权重,引导金融类国有企业健康发展。对于文化类国有企业负责人薪酬分配以其经济效益的增长率为限(可取负增长率),参考同行业平均水平确定。同时,对具有较大社会效益的文化项目、产品或服务进行专项奖励。

第一,商业一类。该类国有企业负责人的薪酬基本构成可为"基本年薪+浮动激励",其中浮动激励中包括不高于企业负责人任期内年薪总水平30%的任期激励收入,且浮动激励的权重应大于固定工资的权重(例如以60%和40%为限),以体现激励性。具体而言,基本年薪部分以岗位价值为基础,随企业职工的总体工资增减水平(以增长率计)变化。浮动激励部分对标该类国企的绩效考核评价结果,主要体现为以国有资本增值为导向,以经济指标作为奖惩依据。在具体的激励工具选择上,除了常用的绩效年薪、奖金等形式,针对已上市的国有控股公司,可采用股权激励的方式予以实现。但需对股权激励计划作出细致且符合企业经营实际的规定,特别是购买股票的价格、购买股票的资金来源、行权标准与锁定期等,使其真正成为企业价值增加的"助推器",而非攫取企业价值的手段。

第二,商业二类。该类国有企业负责人的薪酬基本构成可与商业一类相同,但浮动激励与基本年薪的权重差值应缩小(可以55%和45%为限),以适应该类企业承担重大任务,创新投资回报期长的经营特点。基本年薪部分亦与上述相似,不再赘述。浮动激励部分的设计可对照企业考核评价重点,以国有资本保值增值为基本参考点,突出对企业履行使命职责,发挥重要功能情况的奖惩。具体而言,可以针对企业完成重大课题或项目攻关、承担特殊任务、执行国家战略部署等事项,设立金额较大的专项激励计划,依照完成阶段与完成质量,适时予以奖励,达到持续性的激励效果。同时,绩效年薪、股权激励计划仍为可选择的激励方式或工具,但对后者需慎用,以防止企业负责人将精力过多放在资本市场的运作中而忽视了主业经营。

第三,公益类。经济效益并不是公益类国有企业的主要经营目标,而是否提供了高质量的公共品(包括公共服务)和完善的基础设施建设,以确保民生保障水平稳中有升和社会平稳运行是其绩效考核重点。该类国有企业负责人的薪酬基本构成亦与前两类相同,但其浮动激励的权重应低于基本年薪(例如以35%和65%为限)。其中基本年薪部分仍以岗位价值为基础,其变动范围可由履行出资人职责的机构会同主管职能部门初步划定,尊重企业实际情况适度调整确定,并报备核准。浮动激励部分则以绩效年薪为主(以行业当期平均经济收益增长率为基准进行核算),并辅以合理的专项奖励。同时,可适当提高任期激励收入占负责人任期内年薪总额的比例,达到在中长期内保持对负责人合理激励力度的目的。此外,对于各类企业,若其绩效考核评价不达标,则可取消对企业负责人除基本工资以外的任何形式的薪酬发放。而对于参与违规违法经营活动的企业负责人则不仅应取消各类薪酬发放,还应协同有关部门,依法依规作出严肃处理。

完善国有企业负责人的薪酬分配规则是为了激励负责人将有限的精力投入到企业的发展之中,为国家和人民管理好国有资本,发展好国有经济事业。薪酬激励终究是一种手段而不是目的本身。因此,履行出资人职责的机构应联合当地人社、审计等职能部门或专业机构,对国有企业负责人的薪酬分配方案,薪酬实际发放情况等进行定期或随机检查,坚决防止少数企业负责人将获得经济利益作为最终目的而违规超发、滥发薪酬。此外,对国有企业负责人的政治水平、专业能力的考核评价同样重要,但此类考核还缺乏准确的量化方式。所以,应在完善负责人薪酬分配方式、规则的基础上,拓展激励约束的方式方法,摆脱经济利益对人的束缚。

三、建立资本监管主线下国有企业财务硬约束

国有企业已被列为结构性去杠杆的主体之一,建立财务硬约束是防范风险、增强企业抗风险能力的重要举措。在管资本推动国有企业发展过程中,必须约束其资产负债率,提高资本配置效率,通过提质增效支撑自身的发展,从而推动经济高质量发展。

(一)从杠杆现状看国有企业财务硬约束的重要性

国有企业的特殊身份给企业带来预算软约束及政府信用背书等便利,加之国企发展需要资金支持,导致近年来国企债务规模增长过快,债务负担不断加重。国有企业的高杠杆率已成为制约当前我国经济发展的突出问题。2010年的企业杠杆率是60%,之后呈现小幅攀升后又小幅下降,基本维持在64%

左右,2015 年达到 65.75% 的峰值。① 相对于国有企业,同时期民营企业杠杆率平均低于国有企业 5 个百分点,其峰值为 59.3%。近几年,民营企业杠杆率上行趋势明显,而随着供给侧结构性改革的推进,国有企业杠杆率同比小幅下降,与民营企业的差值呈缩小趋势,如图 4-1 所示。目前我国的部门杠杆率中,最高的依然是企业杠杆率,尤其是国有企业,因此国有企业是降杠杆、去杠杆的重点对象,对国有企业实施财务硬约束也是推动国有企业可持续发展,释放企业资本活力,增强国有企业的运营效率的必由之路。

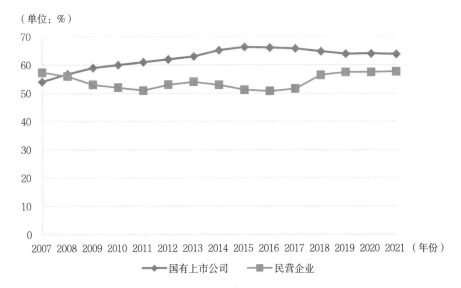

（单位：%）

图 4-1 国有上市公司与民营企业杠杆率比较

资料来源:中国社科院国家金融与发展实验室《中国杠杆率报告》和国家统计局数据。

从表 4-4 中的数据可以发现,杠杆率排名靠前的行业依次为建筑,房地产,电力、热力、燃气供应以及采矿业。自 2016 年实施供给侧结构性改革以来,电力、热力、燃气供应,采矿,零售批发等行业杠杆率均有不同程度的下降。这些行业降杠杆效果明显,一方面归因于企业经营水平的提高,另一方面是因

---

① 中国社科院国家金融与发展实验室:《2019 年度宏观杠杆率》,2020 年 2 月 15 日,见 http://www.nifd.cn/SeriesReport/Details/1709。

为国企兼并重组稳步推进。在《国企改革三年行动方案(2020—2022年)》的顶层设计指导下,相关行业的大型国有企业兼并重组逐步提速,这不仅有利于行业提质增效,同时也有助于降低国有企业的杠杆率。

表4-4　2014—2021年不同行业国有企业杠杆率　　　　(单位:%)

年份 行业类别	2014	2015	2016	2017	2018	2019	2020	2021
建筑业	78.80	78.30	77.90	77.80	77.90	76.60	77.30	78.30
房地产业	71.40	71.70	70.70	71.60	72.10	70.00	70.30	70.30
电力、热力、燃气供应	63.93	61.79	61.66	61.47	60.98	58.98	58.74	60.43
采矿业	49.37	48.15	47.21	47.73	46.93	49.28	48.59	48.80
批发和零售业	65.00	65.00	65.00	64.50	64.00	63.60	63.30	63.30
制造业	51.92	50.08	48.82	47.60	46.71	46.21	46.43	45.66
交通运输业	55.30	53.60	53.10	52.70	53.10	53.40	53.60	54.40
农林牧渔业	56.50	57.10	53.10	53.20	56.90	51.10	39.10	37.00
信息传输、软件和信息技术服务业	44.90	43.62	41.92	41.71	41.84	44.07	45.62	42.86
文化、体育和娱乐业	41.00	30.78	29.81	30.58	32.92	33.83	37.83	39.74
水利、环境和公共设施管理业	39.13	37.57	41.39	33.17	44.58	49.80	49.07	53.50
其他	45.00	48.50	45.82	42.24	44.01	43.78	44.77	49.51

资料来源:中国社科院国家金融与发展实验室《中国杠杆率报告》和国家统计局数据。

通过对供给侧结构性改革政策的解读,结构性去杠杆的重点行业包括钢铁、煤炭、电力、建筑、房地产。从图4-2可以发现:2015年钢铁、煤炭行业的杠杆率呈现增高的趋势,建筑业与电力行业在2015年就已经开始降低。自去杠杆政策出台后,2015—2021年,杠杆率降低最显著的行业为钢铁行业,杠杆率下降了10.55%,其次为电力行业,杠杆率下降5.8%。房地产行业杠杆率平缓下降1.1%,煤炭行业杠杆率变化较为特殊,从2015年的58.86%降低到2018年的53.03%后触底反弹至2021年的54.91%。

（单位：%）

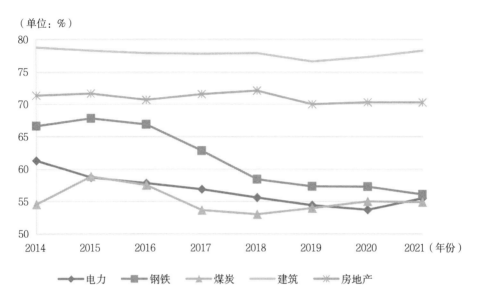

图4-2 2014—2021年供给侧改革重点行业杠杆率变化

资料来源：中国社科院国家金融与发展实验室《中国杠杆率报告》和国家统计局数据。

由于面临预算软约束,以往国有企业外部融资大多采用的是债务融资,导致企业处于较高的债务风险之中。高杠杆隐含着企业存在投资过度、经营不佳、内部积累不足、高度依赖外部资金等问题。虽然银行信贷能带来明显的短期效应,但较高的资产负债率侵占企业资本的积累和经济利益的获取,可能会对企业的中长期运营带来恶性循环的不利影响,难以形成支撑企业健康、可持续发展的长效机制,更与防范化解重大风险的法律要求相背离。在以管资本为主的国资监管主线下,应强化突出国有企业的资本属性,内部优化治理,外部加强约束,创新国有企业财务硬约束机制。财务硬约束表面看是对国有企业杠杆的风险约束,其实质是增强国有企业的价值创造能力以及风险控制能力,对于推动国有企业深化改革,转变发展模式而言意义深远。

（二）建立资本监管主线下财务硬约束的方法

2018年9月中共中央办公厅、国务院办公厅印发《关于加强国有企业资产负债约束的指导意见》，旨在为解决国有企业的高负债问题提供长效机制，也为实现"防风险、降杠杆、促改革"的改革发展目标提供了可行的实践通道。国有企业作为落实资产负债约束的第一责任主体，应围绕设定合理正常的资产负债率和资产负债结构、增强内源性资本积累能力等方面提出一系列自我约束机制，同时加强并借助国资监管机构、金融机构、社会信用机构的外部约束，协同降低资产负债率。

1. 国资监管机构规范指标约束，因业置宜设定约束标准

国资监管机构应全面覆盖并突出重点监管，加强对国有企业的融资约束和考核约束，助力国有企业多渠道、多形式补充权益资本，多管齐下督促国有企业切实降低资产负债率。

第一，建立国有企业负债率基准线、警戒线和重点监管线。国资监管机构实施全覆盖，监督监管范围内所有国有企业的资产负债率变化情况。一是以本行业上年度资产负债率平均水平为基础，结合地区和行业资产负债特征，分地区、分行业、分类型设置适度、合理的资产负债率基准线、警戒线和重点监管线。二是实行名单制和差异化监督，重点关注触碰资产负债率警戒线的企业，重点监管超过资产负债率警戒线的企业，严格管控并引导其采取股权融资、优化债务结构、实施债转股、依法破产等降负债方法。

第二，加强对国有企业外部融资行为的约束和监管。对国有企业的资产负债约束，既有赖于企业加速化解存量债务，也要限制产生增量债务。一是国资监管机构应在不引发企业大规模债务风险的前提之下，严控国有企业的盲目扩张、过度投融资和海外投资，实施外部融资约束。二是国资监管机构或国有资本投资运营公司/国有集团企业以股东身份参与公司投融资事项的决策，为高层精准决策提供帮助，对杠杆率偏高的企业进行过程监督管理，将融资需求作为重大决策事项,履行国资监管机构专门审核程序。三是对国有企业资产负债约束实施考核评价。绩效考评体系与促进经济高质量发展的政策体系、指标体系相辅相成,三者不可或缺。国企降杠杆工作的考核评价体系应重点关注以下几个方面:一是指标的选取原则。指标是引导企业经营的风向标,应确保企业在坚持战略方向的基础之上,平衡效率与风险、兼顾质量和效益,促进国有经济的高质量与可持续发展。二是指标应差异化。一般以资产负债率为基础约束指标,嵌入商业负债率、有息负债率、收入的增长、净利润和税收的上缴以及经济增加值等指标建立企业财务边界管控体系,当然也需要考虑区域、行业和类型的差异化,细化考核评价指标。三是指标应远近兼顾。在保证限制性指标处于财务结构的安全边界之内,还要考虑财务政策的长远稳定,兼顾现阶段的短期目标和长期目标,既要短期内倒逼企业降杠杆,也要确保长期内不会降后复升,设计清晰的时间表可使得目标更加明确。

2.明确企业主体责任,鼓励企业自我约束

尽管国有企业资产负债率较高的原因复杂,但主要源于其自身,具体表现为:自我约束及对出资企业的负债约束不到位,缺乏科学合理的负债监测机制及预警系统,融资模式单一等。因此,应结合不同的负债原因制定对策,提高政策的有效性与实施效率。

第一,发挥国有企业基础性作用。一是深化内部改革,完善内部治理,提高企业的发展效能和盈利质量,增强企业内源性资本累积能力以降低对外部资金的依赖度,为企业降杠杆提供内部资金保证。二是以国家资产负债警戒线为依据,为集团企业和子公司资产负债率、商业负债规模、有息负债规模、预计负债规模等降杠杆的关键要素划定边界值和标准值(张守文,2018)[1],加强日常债务率和债务规模管控。三是减少应收款项、存货和其他无效低效资产占用资金,增强企业抵御流动风险的能力,还要双管齐下,提高长期资产的周

---

① 张守文:《政府与市场关系的法律调整》,《中国法学》2014 年第 5 期。

转率和有效利用率,通过资产结构优化带动资本结构优化。

第二,利用产权市场和股票市场进行直接融资。国有企业可采用多元融资方式,例如上市、定向增发、债转股等多种方式提高企业权益资本比重,利用资本市场调整优化资源配置,提高企业的直接融资比重。引入战略投资者、推行混合所有制改革也是自我约束的长效机制,通过出让股份、增资扩股等方式吸引民间资本、社会资本,实现各种所有制资本取长补短、相互促进和共同发展。

第三,国有资本当退则退,以化解存量债务。国有资本实现优化配置才能提质增效,适时退出也是降杠杆的途径之一,可以租赁、转让等方式盘活存量资产,剥离或者重组与主业无关且盈利能力差的业务,对长期处于亏损状态且整改无望、没有清偿能力和失去竞争力的僵尸企业,实施破产清算。国有资本的适时退出,既可压缩投资规模,有效补充现金流,也可提高企业资产周转率和降杠杆。

第四,国有企业实施市场化债转股。债转股是将企业的债权转为股权,从而由债务企业还本付息变为按股分红,原来的债权债务关系转变为与企业间的持股与被持股,甚至是控股与被控股的关系。国有企业应遵守相关政策的要求,主动与银行、资产管理公司等对接实施债转股,直接降低资产负债率,同时在着力推进混合所有制改革的背景之下,也能够促使企业重组变革,改变单一的国有资本结构,增加国有资本的活性。

3. 强化外部约束,保障约束机制的有效性

国有企业经营中面临众多的外部责任主体,各责任主体必须协同一致才能实现降杠杆。

第一,金融机构发挥去杠杆的关键作用。金融机构是企业债务资金的主要来源,应严格执行中央去杠杆的要求,发挥对企业举债的约束控制作用。一是共享融资贷款信息,审查、评估国有企业的信用及可能引致的债务风险,严格监控国有企业的贷款资金流向。二是引入联合授信机制,限制重点关注企业和重点监管企业新增债务融资。三是建立动态监控机制,对于有明显改善的重点关注企业,放松融资时间和金额等限制,设置部分短期融资金额,限制大规模融资和长期融资。四是对确实需要资金支持又面临财务困境的企业,支持市场化债转股筹集资本,为国有企业提供资金帮助。

第二,社会信用体系发挥治理机制作用。一是明确各方在债务风险控制中的责任,完善企业财务失信行为的联合惩戒机制。企业是第一责任人,若企业有意虚报资产负债,应负全责且需加大处罚力度,以提高降杠杆、减负债约束性指标的有效性和可行性;落实中介机构和社会信用体系的主体责任,会计师事务所应严格遵照会计准则规范如实出具审计报告、规范审计过程,加强企业财务真实性和透明度审核监督,如实反映企业面临的负债处境。二是通过社会信用体系记录社会主体的信用状况,警示社会主体面临的信用风险,为国有企业的发展营造良好的社会氛围。

4.各级政府厘清政府债务与企业债务边界

地方政府与地方国有企业之间,长时间所形成的相互担保或相互兜底的关系导致政企连体,政府、企业债务边界不清、互相缠绕。这一体制难题备受各方关注,也需要较长时间去化解。例如,传统的政府投融资平台债务,很多仍然依赖于财政性资金偿还债务。再如,实践中的PPP、政府购买服务及政府产业投资基金等,一些形式上合规、合法的投融资方式,实质上却可能是政府的变相举债。这些问题难免给后续清理政府债务带来了困难和麻烦,也会引发不良社会影响:一方面,地方政府长期对国企融资形成的依赖性,是产生地方政府债务风险的源头;另一方面,缺少地方政府的显性或隐性背书,甚至政府担保,大大降低地方国有企业的信用,遏制其融资冲动,限制其融资能力。因此,厘清政府债务与企业债务的边界已刻不容缓。

第一,各地政府全面摸清政府债务和企业债务。政府和国有企业尽快地清理和甄别、分解与切割存量债务工作,政府和企业各负其责,"谁借谁还、风险自担"。对企业而言,不得将其债务推卸给政府,必须由企业自行清偿,更不得通过政府担保等手段取得融资。对政府而言,应实现政企债务界限分开,将债务全额纳入财政预算管理,不得再通过国有企业举借债务,遏制隐性债务行为。

第二,各地政府提高对债务风险的重视程度。合理的政企关系会促进政府和企业的共同发展,控制政府和企业风险。地方政府应意识到举债与发展、稳增长与防风险的密切相关性,明晰政企权责边界,加快推进治理方式转型。对于以企业债务形式形成的地方政府存量隐性债务,既要适时向社会公开债务情况,保障大众的知情权,更要多管齐下,稳妥化解政府债务风险。

第三,对国企负债规模和杠杆率实施双重管控。政府推进国有企业积极推广永续债等模式,永续债的发行主体主要是国有企业,且一般被当作权益工具,不用担心国有股权稀释的问题,可在一定程度上降低国有企业的杠杆率。另外,利用政府认可的方式进行 PPP 项目管控,加强过程监督,控制政府和国企的债务规模,逐步降低资产负债率,提高防风险能力。

第二节　新型国资监管体制的基本框架

根据国有企业的不同行业性质,目前由不同的国资监管机构履行出资人职责。不同的国资监管机构,其监管体制也有所差异。本节对一般性国有企业的国资监管体制框架予以探讨。

一、监管目标

国资监管体制改革是解放国企生产力的必然要求,它对做强做优做大国有资本和国有企业至关重要。国资监管体制改革目标主要体现在社会、经济、政治三个方面。

（一）社会目标：宏观上优化国有资本布局

不少国有企业处于产业链的中低端或者产能严重过剩,导致国有资本在真正需要发挥作用的行业反而凸显不足(许红洲,2016)。[1] 目前我国的国资监管体制转型与供给侧结构性改革相伴而行,新型国资监管体制要求优化国有资本结构,而供给侧结构性改革的一个重要内容是国企结构改革,具体表现为国有资本的结构优化。国有企业被赋予了社会化价值目标(张晨,2013)[2],其存在的依据首先体现在宏观层面,即政府根据国民经济与社会发展的总体要求配置资源,实现对国有企业生产经营活动的适当调节,使其体现国家意志,服务于国家整体目标的实现。这也充分体现了国有资本的特殊性,否则,无法体现国有企业与其他所有制企业的区别。

与新型国资监管体制要求相匹配,国资监管机构应着眼于全局实施整体式监管,立足于发挥国有资本的整体功能及效率。这意味着,处于三层框架中间层的国有资本投资运营公司的一个重要职责是抓住"整合资源、优化配置"的主线,优化国有经济布局和国有资本结构,既可以使国有企业避免过多的行政干预,也可以大大减少纯粹国有企业的数量,加大等量国有资本所能控制的总体资本数量(邓靖和罗秀英,2019)[3],提升国有资本的增值能力、控制力及影响力。为此,国有资本投资运营公司应根据企业经济、技术以及产业发展的内在联系,推动纵向整合、横向联合和专业化重组,优化国有资本布局和结构;借助于证券交易、产权交易等资本市场,实现集团层面的兼并重组以及产业链关键业务的重组整合;通过控股、参股等方式对所出资企业进行整合、兼并等资本活动,优化配置同类资源,同质整合形成业务板块,发挥旗下控股公司的协同优势。总之,通过对现有国有资本进行合理配置和整合重组,并实行统一

---

[1] 许红洲:《着力优化国有资本布局结构》,《经济日报》2016 年 8 月 21 日。

[2] 张晨:《以功能评价效率——国有企业定位问题研究》,经济科学出版社 2013 年版。

[3] 邓靖、罗秀英编著:《国有资本运营机制研究》,中国纺织出版社 2019 年版。

规划,创造出比原有单个企业总量还要大的企业规模,提高企业的规模经济。在优化资源配置的目标牵引下,新型国资监管体制发挥国资运营的宏观影响力和引导功能,国有企业有进有退、资产重组整合,引导国企向优势产业和核心主业方向发展。通过资源合理流动、整合和盘活,充分发挥国有资本的集聚效应,实现规模经济和协同效应,让国资监管体制改革的"化学反应"转化为提高国有资本收益的"财务效应"。

(二) 经济目标:微观上实现国有资本保值增值

与其他所有制企业一样,国有企业作为市场竞争主体,需通过利润的实现达到国有资本的保值增值。目前国有企业尤其是地方国有企业普遍存在着资产规模小、资产质量差且分布不集中、资产运营效率和盈利能力低、经营市场化程度不高、自主经营能力差、国有资产流失等问题。新型国资监管体制要求行政型监管转为市场治理型监管,通过市场治理型监管给予市场主体以更加充分的决策自主权,国企转变自身定位,从过去的政府任务承担者转变为主动拓展经营性业务的经营者,作为中间层的国有资本投资运营公司对国有资本的管理重在管股权、管回报和管配置;通过董事会、股东会行使资产收益、股权转让、选择董事以及重大决策等与股权份额相对应的权利;通过发展业务的多元化,提高盈利能力,为企业带来稳定的经营性现金流入,实现提高国有资本质量和效率,提高风险管控能力的目标。

国有资本的保值增值能力是衡量国有资本投资运营公司目标完成度的重要指标,资本唯有通过运动才能实现。国有资本运动的方式主要包括行业的进入或退出。对于拟进入的行业,可以通过购买相关企业的股权,或者通过国有资本与非国有资本的融合,形成混合所有制企业,实现国有资本的快速渗透。如果国有资本要退出某一行业,则可以通过出售国有企业的部分股份,使国有企业转变为混合所有制企业,以提高行业资产配置效率,实现混合所有制改革的制度红利;同时转让处置非主业和盈利能力差的资产,清理处置无效、低效和长期闲置资产,加快退出长期不分红甚至不盈利的参股股权和投资项目,处置"僵尸企业",增强企业核心竞争力和行业领导力。国有资本的运营不是一次性的投资或资本配置,是对受托可支配的资本进行动态结构调整,企业内部加大资源整合力度,通过市场化经营和资本运动实现国有资本的保值增值。

(三) 政治目标:坚持党的领导,强化党的执政基础

根据党中央的顶层设计,国资监管机构除了履行企业出资人职责及国有资产监管职责,还负责国有企业的党建工作,从而实现管资本与管党建的结合、出资人监督与党内监督的结合、出资人职责与国资监管职责的结合,为国企改革发展和党的建设提供了重要政治保障。

管资本为主不是不管企业,而是不具体管企业的经营,其实质是放经营权、强出资人权。目前某些国有企业尚存法人治理结构不够完善以及内部控制不够健全的问题,因而监督仍然不能放松,必须紧盯管理层的权力运行,监督经济布局、政策法规的制定,坚持并加强党的领导。国有企业必须按照顶层设计的要求,将党的领导写入公司章程,坚持并完善"双向进入、交叉任职"的领导体制,贯彻"党管干部"的原则,切实把党组织嵌入到公司治理结构和公司治理各环节中,使其发挥组织化和制度化的作用。涉及国有企业重大经营的事项,党组织必须参与企业决策,并将其作为董事会及经理层对重大事项决策的前置程序,确保决策事项符合党的路线方针政策和战略部署,实现国有资产保值增值。

坚持党的建设与国资监管工作相结合、党的领导与公司治理相融合,加强党对国有企业的领导和党内监督,落实党的纪律检查以及监督工作。一方面,作为有效的内部监管措施,尤其是监管企业管理层,发挥其政治和思想领导作用,为国资监管机构的"管资本"提供制度保障和支持;另一方面,保证国企改革的政治方向,发挥国有企业的政治优势,推动国有企业成为贯彻党中央决策

的主力军和最信赖的力量。以落实党的领导为基础,国资监管机构才能对国企实施以管资本为主的放权授权,从而推进企业改革与发展。

二、监管内容

国有及国有控股企业是经营性国有资产的运营载体,对经营性国有资产的运营是国有经济的主要形式(罗新宇,2014)[①]。我国国有企业体量庞大、分布广且层级较多,具有不同的功能定位、行政隶属关系以及股权结构,显然不能对所有国企“一刀切”,应视国有企业的不同情况区别对待。再加上国企经营的内外部环境发生巨大变化,国资监管机构的监管内容也必须发生相应改变。因此,新型国资监管体制下的国资监管内容,应分别从功能定位、行政隶属、股权结构三个不同层面予以考虑,必要时可实施一企一策的监管策略。

(一) 功能定位视角下的监管内容

结合国有资本的战略目标和发展定位,将国有企业按功能定位分为商业类国企和公益类国企,针对其特征实施差异性分类监管,突出不同的监管内容和监控策略。

1.基于功能特征实施分类监管的必要性

二十届中央全面深化改革委员会第一次会议提出构建顶层统筹、权责明确、运行高效、监管有力的国有经济管理体系。2023 年政府工作报告指出,深化国资国企改革,提高国企核心竞争力。坚持分类改革方向,处理好国企经济责任和社会责任关系,完善中国特色国有企业现代公司治理。分类改革通过界定功能、划分类别,提高改革的针对性、监管的有效性和考核评价的科学性,推动国有企业与市场经济融合,促进国有企业经济效益和社会效益有机统一。

首先,科学合理的国企分类是构建新型国资监管体制的逻辑起点。以功

---

① 罗新宇主编:《国有企业分类与分类监管》,上海交通大学出版社 2014 年版。

能定位为基础的分类改革要求对不同功能定位的国有企业实施分类监管。功能定位体现了国有企业的设立目的及核心目标,是追求效益最大化以实现保值增值,还是为社会提供公共产品和服务、追求社会效益,抑或是二者兼而有之。科学、合理的分类是国企改革顶层设计的首要问题,在此基础上明确国资监管机构对不同功能、类别国有企业的权力边界是分类构建新型国资监管体制的逻辑起点。

其次,明确国企功能定位可以为国企分类改革提供坚实的基础。国企功能定位的核心在于从设立该国有企业的目的出发,找准国企双重属性(经济属性和社会属性)的侧重点。按照功能对国有企业进行分类,有利于国有企业走向市场,实现经营与市场深度融合,激发经营活力。分类管理要求基于国企类别归属,设立差异化的发展战略和监管目标,具体表现在分类定责、分类考核以及分类监管等方面。以国有企业的功能分类为切入点实施的国企改革必然相应地要求实施分类监管,以提高国资监管的科学性、有效性和针对性。

2.国资监管对象的不同功能特征

首先,公共服务类国企和竞争类国企的功能定位具有本质差别。国有资本兼具资本的自然属性和社会属性,不同行业和企业中国有资本的分布有异,国有资本的自然属性和社会属性组合比例不同,因而国有资本体现出的双重特性也存在差异。商业类国有企业的主业处于竞争行业或领域,应支持和鼓励其发展优势产业,推进整体上市;通过国有产权流转、动态调整投资组合、及时退出低回报资产等方式,多途径优化调整国有资本流向;在积极引入各类性质资本实现股权多元化的过程中,根据情况可实施相对控股或参股。公益类国有企业以社会效益最大化为原则,其主要业务是提供公共或准公共产品,或者在自然垄断领域提供服务,其投资领域具有明显的社会公共服务和公共产品特性。这类企业的使命在于弥补市场失灵而不是参与市场竞争,例如基础设施、教育、医疗卫生等社会事业领域,具有较强的公共目标和功能的外部性。

由此可见,商业类和公益类国有企业具有不同的资本属性,表现出不同的经营目标和发展路径,具有不同的市场影响力和竞争力。

其次,商业类一类和商业二类国有企业的功能定位也具有差异性。商业一类国有企业处于市场竞争最充分的行业和领域,以增强国有经济活力、放大国有资本功能、实现国有资本保值增值为主要目标,因此重在优化资源配置,实施资源重组整合,加大创新投入。对于商业二类国有企业而言,其主业处于关系国家安全与国民经济命脉的重要行业和关键领域,主要承担重大专项任务,需要根据行业特点聚焦重要行业和关键领域,更好地服务国家战略、完成重大专项任务,提高国有经济控制力、影响力。根据国资监管对象的不同功能特征实施分类监管,才能够保证国企运营质量的提高,为监管效率的提升打好基础。

3. 基于功能分类的国资监管内容

以国有企业的功能分类为基础,采取匹配、适用的差异化监管,以尊重国有资本的逐利性,保证增进民生的公益性,也同步推进国资监管机构的市场治理型有效监管,规范监管行为(见表4-5)。

表4-5 基于功能定位差异的国资监管

内容	商业一类	商业二类	公益类
功能定位	市场导向:以经济效益最大化为目标,突出市场导向和产业发展	市场+产业战略导向:促进公共资源配置,承担战略任务或重大专项任务	公共服务或特定功能导向:理顺与政府关系,确保公共服务项目有效运营和社会效益最大化
基本特征	主营业务处于充分竞争行业和领域,全面参与市场竞争	参与市场化竞争,兼顾完成政策性任务,承担政府的重要投资、重点工程建设或重大基础设施项目等任务	关系到国民经济发展的重要民生领域,社会效益高于经济效益
监管主体	以管资本为主,授权国有资本投资运营公司履行出资人职责	以管资本为主,授权国有资本投资运营公司履行出资人职责	以管资本为主直接监管

续表

内容	商业一类	商业二类	公益类
监管模式	分类监管,国企实行市场化运作,接受市场和社会监督	分类监管,合理引入政府主管部门或专业第三方评价机制	直接监管,合理引入社会评价机制,接受社会监督
监管内容	资本回报:优化国有资本布局、提高国有资本回报、规范国有资本运作、维护国有资本安全	资本回报与产业发展:监管国有资本布局,企业突出主业,服务于国家重大战略和宏观调控政策	公共利益与特定功能:提供公共产品、公共服务的成本控制、质量和效率

　　对于商业类国企,国资监管机构将出资人职责授权国有资本投资运营公司履行,作为国有资本投资运营公司的国有股东,享有与其他股东相同的法律地位,不应享有特别权力,应以直接盈利为目的,关注资本收益和经营风险目标,追求投资回报和保值增值、降低经营风险。国资监管机构对国有资本投资运营公司以管资本为主,不应干预公司战略和投资运营,仅对国有资本的收益实现以及国有资本的进退等重大事项进行监管;维护董事会依照公司治理规则行事,保障管理层行使经营自主权,实施职业经理人制度,享有重大决策、人员选聘、业绩考核评价与奖惩等方面的权利。在经营方面,国资监管机构主要是考核评价董事会和董事、监事会和监事的履职情况,审查、监督高管的任职资格、履职待遇、业务支出等行为是否合规。其中,对于商业一类国有企业,重在优化资源配置,国资监管机构的监管重点是国有资本布局是否合理、国有资本运作是否规范、能否保障国有资本安全及是否实现国有资本回报。对于商业二类国有企业,国资监管机构的监管重点放在国有资本布局是否合理,国有企业是否坚持主业实现保障任务,是否为实现国家重大战略和落实宏观调控政策服务。

　　公益类国有企业通常由国家单独出资,其运营以实现政策目标为主、收益目标为辅。国资监管机构应要求在公司章程中明确其经营主业与投资方向,严格限定主业范围并加强主业管理,对于额度标准以外或主业以外的投资,严格履行国资监管机构审核批准程序。国资监管机构重在监管公益类国有企业是否根据承担的任务和社会发展要求,严格成本控制和财务约束,保证投资效率和资金的合理配置与使用,监管其提供公共产品和服务的质量和效率,实现政策性目标。公益性国有资本投资目标的实现,尽管不是以盈利为第一目标,但是不能简单地认为,公益性国有资本经营与自负盈亏、实现盈利或保值增值理所当然地得不到统一兼顾。实际上,投入到基础设施领域中的国有资本发挥了对国民经济整体结构的支撑作用,基础设施所提供的社会再生产竞争性领域的有效运作环境,保障了竞争性领域的资本运营绩效的实现(张晖明等,2019)①,与之相伴随的是对国家财政收入的贡献,从而间接地实现了保值增值的目标。因此,应由公共政策部门制定政策目标,并听取国资监管机构与国有企业的意见,在保证实现政策性目标的前提下,国资监管机构适当引入第三方评价机构考核收益目标,监管公益类国有企业是否保证投资效率,避免资源配置的无效率。

4. 功能分类与分类监管的动态性和差异化

基于功能分类推行的国企分类改革和国资分类监管,分别由国有企业和国资监管机构稳步推进。国有企业的功能分类和国资监管机构的分类监管应兼具动态性和差异化。

首先,国有企业的功能分类允许存在区域差异和动态调整。基于功能的国有企业分类并不要求全国一个模式,应允许各区域因地制宜。上海在国企改革中较早确立了分类改革新细则,明确以经济属性为侧重点的竞争类国企以资产保值增值为营利性目标、作为中央和地方财政收入的重要来源或者控制国民经济发展主方向为己任;以社会属性为侧重点的公共服务类国企,则主要作为宏观调控政策的抓手,为调节市场与就业提供功能保障,虽处于亏损状

---

① 张晖明等主编:《国企改革:难点突破与路径选择》,格致出版社、上海人民出版社2019年版。

态,大部分亏损仍由政府部门承担;对于暂时无法确定属性侧重点的国企,将其放入混合储备类,等时机成熟或是需要作为前三种类别国企的替补时进行动态调整。各省市可根据行政区域内国有企业的实际运营,参考国务院国资委的分类标准,结合当地实际对辖区内的国有企业进行分类。例如:广东将省属国有企业分为准公共类、竞争类、金控类;广州将市属国有企业分为竞争类、功能类、准公益类、金融类;深圳将市属国有企业分为商业类、公益类、功能类。各区域以对国有企业的不同分类为基础,实行相应的分类监管,如图4-3所示,这些经验值得借鉴。

其次,基于功能特征的分类监管应张弛有度。国资监管机构的分类监管需与国有企业的分类改革相匹配。应结合所监管企业的所属类别和发展战略、行业的数据分析与具体国企的风险管理进行权衡,并将授权力度制度化,确保监管力度适宜。国资监管机构可依法下放企业战略、投资管理、收入分配等对国企战略管理起导向但非决定性作用的股东会职权,仍要加强对国有资本投资运营公司重大经营投资事项或资本运作流程的监管,尤其对一些明显重复操作的资本运转、无益收购重组以及与经济环境相悖的投资决策,必要时可实施一企一策。

(二) 行政隶属层级视角下的监管内容

按照政府管理国有企业的层级,我国国有企业分为两类:中央企业和地方国有企业。总体而言,中央企业和地方国有企业在规模、结构、质量、分布和功能定位上有很大的差异。中央企业的经营效率更高,国有资产利用率更高;地方国有企业的经营性国有资产占比较低,资产质量、资产分布、收益水平和盈利能力等与中央企业尚有差距。因此,对中央企业与地方国有企业的监管应具有差异性。

1. 中央企业和地方国有企业的不同表现

我国国有企业发展迅速,1978年国有企业数量不足万家,截至2022年年

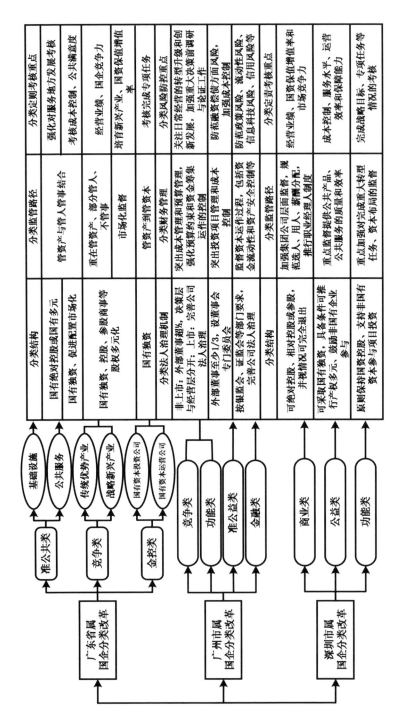

图 4—3 广州、广东、深圳国有企业的分类改革比较

底,国有控股企业法人单位数 36.2 万个。① 如图 4-4 所示,2020 年我国国有企业营业收入总额为 63.29 万亿元。其中,中央企业营业收入约为 35.33 万亿元,地方国有企业营业收入约为 27.96 万亿元。② 2021 年我国国有企业营业收入总额增加到 75.55 万亿元,其中,中央企业营业收入约为 41.73 万亿元,地方国有企业营业收入约为 33.83 万亿元。③ 相比而言,中央企业营业收入一直高于地方国有企业,除 2015 年和 2020 年略有下降,之后逐年上升。

（单位：万亿元）

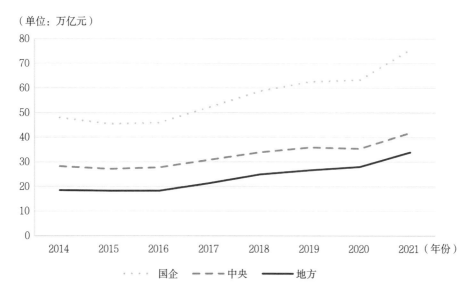

图 4-4　2014—2021 年中央企业与地方国有企业营业收入对比

如图 4-5 所示,2016 年国有企业利润总额 2.32 万亿元,同比增长 1.7%。中央企业 1.53 万亿元,同比下降 4.7%;地方国有企业 0.79 万亿元,同比增长 16.9%。④ 自 2016 年开始逐年上升,除 2020 年有所下降外,2021 年国有企业

（单位：万亿元）

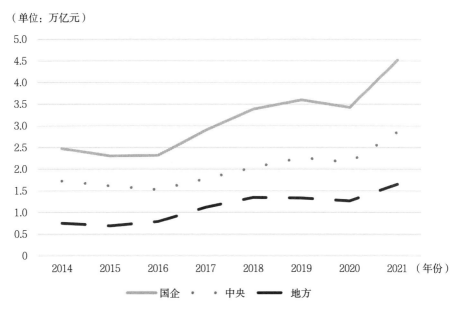

图 4-5 2014—2021 年中央企业与地方国有企业利润对比

利润总额高达 4.52 万亿元,其中,中央企业 2.86 万亿元,地方国有企业 1.66 万亿元。①

从图 4-6 显示的国有资产总额来看,我国国有资产总额从 2014 年的 102.12 万亿元,增长到 2021 年的 308.3 万亿元。其中,中央企业从 2014 年的 53.71 万亿元,增长到 2021 年的 102.1 万亿元;地方国有企业的国有资产总额从 2014 年的 48.41 万亿元②,增长到 2021 年的 206.2 万亿元③。2014—2021 年,中央企业与地方国有企业的资产总额呈稳定上升,且有增长逐步加快的趋势,国有企业总资产规模 7 年增长超过 2 倍,发展势态良好。相比较而

① 《2021 年 1—12 月全国国有及国有控股企业经济运行情况》,2022 年 1 月 27 日,见 http://www.sasac.gov.cn/n16582853/n16582888/c22940505/content.html。

② 《2014 年 1—12 月全国国有及国有控股企业经济运行情况》,2015 年 2 月 4 日,见 http://www.sasac.gov.cn/n16582853/n16582888/c16617616/content.html。

③ 《国务院关于 2021 年度国有资产管理情况的综合报告》,2022 年 11 月 2 日,见 http://www.npc.gov.cn/npc/c2/c30834/202211/t20221102_320205.html。

言,中央企业增长速度缓慢,而地方国有企业则在 2017 年之后一直稳步加速上升,说明地方国企改革系统性、针对性、时效性相对较强,发展势头越来越好。

（单位：万亿元）

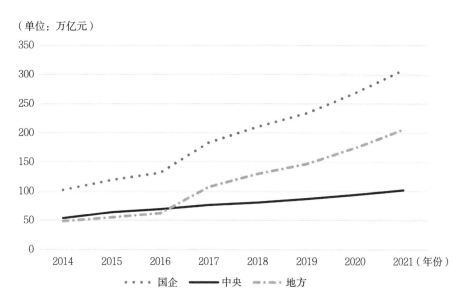

图 4-6　2014—2021 年中央企业与地方国有企业国有资产总量对比

就图 4-7 显示的行业分布而言,国有企业主要分布在与国计民生息息相关的行业和领域,承担基础设施建设、提供社会服务、保证供给、稳定价格、改进技术等公共职能。前六大行业分布情况是:工业占比 23%,社会服务业占比 19%,批发和零售餐饮业占比 13%,房地产业占比 11%,地质勘查及水利业占比 11%,交通运输仓储业占比 9%。

图 4-8 和图 4-9 显示了中央企业和地方国有企业的行业分布。中央企业多集中在工业领域,占比 54%,其次是交通运输仓储业占比为 12%,电子通信业占比 9%,其他行业则相对分布较为均匀。而地方国有企业整体分布较为均匀,但仍以工业为首,占所有行业的 23%,其次是社会服务业,与工业分布较为接近,占比为 19%,批发零售餐饮业占比 13%,房地产业为 11%,交通运输仓储业为 9%。

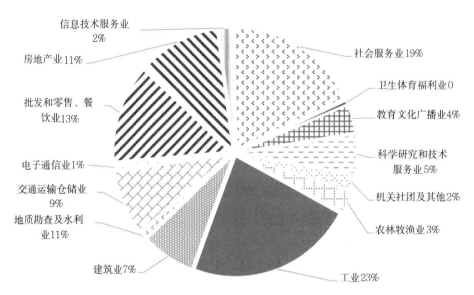

图 4-7　2021 年国有企业行业分布占比

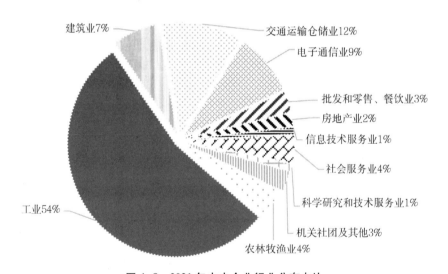

图 4-8　2021 年中央企业行业分布占比

2. 中央企业和地方国有企业的不同特征

首先,中央企业和地方国有企业的资产分布领域不同。总体来说,中央国有资产主要集中在基础设施及重要自然资源等,涉及的领域关系国民经济命

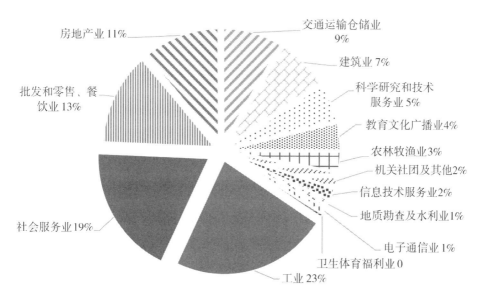

图 4-9　2021 年地方国有企业行业分布占比

脉和国家安全。与中央国资相比较,地方国资分布更为广泛,主要涉及的是经营性资产及与本地密切相关的公益性资产,还有一些是地方政府直接投资或拨款形成的资产。其中,省级国有企业主要分布于地方基础设施、能源资源、装备与交通航运等行业,市级国有企业主要分布于供水、供热、供气、公共交通和公共设施等行业和领域。具体来说,地方商业一类的竞争性国有企业主要分布在支撑地方经济发展的支柱产业,商业二类的国有企业主要是城市建设功能性企业,公益类国有企业主要是保障民生。

其次,中央和地方国有资本的功能发挥不同。中央国有资本的主要功能体现为"保障国家安全和实现宏观战略目标",地方国有资本的功能更体现在为地方提供公共服务和发展重点产业,促进地方经济发展。中央和地方差异化的功能划分理顺了二者的产权,明晰了国资监管的层次和责任,有利于形成中央和地方责权利相统一的利益格局,提高国有资本的配置效率。具体到国资监管体制的监管内容而言,也必然存在较大差异。

3. 基于行政隶属层级的国资监管内容

以商业类国有企业和公益类国有企业分类为基础,结合中央企业与地方国有企业的监管归属权,探讨与其基本特征匹配的监管内容。具体如表4-6所示。

表4-6 基于行政隶属差异的国资监管

分类	中央			地方		
	商业一类	商业二类	公益类	商业一类	商业二类	公益类
资本分布	竞争性领域	国民经济支柱、主导产业领域	公共品领域、国家安全领域	一般工商领域	地方支柱产业和主导性产业	以基础设施和公共服务等领域为主
涉及行业	节能环保、信息、生物、高端装备制造、新能源、新材料等战略性新兴领域	煤炭、民航等行业	电力、军工、石油、石化、电网、通信服务	一般工业制造、商贸服务、地产和建交等	地方基础设施、能源资源、装备交通航运等行业、特定区域的建设、重大项目建设	供水、供热、供气、公共交通和城乡公共设施等行业和领域
职能定位	追求国有资本的保值增值	重在保障国家安全,实现战略目标	提供政府公共管理和服务	自主化经营,促进地方经济发展	提供地方公共服务,发展重点产业	提供公共服务
监管主体	国务院国资委以管资本为主,授权国有资本投资运营公司履行出资人职责	国务院国资委以管资本为主直接监管		地方国资委以管资本为主,授权国有资本投资运营公司履行出资人职责		地方国资委以管资本为主直接监管
监管内容	市场治理型监管,关注企业的保值增值	优化配置结构,提高国有资本整体的收益率	执行国家政策,实现政府意图	市场治理型监管,关注企业的保值增值	支撑宏观调控,提高企业经营效率	关注提升公共服务的质量和效率

对于中央商业类国有资本,主要通过简政放权以增强活力,在更好地体现国有资本保值增值和参与国际竞争等方面发挥作用;国务院国资委以管资本

为主,授权国有资本投资运营公司履行出资人职责。对于中央公益类国有资本,主要在实施国家战略,实现政府意图等方面发挥作用;国务院国资委以管资本为主,关注重点是提升企业运营效率和公共服务效率,增强盈利能力,减少由政府补贴的非必要亏损。因此,这类国有资本理应由国务院国资委直接监管。

地方国资委尤其是县级国资委,独立性相对较低,地方政府在主动调整国有资本布局上有较多的参与和协调,例如将地方国有资产大量注入地方融资平台,用于地方基础设施建设或者服务民生等。地方国有资本主要集中在公共服务领域,这类国有资本可由地方国资委直接监管,更加侧重于监管地方国有企业的改革与转型及提升公共服务效率与质量。占少量比重的经营性国有资本,则需要地方国资委以管资本为主,授权国有资本投资运营公司履行出资人职责,更需要进行管理体制和经营机制等方面的改革。

(三) 股权结构视角下的监管内容

资本构成反映国有企业中国有资本金的来源、构成和资本控制方式。按照国有资本所占比例及对企业控制力的不同,可以分为三类:国有独(全)资、国有控股和国有参股。国有资本投资运营公司以对国有资本实施投资和股权管理为手段,多围绕国有资本的整体目标,以独(全)资、控股、参股的形式持有所出资企业的股权。首先要明确国有独(全)资、控股和参股的产业范围,明确不同公司的投资方向和投资范围。然后,根据功能类别和行政隶属关系,结合企业股权结构特征选择适宜的监管内容。具体如表4-7所示。

表4-7 基于股权结构差异的国资监管

分类	国有独(全)资企业	国有控股企业	国有参股企业
所处行业	自然垄断行业	一般具有寡头垄断性质	自由竞争行业
基本特征	承担国家目标,向社会提供公共服务和物品	兼顾国家目标和市场效率,服务于国家战略、关系国家安全、国民经济命脉的重要行业和关键领域	处于竞争性行业,产品由市场定价

续表

分类	国有独(全)资企业	国有控股企业	国有参股企业
监管主体	国资委管资本为主,授权国有资本投资运营公司履行出资人职责	国资委管资本为主,授权国有资本投资运营公司履行出资人职责	不由国资委直接监管,国有资本投资运营公司以出资人身份履行股东权益
监管内容	重点监管技术的改进、成本的降低、公益服务质量的提升	重点监管国有资本的布局、结构和回报率	综合考虑经济性目标和社会性目标,市场效率取向

国有独(全)资企业是国有资本的重点投资和关注领域,涉及国家安全的国有企业,例如国防军工、电网电力、石油化工和电信,宜采取国有独(全)资形式。国有资本应聚焦主责主业,国资监管机构审核国有独(全)资企业的战略发展方向、目标及业务发展策略、重大投资项目的评估与决策、控制并防范经营风险,引导企业改进技术、降低成本,最大化社会福利,重点监管是否符合国家的发展战略要求,是否达到提供公益服务的目标,资金使用是否合理,对国家发展的贡献度。

国有控股企业中的国有资本所占比例通常超过半数,民营或外资资本处于参股地位,或者虽未超过半数但仍具有实质控制权地位。基于国家产业安全的需要,国家需要在基础产业和支柱产业、高新技术产业中占据控制地位,因而涉及国民经济命脉的关键行业,例如煤炭、钢铁、汽车、造船和有色金属等,保持国有资本的绝对控股;具有前瞻性的高新技术行业以及支柱企业,保持国有资本的相对控股。对于国有控股企业,国资监管机构应重点监管国有资本整体的收益率、国有资本的整体配置结构以及对重要行业的支配力和控制力,关注资产报酬率、保值增值率、收益来源占比、投资退出收益率和经济增加值等指标变化。根据股东平等原则,国家股东和其他身份的股东享有同等的法律保护权,国资监管机构以国有股东的身份参与对国有资本投资运营公司的治理。其负责人的任免考核和奖惩都应按照《公司法》和公司章程的规定,国资监管机构不得干预国有资本投资运营公司所出资企业的内部管理和日常经营。

国有企业投资于民营或外资资本处于控股地位的企业,形成国有参股企业。该类企业市场化程度更高,决策与经营管理过程依法完全由市场机制协调。由于国有资本所占比例较低,国家对这类企业的经营管理不具有控制力,国资监管机构不能实施直接监管,可委托国有资本投资运营公司借助国有资本委托代理关系链条监督其生产运营绩效。国有资本投资运营公司作为投资者应依照《公司法》行事,按照资本关系直接或间接参与被参股企业的公司治理,协助企业健全公司治理结构,完善市场化运营机制等,履行股东的应尽责任和义务。从财务投资者的角度,参与优化参股企业的监管机制和管理规范,定期评价参股企业的盈利能力、风险管控及可持续发展能力等。对于市场绩效不佳的参股企业,若与国有企业无法实现协同效应,或者长期无分红、没有投资回报的价值贡献,则应发挥资本的进退功能予以资本调整,该退则退,以盘活存量资产,实现企业持续健康发展的战略目标。

三、组织架构

监管对象特征、监管目标及监管内容和监管方式等决定了监管组织架构。国资监管机构的横向权力分配表现为以功能划分的行政管理,纵向权力分配表现为中央与地方的条块管理。从更高层次的国有资产管理维度考虑,首先应基于横向维度,构建各级国家机关相关机构(例如人大、政府、监察、司法)之间国有资本管理责权明晰的横向管理维度的组织架构;其次应基于纵向维度,构建从中央到地方自上而下垂直方向的委托代理关系和管理责权明晰的纵向组织架构。

(一) 国资监管的横向维度设计

国有资本管理牵涉不同的主体,因而需明晰各管理主体间的横向管理职责。国有资本管理责权的横向划分和组织架构设计,既要分工合作,又要协同监管。

1. 横向监管权力分配与制衡

新型国资监管体制的横向维度涉及人大、政府、监察、司法等顶层国家机关间的权力分配,各管理主体需各司其职、各负其责,实现分工明确与权力制衡。

第一,全国人大是国家最高权力机关,能够发挥双重职能,即政治权力者的立法职能以及国有资本所有者的监督职能。人大依法监督国有资本是坚持社会主义公有制,体现人民当家作主的应有之义,更是加强国有资本管理的重要保障,对于提升国有资本管理信息透明度和公信力意义重大。其监督职能体现为:通过制定《企业国有资产法》等有关法律实施立法监督;审查和监控国有资本运营状况等。按照分级管理的原则,各级地方人大及其常委会履行以下监督职能:本级人民政府建立并完善国有资产管理制度并对国有资本实施分类、统一管理的情况,本级国资监管机构的运行情况,本级国资监管机构各项制度的建立与实施情况,以及国资监管职能的履行情况。

第二,政府代表国家履行出资人职责,并授权国资监管机构代表其行使出资人职责。这一层面的职能是通过法律和政治程序授予的,即国资监管机构实施管资本的监管职责,管资本是整个国有资本监管体系中的核心。具体表现为三个方面:起草国有资本管理的法律、行政法规和规章制度;授权国资监管机构以股东身份参与国有资本投资运营公司/国有集团企业的公司治理,行使对国有企业重大事项的参与决策权;依法指导和监督国有资本管理情况等。

第三,审计部门依法发挥监督职责。对国有企业和国有资本的审计是法律赋予审计部门的法定责任和权力,审计部门从制度层面建立健全国有企业、国有资本审计监督体系,全面加强审计监督,防范国企经营风险,促进国企守法合规经营和科学发展。审计部门除了审计国有企业财务收支的真实性及合法性、国有企业领导人员经济责任履行情况,还要委派监事履行日常监督,增强监事会的内部约束力；对投资金额大、时间跨度长的国有投资项目实施跟踪审计；对发生财务异常、重大资产损失等突出问题的企业，适时开展专项审计。审计内容可涵盖遵守国家法律法规、贯彻落实国家重大政策措施情况，重大经济事项决策及落实情况，重要项目的国有资本投资运营及对国有资本监管情况，公司法人治理结构的健全及运转，内部控制制度的建立及落实情况等。

第四，各级纪检监察机关行使监督专责。这是强化对权力运行的制约和监督，推进从严管党、治企的关键，更是推进纪检监察与企业工作深度融合的重点。纪检监察工作是国有企业党政建设的重要组成部分，主要包括以下几个方面：制定企业效能监察方案，适时根据监察结果调整、完善监察制度，发挥纪检监察机关的监督促改作用；积极有效受理群众来信、来访、举报、申诉及控告等；监督企业严格执行党规党纪，强化企业内部的党风建设，加强对企业党内纪律的规范性管理；监督企业贯彻落实"三重一大"制度、执行党的领导情况，强化党的执政基础。

第五，司法机关依法行使司法监管职责。法院行使审判职能，检察院行使检察监督职能，共同形成对企业国有资本实施监管的一系列制度安排，完善企业国有资本监管权力制约。司法监管从以下几个方面实现对国有资本的监管：最高法院和最高检察院通过司法解释，处理涉及国有资本以及国有企业的经济案件；审理涉及国有资本及国有企业的违法犯罪行为案件时，法院向立法机关和行政机关等有关部门提出司法建议；做好管资本背景下与国有企业有关的司法解释和司法政策制定完善工作，确保新型国资监管体制的顺利落实。

2.横向监管权力的协同

国有资本的性质和重要性决定了对国有资本的监管必然是协同监管，在监管主体边界清晰的基础上推动资源整合，加强协同合作，形成监管合力，提高监管效能。

第一，明确并落实国资监管机构对国有企业有效监管的主体地位。首先，完善制度建设，发挥制度的强制性规范作用。从决策、执行和评价等方面对国资监管进行制度界定,明晰国资监管机构和国有企业的关系以及责任边界,让制度为国资监管保驾护航,提升监管效率,带动监管质量。其次,提高监管队伍的专业化水平。新型国资监管体制下的分层分类监管及专业化考核,需要结合行业性质和产权结构,分析资本分布领域属性,判断不同情况并作针对性的处理。专业化监管团队熟悉《公司法》《会计法》《预算法》等相关法律知识并精通金融知识和资本投融资业务,其履职能力才能保障实现对国有企业的科学化监管。最后,有了制度和人才的保障,国资监管机构要适时调整监管方式。资源的有效配置离不开市场,政府职能的行使也不能脱离市场。管资本意味着监管权力受资本约束和限制,出资人应严格遵循股东定位,国资监管必须走向法治化和市场治理方式,实行权力与责任清单管理,以法治方式规范权责事项,还经营自主权于企业,尊重并释放国有资本的增值动力和能力;从个体式监管转向整体式监管,关注国有资本的整体功能实现和效率提高,促使资本的优化配置与合理流动。

第二,国资监管机构落实对国有企业的放权、授权。国资监管体制的完善必须与国企改革协同发展(廖红伟和李凌杰,2021)①,外部监管和内部治理协同并进。首先,现代化的公司治理体系是提高国资监管效率所必需的,国资监管质量的提升需要完备的公司治理体系作支撑。国资监管机构将公司治理体系的完善作为对国有企业考核评价的内容之一,推动国有企业治理结构的完善,健全并规范决策、执行和监管制度。其次,国资监管机构应合理掌控对不同国有资本投资运营公司的授权力度,实行权力与责任清单管理,加强对授权放权事项的事中、事后监管,建立放权授权事项的定期评估和动态调整机制,根据公司治理的规范性以及授权效果动态调整,扩大或收回授权事项。最后,国资监管机构应依靠公司章程将监管要求转变为股东意志,避免"穿透式监管"。国资监管机构不能跨越国有资本投资运营公司监管其所出资企业,而

---

① 廖红伟、李凌杰:《完善国资监管体制与深化国有企业改革协同发展路径研究》,《内蒙古社会科学》2021年第4期。

是评估国有资本投资运营公司的实际承接能力,通过有侧重地展开分步授权,引导公司向专业化、市场化方向迈进。

第三,政府行政监管部门之间实现政策协调和行政效能的合力。首先,要保障各行政监管部门政策措施的独立性和协同性。国资监管体制改革是一项复杂的系统工程,虽然国资监管机构是主要的监管者,但其他行政部门各有其职能和职责。具有监督管理权力的行政主体应进行权力合理分置,由不同的行政部门行使对监管的决策权、执行权及裁决权,以实现权力有效制衡和协同。其次,要保障各项政策措施的有效性。各行政监管部门具有外部独立性,相互之间的监管权力既集中又分权。遵循监管主体之间职能的分离性,各行政机构权责清晰,履行应有职责,但不能"多头共管"或越位管太多,更不能放任不管,确保各项政策措施真正落地实施。再次,要构建大数据监管平台。国资监管机构根据数据的不同来源进行整合,对不同层级、部门、地域的数据来源进行分类存储,将大数据链条上的"碎片信息"纳入大数据平台,形成可供查询、汇总的国资监管初级数据库,建立国有企业监管数据资源目录和交换体系,由各行政监管部门共享监管信息和监管成果。最后,建立监管的会商机制。通过会商搭建监管交流平台,加强监管计划的沟通,视情况联合开展相关监管事项的调研。召集会商的职责应当由国资委承担,其他行政监管部门具备信息优势,应当承担汇总、处理、公开监管信息的主要责任,为大数据监管平台的运行提供主要信息支持。通过整合国资监管的格局,提升国资监管效能。

(二) 国资监管的纵向维度设计

纵向维度的国资监管体制,需要明确从国务院国资委到地方国资委自上而下的管理,以及管理责权明晰的纵向组织架构设计。

1.垂直方向的委托代理关系和监管责权划分

从行政体制看,中央拥有国家公共事务法规的制定权和重大事项决策权,地方拥有对地方性法规的制定权和地方重大公共事项的决策权。《企业国有资产法》总则第三条明确"国有资产属于国家所有即全民所有。国务院代表国家行使国有资产所有权"。党的十六大报告明确指出,"中央政府和省、市(地)两级地方政府设立国有资产管理机构"。由此可见,国资委的出资人地位已被立法明确,国有资产"国家所有、分级代表"的制度框架已经确立,国有产权从法律上得到清晰界定。

经过长期的探索与实践,我国国有资产所有权逐步由国家统一所有过渡到国家统一所有、中央与地方政府分别享有所有权、分别施予监管的模式,以与我国财政层级以及分税制相适应。在分级代表体制下,中央和地方政府分别履行出资人职责,是两个相对独立的国有资产产权行使主体,享有平等的产权权能,国务院国资委与地方国资委没有直接的行政关系和领导关系。在法制统一的前提下,中央对地方履行出资人职责具有指导权和监督权,同时给地方政府一定的立法自主权和灵活处理权。中央与地方权限的划分,形成一个自上而下、结构合理、运行顺畅、有不同等级和层次的监管组织架构,避免了中央和地方的权力摩擦和冲突。这种分级代表、分级监管的纵向管理模式有助于明晰中央与地方产权,降低国家所有权集中的负面影响,缩短委托代理链条,降低代理和监管成本。从初始委托人到最终代理人,整个链条上每个环节的责任主体定位清晰、明确,分级代表形成权利与义务对等、责权利相统一的利益格局,可充分调动地方政府监管的积极性,从而利于有效实施分级监管,提高企业国资监管效率和监管成效。

虽然地方国资委在中央制定的法律法规框架下履行出资人职责,但并不代表中央可以干预地方国资委的日常工作,只享有对地方国资委的指导和监督权(罗建钢,2004)①。这导致上下级国资委沟通联系不够紧密、指导监督工作机制还不完善、国资系统合力有待增强等问题。各级国资委虽然仅代表本级政府履行出资人职责,但从上到下是不可分割的有机整体,共同服务于国有

---

① 罗建钢:《委托代理:国有资产管理体制创新》,中国财政经济出版社 2004 年版。

资本国家所有这一目标。因此,地方各级政府应明确国资监管责任主体,落实监管责任。地方政府应积极推动解决国有资本出资人代表不到位、缺位、职责分散等问题。各级国资委要树立"大国资"的监管格局,加大工作指导和协调力度,完善指导监督体系,支持并推进中央企业和地方国有企业的战略合作,承担与中央企业对接、联络牵头部门的责任,为地方党委、政府的重大战略决策提供服务。必要情况下,国务院国资委可实施纵向穿透式的垂直管理,加强国资委的上下联动与配合,协调国资监管体系的链条,共同提升国资监管绩效。

2.基于国资管理主体层面的纵向组织架构设计

政府围绕建立以管资本为主的国资监管模式,以改革国资授权经营体制、改进监管方式为重点,进一步完善以人大监管为根本、政府监管为主体、企业科学管理为基础的国资管理体制,构建全覆盖的国有资本监管组织架构,发挥各监管主体的能动性和优势。

针对国资监管的重点、出资人身份归属以及治理权力分层等,将"政府—国资监管机构—国有资本投资运营公司/国有集团企业—权属企业"的结构转变为"全体人民(人民代表大会)—政府—国资监管机构—国有资本投资运营公司/国有集团企业—所出资企业"的新型国资监管框架。

国有资本委托代理链条分层监管的终端是全国人大,由财政部向全国人大汇报其对国有资本的协调、配置、监管与控制职责履行。国资监管机构作为国资监管体制中的核心主体,对上,代本级政府履行国有资本出资人职能;对下,作为企业出资人代表,享有相应的股东权益和国有资本收益,通过授权国有资本投资运营公司/国有集团企业实现监管的再分层,实施与国企分类相匹配的分类监管,匹配实行不同程度的混合所有制和股份制改革,确保国有资本的有效配置。当然,监管需要和国企内部改革相结合才可以发挥国资配置的最佳效益。

新国资监管体系存在三个层次的委托代理关系,如图4-10所示。第一层是"全国人大+政府"的委托代理关系;第二层是"政府+国资监管机构"的委托代理关系;第三层是"国资监管机构+国有资本投资运营公司/国有集团企业"的委托代理关系。国资监管机构将部分监管权力下放给商业化运作的国有资本投资运营公司/国有集团企业,由其依照《公司法》及相关法律法规对所出资企业依法行使股东所有权,国资委只监管到国有资本投资运营公司层级。以管资本为主的新型国资监管方式通过把国企管理权适度授予投资运营公司的方式,可以从实质上解决政企不分、政资不分的难题。国有产权被层层委托,上一层的代理人同时又是下一层的委托人,无论哪个层级的代理关系,都在平衡代理人经营积极性和委托人控制损失。

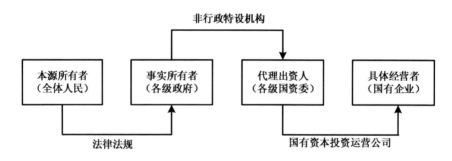

图 4-10　国有资本三层委托代理关系

四、制度体系

只有健全配套的法律体系,才能为国企改革和国资监管体制提供制度规范和保障。国企改革的深化需要科学的制度安排,国资监管体制的改革也需要发挥政府的引导作用,为国资监管提供制度驱动力。

(一) 国资监管体系的制度成就

自 20 世纪末 21 世纪初,我国相继颁布了诸多与国有资产管理相关的法律法规和规章,2003 年国务院国资委和地方国资委的成立,推动了国企改革的进一步深入。2003 年 5 月国务院公布的《企业国有资产监督管理暂行条例》是第一部直接与国有资产监管相关的行政法规,明确了国资监管机构是代表政府履行企业国有资产出资人权利的机构,国资监管机构与国有企业间形成了出资人与所出资企业的关系。

随着法治化水平的提升,国有资产管理相关制度体系逐渐建立健全,国资监管机构的治理能力日益提升。从内容看,涉及产权管理、董事会建设、经营预算、收益收缴、财务监督、企业改革、业绩考核评价、收入分配、兼并破产、清产核资、资产评估、财务决算审计、统计评价等,涵盖企业内部管理、公共政策管理、股东权责、党群工作及其他(马骏和张文魁,2015)[①],内容多以如何强化国资监管机构的监管职能为主。从监管对象看,涉及金融类国有企业、文化类国有企业、一般性国有企业等不同性质企业的国有资产管理,也涉及中央和地方国有资产管理和境外国有资产管理等。尤其强调的是,《企业国有资产法》是国有资产监管的第一部也是至今唯一的一部法律。该法明确了国资监管机构对国家出资企业履行出资人职责,提出了国有资产监管的原则和目标,确定了监管对象,界定了国资监管机构的出资人职责。

随着国资监管体制改革不断深化,2013 年 11 月《中共中央关于全面深化改革若干重大问题的决定》提出:完善国有资产管理体制,以管资本为主加强国有资产监管。其后中央出台的一系列法律文件多次从法律层面明确国有资本监管的重要性,明晰在深化国资国企改革中如何推进国有资本监管。例如2015 年 9 月《中共中央 国务院关于深化国有企业改革的指导意见》,明确提出"以管资本为主推进经营性国有资产集中统一监管"。2015 年 10 月《国务院关于改革和完善国有资产管理体制的若干意见》,主要涉及改革国有资本授权经营体制。2015 年 12 月《国资委 财政部 发展改革委关于印发〈关于国有企业功能界定与分类的指导意见〉的通知》,对国有企业进行功能界定与分

---

① 马骏、张文魁:《国有资本管理体制改革研究》,中国发展出版社 2015 年版。

类以推进分类改革。2017 年 4 月《国务院办公厅关于转发国务院国资委以管资本为主推进职能转变方案的通知》，为全面推进国资监管机构实现职能转变提供指导意见。2018 年 7 月《国务院关于推进国有资本投资、运营公司改革试点的实施意见》，推进国有资本投资运营公司开展试点工作。2019 年 4 月《国务院关于印发改革国有资本授权经营体制方案的通知》，授权经营体制改革正式实施。

不难看出，鉴于国有企业在国民经济中居于主导地位，国家较为重视国资监管法律体系建设，相关法律制度逐渐趋于完备，已经形成了由法律、行政法规、部门规章组成的且涵盖企业国有资产管理和监督的法规体系，既有对国有资产管理的总括性、综合性法律规定，又有针对具体内容的专门性法律法规和部门规章，形成了国资监管体系的法律屏障。近年来更是推进管资本的系列文件，为构建新型国资监管体制提供制度支撑，在国资监管中协同发挥监督约束作用，成为实现国有资本保值增值的制度保障。

（二）国资监管体系的制度困境

虽然国资监管制度已较为丰富，且执行情况良好，但当前的国资监管制度体系仍存在部分亟待解决的问题。

第一，制度层次不高且缺乏系统性。从法律层面看，还没有一部内容全面、系统的关于国有资产监管的基本法。《企业国有资产法》与《企业国有资产监督管理暂行条例》是目前与国有资产管理直接相关的法律法规，涉及国资监管的立法层次不高，所依据的法律规范大多数是行政法规和部门规章，法律层面的规定虽然有，但散见于《公司法》《证券法》《合同法》《预算法》《企业国有资产法》等各项法律，这些法律并非是专门针对国有资本监管，其中关于国有资本监管的内容较少，只是顺带提及，造成国资监管实际执行中的法律支撑仍然不足。《企业国有资产法》是目前针对国有资产的法律中，法律层级较高、内容较全的法律，但该法的内容规定还显得笼统，不够完备、细化，且距今已然十余年,与新型国资监管理念不匹配。例如《企业国有资产法》第七章明确了各级人大常委会、政府及其审计机关、社会公众监督等的监督主体地位,但监督主体间的监督权责界限不够清晰;第八章规定了国有资产监管的法律责任,国资委作为政策制定者和监管者,仅强调内部监督性质的处分这一行政责任,没有明确民事责任。

从部门规章及政策性文件看,财政部及国务院国资委有关国资监管的规章和规范性文件分布零散,涉及股东权责、政策管理等规章,内容涵盖了公司主业审核、公司战略批准、预决算、股东权责的履行、推荐高管任免、考核及薪酬、环保、社会责任、科技创新、信息化等方面,涉及国资监管的法律内容不够全面;对境外国有资产的监管未充分考虑境外法律政策的特殊性和适应性;各项法律文件的内容虽然贯彻了以管资本为主的国资管理理念,但内容较分散不成体系,且法律层次较低;大部分文件仅体现管资本的政策方向,缺乏针对管资本的专门条款和具体内容。立法的"先天不足"导致在具体执行过程中,对管资本的理解和落实不到位,阻碍新型国资监管体制的推进。

第二,制度体系未能体现协同性、适时性。在管资产向管资本的推进过程中,部分法律由于新旧法规并存,存在内容上不一致甚至相互冲突的情况。随着新型国资监管体制改革的推进,一些国资监管的老规定与我国新型国资监管体制的政策措施和现实状况不相适应情况愈加明显,不符合管资本要求下行政管理型向市场治理型监管的转变,无法落实国有资本所有者与国有企业经营者之间平等市场主体地位的要求。

《企业国有资产法》《企业国有资产监督管理暂行条例》是管资产思路下的立法,导致国资监管机构的监管范围过于宽泛、监管权力过多,监管内容不够细化或缺乏指导,以至于干预国有企业的运营。具体表现在:涉及企业内部管理,《企业国有资产法》重在明确国有资产出资人制度,对国有企业的治理结构和监管规定仅有原则规定,操作性不足;《企业国有资产监督管理暂行条例》同样未明确对国有企业的监管方式。2000 年 3 月国务院发布的《国有企业监事会暂行条例》中的部分规定已经不匹配现阶段改革需求,如监事会的履职方式亟须修订,如何协调外派监事会与内设监事会的关系也未加以明确。涉及股东权责方面,国资监管机构所享有的权利超出一般股东的权责范围,包括决定公司运营战略、批准资金预算、人事权、薪酬分配权和重大经营事项的决定权等。例如《企业国有资产监督管理暂行条例》第十七条规定了国资监管机构推荐或者任免国有独资公司的董事长、副董事长,这显然与《公司法》中董事长和副董事长由全体董事过半数选举产生的规定相悖,也不能契合新型国资监管体制的市场治理型监管理念和以管资本为主的导向,这势必导致国资监管效率受损。

(三) 资本监管主线下国资监管制度完善

国资监管法律法规不能因循守旧而应与时俱进,需依据经济和政治环境的变化健全法律法规体系,以适应新型国资监管模式。

第一,修订《企业国有资产法》。由全国人大或全国人大常委会修订《企业国有资产法》,确保立法与新型国资监管体制管资本要求的衔接与统一。例如,"总则"部分明晰国有资产的范围、类别,国有资产与国有资本的区别等。新型国资监管体制要求实现分类监管,区分国资监管机构对商业类和公益类等不同类型国有企业的出资人职责和监管目标;同时将境外国有资产纳入规制范畴以避免国有资产流失。第二章的"履行出资人职责的机构"部分,从管资产到管资本的转变,要求国资监管机构必须重新定位,除了明确、细化、扩充国资监管机构的出资人职责及权限外,还应进一步明确国资监管机构授权国有资本投资运营公司履行出资人职责,享有相应的权利并明晰各自的责任;对于境外国有资产,明确出资人和有关政府部门在企业境外国有资产监管中的定位和职能。第三章的"国家出资企业"部分,国资监管机构依照公司治理章程行使股东权力,按照资本额采取监管措施,明晰国家出资企业在运营战略、投资规划、公司治理等方面的行权范围。第四章的"国家出资企业管理者的选择与考核"部分,依照新型国资监管体制推进市场化的要求,赋予国家出资企业依照市场规则任命总经理、副总经理、财务负责人和其他高级管理人员。第五章的"关系国有资产出资人权益的重大事项"部分,依照国有资本有进有退的调整要求,主要是完善国有资本的产权转让、进入和退出、关联交易、资产评估、经营预算和收益上交等重大事项的监管规定,明确人大及其常委会、人民政府、审计机关等第三方机构以及公众监管权的行使。第七章的"国有资产监督",应细分为国有资产的境内监管和境外监管,突出境外国有资产监管的特殊性和重要性,明确境内监管的监管方式、监管内容及重点等。最后一章明确法律责任,严格责任追究机制,尤其要明确国资监管机构作为监管主体应承担的法律责任,确立和强化对监管者实施监督。

第二,出台《企业国有资产监管法》作为国资监管的特别法律,同时废止《企业国有资产监督管理暂行条例》。目前国资监管既有的制度框架内,缺乏针对性的制度构建,《企业国有资产法》主要关注国有资产的运营规制,涉及国资监管的法律也应独立设置,当务之急是出台专门性的规范国资监管的法律——《企业国有资产监管法》,以法律的形式明确新型国资运营的监管体制。《企业国有资产监管法》可以实现综合管理和专业管理相结合,该法律应主要涵盖以下内容:国有资产监管的范围、基本原则及目标等;国有资产监管主体的权限设置,与其他政府机构间的关系与分工配合等;国有资产监管的主要内容,包括国有资产登记、取得、使用、收益、处分等整个流程的监管;对国有资产出资人的监管;规范国有资产的监管程序;对国有资产监管法律责任的具体规定等。

新型国资监管体制由行政管理型向市场治理型转变后,除了强调国资监管机构对国有资本投资运营公司的监管外,还应加强对国有资本监管主体的再监管。明确国资监管机构的身份首先是出资人而不是行政管理者,不能仅将国资监管机构的监管理解为行政监管。合理划定国资监管机构的职能范围、明确其法律定位是完善国资监管法律制度的首要问题,否则国有企业的分类改革和分类治理只能是空中楼阁。因此,需要从内部和外部多管齐下对监管者实施再监管。对于监管主体应承担的法律责任,《企业国有资产法》和《企业国有资产监督管理暂行条例》在"法律责任"这部分有原则性规定,但内容简单、原则性强,缺乏可操作性,且其他章节缺乏对国资监管主体再监管的制度建设。全国人大及其常委会应积极发挥其立法监督的职能,从法律层面明确组织架构中各层级主体在国资监管中的监督权,提高监管的法治化水平,最大化发挥协同监管效能。

第三,配套性部门规章及地方性法规。国资运营及监管的具体执行有赖于细化的配套法规,部门规章通常更具有灵活性,在坚持与宪法和法律统一的前提下,国资监管机构拥有部门规章制定权。根据阶段性工作的需要,可以主动制定、颁布与《企业国有资产法》和《企业国有资产监管法》相配套、衔接的实施细则,细化国资监管的规程,并根据来自监管实务的反馈,及时修改、完善监管规则。遵循中央的顶层设计,地方人大、政府也拥有一定的立法自主权。适应于修改后的国资监管法规,各级地方人大及其常委会为了保证贯彻顶层设计的要求,制定契合本地区实际情况的实施细则或者办法亦应与时俱进地加以修改或者完善,体现与国资监管体制的统一性与一致性,规范辖区内的国资监管工作。

(四) 调整国资监管制度的配套措施

稳步推进国资国企改革,必须做好政策协调工作。在国资监管法律法规制定和修订的同时,与国企监管相关的法规也要做好制度衔接和配套改革,提高制度体系的系统性和协同性。这主要涉及国有资产的基础管理法规和专项配套法规,以及落实国家出资人政策的制定、执行、监督分开的体制。

第一,完善国有资产的基础管理法规。国有资产的监管效果有赖于国有资产的日常管理,需要有坚实的基础管理法规作支撑。这些基础管理法规包括国有资产产权管理及产权交易、经营预算、清产核资、资产评估、财务监督、激励约束、信息披露、土地变更及国有资产无偿划转税收优惠政策等方面的法规、条例。

第二，完善国有资产的专项配套法规。国有资产监管需要有专门的配套法规提供保障。尽管有关法规的涵盖面很宽，但其中也有对国有企业有专门规定，例如《土地管理法》《矿产资源法》《企业破产法》《铁路法》《公路法》《审计法》《会计法》等。完善国有资产的专门配套法规，需围绕深化政资分开改革，突出体制转型的需要。对于涉及普遍性的公共政策，例如安全、环保、节能减排、社会责任等，仍由专门的部门颁布法律予以规范，国资监管机构参与并反映相关意见和建议。

第三，实行国家出资人政策的制定、执行、监督职能相分开。为使国资监管政策具有权威性，国资监管有关法律和规章文件制定主体和实施主体、监督主体应适当分离，尤其是要加大公开论证力度并及时修订。国资监管机构主要承担国家出资人政策的执行职责，并接受财政、审计等部门的监督。

五、监管模式

管资本改革背景下监管生态的改变和监管对象的多元化，使得监管问题日趋复杂，国资统一监管模式面临新挑战。国企改革唯有与分类、分层改革相契合，才能使国企和国资改革环节相扣，实现国有资本配置的动态优化，达到提升监管效率和监管效果的目标。国资监管机构应做好对国有资本投资运营公司的监管，对不同类别的国企采取不同的监管模式，制定不同的考核规则和衡量指标。

（一）国资监管模式的现实问题

管资本为主打破了国资的行政管理型监管模式，市场治理型监管的驱动既是动力也是压力，促使国企管理层参与市场化运营，更能发挥经营能动性，但现行国资监管模式仍然存在一些现实问题。

第一,国资监管横向分割。从行业主体角度看,国资委主要负责一般国有资本的监管,财政部门主要负责国有金融资本和国有文化资本的监管。因而,现阶段国资委并不是国有资本的唯一监管主体,国资监管主体整体上呈现出一种横向分割的格局,这决定了不同行业企业的国有资本运作可能需要适用不同规则。从企业主体角度看,内外部监管主体也呈现多元化特征。内有党委纪委监督、内部审计、监事会等监督主体,外有审计监督、业务监督、司法监督等,多个监管主体叠加的强监管,如果不能做好协调工作,可能既增加监管成本,也阻碍国企市场化主体地位作用的发挥。

第二,国资委的定位虽然明确,但授权尚未真正落实。新型国资监管体制下,国有资本投资运营公司隔离了国资监管机构和所出资企业,以更大的力度和更为严格的手段措施打破制度性障碍、推进政企分开,促进市场化国资运营,使得国资监管机构按照履行出资人职责该管的内容、出资人履行股东权利的方式落实管资本,这是国资监管实践的重大突破。这一重大的制度安排,为打破政企不分创造了必要条件。但在实际工作中,存在着国资委过度授权或者未真正实现授权,仍然较多地运用制度资源干预国企,尤其是地市级国资委存在部门化、行政化和机构弱化的情况;也有很多国有资本投资运营公司只是更换了名称,还未真正履行国资委授予的出资人职责,还难以对政府与国有企业之间形成有效隔离,而是一种半分半合的中间状态,未能真正做到政企分开。国资监管权的范围和内容必须匹配于企业的治理能力,因而如何平衡好增强活力和加强监管的关系,实现精准监管,仍然需要在实践中探索。

(二) 新型国资监管体制的可选目标模式

以管资本为主的新型国资监管体制要求国资监管机构放权授权,减少不必要的过度干预,释放国企经营发展的活力和动力,但国资监管的模式必须匹配于企业的实际情况,因而需要平衡好增强活力和加强监管的关系。

1.分步推进国资监管一体化

我国的国有资产分布广泛,除了经营性国有资产,还有行政性国有资产和资源型国有资产(漆思剑,2019)。[①] 对于经营性国有资产,目前尚未完全实现统一监管,实行的是财政部负责金融监管,国资委负责产业监管的监管格局(刘纪鹏等,2020)。[②] 这显然不利于对国有资本的整体掌控,更与产融相结合的经济发展趋势不吻合。2019 年 11 月国务院国资委《关于进一步推动构建国资监管大格局有关工作的通知》,要求形成国资监管一盘棋。党的十八大加快了集中统一监管工作的步伐,多地开始探索打破金融、文化、教育等传统国资监管体制。例如,上海市国资委构建"监管统一规则、经营统一评价"的监管格局,国资委对实体类企业和金融行业实行直接监管,对宣传文化、科教文卫、司法公安等领域实行委托监管,对区属国有企业实行指导监管。深圳市国资委将文化传媒类等较敏感行业纳入国资监管范畴,国资委为市属国企唯一出资人,增量和存量变动都在国资委系统完成。四川省的部分市州也将金融类、文化类和行政事业类资产纳入国资委统一监管。浙江省国资委虽然不直接监管金融类、文化类国有资产,但制度建设由国资委主要负责,党建体制由国资委统一负责,干部管理由国资委协同负责,基本实现了监管规则的统一化。地方国资委扩张横向监管的探索,为构建新型国资监管体制积累了经验,未来国资系统可探索实现对金融、文化类国有资产的监管全覆盖。

2.差异化推进经营性国有资产的集中统一监管

在中央提出经营性国有资产集中统一监管的背景下,针对经营性国有资产的实际情况,现阶段建议实施分类监管模式,然后逐步过渡到国资监管机构统一监管。第一,如果脱钩划转企业划转至相关国有企业和国有资本投资运营公司,则接受划转企业根据授权和相关规定,将划入企业纳入授权监管范

---

① 漆思剑:《否定之否定:国资委监管职能之未来回归》,《江西社会科学》2019 年第 1 期。
② 刘纪鹏、刘彪、胡历芳:《中国国资改革:困惑、误区与创新模式》,《管理世界》2020 年第 1 期。

围,实现国有资本保值增值。第二,如果企业行业特征明显且属于一般竞争类盈利企业,例如交通、住建、水利、农林等行业,则可以保留企业,实施国有资本投资运营公司监管与行业管理相结合的方式。企业将一部分国有股权划归国有资本投资运营公司持有,原主管单位仍继续持有部分股权。监管主体各自行使其职能和权利,均享有根据持股情况获得企业经营收益的权利。国有资本投资运营公司负责国有股权管理、资本运作和布局调整,履行国资监管机构授予的国有资产出资人职责。原主管单位负责行使行业管理职责,在企业发展规划和经营方针、管理人员选聘、风险控制等重大事项上享有表决权,在国有产权转让、国有资产处置等重大事项上享有一票否决权,协同推动企业的运营发展。第三,对文化类国有企业,由国资监管机构履行出资人职责,承担保值增值责任,宣传文化部门进行导向管理,推动出资人监管与主管方的有效衔接,共同规范国有文化资产监管。

3.分层监管为基础,实施授权管理

新型国资监管体系下国资监管机构对国有企业实行分层监管,监管框架被分为两层:国资监管机构对国有资本投资运营公司的监管以及国有资本投资运营公司对所出资企业的监管。国有资本投资运营公司作为一种特殊的制度安排,是连接国资委和国有企业的纽带,成为构建与管资本相适应的国有资本授权经营体制的关键环节。

国资监管机构作为出资人代表,对中间层的国有资本投资运营公司实施市场治理型监管,不干预权属企业的经营决策。国资监管机构制定权责清单,明确监管内容和方式,以出资人的身份进入董事会,依法行使股东权利,重在监管国有资本投资运营公司董事会运作是否规范有效。例如,是否依照持股比例依法享有其在董事会中的职权;监管方式是否由直接变为间接,由发号施令的行政型监管转为参与公司治理的治理型监管;是否由全方位、多角度的监管转变为政策性和方向性的监管。国资监管机构对国有资本投资运营公司的考核,重点关注经营战略切合功能定位、实现经营业绩和国有资产保值增值,

提升市场竞争能力,并定期向本级人民政府报告。

国资监管机构明确界定国有资本投资运营公司在国资监管中的法律地位以及对应的责权利,由其行使与经营有关的战略性、财务性和控制性职权。国有资本投资运营公司具有相对独立自主的国有资本运营决策权,根据国资监管机构授权和所出资企业的功能分类,依法对所出资企业行使股东权利,履行出资人职责,定期向国资监管机构报告年度工作,重大事项实时报告。这既有利于规范国有企业和政府之间的关系,也能够发挥专业化监管的优势。

4.以分类监管为依托,授权管理与直接监管相结合

国有企业类别定位的核心在于从设立该国有企业的目的出发,找准各国企双重属性(经济属性和社会属性)的侧重点。公共服务类国企和竞争类国企在职能定位上具备本质差别,若错误地将公共服务类国企的发展战略定位成盈利,就无法实现服务社会、惠及民生的设立初衷。而如果在竞争类国企中融入不当的行政干预,就无法遵循市场化竞争中性原则,更无法进入国有资本增值的良性循环。只有遵循所属类别的本质属性,采用差异化的监管模式,并适当辅以第三方的评价机制来监督资本运营的公平公正性,才可以保证国企运营质量的提高,为监管效率的提升打好基础。

商业类国有企业兼顾承担社会效益和经济效益,以保值增值为主要目标。综合考虑商业类国有企业的特点和属性,把国有企业的分类改革与分层改组组建国有资本投资运营公司相结合,体现其类别属性并采取分类授权模式,提高国资监管的针对性和有效性。

(三) 完善国资监管模式的主要措施

完善国资监管模式,需要坚持适度与适宜监管的结合、即时与动态监管的结合、持续和权变监管的结合,并协同分类分层改革和监管。

第一,坚持适度与适宜监管。国资监管机构授权下的开放监管给国企运营活动创造了有利环境,有利于国企自主运营及其经济目标和社会目标的实现。但开放包容的监管并不意味着国资监管机构可以忽视风险,而需根据运营活动的风险大小程度进行相称性监管。这就要求国资监管机构正确处理授权经营和加强监督的关系。国资监管机构实现监管职能与出资者职能的分离,将权力归位于企业,实现适度监管,既不能过度监管,也不能监管不足。国资监管机构在放权授权的同时,通过监管制度明晰监管职责、明确监管内容和方式。国资监管机构对国企运营的风险点给予恰如其分的关注,既可避免过严监管阻碍探索实践、约束国有资本运营主体的经营自由,导致资源错配或者降低运营效率,也可避免过于宽松的监管可能降低国资运营效能,导致风险加大和国资流失损失。

第二,实施即时和动态监管。分类分层改革要求分门别类地对不同类别国企差异化管理,推进国资监管转型的步伐,最大限度地挖掘国企经营潜力以及创新动力。在各类国企针对自身情况推出改革措施后,作为监管方的国资监管机构和国有资本投资运营公司应及时跟进,基于宏观层面给予导向性意见。虽然国企类别的划分具有一定的前瞻性和系统性,但国有资本的功能定位也不是一成不变的,在国有资本有进有退的合理布局原则之下,除个别特殊性质的国企所属类别变动可能性较低,其他国企皆可根据发展战略的实际情况或国家战略布局进行动态调节,细化、完善国企分类,实现国资监管模式转型。

第三,实行持续和权变监管。顶层设计是方向、是指引,更是规则。国资监管模式的实施和运行既需要持续发力,又要根据不同情况权变应对。经济环境是变化的,监管政策是变化的,监管对象是变化的,所以监管的方式方法也必须随机应变,对监管手段、考核方法和激励政策等进行不同组合运用。分类监管模式要求国有资本投资运营公司不断完善公司治理结构,既按国资监管机构授权履行好受托人责任,又对所出资企业履行好出资人职责。从地区差异看,各地的市场化程度、法治化建设水平和制度完备情况有所不同,国有资本数量、质量、原有管理模式等方面也存在诸多不同,应根据当地国资管理和国企运行的实际情况,因地因时制宜,持续优化国资监管模式。

第四,协同分类改革和分层监管。国企分类改革只有与国资监管机构分层监管相结合才可以将改革效益最大化。国企分类是国资分层监管的基础和前提,最终目标是要实现国资宏观监管的最优化。分类改革不能忽视与监管的衔接性,国企分类作为横向解构,国资监管机构监管分层是纵向隔离,需要精准定位,自上而下规范推动,中央、省、市、县国资监管机构加强沟通和协调,中央和地方形成合力,分层与分类改革相匹配,选择有利于国企健康发展、最有利于实现国有资本保值增值的监管模式。

国资监管体制是国有经济管理体系的重要组成部分。以管资本为主的国资监管体制正在向纵深推进,随着国有资本授权经营体制的转变,必须首先推动监管模式由行政管理型向市场治理型转变,同时健全符合管资本模式的国有资本激励约束机制并建立资本监管主线下的国有资本财务硬约束机制。解决好这三个核心问题,是实现新型国资监管体制转型并取得转型绩效的基础。以此为基础,围绕监管目标、监管内容、组织架构、制度体系和监管模式等关键要素,设计新型国资监管体制的基本框架,打造党的领导坚强有力、行权履职统一规范、横向扩展纵向穿透、法规制度协同有效、改革发展协调有序、系统合力显著增强的国资监管新格局,以推动国有经济管理体系的现代化建设。

第五章 国资监管体制转型的绩效评价

国有企业的改革深化和效率提升需要有与之相适应的国资监管体制作保障,推进国资监管体制转型是做强做优做大国有资本和国有企业的必然要求,是更好发挥国有资本功能的制度基础。在深化国企混合所有制改革的背景下,国资监管体制转型的绩效问题一直备受关注。然而,国资监管体制转型绩效需要更多的事实支撑和数据检验。基于此,本书分别从宏观和微观两个层面分析考察并实证检验国资监管体制转型的绩效,以期为评价国资监管体制转型效果提供更为直接的经验证据,同时亦为更好地实现国资监管体制转型提供政策启示。

第一节 国资监管体制转型的宏观绩效

从宏观层面看,考察国资监管体制转型的宏观绩效不仅要考虑国有资本的回报,也要关注国有资本的运作及布局情况。因此,本节从资本运作、资本布局和资本回报方面设计反映国资监管体制转型绩效情况的指标体系,并在此基础上分析国资监管体制转型的成效以及尚存问题。

一、宏观绩效指标体系的构建

构建国资监管宏观绩效指标体系是评价国资监管体制转型效率和效果的前提与基础。资本运作、资本布局和资本回报能在一定程度上反映国资监管的成效与问题,因此主要围绕这三个方面构建反映国资监管宏观绩效情况的指标体系。

(一) 指标体系构建依据

2013 年 11 月,党的十八届三中全会审议通过的《中共中央关于全面深化改革若干重大问题的决定》明确指出完善国有资产管理体制是积极发展混合所有制经济的重要内容和关键环节。为落实全会精神,2015 年 9 月《中共中央 国务院关于深化国有企业改革的指导意见》和 2015 年 9 月《国务院关于国有企业发展混合所有制经济的意见》,进一步强调了国资监管体制的完善对于国企混合所有制改革的重要意义。2015 年 10 月,《国务院关于改革和完善国有资产管理体制的若干意见》强调国资监管的重点要放在国有资本布局、资本运作、资本回报和资本安全等方面。2020 年,中央全面深化改革委员会审议通过《国企改革三年行动方案(2020—2022 年)》(以下简称《三年行动方案》),进一步强调要将国资监管重点聚焦到管好资本布局、规范资本运作、提高资本回报、维护资本安全上来。由此可见,资本运作、资本布局和资本回报作为反映国资监管宏观绩效的主要方面,不仅符合中央有关国资监管体制改革的精神,也具备经济上的合理性和实践上的可行性。

资本运作反映国有资本布局结构调整以及国有资本保值增值目标的完成,资本运作是否规范对于推进国资监管体制改革具有关键性作用。一是资本运作水平直接影响并间接反映国有资本布局的合理性以及资本保值增值是否实现。发展混合所有制经济需要调整优化国有资本的战略布局,这就要求不断调整改进国有资本的流动机制。2019 年 11 月,《国务院国资委关于以管资本为主加快国有资产监管职能转变的实施意见》提出要发挥"两类"公司的功能作用,在统筹规划国有资本运作的基础上,借助多样化的资本运作方式促进国有资本顺利地进入退出相关领域,以实现国有资本整体规模的增长及国有资本布局结构的调整优化,进而提升国有资本创新力和实现国有资本保值增值。二是资本运作规范是深化国资监管体制改革的需要,而资本运作水平则是国资监管体制改革成效的具体体现。以管资本为主的国资监管体制需要国有资本投资运营公司和集团企业承担具体的资本运作职能,按照市场化原则,依据产权纽带和资本回报要求开展资本运作进而提高国有资本流动性。国资监管机构则转变职能、回归监管本位,主要考核监督国有资本的运作状况。这既是"管资本"的具体体现,也是"管资本"的实现途径。三是规范资本运作是维护国有资本安全的前提和基础。部分国有资产缺乏流动性会使国有企业的市场价值无法被合理评估,这会造成国有资产的流失。《中共中央 国务院关于深化国有企业改革的指导意见》明确指出要支持国有企业依法合规地运用证券化等多种方式通过资本市场实现国有资本实物形态向价值形态的转变,这从资本运作层面为维护国有资本安全提供了制度保障。

从根本上推进国有资本布局优化和结构调整是更好发挥国有企业在建设现代化经济体系中主力军作用的必要前提。通过调整优化国有资本布局结构,一是能够满足国资监管体制改革的目标要求。《国务院关于改革和完善国有资产管理体制的若干意见》指出,国有资本布局结构的调节与改善是国资监管体制改革的新策略和新措施。加快国有资本布局优化和产业结构调整则是提高资本运作效率、发挥国有资本在国民经济发展中引领支撑作用的重要途径,有助于提高国有资本的监管效能。二是能够为更好发挥国有资本运作效果提供结构支撑,实现国有资本保值增值。以管资本为主的国资监管体制要求健全国有资本有进有退的合理流动机制,即推动国有资本更多投向关系国计民生和国家经济命脉、科技、国防、安全等领域,逐步完善市场化退出机制,以优胜劣汰的原则加速淘汰劣质无效资产和产能。以投融资、资本整合、股权运作、价值管理等方式提高存量国有资产的流动性,推动国有资本稳步地流向优势行业和企业,加快低效劣势行业和企业的国有资本退出,以确保国有资本的安全及其保值增值。三是有助于放大国有资本功能。国有资本布局结构的优化调整有助于推动国有企业的并购重组、转型升级,促进结构链、供应链以及价值链的协作创新,以及实现要素资源的优化配置,进而增强国有资本的带动和影响作用。

提高国有资本回报、管好资本收益是管理国有资本必须处理的关键环节。党的十八大以后,党中央关于国有经济发展和国企改革的各类重要政策和文件逐渐深化了对国有资本发展壮大重要性的认识,强调要提高国有资本的总体回报。一方面,国有资本回报能够体现国有资本保值增值责任的落实完成程度。历经了多年改革,国有企业虽然取得了显著成绩,但是不完善的国资监管体制不能很好地促进国有资产回报率的提升。以管资本为主的国资监管体制注重突出质量第一、效益优先、创新驱动发展等的考核导向,强调资本预算的市场化运作,不仅使国有资本经营预算的收益与支出管理更多体现出资人调控要求,而且有助于实现国有资本收益的预期可控和保值增值。另一方面,国有资本回报能够检验国有资本运作和资本布局优化调整的成效。从整体看,国资监管机构的职能之一就是通过提高国有资本运作效率、优化国有资本配置,实现国有资本回报率的提升,为国家创造更多财富。

维护国有资本安全、防止国有资产流失是国资监管体制改革的关键。一是国有资本是否安全关乎到国资监管体制转型的成效。纵观国有企业的改革历程,诸如国有资产管理中的权责不清、政企不分、缺乏完善的激励约束机制等体制不顺的因素极易导致企业国有资产保值增值责任意识淡薄,以及管理者经营不善和决策失误,这些都可能会导致国有资产流失。因此,要重视国有股东在公司内部治理中的作用,以及出资人、纪检监察和审计等外部监督力量的协同作用,充分发挥监督联动和内部治理的合力,切实防止国有资产流失。二是资本安全是规范资本运作、优化资本布局以及实现资本保值增值的基础和前提。充足且安全的国有资本存量为资本规范运作的顺利推进提供了有利根基,有助于进一步推动优化调整国有资本布局结构以及提升国有资本的回报率。

综上,国有资本运作、资本布局、资本回报以及资本安全不仅是国资监管体制转型的重要内容和关键环节,也反映着国资监管体制转型的效果。其中,维护国有资本安全是底线,以此为基础通过发挥资本运作、资本布局的合力,提升国有资本的回报率。就国有资本安全性与资本运作、资本布局、资本回报的关系而言,一是实现国有资本保值增值目标是建立在国有资本安全的基础之上。国有资本安全意味着企业发展所需的资金支持较为稳定,能够保障国有企业和社会经济的正常运作,也能为国有资本布局的优化调整、资本运作的有序开展以及资本回报的稳步提升提供物质保证。二是国有资本运作、国有资本布局和国有资本回报目标也蕴含着对国有资本安全性的考量。国有资本安全意味着要通过多种资本运作方式规避经营风险,例如国有资本从产能过剩领域和回报率较低领域退出,既能保证国有资本的安全性,也有助于优化资本布局和提高资本收益。基于此,重点从资本运作、资本布局、资本回报三个方面考察国资监管体制转型的宏观绩效。

(二) 宏观绩效评价指标设置

《国务院关于改革和完善国有资产管理体制的若干意见》指出规范化的资本运作包括推进国有资本的优化重组、加快淘汰落后产能和化解过剩产能、股权运作以及价值管理等方式。基于此,本书重点从战略重组、化解过剩产能和资产证券化等方面考察国有资本运作方式。国有企业及国有资本的战略重组有助于减少资源重复配置,进而改善国有资本的布局结构和产业结构;产能过剩是我国经济运行中突出矛盾和诸多问题的根源,企业经营困难、金融风险集聚均与此密切相关;国资监管体制转型需要加快国有资产资本化的进程,通过流动、重组、调整等多种经营方式增强国有资产的流动性进而提高回报率,而国有资产证券化则是国有资产资本化的高级形式,能够盘活存量资产。《国务院关于国有企业发展混合所有制经济的意见》也指出国有资产证券化是提高资本流动性的重要方式。由于以管资本为主的国资监管体制转型之前,我国国有资本布局尚存在行业分布不合理、区域发展不平衡以及产业结构有待优化升级等关键问题,因此应当广义地评价国资监管体制转型期间国有资本布局调整的绩效,以分析成效和发现问题。在综合借鉴已有的广义国有资本布局研究的基础上(曾培炎,1999;陈东琪等,2015;李红娟和刘现伟,2020;刘现伟等,2020)①②③④,考察整体社会中的国有企业和国有资本占比情况,以及国有企业和国有资本在不同地区、不同行业、不同产业、不同层级以及不同规模企业的分布情况。《国务院国资委关于以管资本为重加快国有资产监管职能转变的实施意见》强调优化国有资本收益管理要突出效益优先、创新驱动发展,进一步促进国有资本的保值增值。效益增加以及创新发展是提高全要素生产率的重要途径,也是国家财税贡献和国家财政能力的重要保障。除了经济目标外,税收和就业贡献也是国有资本回报能力的重要体现。鉴于此,将经济绩效、创新绩效、全要素生产率、就业贡献及税收贡献作为资本回报重点考察的指标。

在资本运作方面,根据前文的指标选择依据,主要从战略性重组、过剩产能化解以及国有资产证券化三个方面分析评价国资监管体制转型的宏观绩效。首先,对国资监管体制转型期间⑤中央企业和地方国有企业战略性重组的典型事件进行整理统计,厘清其主要途径进而分析评价其改革效果;其次,

---

① 曾培炎:《从战略上调整国有经济布局》,《求是》1999 年第 24 期。

② 陈东琪、臧跃茹、刘立峰、刘泉红、姚淑梅:《国有经济布局战略性调整的方向和改革举措研究》,《宏观经济研究》2015 年第 1 期。

③ 李红娟、刘现伟:《优化国有资本布局的思路与对策》,《宏观经济管理》2020 年第 2 期。

④ 刘现伟、李红娟、石颖:《优化国有资本布局的思路与策略》,《改革》2020 年第 6 期。

⑤ 2016 年 3 月全国两会政府工作报告明确国企五项改革试点后,国资监管体制转型正式落实,基于此,将国资监管体制转型的正式落实起始年份界定为 2016 年。

对国资监管体制转型期间国有企业化解过剩产能的方式、渠道及其典型事实进行整理汇总,分析评价国资监管体制转型期间国有企业化解过剩产能取得的成效及存在的问题;最后,搜集整理中央和部分地方省份国有资产证券化的推进情况,考察分析国资监管体制转型期间国有资产证券化的实施效果。

在资本布局方面,由于国有资本是国有资产的价值形态,以及国有企业是国有资本存在和运动的组织载体,从国有企业资产的分布情况可以窥见国有资本的布局和结构状况。因此,遵循前文的指标构建依据,通过搜集整理不同所有制企业户数和资产的分布情况来考察分析社会总资本中的国有企业和国有资本占比情况;通过搜集整理不同地区的国有企业户数及资产分布、三大产业中的国有企业户数及资产分布、商业二类工业行业的国有企业户数及资产分布、不同隶属关系的国有企业户数及资产分布、不同规模国有企业户数及资产分布情况等,从宏观层面系统全面地分析评价国有资本的布局情况。

在资本回报方面,国有企业高质量发展对国企混合所有制改革的成功意义重大,也决定了宏观层面的经济发展质量(黄速建等,2018)[1]。而高质量发展是国有企业活力增强、企业经济效益提高、企业服务国家战略和社会发展的效率提升以及国有资本回报水平提高等的有机统一。以管资本为主的国资监管体制转型无论是对资本布局的调控还是对资本运作的强化,最终都要落脚至更加注重提升国有资本回报上。综合考虑以上因素,选择如下指标:(1)经济绩效。通过比较不同所有制工业企业营业收入和利润总额来分析国有资本的经济效益。(2)创新绩效。关于创新绩效的测度选择,学者们较多采用研发投入、创新专利数等指标进行衡量。有文献指出,由于研发活动的风险高、周期长,与研发投入相比,创新成果产出更能直观立体地展现创新程度(Cornaggia et al.,2015)[2]。现有文献对创新成果产出的度量方式主要包括:一是

---

[1]　黄速建、肖红军、王欣:《论国有企业高质量发展》,《中国工业经济》2018 年第 10 期。

[2]　Cornaggia, J., Mao, Y., Tian, X. and Wolfe, B., "Does Banking Competition Affect Innovation", *Journal of Financial Economics*, Vol.115, No.1, 2015.

专利申请数量、专利授权数量或引用量。二是研发或改进后的新产品价值或销售额。采用新产品销售收入、专利申请数和有效发明专利数来衡量国有企业及国有资本的创新成果产出。新产品销售收入是指企业销售新产品实现的销售收入。新产品是指采用新技术原理、新设计构思研制、生产的全新产品，或在结构、材质、工艺等某一方面比原有产品有明显改进，从而显著提高了产品性能或扩大了使用功能的产品。既包括经政府有关部门认定并在有效期内的新产品，也包括企业自行研制开发，未经政府有关部门认定，从投产之日起一年之内的新产品；专利申请数和有效发明专利数，借鉴霍尔和哈霍夫（Hall & Harhoff，2012）、王兰芳和胡悦（2017）的方法[1][2]，用专利（发明、实用新型及外观设计）申请总数、发明专利申请总数以及有效发明专利数进行衡量（周柯和唐娟莉，2016）[3]。（3）全要素生产率。全要素生产率的提高主要表现为资源配置效率的改善和技术进步。与销售额、资产额等微观竞争力指标不同的是，全要素生产率既是衡量将投入转化为产出效率的关键指标，也是经济发展质量高低的重要体现。自索罗（Solow，1957）强调由技术进步表征的综合生产效率是经济持久增长的源泉以来，投入要素结构和全要素生产率对产出增长的贡献率逐渐成为绝大多数学者判断经济发展方式转变的重要依据。[4] 因此，从经济学角度来看，最应当重视的竞争力指标是全要素生产率。为便于不同期间的样本比较，借鉴安德森和皮得森（Andersen & Petersen，1993）、方慧等（2021）的研究，采用超效率 DEA 模型将全要素生产率分解为技术进步效率

① Hall, B.H. and Harhoff, D., "Recent Research on the Economics of Patents", *Annual Review of Economics*, Vol.4, No.1, 2012.

② 王兰芳、胡悦：《创业投资促进了创新绩效吗？——基于中国企业面板数据的实证检验》，《金融研究》2017 年第 1 期。

③ 周柯、唐娟莉：《我国省际创新驱动发展能力测度及影响因素分析》，《经济管理》2016 年第 7 期。

④ Solow, R.M., "Technical Change and the Aggregate Production Function", *The Review of Economics and Statistics*, Vol.39, No.3, 1957.

和规模效率。[1][2] (4)就业贡献和税收贡献。就业贡献和税收贡献某种程度上反映了国有资本的社会效益（余明桂等,2010）。[3] 参照张爱萍和胡奕明（2021）的方法,以国有企业的就业人数相对于全社会的就业人数来反映就业贡献,以国有企业的上缴税收相对于全社会的税收收入反映税收贡献。[4] 其计算公式如下：

$$STAF_{i,t} = \ln\left(1 + \frac{\text{国企就业人数}}{\text{全社会就业人数}}\right) \qquad STAF_{i,t} = \ln\left(1 + \frac{\text{国企上缴税金}}{\text{全社会税收收入}}\right)$$

综上,国资监管体制转型宏观绩效指标、数据来源与计算方法见表5-1。

表5-1 国资监管体制转型宏观绩效指标体系

一级指标	二级指标	数据来源与计算方法
资本运作	战略性重组	根据财经新闻、《国资报告》以及《国有资产监督管理年鉴》披露的相关内容归纳整理
	国有资产证券化	根据财经新闻、《国资报告》以及《国有资产监督管理年鉴》披露的相关内容归纳整理
	化解过剩产能	根据财经新闻、《国资报告》以及《国有资产监督管理年鉴》披露的相关内容归纳整理
资本布局	国有资产布局（行业、产业、地区、层级、规模）	根据《中国财政年鉴》和《中国统计年鉴》整理和计算求得

---

① Andersen, P. and Petersen, N.C., "A Procedure for Ranking Efficient Units in Data Envelopment Analysis", *Management Science*, Vol.39, No.10, 1993.

② 方慧、赵胜立、吕静瑶：《生产性服务业集聚提高了城市FDI效率吗?》,《数量经济技术经济研究》2021年第7期。

③ 余明桂、回雅甫、潘红波：《政治联系、寻租与地方政府财政补贴有效性》,《经济研究》2010年第3期。

④ 张爱萍、胡奕明：《僵尸企业、地方政府与经济高质量发展——基于企业贡献度的研究视角》,《山西财经大学学报》2021年第2期。

续表

一级指标	二级指标	数据来源与计算方法
资本回报	经济绩效	国有企业营业收入和利润总额
	创新绩效	国有企业新产品销售收入、专利申请数和有效发明专利数(详见指标说明)
	全要素生产率	国有企业全要素生产率(详见指标说明)
	就业贡献	国有企业就业人数与全社会就业人数的比值加 1 后取对数
	税收贡献	国有企业税收与全社会税收收入的比值加 1 后取对数

资料来源:《中国统计年鉴》《中国财政年鉴》《中国国有资产监督管理年鉴》《中国高技术产业统计年鉴》等,受限于各年鉴的时间以及统计对象,因而各部分图表的起止年份以及统计范围会存在差异。

二、成效评价

通过对国有资本运作、资本布局以及资本回报等方面指标的统计分析,能够更为深入地观察国资监管体制转型对宏观绩效的影响,进而分析评价国资监管体制转型在宏观层面的成效。

(一) 多样化的资本运作方式提高了资本配置效率

第一,多渠道、多方式的重组整合减少了基础行业的重复投资。国资监管体制转型期间,各级国资委围绕提升国有资本的整体功能和配置效率,通过推进战略化重组等途径,实现国有资本布局和结构的持续优化调整。中央企业的改革重组遵循因企制宜、因业施策的原则,路径各有不同。一是为促进行业健康发展进行的横向整合。化工、钢铁、煤电领域的重组整合力度逐渐加大。例如,中国西电和国家电网重组、中国宝武和山钢重组、中化集团和中国化工重组等整合案例均属于"大块头"之间的整合。[1] 中央企业煤电资源区域整合试点第一批企业名单的发布,更是涉及 48 户煤电企业(或项目),其中 38 户

---

[1]　王倩倩:《布局结构不断优化　国有经济整体功能更强效率更高》,《国资报告》2020 年第 9 期。

企业已完成划转。① 二是为实现规模经济和协同效应进行的纵向整合。国家能源投资集团于 2017 年 11 月成立,中国国电和神华集团的合并实现了煤电一体化运营,持续巩固了煤电陆港航油一体化的独特优势;中纺并入中粮,整合国家粮油行业资源,延伸了经济作物产出的链条。三是为促进产业和经济发展的专业化整合。按照这一路径,国资委以拥有优势主业的企业为主导,推动了企业之间的专业化整合。铁塔公司、中国航发、国源公司、国海公司等均是通过专业化整合组建的公司,这种方式有效解决了中央企业重复建设、主业不聚焦以及分布过散等方面的问题,使得企业的资源配置效率和市场化程度更高。② 通过多渠道、多方式的重组整合,截至 2021 年,中央企业的数量由2015 年年末的 106 家调整至 97 家。③

同时,地方国有企业也进行了多种方式的战略重组与整合。一是开展同类企业间的横向合并,在推进行业集中、资源优化配置的基础上实现规模效应。"十三五"期间,山西省 14 大板块省属国有企业的战略性重组基本完成,涉及资产 2.6 万亿元,占省属企业总资产的 79%,省属国有企业数量从 28 家调整至 19 家。④ 山东省开展了山东重工对中国重汽的重组,山东能源与兖矿集团、山东高速集团与齐鲁交通集团的强强联合。二是推进以产业为基础的专业化整合。山西省通过能源和化工全领域的专业化整合,形成焦煤、动力煤两大产业集群,新材料、燃气、煤化工三大新兴产业集群;山东省遵循市场化原则组建国欣文旅和国欣颐养集团,将省属国有企业中非主业的文化旅游、医养

---

① 2020 年 5 月 20 日,国资委下发《关于印发中央企业煤电资源区域整合第一批试点首批划转企业名单的通知》。根据《中央企业煤电资源区域整合试点方案》,中国华能、中国大唐、中国华电、国家电投、国家能源集团在甘肃、陕西、新疆、青海、宁夏等试点区域开展第一批试点。

② 刘青山:《国企改革五年间 静水流深千帆竞——〈关于深化国有企业改革的指导意见〉印发 5 年综述》,国务院国资委新闻中心,2020 年。

③ 李如意:《2021 年底中央企业资产总额达 75.6 万亿元,49 家进入世界 500 强》,《北京日报》2022 年 6 月 17 日。

④ 梁杰、关山岳:《山西国企由"一煤独大"向"八柱擎天"转变》,2021 年 1 月 5 日,见 ht-tps://baijiahao.baidu.com/s? id=1688042226322716178&wfr=spider&for=pc。

健康国有资产进行了重组整合,一定程度上实现了产业聚集以及规模的增长,在增强产业发展竞争力的同时也有助于企业聚焦主责主业,实现资源的优化配置。三是推进不同省份以及央地的同业资源整合,以更好地服务地方经济发展。其中既包括地方国有企业之间的同业整合,也包括中央企业与地方国有企业间的同业整合。例如,山东机场集团和山东铁投集团的成立是地方国有企业跨区域同业资源整合的成果。而中国宝武收购马钢集团、招商集团重组辽宁港则实现了央地跨区域的并购重组。

第二,多途径过剩产能的化解提高了资源配置效率。一是加快处置"僵尸企业",破除无效供给,较好化解产能过剩的矛盾。以管资本为主的国资监管体制强调通过法治化、市场化的方式大力推动僵尸企业的市场出清,释放大量沉淀资源,使资源从过剩领域流向更有发展潜力的领域。2016—2021年,中央企业职工家属区的社区和市政管理等职能分离移交工作基本完成;中央企业顺利完成了去产能的任务,完成了2041户"僵尸企业"的处置和特困企业治理任务,较好实现了低效无效行业和企业国有资本的退出,提升了资源配置效率。① 二是通过国有企业的兼并重组化解过剩产能。2016—2020年,在国务院国资委的组织和领导下,有关中央企业的煤炭去产能达到1.19亿吨,②化解钢铁过剩产能1644万吨,中央企业间的兼并重组在其中发挥了巨大作用。例如,在国务院国资委推动下,国投、中国中铁等10余家中央企业遵循市场规则,依法合规地先后对煤炭业务资源进行了专业化整合;中国国新等四家中央企业则共同出资组建了国源公司,以履行煤炭资源整合平台职能。从效益上看,剥离煤炭业务的中央企业能够将更多资源用于提升和聚焦主业以实现高质量发展,以煤炭业务作为主责主业的中央企业则实现了规模和收

---

① 吴阳:《加快落后产能退出! 国资委:已完成2041户"僵尸企业"处置和特困企业治理任务》,2023年2月23日,见https://finance.sina.com.cn/jjxw/2023-02-23/doc-imyhsfhw8550873.shtml。

② 王文博、王璐:《央企煤炭资源整合迈向新阶段》,《经济参考报》2021年3月26日。

入的同时提升。从布局上看,通过兼并重组化解过剩产能形成了更具规模效益的煤炭央企集团,释放了煤炭产能,逐步形成了专业煤炭企业做强做优做大、煤电一体化联营促进资源配置优化的格局。三是通过推动国有企业的转型升级化解过剩产能。化解过剩产能势必减少原有就业岗位,但培育新动能也将创造更高效率、更有质量的新岗位。因此,部分产能过剩企业通过培育挖掘新动能、开展一批重点生产线升级项目,不仅培育壮大了工程技术、节能环保等多元板块,也为人员分流安置开辟出新空间。

第三,国有资产证券化水平的提升增强了国有资本的流动性和竞争力。国有企业凭借资产证券化,将部分缺乏流动性的资产转换为能在金融市场上可以自由买卖的证券,不仅在提高流动性的基础上拓宽了企业融资渠道,而且上市后的监管也有助于督促国有企业的财务公开透明化以及经营行为规范化。这不仅有助于解决国有企业的资金问题,也有利于降低国有企业的融资成本,提升国有企业的国际竞争力。国务院国资委的统计数据显示:截至2019年年末中央企业有67%的资产进入了上市公司,有27家中央企业实现了主营业务的整体上市,部分国有企业通过上市实现了证券化、公众化;截至2021年年底,国资委系统控股的上市公司1317家,市值规模达到33.54万亿元,占境内及港股上市公司的28.26%。[1] 从地方层面上看,前瞻产业研究院《"十三五"中国国企改革市场深度研究与投资机会分析报告》的相关数据表明,2015年我国地方国有企业的资产证券化率总体不到30%,尚有较大的提升空间。例如,浙江省持续推进省属国有资产证券化工作,国有资产证券化率从2015年年末的46.5%,逐渐增长到2017年年末的47%、2021年年末的71.5%,较2010年年末的资产证券化率有显著提升。[2] 截至2021年年末,浙

---

① 徐娜:《国有控股上市公司达1317家》,2022年5月20日,见 https://m.huanqiu.com/article/4855Tird284。

② 赤择远:《各地国企改革衔枚疾进》,《中国金融家》2017年第10期。

江省拥有国有控股上市公司 38 家,其中省属国有控股上市公司 23 家。[①] 从山东省的国有资产证券化改革成效来看,省属企业控股上市公司已由 2016 年年末的 28 家增至 2021 年年末的 48 家,资产证券化率超过 60%。[②]

(二) 国有资本布局和结构得到了优化调整

不同规模的国有企业在国民经济发展中发挥的作用不同。国有大中型企业在国民经济的关键领域和重要部门中占据支配地位,对国民经济整体发展起着关键性和决定性作用;而国有小微型企业也是国民经济和社会发展的生力军,在推动国有经济发展、促进市场繁荣和增加就业等方面具有不可替代的重要作用。如图 5-1 和图 5-2 所示,2005—2021 年,不同规模的国有企业户数均呈现增长趋势,国有大中型企业户数及其占比远小于国有小微型企业;不同规模国有企业的资产均呈现整体上升趋势, 国有大中型企业资产的增幅和

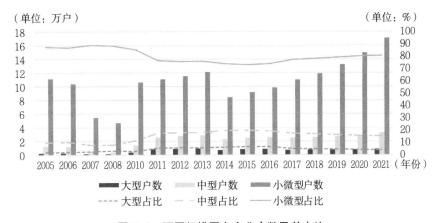

图 5-1　不同规模国有企业户数及其占比

资料来源:根据《中国国有资产监督管理年鉴》历年数据整理和计算所得。

---

①　《浙江扎实推进国有上市公司高质量发展》,2022 年 1 月 14 日,见 http://www.sasac.gov.cn/n2588025/n2588129/c22716756/content.html? eqid=942ea960001d2dd900000004644b3852。

②　赵家豪:《国资国企综合实力大幅跃升 2021 年山东省属企业实现营收 20160 亿元》,2022 年 9 月 23 日,见 https://baijiahao.baidu.com/s? id=1744748143718227061&wfr=spider&for=pc。

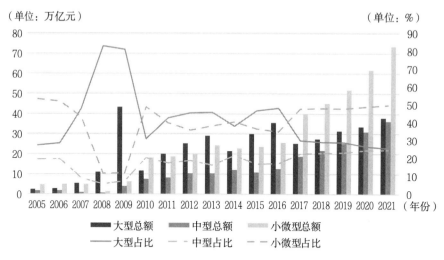

图5-2 不同规模国有企业资产及其占比

资料来源:根据《中国国有资产监督管理年鉴》历年数据整理和计算所得。

占比远高于国有小微型企业。尤其是国资监管体制转型期间,国有大中型企业户数呈现下降趋势,而国有小微型企业数量则出现稳步增长趋势。虽然国资监管体制转型期间国有大中型企业数量和所占比重下降,但其资产及所占比重依然居于主导地位,有助于保障其在国民经济发展中的支柱作用。

国有资本不断向基础行业、社会公共行业集中。表5-2和表5-3报告了1995—2021年①商业二类国有工业企业户数和资产的分布情况。在综合借鉴中国社会科学院工业经济研究所课题组(2014)、魏明海等(2017)、周绍妮

---

① 2015年9月,《国务院关于国有企业发展混合所有制经济的意见》提出要"加快推动国有资本向关系国家安全、国民经济命脉和国计民生的重要行业、关键领域和重点基础设施集中,向前瞻性战略性产业集中,向产业链关键环节和价值链高端领域集中,向具有核心竞争力的优势企业集中"。2021年4月国务院国资委召开的深化国有企业分类改革专题推进会上指出商业二类国有企业的主要任务是加强关键核心技术攻关,加快布局涉及国计民生、重大国家战略的行业领域和前瞻性战略性新兴产业。因此,在考虑数据可得性的基础上,主要统计了商业二类国有企业的相关数据以考察国有资本在重要行业和关键领域的集中程度。

等(2020)研究的基础上①②③,纳入统计范围的商业二类国有企业主要包括处于关乎国家经济安全和主导国民经济命脉行业以及承担保障民生和城市安全运转等功能行业的国有企业。根据《国民经济行业分类》(2017版)的行业分类,选取《中国统计年鉴》中有关工业行业的国有资产统计数据,以商业二类国有工业企业作为主要研究对象,考察分析国资监管体制转型的宏观绩效。选择了采矿业中的煤炭、石油、黑色金属和有色金属采选业(行业代码为B6-B9),制造业中的烟草、石油、黑色金属、有色金属加工业以及运输设备制造业(行业代码为C16、C25、C31、C32和C37),以及公共服务领域的电力、热力、燃气及水生产供应业(行业代码为D44-D46)。

表5-2　1995—2021年商业二类国有工业企业户数　　　(单位:万户)

年份	B6	B7	B8	B9	C16	C25	C31	C32	C37	D44	D45	D46	合计
1995	0.21	0.01	0.03	0.09	0.03	0.04	0.11	0.07	0.41	0.47	0.03	0.23	1.72
1996	0.2	0.01	0.03	0.09	0.03	0.04	0.1	0.08	0.43	0.48	0.03	0.23	1.75
1997	0.18	0.01	0.02	0.08	0.03	0.04	0.09	0.07	0.36	0.45	0.03	0.23	1.57
1998	—	—	—	—	—	—	—	—	—	—	—	—	—
1999	0.14	0.01	0.02	0.07	0.03	0.03	0.08	0.07	0.31	0.43	0.03	0.23	1.43
2000	0.13	0.01	0.02	0.07	0.03	0.07	0.06	0.27	0.41	0.04	0.22	1.35	
2001	0.12	0.01	0.02	0.05	0.02	0.03	0.06	0.06	0.25	0.41	0.03	0.22	1.28
2002	0.11	0.01	0.01	0.05	0.02	0.06	0.06	0.23	0.41	0.04	0.22	1.22	
2003	0.1	0.01	0.01	0.04	0.02	0.05	0.2	0.39	0.04	0.22	1.13		
2004	0.1	0.01	0.01	0.04	0.02	0.05	0.05	0.19	0.38	0.04	0.21	1.09	

---

① 中国社会科学院工业经济研究所课题组:《论新时期全面深化国有经济改革重大任务》,《中国工业经济》2014年第9期。

② 魏明海、蔡贵龙、柳建华:《中国国有上市公司分类治理研究》,《中山大学学报(社会科学版)》2017年第4期。

③ 周绍妮、王中超、张红芳:《民营参股、市场化进程与国企市场竞争力》,《北京交通大学学报(社会科学版)》2020年第3期。

年份	B6	B7	B8	B9	C16	C25	C31	C32	C37	D44	D45	D46	合计
2005	0.09	0.01	0.01	0.03	0.02	0.02	0.04	0.04	0.17	0.38	0.02	0.21	1.05
2006	0.09	0.01	0.01	0.03	0.01	0.02	0.04	0.04	0.16	0.39	0.02	0.2	1.02
2007	0.08	0.01	0.01	0.03	0.01	0.02	0.03	0.04	0.14	0.35	0.02	0.12	0.87
2008	0.09	0.01	0.01	0.03	0.01	0.02	0.03	0.05	0.14	0.37	0.03	0.13	0.92
2009	0.08	0.01	0.01	0.03	0.01	0.02	0.03	0.05	0.14	0.36	0.02	0.13	0.9
2010	0.09	0.01	0.01	0.03	0.01	0.02	0.03	0.05	0.13	0.37	0.03	0.13	0.91
2011	0.09	0.01	0.01	0.03	0.01	0.02	0.03	0.05	0.11	0.35	0.03	0.07	0.81
2012	0.1	0.01	0.02	0.03	0.01	0.02	0.04	0.05	0.05	0.37	0.03	0.08	0.79
2013	0.1	0.01	0.02	0.03	0.01	0.02	0.04	0.05	0.05	0.38	0.03	0.08	0.81
2014	0.1	0.01	0.02	0.03	0.01	0.02	0.04	0.05	0.05	0.41	0.04	0.09	0.86
2015	0.09	0.01	0.01	0.03	0.01	0.02	0.04	0.05	0.05	0.44	0.04	0.1	0.89
2016	0.09	0.01	0.01	0.01	0.01	0.02	0.04	0.05	0.05	0.43	0.04	0.1	0.88
2017	0.08	0.01	0.01	0.02	0.01	0.02	0.04	0.05	0.05	0.41	0.05	0.11	0.88
2018	0.09	0.01	0.01	0.01	0.01	0.02	0.03	0.05	0.04	0.41	0.05	0.11	0.86
2019	0.1	0.01	0.01	0.01	0.01	0.02	0.03	0.05	0.06	0.47	0.06	0.15	0.99
2020	0.1	0.01	0.01	0.03	0.01	0.02	0.03	0.05	0.06	0.52	0.07	0.17	1.08
2021	0.1	0.01	0.01	0.03	0.01	0.03	0.03	0.06	0.06	0.62	0.09	0.2	1.25

资料来源:根据《中国统计年鉴》历年数据整理和计算所得,1998 年数据缺失。

表 5-3　1995—2021 年商业二类国有工业企业资产总额　（单位:万亿元）

年份	B6	B7	B8	B9	C16	C25	C31	C32	C37	D44	D45	D46	合计
1995	0.23	0.25	0.02	0.03	0.12	0.17	0.53	0.12	0.28	0.59	0.03	0.07	2.45
1996	0.26	0.27	0.02	0.04	0.11	0.19	0.59	0.14	0.4	0.86	0.04	0.09	3.02
1997	0.31	0.3	0.02	0.04	0.16	0.25	0.65	0.15	0.4	0.86	0.04	0.09	3.28
1998	—	—	—	—	—	—	—	—	—	—	—	—	—
1999	0.36	0.41	0.03	0.04	0.18	0.33	0.76	0.19	0.6	1.4	0.05	0.13	4.48

续表

年份	B6	B7	B8	B9	C16	C25	C31	C32	C37	D44	D45	D46	合计
2000	0.36	0.4	0.03	0.04	0.19	0.34	0.8	0.21	0.64	1.66	0.06	0.14	4.86
2001	0.4	0.41	0.03	0.04	0.24	0.35	0.86	0.22	0.68	1.85	0.06	0.15	5.3
2002	0.45	0.43	0.03	0.04	0.25	0.33	0.79	0.23	0.74	1.97	0.07	0.17	5.49
2003	0.49	0.48	0.03	0.04	0.28	0.32	0.88	0.25	0.84	2.28	0.07	0.19	6.15
2004	0.6	0.53	0.03	0.04	0.3	0.36	1.03	0.28	0.92	2.37	0.08	0.22	6.76
2005	0.72	0.64	0.05	0.05	0.32	0.45	1.17	0.33	0.97	3.44	0.09	0.25	8.49
2006	0.91	0.8	0.06	0.08	0.35	0.49	1.38	0.4	1.14	4.12	0.1	0.27	10.12
2007	1.1	0.96	0.08	0.08	0.37	0.62	1.76	0.52	1.44	4.76	0.1	0.29	12.1
2008	1.47	1.24	0.12	0.09	0.44	0.76	2.1	0.63	1.65	5.57	0.13	0.35	14.55
2009	1.8	1.43	0.1	0.11	0.49	0.81	2.49	0.73	2.09	6.14	0.22	0.37	16.79
2010	2.19	1.61	0.29	0.14	0.54	0.93	2.61	0.88	2.6	6.8	0.16	0.43	19.18
2011	2.73	1.78	0.36	0.17	0.61	1.11	2.84	1.03	2.89	7.6	0.19	0.45	21.76
2012	4.48	1.76	0.82	0.42	0.71	2.09	5.82	2.81	1.87	9.21	0.45	0.65	31.08
2013	3.46	1.78	0.45	0.2	0.79	1.3	3.22	1.34	1.14	9.02	0.3	0.6	23.59
2014	3.71	1.91	0.47	0.24	0.84	1.34	3.37	1.41	1.18	10.09	0.34	0.71	25.61
2015	3.98	1.94	0.49	0.27	0.91	1.27	3.44	1.44	1.27	11.14	0.38	0.88	27.42
2016	4	1.89	0.51	0.29	1.01	1.35	3.37	1.44	1.29	11.87	0.43	0.96	28.4
2017	4.04	1.81	0.57	0.32	1.04	1.46	3.42	1.61	1.41	12.4	0.51	1.07	29.67
2018	4.18	1.85	0.66	0.32	1.08	1.53	3.23	1.55	0.75	12.81	0.56	1.16	29.67
2019	3.97	2.02	0.63	0.31	1.03	1.67	3.11	1.69	1.51	14.14	0.64	1.47	32.17
2020	4.61	1.89	0.84	0.37	1.1	1.79	2.8	1.59	1.62	15.17	0.7	1.73	34.21
2021	5.22	1.95	0.86	0.37	1.16	2.05	2.89	1.66	2.13	17.17	0.8	1.99	38.25

资料来源:根据《中国统计年鉴》历年数据整理和计算所得,1998 年数据缺失。

可以看出,一是大部分行业内的国有企业户数处于下降趋势。除电力、热力生产和供应业的国有企业户数变化不大,燃气生产和供应业的国有企业户数出现增长外,其余行业的国有企业户数均呈现下降趋势。其中,铁路、船舶、航空航天和其他运输设备制造业的国有企业户数由 1995 年的 0.41 万户降至 2021 年的 0.06 万户,降幅达到 85.37%。这可能是由于这部分国有企业处于国民经济发展的重要行业和关键领域,通过重组整合集中资源优势做强做优做大是其主要目标。二是行业内所有国有企业的资产总额呈上升趋势。其中,电力、热力、燃气及水生产和供应业的国有企业资产由 1995 年的 0.69 万亿元增长至 2021 年的 19.96 万亿元,增长了 27.93 倍;有色金属矿采选业由 1995 年的 0.03 万亿元增长至 2021 年的 0.37 万亿元,增长了 11.33 倍。国资监管体制转型期间,除了煤炭采选业、黑色金属冶炼及压延加工业的国有企业资产总额下降之外,其余行业均呈现上升趋势。这表明随着国有经济产业结构调整的力度和深度同步增强,国有经济总量和实力稳步提升。三是交通、船舶、航空航天等国民经济重要行业,以及水电供应等公共服务领域的国有资产增长幅度较大,石油、石化及冶金行业的国有资产增幅相对较小。电力、热力、燃气及水生产和供应业的国有资产由 2016 年的 13.26 万亿元增长至 2021 年的 19.96 万亿元,增长幅度为 50.53%;交通、船舶、航空航天行业的国有资产由 2016 年的 1.29 万亿元增长至 2021 年的 2.13 万亿元,增长幅度为 65.12%;石油、石化、冶金行业(B7、C25、C32、C32)的国有资产由 2016 年的 8.05 万亿元增长至 2021 年的 8.55 万亿元,增长幅度为 6.21%。

东部地区国有资本占比依然优势稳固,在国有经济发展中发挥引领作用。表 5-4 和表 5-5 列示了 2003—2021 年国有企业户数和资产占比的区域分布情况。① 从表中可以看出,东部地区的国有企业户数占比和国有资产占比均呈现先降后升趋势。2003—2015 年,东部地区的国有企业户数占比从 57.33%

① 国有经济区域布局伴随着地区生产力布局推进。中国国有经济的地区忾布局和结构变化是否合理,对于整个宏观经济的平稳运行和快速增长具有重要的意义。调整和优化国有经济的地区布局和结构,是深化经济改革、促进经济发展的根本途径。本章将根据《中国财政年鉴》和《中国国有资产监督管理年鉴》公布的统计数据,以 2003 年为起始点,描述和分析我国国有企业户数和资产总额的区域分布及差异性,特别是国资监管体制转型开始之后的演变情况。

表 5-4　2003—2021 年国有企业户数的地区占比

（单位：%）

年份	2003	2004	2005	2006	2007	2008	2009	2010	2011	2012	2013	2014	2015	2016	2017	2018	2019	2020	2021
东部	57.33	58.98	59.32	59.51	59.78	58.30	56.64	55.96	54.36	51.44	49.01	46.66	47.01	46.57	48.52	45.37	54.01	55.24	55.85
北京	6.68	7.18	7.58	6.70	7.10	6.80	6.03	5.37	4.87	4.37	3.45	5.21	5.00	4.77	4.96	4.95	8	7.13	6.32
天津	3.77	4.51	4.92	5.19	5.50	5.27	5.51	6.41	5.11	4.60	4.23	5.03	4.92	4.88	3.63	3.50	2.72	2.42	2.1
河北	3.85	3.12	2.86	2.74	2.66	2.50	2.51	2.33	2.14	1.85	1.59	1.30	1.24	1.05	1.13	1.36	1.86	1.74	2.04
上海	12.26	13.04	12.89	12.04	11.83	10.78	10.41	9.42	9.81	9.29	8.43	9.06	8.81	10.28	9.73	9.70	10	9.32	8.26
浙江	5.31	6.00	6.63	7.10	7.32	7.31	7.21	7.01	7.39	7.29	7.52	4.84	5.32	4.82	4.03	5.24	5.83	7.21	8.18
江苏	5.73	5.32	1.25	6.61	7.27	8.32	8.36	9.95	10.32	10.55	9.73	6.63	6.55	5.85	6.36	0.45	3.68	5.66	5.45
福建	2.73	3.36	3.52	3.38	3.22	3.36	3.07	3.06	3.08	3.09	3.33	3.06	3.23	3.03	3.01	3.08	4.62	4.45	4.39
山东	6.80	5.29	5.34	5.12	5.21	4.76	4.76	4.49	4.39	3.99	4.10	2.87	3.02	3.25	4.07	4.97	7.04	7.6	8.67
广东	9.42	10.73	11.48	10.12	9.30	8.81	8.35	7.44	6.71	5.74	6.04	8.01	8.25	8.09	8.49	8.98	9.34	8.84	9.59
海南	0.79	0.43	2.85	0.50	0.39	0.40	0.43	0.48	0.55	0.67	0.58	0.65	0.67	0.55	3.11	3.13	0.91	0.86	0.86
中部	17.55	16.30	16.63	15.36	15.17	14.86	15.37	15.92	16.65	17.94	18.43	19.76	19.98	20.60	20.72	21.55	16.63	15.46	15.27
山西	2.97	3.29	3.53	3.18	3.15	3.07	2.99	2.78	2.52	2.02	1.65	1.24	1.57	1.22	1.19	1.51	3.64	3.49	3.08
安徽	2.81	2.74	2.84	2.86	2.95	3.34	3.57	3.52	3.71	4.25	4.22	5.89	5.87	5.44	5.22	5.17	2.7	2.55	2.67
江西	1.79	1.41	1.33	1.24	1.28	1.32	1.41	1.81	2.10	2.60	2.73	3.33	2.97	2.63	3.02	3.41	2.4	2.3	2.53
河南	3.45	3.63	3.69	3.09	3.15	2.70	2.53	2.37	2.08	1.93	2.57	2.06	2.03	1.86	1.71	1.59	1.67	1.27	1.39
湖北	2.64	1.80	1.72	1.61	1.42	1.33	1.63	1.76	2.43	3.11	2.89	3.63	3.83	4.03	3.94	4.23	3.32	3.12	2.97
湖南	2.38	2.33	2.06	1.95	1.79	1.80	2.08	2.24	2.53	2.55	2.96	2.37	2.61	3.74	3.45	3.90	1.79	1.72	1.67

续表

年份	2003	2004	2005	2006	2007	2008	2009	2010	2011	2012	2013	2014	2015	2016	2017	2018	2019	2020	2021
内蒙古	1.52	1.11	1.46	1.42	1.43	1.29	1.15	1.43	1.29	1.46	1.41	1.24	1.09	1.68	2.19	1.74	1.11	1.03	0.96
东北	9.26	6.78	6.92	6.01	5.64	5.83	4.89	4.42	4.40	4.62	6.18	5.13	4.94	5.65	5.43	4.82	4.65	4.35	4.08
辽宁	4.70	3.90	4.00	3.81	3.70	4.02	3.14	3.11	3.03	2.97	3.14	1.67	1.76	2.49	2.29	1.96	2.50	2.17	1.85
吉林	1.84	1.27	1.25	0.79	0.78	0.80	0.76	0.62	0.49	0.90	0.72	1.17	1.17	1.52	1.40	1.33	0.93	0.92	0.94
黑龙江	2.71	1.62	1.67	1.40	1.16	1.01	0.99	0.70	0.88	0.75	2.32	2.30	2.01	1.63	1.74	1.53	1.22	1.26	1.29
西部	15.87	17.93	17.13	19.12	19.41	21.01	23.10	23.69	24.58	26.01	26.37	28.45	28.07	27.18	25.33	28.26	24.72	24.95	24.8
广西	1.94	2.74	0.56	2.54	2.26	2.93	2.52	2.63	2.54	2.59	2.57	3.07	2.99	3.01	0.56	0.53	2.73	2.39	2.31
贵州	1.39	1.72	3.30	1.61	1.46	1.36	1.50	1.33	1.83	2.24	2.50	2.19	2.88	2.05	6.45	6.42	1.26	1.50	1.58
四川	3.20	3.52	3.52	3.56	3.50	3.92	4.62	4.85	4.73	5.01	5.00	5.73	5.35	5.41	5.68	6.75	4.71	5.28	5.04
重庆	2.29	2.70	1.67	3.34	3.82	4.29	4.50	5.32	5.78	6.44	6.51	7.53	7.19	6.61	1.74	1.91	2.79	2.46	2.24
云南	1.95	2.06	2.35	2.39	2.70	2.44	4.10	3.68	3.56	2.92	3.02	2.73	2.51	2.96	3.87	4.06	4.04	3.81	3.73
陕西	2.18	2.17	0.29	2.89	2.58	3.27	3.14	3.01	3.27	2.92	2.56	2.84	2.62	2.66	0.15	0.16	2.85	3.15	3.73
甘肃	1.27	1.16	2.43	1.01	1.29	1.08	1.14	1.20	1.05	1.70	1.79	2.00	1.97	1.73	2.44	2.94	1.99	2.09	1.97
青海	0.34	0.29	1.26	0.31	0.53	0.46	0.37	0.41	0.46	0.75	1.02	0.93	0.87	0.73	1.76	1.92	0.45	0.4	0.37
宁夏	0.45	0.45	0.58	0.28	0.23	0.28	0.27	0.37	0.33	0.28	0.24	0.38	0.41	0.40	0.55	0.56	0.52	0.48	0.5
新疆	0.73	0.84	0.93	0.93	0.75	0.75	0.75	0.78	0.95	1.10	1.02	0.98	1.17	1.42	1.50	2.50	2.97	2.93	2.89

资料来源：根据《中国国有资产监督管理年鉴》历年数据整理和计算所得。

表 5-5　2003—2021 年国有资产占比的地区分布

（单位:%）

年份	2003	2004	2005	2006	2007	2008	2009	2010	2011	2012	2013	2014	2015	2016	2017	2018	2019	2020	2021
东部	57.35	59.09	59.31	59.47	59.76	58.23	56.55	55.9	54.3	51.54	49.12	46.74	47.06	46.61	46.07	44.95	47.09	50.32	51.09
北京	6.72	7.27	7.45	6.71	7.11	6.79	6.02	5.35	4.85	4.38	3.45	5.23	4.99	4.78	4.97	4.78	5.73	3.83	3.58
天津	3.81	4.55	4.87	5.28	5.49	5.26	5.48	6.36	5.11	4.59	4.24	5.01	4.93	4.88	3.62	3.39	4.61	3.05	2.67
河北	3.81	3.03	2.87	2.64	2.64	2.55	2.54	2.32	2.13	1.87	1.57	1.29	1.25	1.07	1.14	1.31	1.44	1.03	1.61
上海	12.25	13.03	12.89	11.99	11.79	10.87	10.43	9.38	9.79	9.33	8.48	9.09	8.84	10.29	9.77	9.34	11.17	7.54	6.98
浙江	5.35	6.06	6.59	7.19	7.32	7.3	7.22	6.96	7.4	7.32	7.51	4.87	5.34	4.83	4.03	4.2	7.13	7.85	8.78
江苏	5.72	5.45	1.15	6.71	7.32	8.32	8.29	9.99	10.3	10.55	9.75	6.66	6.53	5.85	6.39	5.03	6.88	10.68	10.23
福建	2.72	3.33	3.44	3.36	3.25	3.4	3.07	3.03	3.06	3.09	3.33	3.08	3.26	3.02	3.01	2.96	3.34	2.29	2.12
山东	6.81	5.15	5.44	5.04	5.28	4.75	4.81	4.44	4.43	4.02	4.12	2.86	3.03	3.27	4.07	4.78	7.36	5.76	7.16
广东	9.44	10.61	11.46	10.07	9.35	8.83	8.29	7.47	6.72	5.74	6.06	8.02	8.25	8.09	8.51	8.65	11.56	7.74	7.44
海南	0.82	0.3	2.87	0.48	0.41	0.34	0.4	0.5	0.51	0.65	0.61	0.64	0.65	0.54	0.57	0.51	0.81	0.54	0.52
中部	17.51	16.36	16.62	15.35	15.24	14.94	15.37	15.94	16.77	17.88	18.41	19.76	20	20.67	20.76	20.8	21	19.18	19.49
山西	2.99	3.33	3.44	3.12	3.25	3.06	2.94	2.83	2.55	2.01	1.64	1.22	1.6	1.22	1.18	1.46	2.27	1.41	1.28
安徽	2.81	2.73	2.87	2.88	3.05	3.4	3.61	3.53	3.74	4.24	4.24	5.87	5.88	5.46	5.25	5	6.37	4.8	4.76
江西	1.81	1.52	1.43	1.2	1.22	1.36	1.47	1.82	2.13	2.58	2.73	3.36	2.97	2.63	3.01	3.28	4.54	3.52	3.91
河南	3.45	3.64	3.72	3.12	3.05	2.72	2.54	2.42	2.04	1.94	2.54	2.08	2.02	1.85	1.71	1.53	1.64	0.84	1.18
湖北	2.63	1.82	1.72	1.68	1.42	1.36	1.6	1.72	2.47	3.09	2.91	3.65	3.86	4.05	3.95	4.09	5.18	3.87	3.77
湖南	2.36	2.42	2.01	1.92	1.83	1.87	2.14	2.22	2.55	2.58	2.97	2.36	2.61	3.75	3.46	3.76	4.5	3.13	3.1

续表

年份	2003	2004	2005	2006	2007	2008	2009	2010	2011	2012	2013	2014	2015	2016	2017	2018	2019	2020	2021
内蒙古	1.54	1.21	1.43	1.44	1.42	1.36	1.2	1.41	1.28	1.44	1.39	1.22	1.07	1.71	2.2	1.68	2.28	1.61	1.5
东北	9.26	6.67	6.88	6	5.69	5.77	4.95	4.44	4.43	4.59	6.18	5.08	4.99	5.66	5.41	4.67	4.69	4.21	4.07
辽宁	4.72	3.94	4.01	3.84	3.66	4.07	3.07	3.13	3.06	2.94	3.15	1.65	1.78	2.49	2.28	1.9	2.65	1.72	1.44
吉林	1.81	1.21	1.15	0.72	0.81	0.85	0.8	0.61	0.51	0.86	0.73	1.15	1.19	1.51	1.38	1.28	1.28	1.05	1.15
黑龙江	2.72	1.52	1.72	1.44	1.22	1.02	0.94	0.71	0.85	0.79	2.3	2.29	2.02	1.66	1.75	1.5	2.05	1.44	1.49
西部	15.88	17.88	17.19	19.18	19.31	21.05	23.13	23.71	24.51	25.99	26.29	28.42	27.95	27.06	27.76	29.59	27.22	26.29	25.34
广西	1.91	2.73	0.57	2.64	2.24	2.89	2.54	2.62	2.55	2.58	2.54	3.08	2.97	3.02	3.13	3.03	3.56	2.51	2.21
贵州	1.35	1.82	3.44	1.68	1.42	1.36	1.47	1.31	1.87	2.23	2.48	2.22	2.91	2.05	1.75	1.82	2.36	2.19	2.41
四川	3.18	3.64	3.44	3.6	3.46	3.9	4.68	4.84	4.77	5.03	5.03	5.73	5.34	5.41	5.7	6.49	7.36	6.25	6.16
重庆	2.27	2.73	1.72	3.36	3.86	4.24	4.55	5.35	5.79	6.46	6.54	7.52	7.18	6.63	6.47	6.2	6.77	4.68	4.29
云南	1.91	2.12	2.29	2.4	2.64	2.38	4.14	3.63	3.57	2.94	3.03	2.72	2.49	2.97	3.87	3.9	5.02	3.53	3.16
陕西	2.18	2.12	0.29	2.88	2.64	3.23	3.07	3.03	3.23	2.94	2.54	2.86	2.61	2.68	2.44	2.85	3.19	2.45	2.67
甘肃	1.27	1.21	2.29	0.96	1.22	1.02	1.2	1.21	1.02	1.72	1.82	2	1.96	1.76	1.75	1.86	2.46	1.89	1.69
青海	0.36	0.3	1.15	0.24	0.61	0.51	0.4	0.4	0.43	0.72	1.03	0.93	0.89	0.73	0.61	0.47	0.42	0.32	0.41
宁夏	0.45	0.3	0.57	0.24	0.2	0.34	0.27	0.4	0.34	0.29	0.24	0.36	0.42	0.39	0.53	0.55	0.65	0.42	0.42
新疆	0.73	0.91	0.86	0.96	0.81	0.68	0.8	0.81	0.94	1.08	1.03	1	1.19	1.41	1.51	2.41	2.91	2.04	1.91

资料来源：根据《中国国有资产监督管理年鉴》历年数据整理和计算所得。

降至 47.01%,国有资产占比从 57.35% 降至 47.06%,年均降幅为 0.79%;2016—2021 年东部地区的国有企业户数占比从 46.57% 增至 55.85%,国有资产占比则由 46.61% 升至 51.09%,年均涨幅为 0.75%。中部地区的国有企业户数占比和国有资产占比均呈现先升后降态势。2003—2015 年,中部地区的国有企业户数占比从 17.55% 增至 19.98%,国有资产占比从 17.51% 增至 20%;2016—2021 年,中部地区的国有企业户数占比从 20.60% 降至 15.27%,国有资产占比从 20.67% 降至 19.49%。西部地区国有企业户数占比和国有资产占比也均呈现先升后降趋势。2003—2015 年,该地区的国有企业户数占比从 15.87% 增至 28.07%,国有资产占比从 15.88% 增至 27.95%;2016—2021 年,该地区的国有企业户数占比从 27.18% 降至 24.80%,国有资产占比从 27.06% 降至 25.34%。

地方国有资产总额的快速增长助推了地方区域战略的实现。就国有企业隶属关系而言,中央企业和地方国有企业在战略定位和特征功能等方面存在着显著差异。地方国有企业是实现区域发展战略的关键,而中央企业需要提升发展质量进而加快成为更具竞争力的世界一流企业;与中央企业相比,地方国有企业规模较小;而为提高资本效益,地方国企改革的动力与迫切性高于中央企业(牛播坤,2018)。[1] 表 5-6 和表 5-7 分别列报了 1997—2021 年中央企业和地方国有企业户数与资产总额及各自占比情况。[2]

如表 5-6 和表 5-7 所示,中央企业户数和资产总额远低于地方国有企业。中央企业户数从 1997 年的 2.6 万户上升至 2021 年的 6.6 万户;地方国有企业户数则从 1997 年的 23.6 万户下降至 2021 年的 20.1 万户。中央企业资产总额从 1997 年的 4.86 万亿元增长至 2021 年的 102.05 万亿元;地方国

---

[1]　牛播坤:《中国地方政府债务:正在发生的未来》,《债券》2018 年第 11 期。

[2]　通过对不同隶属关系国有企业户数和资产分布情况进行统计,有利于更好地了解中央企业和地方国有企业的布局状况。《中国财政年鉴》不同隶属关系国有企业户数和资产统计是从 1997 年开始,因此本表以该年作为统计起点。

有企业资产总额则从 1997 年的 7.64 万亿元增长至 2021 年的 206.2 万亿元。
2016—2021 年,中央企业户数和资产总额均呈现上升趋势,但地方国有企业
户数和资产总额的增速要高于中央企业。2016—2021 年中央企业户数和资
产总额分别由 5.7 万户和 70.59 万亿元增至 6.6 万户和 102.05 万亿元,分别
增长了 15.79% 和 44.57%;地方国有企业户数和资产总额则分别由 11.60 万
户和 84.32 万亿元增至 20.1 万户和 206.2 万亿元,分别增长了 73.28% 和
1.45 倍。国资监管体制转型期间,地方国有企业户数和资产占比远远高于中
央企业户数和资产占比。国资监管体制转型前,中央企业户数占比从 1997 年
的 9.92% 增至 2015 年的 33.53%,国有资产占比从 1997 年的 38.91% 增至
2015 年的 46.04%;地方国有企业户数占比从 90.08% 降至 66.47%,国有资产
占比从 61.09% 降至 53.96%。2016—2021 年国资监管体制转型期间,中央企
业户数和资产占比均呈现下降态势,分别由 32.76% 和 45.57% 降至 24.72%
和 33.1%;地方国有企业户数和资产占比则呈现上升态势,分别由 7.24% 和
54.43% 增至 75.28% 和 66.9%。地方国有企业在提供公共服务、城市基础设
施建设、增进社会效益等领域发挥着较大作用,地方国有资产总额的快速增长
有助于地方区域战略发展目标的实现。

表 5-6　不同隶属关系的国有企业户数和资产总额

年份	中央		地方		全国	
	户数 (万户)	资产 (万亿元)	户数 (万户)	资产 (万亿元)	户数 (万户)	资产 (万亿元)
1997	2.60	4.86	23.60	7.64	26.20	12.50
1998	2.30	5.17	21.50	8.31	23.80	13.48
1999	2.20	5.74	19.50	8.79	21.70	14.53
2000	1.50	6.75	17.60	9.26	19.10	16.01
2001	1.70	7.32	15.70	9.35	17.40	16.67
2002	1.80	8.90	14.10	10.50	15.90	18.02

续表

年份	中央		地方		全国	
	户数（万户）	资产（万亿元）	户数（万户）	资产（万亿元）	户数（万户）	资产（万亿元）
2003	1.90	9.83	12.70	11.63	14.60	19.97
2004	1.90	10.86	11.70	11.97	13.60	21.56
2005	2.00	12.30	10.60	13.27	12.60	24.26
2006	2.10	14.33	9.60	14.80	11.60	27.73
2007	2.20	18.81	9.00	17.39	11.20	34.77
2008	2.20	22.96	8.80	20.35	11.00	41.62
2009	2.50	27.91	8.60	25.51	11.10	53.42
2010	2.60	33.03	8.70	30.99	11.40	64.02
2011	4.10	38.41	9.40	37.50	13.60	75.91
2012	4.80	43.41	9.90	46.08	14.70	89.49
2013	5.20	48.59	10.40	55.50	15.50	104.09
2014	5.40	53.98	10.60	64.49	16.10	118.47
2015	5.60	64.77	11.10	75.91	16.70	140.68
2016	5.70	70.59	11.60	84.32	17.40	154.91
2017	5.80	76.19	12.90	107.33	18.70	183.52
2018	6.20	80.79	14.10	129.57	20.30	210.36
2019	6.20	86.96	15.50	146.91	21.7	233.87
2020	6.30	94.03	17.6	174.48	23.9	268.50
2021	6.60	102.05	20.1	206.20	26.7	308.25

资料来源：根据《中国财政年鉴》历年数据整理和计算所得。

表5-7　不同隶属关系国企资产和户数占比 （单位：%）

年份	中央		地方	
	户数占比	资产占比	户数占比	资产占比
1997	9.92	38.91	90.08	61.09

续表

年份	中央		地方	
	户数占比	资产占比	户数占比	资产占比
1998	9.66	38.34	90.34	61.66
1999	10.14	39.47	89.86	60.53
2000	7.85	42.14	92.15	57.86
2001	9.77	43.92	90.23	56.08
2002	11.32	45.88	88.68	54.12
2003	13.01	45.82	86.99	54.18
2004	13.97	47.58	86.03	52.42
2005	15.87	48.11	84.13	51.89
2006	18.1	49.20	81.90	50.80
2007	19.64	51.97	80.36	48.03
2008	20.00	53.01	80.00	46.99
2009	22.52	52.24	77.48	47.76
2010	22.81	51.59	77.19	48.41
2011	30.15	50.60	69.85	49.40
2012	32.65	48.51	67.35	51.49
2013	33.55	46.68	66.45	53.32
2014	33.54	45.56	66.46	54.44
2015	33.53	46.04	66.47	53.96
2016	32.76	45.57	67.24	54.43
2017	31.02	41.51	68.98	58.49
2018	30.54	38.41	69.46	61.59
2019	28.57	37.18	71.43	62.82
2020	26.36	35.02	73.64	64.98
2021	24.72	33.10	75.28	66.90

资料来源:根据《中国财政年鉴》历年数据整理和计算所得。

第二产业国有资产的占比上升,国有资本产业结构布局持续优化。《国务院关于改革和完善国有资产管理体制的若干意见》强调要改革国有资本的授权经营体制,围绕实现国家战略发展和产业实力持续壮大的发展目标,通过资本运作推动产业转型升级,以及调整优化国有资本布局结构。其中,推动国有资本的产业结构向高级化发展有助于实现产业转型升级。根据前文的指标说明,产业结构调整主要测算三大产业(尤其是第三产业)的国有资产占比。其中,第一产业主要是指农业,第二产业是对第一产业和本产业进行原材料加工的产业,常见的有采矿业、制造业、电力、热力、燃气及水生产和供应业、建筑业等。第三产业是除去第一产业和第二产业的其他行业,即向全社会提供各种各样劳务的服务性行业,包括商业、金融、交通运输、通信、教育、服务业及其他非物质生产部门。

根据表5-8和表5-9列示的1995—2021年按三大产业划分的国有企业户数和资产总额及其占比的变化情况。可以看出,第一、第二产业的国有企业户数和资产占比均呈现下降趋势。1995—2015年,第一产业的国有企业户数占比从6.74%降至4.15%,第二产业的国有企业户数占比从38.92%降至31.76%;第一产业的国有资产占比从2.14%降至0.76%,第二产业的国有资产占比从59.21%降至37.13%。2016—2021年,第一产业的国有企业户数占比进一步从3.99%降至3.63%,第二产业的国有企业户数占比也从31.26%降至28.32%;第一产业的国有资产占比总体呈现上升趋势,第二产业的国有资产占比则呈现下降趋势,从35.60%降至30.92%。从第三产业看,该产业的国有企业户数和资产占比均呈现上升趋势。1995—2015年,第三产业的国有企业户数占比从54.34%上升至64.09%;国有资产占比从38.66%增至62.11%。2016—2021年,第三产业的国有企业户数占比从64.75%增至68.05%;国有资产占比从63.67%增至67.89%。总体而言,第一产业的户数远远低于第二产业和第三产业,其差距随着国资监管体制改革的推进逐渐增大;尽管第二产业的户数一直呈增长趋势,但也始终低于第三产业,且与第三产业之间的差距不断拉大。第三产业中的国有企业户数和资产及其占比的升高说明国有资本的产业结构逐步向高级化发展,国有资本的产业结构得到调整优化。

表5-8 1995—2021年三大产业中的国有企业户数及其占比

年份	第一产业		第二产业		第三产业	
	企业户数（万户）	占比（%）	企业户数（万户）	占比（%）	企业户数（万户）	占比（%）
1995	1.45	6.74	8.38	38.92	11.69	54.34
1996	1.38	6.24	8.23	37.10	12.56	56.66
1997	1.33	6.20	7.96	37.22	12.10	56.58
1998	1.25	6.39	7.26	37.02	11.11	56.60
1999	1.17	6.05	6.42	33.25	11.71	60.70
2000	1.12	6.42	5.75	32.85	10.63	60.73
2001	1.05	6.01	5.20	29.83	11.18	64.17
2002	1.05	6.61	4.98	31.39	9.84	62.00
2003	0.97	6.63	4.57	31.36	9.03	62.01
2004	0.89	6.51	4.22	30.98	8.52	62.51
2005	0.80	6.33	3.94	31.39	7.82	62.27
2006	0.74	6.34	3.75	32.33	7.12	61.33
2007	0.69	6.19	3.65	32.60	6.85	61.21
2008	0.63	5.77	3.58	32.68	6.75	61.55
2009	0.62	5.58	3.67	33.14	6.79	61.27
2010	0.61	4.36	6.37	45.58	7.00	50.06
2011	0.65	4.82	4.55	33.55	8.36	61.63
2012	0.66	4.47	5.03	34.26	8.99	61.27
2013	0.67	4.34	5.12	32.98	9.74	62.68
2014	0.68	4.22	5.24	32.63	10.14	63.15
2015	0.70	4.15	5.32	31.76	10.73	64.09

年份	第一产业		第二产业		第三产业	
	企业户数（万户）	占比（%）	企业户数（万户）	占比（%）	企业户数（万户）	占比（%）
2016	0.69	3.99	5.44	31.26	11.27	64.75
2017	0.69	3.68	5.68	30.38	12.34	65.94
2018	0.71	3.50	6.08	29.96	13.51	66.55
2019	0.72	3.32	6.37	29.38	14.59	67.30
2020	0.84	3.51	6.84	28.62	16.22	67.87
2021	0.97	3.63	7.57	28.32	18.19	68.05

资料来源：根据《中国财政年鉴》历年数据整理和计算所得。

表5-9 1995—2021年国有资产在三大产业的分布

年份	第一产业		第二产业		第三产业	
	资产总额（万亿元）	占比（%）	资产总额（万亿元）	占比（%）	资产总额（万亿元）	占比（%）
1995	0.21	2.14	5.71	59.21	3.73	38.66
1996	0.22	1.83	6.51	54.68	5.18	43.49
1997	0.24	1.92	7.81	62.48	4.45	35.59
1998	0.25	1.88	8.13	60.36	5.09	37.77
1999	0.28	1.95	8.93	61.48	5.31	36.57
2000	0.30	1.87	9.55	59.65	6.16	38.48
2001	0.31	1.72	9.45	52.74	8.16	45.54
2002	0.32	1.65	10.31	53.17	8.76	45.18
2003	0.34	1.57	10.99	51.19	10.14	47.24
2004	0.32	1.42	11.95	52.33	10.56	46.25
2005	0.32	1.27	13.32	52.10	11.92	46.64
2006	0.33	1.20	15.16	54.67	12.24	44.12
2007	0.36	1.05	18.27	52.63	16.08	46.32
2008	0.37	0.88	21.10	50.70	20.15	48.41

续表

年份	第一产业		第二产业		第三产业	
	资产总额（万亿元）	占比（%）	资产总额（万亿元）	占比（%）	资产总额（万亿元）	占比（%）
2009	0.43	0.81	25.12	47.01	27.87	52.17
2010	0.52	0.82	29.00	45.29	34.50	53.89
2011	0.66	0.86	33.95	44.73	41.30	54.41
2012	0.77	0.86	38.09	42.57	50.62	56.57
2013	1.22	0.78	67.83	43.44	87.09	55.78
2014	1.43	0.80	74.11	41.50	103.03	57.70
2015	1.57	0.76	76.90	37.13	128.65	62.11
2016	1.70	0.73	82.47	35.60	147.50	63.67
2017	1.91	0.70	93.56	34.45	176.10	64.85
2018	2.06	0.66	104.79	33.68	204.25	65.65
2019	2.73	0.78	113.57	32.48	233.36	66.74
2020	4.29	1.07	125.82	31.31	271.71	67.62
2021	5.5	1.19	142.77	30.92	313.5	67.89

资料来源：根据《中国财政年鉴》历年数据整理和计算所得。

（三）国有资本经济效益与创新绩效显著提高

从经济效益来看，国有资本回报率不断提升。国有企业的经济收益不仅是国有资本获利情况的体现，也是国有资本收益的主要来源，能够确保国民经济的主体地位和支柱作用。收入作为企业日常活动形成的经济利益总流入，最终会带来利润的增加。因此，收入和利润成为考察企业经济效益的重要指标。通过对国有及国有控股企业营业收入和利润总额的变化情况进行统计分析，可以更好地了解国资监管体制转型期间的国有资本回报情况。[1]

_____

[1] 《中国财政年鉴》关于国有及国有控股企业营业收入的统计始于 1997 年，故以 1997 年作为国有企业营业收入和利润总额统计的起始年份。

　　表 5-10 列示了 1997—2021 年国有及国有控股企业的户数、营业收入和利润总额情况。可以看出,(1)国有及国有控股企业户数总体先升后降,营业收入和利润总额则呈现上升态势。1997—2021 年国有及国有控股企业户数从 1997 年的 26.2 万户下降至 2008 年的 11 万户,后又呈现增长趋势,到 2021 年,增加至 26.70 万户;营业收入从 6.81 万亿元增长至 76.60 万亿元;利润总额从 0.08 万亿元增长至 4.71 万亿元。2016—2021 年国有及国有控股企业户数从 17.40 万户增至 26.70 万户;营业收入从 47.44 万亿元增至 76.60 万亿元,利润总额从 2.56 万亿元增长至 4.71 万亿元。以上统计结果说明,区别于国资监管体制转型之前的变化趋势,国资监管体制转型期间的国有及国有控股企业户数、营业收入和利润总额均呈现增长的态势。(2)国资监管体制转型期间,利润总额在营业收入中的占比增加。2016—2021 年,国有及国有控股企业的利润总额在营业收入中的占比从 5.40% 增长至 6.15%,且呈现增长的态势,这与国资监管体制转型前的变动趋势是不同的。以上数据直接反映了国资监管体制转型时期的国有资本回报率有较为明显的提升。

表 5-10　1997—2021 年国有及国有控股企业的营业收入和利润总额

年份	汇编户数 （万户）	营业收入 （万亿元）	利润总额 （万亿元）	利润总额在营业收入中的 占比（%）
1997	26.20	6.81	0.08	1.17
1998	23.80	6.47	0.02	0.31
1999	21.70	6.91	0.11	1.59
2000	19.10	7.51	0.28	3.73
2001	17.40	7.64	0.28	3.66
2002	15.90	8.53	0.38	4.45
2003	14.60	10.02	0.48	4.79
2004	13.60	12.07	0.74	6.13
2005	12.60	14.07	0.96	6.82

续表

年份	汇编户数（万户）	营业收入（万亿元）	利润总额（万亿元）	利润总额在营业收入中的占比（%）
2006	11.60	16.24	1.22	7.51
2007	11.20	19.48	1.74	8.93
2008	11.00	22.94	1.33	5.80
2009	11.10	24.30	1.56	6.42
2010	11.40	31.50	2.14	6.79
2011	13.60	38.63	2.47	6.39
2012	14.70	42.54	2.43	5.71
2013	15.50	47.11	2.56	5.43
2014	16.10	48.91	2.64	5.40
2015	16.70	45.74	2.50	5.47
2016	17.40	47.44	2.56	5.40
2017	18.70	53.75	3.18	5.92
2018	20.30	59.40	3.62	6.09
2019	21.70	63.47	3.87	6.10
2020	23.90	64.54	3.73	5.78
2021	26.70	76.60	4.71	6.15

资料来源:根据《中国财政年鉴》历年数据整理和计算所得。

从创新角度来看,国有企业创新绩效得以改善。表5-11和表5-12分别列示了2009—2021年高技术产业不同注册类型企业的专利申请数、有效发明专利数和新产品销售收入情况。其中,内资企业是指在我国境内设立的由我国境内投资者投资举办的企业,也包括国有及国有控股公司。① 可以看出,一是国有及国有控股公司的专利申请数、发明专利数以及有效发明专利数呈现

————————

① 《中国高技术统计年鉴》中国有及国有控股企业的专利数据统计开始于2009年,因此以2009年作为起始年份。

上升趋势。专利申请数从 2009 年的 1.90 万件上升至 2021 年的 5.7 万件;发明专利数从 2009 年的 1.24 万件上升至 2021 年的 3.86 万件;有效发明专利数则从 2009 年的 0.81 万件上升至 2021 年的 15.83 万件。二是国有及国有控股企业的新产品销售收入总额不断增长。从 2009 年的 0.29 万亿元增长至 2021 年的 1.24 万亿元,超过了外资企业。三是国资监管体制转型期间,国有及国有控股企业的创新能力有着显著提升。2016—2021 年,国有及国有控股公司的发明专利数以及有效发明专利数均超过了港澳台和外资企业;2017—2021 年,除了 2020 年,其余年份高技术产业国有及国有控股企业的新产品销售收入已经明显超过了外资企业。以上统计数据说明,在推动产业转型升级的战略背景下,我国高技术产业国有及国有控股企业的创新能力和创新绩效在提升。

表 5-11 2009—2021 年高技术产业不同注册类型企业的专利情况

（单位:万件）

年份	专利申请数			发明专利数			有效发明专利数		
	国有	内资	港澳台和外资	国有	内资	港澳台和外资	国有	内资	港澳台和外资
2009	1.90	4.92	2.22	1.24	2.71	1.16	0.81	2.93	1.19
2010	1.86	3.51	2.45	1.20	2.14	1.40	1.10	3.43	1.59
2011	2.59	6.79	3.34	1.69	3.52	1.90	2.02	5.82	2.41
2012	3.00	8.83	3.95	1.78	4.45	2.24	2.67	8.12	3.46
2013	2.79	9.81	4.49	1.67	4.88	2.53	3.28	10.14	3.74
2014	3.70	11.81	4.86	2.21	5.88	2.89	5.18	13.49	4.57
2015	4.15	11.65	4.19	2.85	6.26	2.57	7.38	18.34	5.80
2016	3.97	14.35	4.24	2.69	7.73	2.46	9.58	24.65	7.02
2017	—	—	—	—	—	—	—	—	—
2018	4.67	21.81	4.66	3.15	11.46	2.31	9.86	34.84	7.67
2019	4.57	25.43	4.82	3.22	13.64	2.61	10.67	39.13	8.07
2020	5.18	29.94	2.33	3.56	14.92	1.09	11.86	47.95	4.99
2021	5.70	34.24	2.73	3.86	16.77	1.50	15.83	58.03	5.42

资料来源:根据《中国高技术产业统计年鉴》历年数据整理和计算所得,2017 年数据缺失。

表 5-12 2009—2021 年高技术产业不同注册类型企业的新产品销售收入

(单位:万亿元)

年份	国有及国有控股企业	内资企业	港澳台投资企业	外资企业
2009	0.29	0.58	0.24	0.55
2010	0.32	0.59	0.25	0.79
2011	0.46	0.86	0.37	1.02
2012	0.48	1.05	0.40	1.11
2013	0.52	1.28	0.60	1.24
2014	0.61	1.66	0.71	1.18
2015	0.69	2.03	1.08	1.03
2016	0.80	2.62	1.11	1.06
2017	—	—	—	—
2018	0.88	3.64	1.18	0.87
2019	0.81	3.89	1.25	0.78
2020	0.89	4.44	1.34	1.08
2021	1.24	5.34	1.72	1.12

资料来源:根据《中国高技术产业统计年鉴》历年数据整理和计算所得,2017 年数据缺失。

　　国有企业全要素生产率得到提高。党的十九大报告提出要推动经济发展质量变革、效率变革、动力变革,提高全要素生产率,不断增强我国经济创新力和竞争力。作为国民经济的主导力量,国有经济全要素生产率的改善与提高对于经济发展有着重要意义。全要素生产率反映了生产过程中各种投入要素的平均产出水平,能够阐释技术进步、技术效率等因素变化对产出增长的贡献,资本投入是其中的关键要素之一。其衡量通常有三个维度:一是效率的改善;二是技术进步;三是规模效应。在计算上它是除去劳动、资本等要素投入之后的"余值"。因而通过测算国有企业的全要素生产率来度量国有资本对国民经济产出增长的贡献。[1]

所用数据包括两种投入(国有资本存量投入、劳动投入)和一种产出(国有企业营业收入)。[2] 在资本存量指标的选取方面,由于当前我国没有行业资本存量的统计数据,借鉴王文成和焦英俊(2020)的做法,采用固定资产净值平均余额和流动资产平均余额来度量资本投入。[3] 劳动投入采用国有工业企业的全部从业人数进行衡量。为了使年度数据具有可比性,采用固定资产投资价格指数、工业生产者购进价格指数、工业出厂价格指数把上述固定资产净值平均余额、流动资产平均余额和营业收入的时序数据以1992年为基期进行折算。

用DEAP软件对1992—2019年的国有工业企业的面板数据进行分析,得到每年度的TFP变动及其分解值,计算结果如表5-13所示。可以看出,一是国有工业企业的整体全要素生产率较高。综合效率总体呈现上升趋势,从1992年的0.669上升至2019年的0.920;技术进步效率从0.854增至1;规模效率从0.784增至0.920。二是国资监管体制转型期间,国有工业企业的全要素生产率稳定增长。1992—2015年,国有工业企业的综合效率和技术进步效率三升三降,规模效率则三降三升,2015年三种效率值均出现了下降情况。2016—2019年,综合效率、技术进步效率和规模效率都有所提升。其中,综合效率从0.758逐年增至0.920;技术进步效率从0.911逐年增至1;规模效率

---

① 目前较为先进的计算全要素生产率的方法是数据包络分析(DEA)法,可将技术配置效率(规模效率)与技术进步(技术进步效率)分解开来。技术进步效率是产业结构能否符合综合效益并使之发挥最大的经济和社会效益;规模效率是产业结构通过优化配置对产出单元所发生作用的大小;综合效率是两者的乘积。因此本章采用DEA法中的多阶段评价分析方法计算全要素生产率。由于全要素生产率需要使用到固定资产净值指标,《中国统计年鉴》和国家统计局网站上关于国有工业企业固定资产净值的披露数据最为全面,故计算分析国有工业企业的全要素生产率。

② 鉴于国有工业企业数据库数据截至2013年,无法获得2015年以后国资监管体制转型开始后的工业增加值以及中间品投入价值,因此以国有企业营业收入替代工业增加值作为产出指标。

③ 王文成、焦英俊:《中国国有资本投资效应与效率研究》,经济科学出版社2020年版。

从 0.832 增至 0.920,这明显区别于 1992—2015 年全要素生产率的变化态势。综合以上统计结果,国有企业全要素生产率的提升主要得益于技术效率的进步,而技术效率的进步又主要归功于市场化改革对资源配置和制度环境的优化与改善。一方面,随着市场化改革和国资监管体制改革的逐步推进,市场已经成为决定资源配置的主体,要素配置扭曲在很大程度上得以改善;另一方面,与社会主义市场经济发展相适应的体制机制逐步完善,制度环境的改善为实体经济发展创造了有利条件,提高了经济发展的效益,激发了实体经济发展的活力。

表 5-13　1992—2019 年国有工业企业全要素生产率

年份	综合效率	技术进步效率	规模效率
1992	0.669	0.854	0.784
1993	0.769	1.000	0.769
1994	0.619	1.000	0.619
1995	0.573	0.714	0.803
1996	0.512	0.614	0.834
1997	0.485	0.573	0.847
1998	0.410	0.475	0.862
1999	0.466	0.641	0.727
2000	0.510	0.765	0.667
2001	0.523	0.834	0.627
2002	0.561	1.000	0.561
2003	0.650	0.777	0.837
2004	0.755	0.930	0.812
2005	0.824	1.000	0.824
2006	0.862	0.980	0.879
2007	0.927	1.000	0.927
2008	0.952	1.000	0.952
2009	0.884	0.905	0.977

续表

年份	综合效率	技术进步效率	规模效率
2010	0.989	1.000	0.989
2011	1.000	1.000	1.000
2012	1.000	1.000	1.000
2013	1.000	1.000	1.000
2014	0.909	0.981	0.927
2015	0.797	0.909	0.877
2016	0.758	0.911	0.832
2017	0.822	0.952	0.864
2018	0.898	0.987	0.910
2019	0.920	1.000	0.920
平均值	0.752	0.886	0.844

资料来源:根据《中国统计年鉴》历年数据整理和计算所得。计算全要素生产率的固定资产相关数据仅更新至 2019 年。

　　从税收贡献方面看,较强的纳税意识使得国有企业的税收贡献更高,加之国有企业税收征管机制比较健全,因此无论是从政府政治社会责任转嫁角度,还是从企业自身纳税意愿看,国有企业都会倾向于积极纳税。不仅如此,金字塔式的控股结构延长了国有企业的委托代理链条,以及国有股东较高的股权比例带来了国有企业的双重代理问题(马新啸等,2021)①。其中,第一类代理问题使得国有企业经理人为实现自身政治晋升目的,倾向于作出较大的税收贡献(刘行和李小荣,2012;Bradshaw et al.,2019)。②③ 在以管资本为主的国资监管体制下,国资监管机构不干预企业经营自主权,将依法应由企业决策的

---

　　① 　马新啸、汤泰劼、郑国坚:《非国有股东治理与国有企业的税收规避和纳税贡献——基于混合所有制改革的视角》,《管理世界》2021 年第 6 期。

　　② 　刘行、李小荣:《金字塔结构、税收负担与企业价值:基于地方国有企业的证据》,《管理世界》2012 年第 8 期。

　　③ 　Bradshaw, M., Liao, G. and Ma, M., "Agency Costs and Tax Planning When the Government is a Major Shareholder", *Journal of Accounting and Economics*, Vol.67, No.2-3, 2019.

事项归位于企业,实现真正的政企分开,这能够更好运用市场力量来缓解代理问题并改善国企税收特征。为此,通过历年国企税收金额和税收贡献考察国资监管体制转型的效果。

表5-14是2003—2021年不同注册类型企业的税收金额和税收贡献数据。可以看出:一是国有企业上缴的税收金额呈现上升趋势,但增速放缓。从2003年的0.79万亿元增至2021年的5.60万亿元,增长了6.09倍。其中,2003—2015年的增长幅度较大,从0.79万亿元增至4.14万亿元,增长了4.24倍;国资监管体制转型期间国有企业上缴的税收金额增速放缓。2021年上缴税收金额5.60万亿元,与2016年相比,增长了37.93%,增长速度明显下降。这与推进国有企业兼并重组,化解过剩产能,进而优化资源配置,减轻政策性负担的要求息息相关。二是尽管国有企业的税收贡献总体呈现下降趋势,但其税收贡献仍高于非国有企业。2003—2015年国有企业的税收贡献从33.26%降至28.62%,年均降幅为0.36%;2016—2021年国资监管体制转型期间国有企业的税收贡献逐渐上升,从27.10%增至28.08%,但仍未超过2003—2015年的税收贡献。与非国有企业相比,尽管国有企业的税收贡献呈现下降趋势,但其仍然向社会贡献了25%的税收收入,仍高于私营企业、外商投资和港澳台投资企业的税收贡献,彰显了国有资本的社会影响力与贡献度。

表5-14 2003—2021年不同注册类型企业的税收金额与税收贡献

年份	国企上缴税收（万亿元）	税收贡献（%）	私企上缴税收（万亿元）	税收贡献（%）	外商和港澳台企业上缴税收（万亿元）	税收贡献（%）
2003	0.79	33.26	0.14	6.76	0.43	19.46
2004	1.01	34.92	0.20	7.95	0.54	20.17
2005	1.17	34.11	0.27	8.97	0.64	20.08
2006	1.40	33.81	0.35	9.58	0.80	20.69
2007	1.74	32.31	0.48	10.00	1.00	19.82

续表

年份	国企上缴税收（万亿元）	税收贡献（%）	私企上缴税收（万亿元）	税收贡献（%）	外商和港澳台企业上缴税收（万亿元）	税收贡献（%）
2008	1.95	30.72	0.59	10.33	1.21	20.14
2009	2.20	31.45	0.64	10.21	1.36	20.58
2010	2.64	30.79	0.82	10.62	1.64	20.21
2011	3.00	28.84	1.02	10.77	1.96	19.75
2012	3.74	31.61	1.08	10.20	2.18	19.61
2013	3.90	30.22	1.17	10.06	2.31	18.98
2014	4.10	29.57	0.66	5.39	2.00	15.51
2015	4.14	28.62	1.30	9.90	2.48	18.11
2016	4.06	27.11	1.52	11.03	2.57	17.99
2017	4.30	26.07	2.02	13.10	2.92	18.42
2018	4.61	25.83	2.62	15.49	3.04	17.76
2019	4.87	26.87	2.84	16.53	2.87	16.69
2020	4.58	25.99	2.91	17.28	2.67	15.96
2021	5.60	28.08	3.49	18.40	2.97	15.87

资料来源：根据《中国财政年鉴》《中国税务年鉴》历年数据整理和计算所得。

三、存在问题

虽然国资监管体制转型已见成效，但通过研究也发现国有资本运作、资本布局以及资本回报方面还存在一些问题。

（一）国有企业的证券化水平有待提升、负债水平仍需继续降低

在以管资本为主的国资监管体制转型过程中，国有资产证券化水平得到了显著提升，但仍存在改进提高的空间。一是与国际一流集团企业的证券化

率相比,我国国有资产证券化水平偏低。二是资产证券化评级机构和市场环境有待完善。资产证券化评级工作主要集中于少数大型评级机构,行业垄断程度相对较高;同时评级市场的开放程度较低,发展相对缓慢。三是证券化的基础资产选择难。部分国有资产产权存在瑕疵、设置抵押以及实际控制权缺失等问题难以满足资产证券化的高质量要求。例如,受城市建设指标限制,部分划拨用地建设的建筑物产权手续不规范;部分企业由于无法偿还解除资产抵押的资金,导致可供证券化的基础资产减少。四是资产证券化法律法规有待健全。

国有企业的债务风险仍需高度重视并持续防范化解。负债比例过高是我国国有企业长期以来的历史遗留问题,也是当前深化国企改革需要重点解决的难题之一。杠杆率过高不仅容易引发系统性金融风险,也使大量金融资源被低效企业以及"僵尸企业"占有,导致金融资源配置效率不优。因此,《国务院关于改革和完善国有资产管理体制的若干意见》提出增强国有经济抗风险能力是推进国资监管机构职能转变的目标之一。2018 年 9 月中共中央办公厅、国务院办公厅印发的《关于加强国有企业资产负债约束的指导意见》进一步提出,加强国有企业资产负债约束是打好防范化解重大风险攻坚战的重要举措,有助于增强企业资本实力,防止国有资本流失。为此,通过统计 1997—2021 年不同隶属关系国企的资产负债数据来分析国有资产的债务风险状况。

如表 5-15 所示,中央企业和地方国有企业的负债率均较高,无论是中央企业还是地方国有企业资产负债率均在 50%以上。与中央企业相比,地方国有企业的负债规模更大,但中央企业负债规模并非总是低于地方国有企业。其中,2008—2011 年中央企业资产规模和负债规模均超过了地方国有企业;而在 2016—2021 年国资监管体制转型期间,中央企业的负债规模低于地方国有企业。地方国有企业的负债率有上升趋势,在国资监管体制转型期间,地方国有企业的资产负债率从 2016 年的 63.13%降至 2018 年的 62%,随后 2021年又升至 62.84%。根据以上分析可以看出,尽管国有企业资产负债率稳中有降,但仍处于较高水平。国资监管机构要继续强化监督管理,通过进一步完善国有企业资产负债约束机制,鼓励企业多举措降杠杆减负债,促使高负债国有企业资产负债率尽快回归合理水平。

表5-15　1997—2021年不同隶属关系国有企业的资产负债率

年份	中央			地方		
	资产（万亿元）	负债（万亿元）	资产负债率（%）	资产（万亿元）	负债（万亿元）	资产负债率（%）
1997	4.86	2.64	54.28	7.64	5.24	68.66
1998	5.17	2.79	53.99	8.31	5.65	68.00
1999	5.74	3.12	54.48	8.79	6.02	68.50
2000	6.75	3.80	56.37	9.26	6.41	69.18
2001	7.78	4.08	52.41	10.15	6.40	63.10
2002	8.90	4.68	52.55	10.50	7.05	67.14
2003	9.84	5.25	53.35	11.63	7.93	68.14
2004	10.86	6.60	60.75	11.97	8.56	71.50
2005	12.30	6.43	52.30	13.27	8.69	65.52
2006	14.33	8.83	61.62	14.80	10.50	70.93
2007	18.81	10.54	56.02	17.39	11.21	64.43
2008	22.96	13.76	59.92	20.35	12.93	63.55
2009	27.91	17.21	61.68	25.51	16.34	64.03
2010	33.03	20.79	62.92	30.99	19.82	63.95
2011	38.41	24.71	64.33	37.50	23.90	63.74
2012	43.41	28.28	65.15	46.08	29.23	63.44
2013	48.59	31.99	65.82	55.50	35.11	63.27
2014	53.98	35.47	65.72	64.49	41.12	63.76
2015	64.77	44.09	68.07	75.91	48.35	63.69
2016	70.59	48.29	68.40	84.32	53.23	63.13
2017	76.19	51.86	68.07	107.33	66.60	62.05
2018	80.79	54.73	67.74	129.57	80.33	62.00

续表

年份	中央			地方		
	资产（万亿元）	负债（万亿元）	资产负债率（%）	资产（万亿元）	负债（万亿元）	资产负债率（%）
2019	86.96	58.41	67.17	146.91	91.34	62.18
2020	94.03	65.52	69.68	174.48	108.96	62.45
2021	102.05	68.33	66.96	206.2	129.57	62.84

资料来源：根据《中国财政年鉴》历年数据整理和计算所得。

（二）国有资本的区域产业布局与结构有待进一步优化

改革开放以来，我国区域发展总体协调平稳。东部沿海地区经济发展迅速，国有资本存量优势突出，而中西部地区发展相对平稳，国有资本发展稳中有升，但国有资本的区域分布仍然存在不平衡的问题。如表5-4和表5-5所示，一是东部地区国有企业户数和资产占比远远超出其他地区的占比。2015—2021年国资监管体制转型期间，东部地区国有企业户数占比超过中西部地区的合计数，国有资产占比也显著高于其他地区。二是东北地区国有企业户数和资产占比持续走低。2016—2021年国资监管体制转型期间，东北地区的国有企业户数占比从5.65%降至4.08%，国有资产占比从5.66%降至4.07%，相对滞后于其他地区的发展。这可能是因为东北振兴战略的实施改造了东北地区重点国有企业，推进了东北地区的国企改革，使其历史遗留问题得到妥善处理，国有资本进一步向重要行业和关键领域集中，更加注重效益和质量，而不仅局限于数量和规模。

国有资本在部分行业占比仍然较高。表5-16和表5-17分别是不同所有制工业企业的资产占比以及商业二类工业行业国有资产的占比数据。可以看出，工业领域的国有资产占比虽然持续降低，但仍高于私营企业、外商投资和港澳台投资企业。1998—2021年，国有及国有控股企业的资产占比从

76.66%降至45.08%;私营企业的资产占比从1.52%增至32.65%;外商投资和港澳台投资企业的资产占比从21.82%增至22.27%。在国资监管体制转型时期,国有及国有控股企业的资产占比依然在45%以上,私营企业、外商投资和港澳台投资企业的资产占比均在25%左右。国有资本在部分关系国计民生的重要行业和关键领域中仍保持着较高控制力。例如,国有资本在煤炭开采、石油天然气开采、石油加工、供电供水等工业领域的占比依然很高。

表5-16 1998—2021年不同所有制工业企业资产占比

年份	国有及国有控股企业		私营企业		外商投资和港澳台投资企业	
	资产（万亿元）	占比（%）	资产（万亿元）	占比（%）	资产（万亿元）	占比（%）
1998	7.49	76.66	0.15	1.52	2.13	21.82
1999	8.05	76.07	0.23	2.16	2.30	21.76
2000	8.40	73.95	0.39	3.41	2.57	22.64
2001	8.79	71.96	0.59	4.83	2.84	23.21
2002	8.91	68.87	0.88	6.77	3.15	24.36
2003	9.45	63.73	1.45	9.79	3.93	26.47
2004	10.97	58.04	2.37	12.55	5.56	29.41
2005	11.76	55.42	3.03	14.29	6.43	30.30
2006	13.52	53.47	4.05	16.03	7.71	30.50
2007	15.82	51.38	5.33	17.31	9.64	31.30
2008	18.88	50.10	7.59	20.14	11.21	29.76
2009	21.57	50.01	9.12	21.14	12.45	28.85
2010	24.78	48.28	11.69	22.77	14.86	28.95
2011	28.17	49.29	12.77	22.36	16.20	28.35
2012	31.21	49.00	15.25	23.95	17.23	27.05
2013	34.40	47.75	18.77	26.06	18.87	26.19

年份	国有及国有控股企业		私营企业		外商投资和港澳台投资企业	
	资产（万亿元）	占比（%）	资产（万亿元）	占比（%）	资产（万亿元）	占比（%）
2014	37.13	47.45	21.31	27.23	19.82	25.32
2015	39.74	48.01	22.90	27.67	20.13	24.32
2016	41.77	48.01	23.95	27.53	21.27	24.45
2017	43.96	48.94	24.26	27.01	21.60	24.05
2018	45.65	48.61	26.35	28.05	21.92	23.34
2019	46.97	47.87	28.28	28.82	22.87	23.31
2020	50.05	45.75	34.50	31.54	24.84	22.71
2021	56.51	45.08	40.93	32.65	27.92	22.27

资料来源：根据《中国统计年鉴》历年数据整理和计算所得。

表5-17 商业二类工业行业国有资产占比　　　　（单位:%）

年份	B6	B7	B8	B9	C16	C25	C31	C32	C37	D44	D45	D46
1995	90	96	75	78	96	88	79	70	62	78	95	89
1996	—	—	—	—	—	—	—	—	—	—	—	—
1997	89	97	74	74	96	85	82	70	61	75	93	87
1998	—	—	—	—	—	—	—	—	—	—	—	—
1999	93	100	80	78	98	91	89	72	80	89	95	91
2000	93	99	78	74	98	90	86	72	78	89	94	90
2001	93	97	76	72	85	89	88	70	77	90	95	90
2002	93	97	73	70	99	85	82	67	75	89	92	89
2003	91	97	59	63	99	80	73	62	70	89	88	88
2004	89	97	50	61	99	75	69	55	67	87	86	88
2005	83	95	45	54	99	70	61	50	60	87	73	86
2006	82	98	43	54	99	65	60	47	58	89	71	76
2007	79	97	39	44	99	66	60	46	57	89	59	76

年份	B6	B7	B8	B9	C16	C25	C31	C32	C37	D44	D45	D46
2008	76	96	38	41	99	65	60	45	53	90	57	80
2009	76	96	31	42	99	62	61	44	55	89	66	76
2010	73	97	48	45	99	60	57	43	54	89	53	77
2011	72	95	50	47	99	59	55	44	53	91	54	80
2013	72	95	50	47	99	59	55	44	53	91	54	80
2014	71	94	46	45	99	54	52	39	56	90	53	81
2015	74	94	47	47	99	51	53	38	57	89	48	82
2016	75	94	53	49	99	51	53	36	55	88	52	82
2017	76	95	64	52	99	52	53	39	60	87	54	82
2018	76	95	66	55	99	49	53	39	46	87	54	82
2019	75	89	67	55	99	48	47	40	63	85	51	82
2020	77	88	72	58	99	48	20	66	63	84	51	81
2021	76	85	69	56	99	50	22	65	68	85	51	83

资料来源:根据《中国统计年鉴》历年数据整理和计算所得,1996 年、1998 年行业细分数据缺失。

（三）国有资本的回报能力尚待提高

尽管国有企业的创新积极性和创新能力均有显著提升,但是其创新产出尚不能满足建设创新型国家战略的需要。表 5-18 反映了 2009—2021 年高技术产业国有及国有控股企业的专利申请数和有效发明专利数。[①] 表 5-19 反映了 2011—2021 年不同注册类型工业企业的新产品销售收入情况。[②] 可以看出:一是国有企业的专利申请数和有效发明专利数在内资企业中的占比

①　《中国高技术统计年鉴》中国有及国有控股企业的专利数据统计开始于 2009 年,因此以 2009 年作为起始年份。

②　在新产品销售收入方面,考虑到数据可得性,采用规模以上工业企业的新产品销售收入进行衡量。由于研究样本的局限性,通过对比同行业不同所有制企业的创新绩效,以更为深入了解国有企业的创新绩效。本章数据主要来源于国家统计局网站,由于不同所有制新产品销售收入的数据最早开始于 2011 年,故以该年度作为起始年份。

下降。2009—2021 年专利申请数占比从 38.64%下降至 16.64%;发明专利数占比从 45.69%降至 23%;有效发明专利数占比从 27.83%降至 27.28%。其中,2016—2021 年国资监管体制转型期间的占比呈现下降趋势,国有及国有控股企业的专利申请数占比从 27.67% 降至 16.64%;发明专利数占比从 34.77%降至 23%;有效发明专利数则从 38.88%降至 27.28%。二是与非国有企业相比,国有企业新产品销售收入的占比下降,且占比最低。其占比从 2011 年的 12.46% 降至 2021 年的 3.48%;私营企业占比则由 2011 年的 13.43%上升至 2021 年的 37.92%。以上数据既说明其他经济成分创新力的增长,也表明国有经济的创新力需要进一步提高。

表 5-18　2009—2021 年高技术国有企业的专利情况

年份	专利申请数		发明专利数		有效发明专利数	
	国有（万件）	占比（%）	国有（万件）	占比（%）	国有（万件）	占比（%）
2009	1.90	38.64	1.24	45.69	0.81	27.83
2010	1.86	52.91	1.20	56.23	1.10	32.01
2011	2.59	38.22	1.69	47.87	2.02	34.71
2012	3.00	33.95	1.78	40.05	2.67	32.93
2013	2.79	28.41	1.67	34.27	3.28	32.34
2014	3.70	31.31	2.21	37.67	5.18	38.41
2015	4.15	35.59	2.85	45.53	7.38	40.26
2016	3.97	27.67	2.69	34.77	9.58	38.88
2017	—	—	—	—	—	—
2018	4.67	21.40	3.15	27.45	9.86	28.30
2019	4.57	17.98	3.22	23.58	10.67	27.26
2020	5.18	17.29	3.56	23.86	11.86	24.74
2021	5.70	16.64	3.86	23.00	15.83	27.28

资料来源:根据《中国高技术产业统计年鉴》历年数据整理和计算所得,2017 年数据缺失。

表5-19　2011—2021年不同注册类型工业企业的新产品销售收入

年份	国有及国有控股企业		私营企业		外商投资和港澳台投资企业	
	销售（万亿元）	占比（%）	销售（万亿元）	占比（%）	销售（万亿元）	占比（%）
2011	1.25	12.46	1.35	13.43	3.60	35.82
2012	1.28	11.55	1.65	14.97	3.78	34.21
2013	0.94	7.35	2.28	17.77	4.47	34.81
2014	1.00	6.96	2.74	19.14	4.84	33.90
2015	0.96	6.35	3.27	21.66	6.11	40.50
2016	1.14	6.52	3.90	22.32	5.37	30.79
2017	1.34	7.00	4.28	22.37	5.80	30.32
2018	1.17	5.96	5.48	27.79	5.32	27.03
2019	1.18	5.54	6.40	30.17	5.63	26.54
2020	0.97	4.05	8.21	34.49	6.15	25.82
2021	1.03	3.48	11.21	37.92	7.20	24.37

资料来源:根据国家统计局网站的相关资料整理和计算所得。

国有资本盈利能力有待提高。表5-20和表5-21比较了1998—2021年不同注册类型工业企业的营业收入和利润总额,以反映国有工业企业的经济绩效。[①] 可以看出,与私营企业相比,国有企业的营业收入增长缓慢。从营业收入绝对额上来看,2008年以前国有及国有控股企业的营业收入远高于私营企业,但二者的差距逐年缩小;2009年,私营企业营业收入首次超过国有企业营业收入,私营企业营业收入是国有企业营业收入的1.03倍;到2021年时,这一比值增加至1.48倍。国有企业的营业收入及其占比、利润总额及其占比均高于外

----

①　国家统计局对不同所有制工业企业的财务数据披露的最为全面,因此本书分析不同所有制工业企业的营业收入和利润总额及其占比情况,从而深入了解国有企业产生的经济效益,《中国统计年鉴》1998年之前是关于国有独立核算工业企业和"三资"企业财务数据的统计情况,没有包含私营企业的营业收入和利润总额,与后续年份的数据口径不一致,因此以1998年作为不同所有制工业企业经济绩效比较的起始年份。

商投资和港澳台投资企业。虽然国资监管体制转型期间国有企业的利润占比有所提升,但是其依然低于私营企业,这可能是由于国有企业的成本费用较高。

表 5-20　1998—2021 年不同注册类型工业企业的营业收入

年份	国有及国有控股企业		私营企业		外商投资和港澳台投资企业	
	收入总计（万亿元）	占比（%）	收入总计（万亿元）	占比（%）	收入总计（万亿元）	占比（%）
1998	3.36	65.79	0.18	3.62	1.56	30.59
1999	3.60	63.25	0.29	5.14	1.80	31.61
2000	4.22	60.69	0.48	6.89	2.25	32.42
2001	4.44	56.65	0.80	10.18	2.60	33.17
2002	4.78	52.57	1.20	13.15	3.12	34.27
2003	5.80	47.81	1.97	16.26	4.36	35.93
2004	7.14	42.01	3.35	19.70	6.51	38.29
2005	8.56	40.76	4.58	21.82	7.86	37.42
2006	10.14	38.24	6.48	24.44	9.89	37.31
2007	12.26	36.24	9.03	26.68	12.55	37.09
2008	14.75	34.65	13.15	30.90	14.66	34.44
2009	15.17	33.08	15.66	34.15	15.03	32.77
2010	19.43	32.89	20.78	35.17	18.87	31.94
2011	22.89	33.06	24.73	35.71	21.63	31.24
2012	24.51	32.56	28.56	37.95	22.19	29.49
2013	25.78	30.59	34.20	40.58	24.30	28.83
2014	26.27	29.60	37.22	41.94	25.26	28.47
2015	24.17	27.66	38.64	44.22	24.57	28.12
2016	23.90	26.57	41.02	45.60	25.04	27.83
2017	26.54	29.68	38.10	42.62	24.76	27.70
2018	29.08	33.36	34.38	39.45	23.70	27.19

年份	国有及国有控股企业		私营企业		外商投资和港澳台投资企业	
	收入总计 （万亿元）	占比 （%）	收入总计 （万亿元）	占比 （%）	收入总计 （万亿元）	占比（%）
2019	28.77	32.57	36.11	40.89	23.44	26.54
2020	27.96	29.86	41.36	44.17	24.32	25.97
2021	35.06	30.46	51.74	44.97	28.27	24.57

资料来源：根据《中国统计年鉴》历年数据整理和计算所得。

表 5-21 1998—2021 年不同注册类型工业企业的利润

年份	国有及国有控股企业		私营企业		外商投资和港澳台投资企业	
	利润总计 （万亿元）	占比 （%）	利润总计 （万亿元）	占比 （%）	利润总计 （万亿元）	占比（%）
1998	0.05	51.94	0.01	6.65	0.04	41.41
1999	0.10	53.27	0.01	6.49	0.08	40.25
2000	0.24	62.06	0.02	4.89	0.13	33.05
2001	0.24	57.64	0.03	7.54	0.14	34.82
2002	0.26	52.65	0.05	9.80	0.19	37.54
2003	0.38	51.33	0.09	11.50	0.28	37.16
2004	0.55	50.68	0.14	13.29	0.39	36.03
2005	0.65	51.01	0.21	16.59	0.41	32.40
2006	0.85	49.74	0.32	18.70	0.54	31.56
2007	1.08	46.18	0.51	21.62	0.75	32.20
2008	0.91	35.39	0.83	32.42	0.82	32.19
2009	0.93	31.95	0.97	33.29	1.01	34.77
2010	1.47	32.85	1.51	33.67	1.50	33.48
2011	1.65	32.84	1.82	36.23	1.55	30.92
2012	1.52	30.76	2.02	40.93	1.40	28.31
2013	1.59	28.92	2.33	42.38	1.58	28.71

年份	国有及国有控股企业		私营企业		外商投资和港澳台投资企业	
	利润总计（万亿元）	占比（%）	利润总计（万亿元）	占比（%）	利润总计（万亿元）	占比（%）
2014	1.45	26.55	2.36	43.10	1.66	30.34
2015	1.14	22.14	2.42	47.02	1.59	30.84
2016	1.23	22.24	2.55	46.01	1.76	31.75
2017	1.72	29.34	2.30	39.28	1.84	31.38
2018	1.93	33.25	2.18	37.53	1.69	29.22
2019	1.61	30.20	2.07	38.82	1.65	30.98
2020	1.53	26.78	2.38	41.53	1.82	31.70
2021	2.55	31.88	3.18	39.67	2.28	28.46

资料来源：根据《中国统计年鉴》历年数据整理和计算所得。

国有资本配置结构仍需优化，以促进国有企业规模效率的提升。从前文表5-13的数据可以看出，一是国有工业企业的全要素生产率波动性较大。1992—2015年，综合效率总体呈现三升三降的趋势；2016—2019年国资监管体制转型期间，尽管国有企业的综合效率逐年增长，但依然未达到2010—2012年的综合效率。二是国资监管体制转型期间，规模效率对综合效率的提升作用发挥不够。2016—2019年，技术进步效率和规模效率总体上都有所提升，但与技术进步效率相比，规模效率的增长较慢。可见，技术进步效率的改善逐渐成为提高综合效率的主要动力，而规模效率需要进一步提升。

国有企业的就业人数有所下降，需警惕人才流失问题。表5-22对不同注册类型企业2003—2021年的就业人数和就业贡献进行了整理统计。可以看出，一是国有企业的就业人数和就业贡献总体呈现下降趋势。2003—2015年，国有企业的就业人数从4197.1万人降至3647.6万人，就业贡献从5.49%降至4.60%。2016—2021年国资监管体制转型期间，国有企业的就业人数从3611.2万人逐年降至3474.2万人。二是国有企业的就业人数和就业贡献均

表5-22　不同注册类型企业 2003—2021 年的就业人数和就业贡献

年份	国企就业人数（万人）	就业总人数（万人）	就业贡献（%）	私企就业人数（万人）	就业总人数（万人）	就业贡献（%）	外商和港澳合企业就业人数（万人）	就业总人数（万人）	就业贡献（%）
2003	4197.1	74432	5.49	4299.14	73736	5.67	863	73736	1.16
2004	3980.2	75200	5.16	5017.25	74264	6.54	1033	74264	1.38
2005	3710.8	75825	4.78	5824.07	74647	7.51	1245	74647	1.65
2006	3607.6	76400	4.61	6586.3	74978	8.42	1407	74978	1.86
2007	3521.6	76990	4.47	7253.11	75321	9.19	1583	75321	2.08
2008	3510.3	77480	4.43	7903.98	75564	9.95	1622	75564	2.12
2009	3491	77995	4.38	8606.97	75828	10.75	1699	75828	2.22
2010	3538.5	76105	4.54	9417.58	76105	11.67	1823	76105	2.37
2011	3620.1	76420	4.63	10353.6	76420	12.71	2149	76420	2.77
2012	3647.9	76704	4.65	11296.1	76704	13.74	2215	76704	2.85
2013	3673.3	76977	4.66	12521.6	76977	15.07	2963	76977	3.78
2014	3653.1	77253	4.62	14390.4	77253	17.08	2955	77253	3.75
2015	3647.6	77451	4.60	16394.9	77451	19.2	2790	77451	3.54
2016	3611.2	77603	4.55	17997.1	77603	20.86	2666	77603	3.38
2017	3591.1	77640	4.52	19881.7	77640	22.8	2581	77640	3.27
2018	3548.1	77586	4.47	21375.4	77586	24.33	2365	77586	3
2019	3531.2	77471	4.46	22833.2	77471	25.83	2360	77471	3
2020	3386.5	75064	4.41	—	75064	—	2375	75064	3.11
2021	3474.2	74652	4.55	—	74652	—	2395	74652	3.16

资料来源：根据《中国财政年鉴》《中国统计年鉴》历年数据整理和计算所得。2020 年、2021 年私营企业就业人数数据缺失。

低于私营企业。2003—2019 年,私营企业的就业人数和就业贡献持续上升,就业人数从 4299.14 万人增至 22833.2 万人,就业贡献从 5.67% 增至 25.83%,显著高于同期国有企业的就业人数和就业贡献。

国有企业就业人数下降可能的原因:一方面,国有企业实施兼并重组、清理退出以及市场化处置"僵尸企业"等改革可能导致就业人员的减少,这类改革的实施减轻了国有企业的冗员负担,有助于提升国有企业的经营效率;另一方面,国有企业制度的不完善导致人才流失,这是国有企业所面临的现实问题。随着市场化进程的推进以及技术进步,人才成为日益激烈的企业竞争中的核心要素,而部分国有企业中存在诸如晋升机制不完善、薪酬分配制度公平性尚待提高、人力资源开发力度不够等不完善的制度缺陷,极易造成国有企业人才的流失,可能导致企业在人才资源竞争方面失去优势。

第二节　国资监管体制转型的微观绩效

财务分层理论认为财务活动具有多层次性,这决定了宏观与微观的绩效评价指标体系应有不同。国有企业作为国有资本做强做优做大的组织载体,其经营效率和发展质量直接关系着国资监管体制转型的微观绩效。因此,对国有企业设计科学合理的绩效评价体系不仅能够引导国有企业实现高质量发展、落实国有资产保值增值责任,而且能够更为直接地反映国资监管及其转型的微观绩效。

一、指标选择与模型设定

（一）指标选择与定义

国资监管微观绩效指标体系。党的二十大报告将"提升企业核心竞争力"明确为深化国资国企改革的目标和方向。优化调整国有企业经营指标体系,能够更好地引导国有企业提升核心竞争力,进而实现国有企业和国有经济的高质量发展。2019 年 3 月,国务院国资委发布的《中央企业负责人经营业绩考核办法》(以下简称《考核办法》)进一步突出了效益效率、创新驱动、主业实业、国际化经营以及企业风险等方面的考核导向。《考核办法》所采用的指标体系能够较为全面地反映国有企业高质量发展的基本情况,有助于引导国有企业转变发展方式,从关注规模和发展速度转向更加注重质量和效益,实现企业的质量变革、效率变革和动力变革。其中,效益效率作为企业追求的目标,是首要考核内容。效益是对成本收入的比较衡量,而效率更多意义上是对投入和产出的比较衡量。尽管高效益并不意味着高效率,但国有企业通过聚焦主业发展、加大创新投入、改进生产工艺和优化管理流程等方式往往可以减少经营成本,能够使企业在提升效率的基础上增加效益,这有助于国有企业实现高质量发展目标。创新驱动是反映国有企业创新力的重要指标。在资源环境约束趋紧、传统比较优势减弱的情况下,只有依靠创新驱动转变发展方式,才能推动国有企业的产业转型升级以及劳动生产率的提高,提升国有经济创新力进而带动竞争力、控制力、影响力和抗风险能力的持续增强。主业实业是分析评价国有企业竞争力水平的观测点。这有助于推动各类要素向企业的主业和实业集中,提高企业的专业化经营能力和水平,为创新发展和产业转型升级提供坚实基础,发展壮大企业的核心竞争力。企业风险是能够反映国有企业发展质量的基础指标。只有在保证国有资产安全的基本前提下,才能提高国有企业的效益效率、创新能力,使其聚焦主业实业,做强做优做大国有资本和国有企业。因此,《考核办法》不仅适用于中央企业,也能够为地方国有企业业绩考核指标的设计提供操作指南。

综上,考虑到国际化经营目标仅是针对部分拥有国际业务的国有企业提出的,因此仅围绕效益效率、创新驱动、主业实业以及企业风险四个方面构建国资监管体制转型的微观绩效评价指标。一是在效益效率方面,要引导企业

不断提高经济效益、资本回报水平、劳动产出效率和价值创造能力。结合
2020 年 12 月,在北京召开的中央企业负责人会议形成的"两利四率"考核指
标体系,以及 2023 年 1 月,国务院国资委在中央企业负责人会议上提出的"一
利五率"指标体系,采用净利润、利润总额、营业收入利润率、资产负债率、全
员劳动生产率、经济增加值作为反映国资监管体制转型微观效益效率的指标。
二是在创新能力方面,要引导企业加大研发投入,强化行业技术引领,不断增
强核心竞争力。目前研究文献多从创新投入和创新产出角度衡量企业创新能
力(Hall 等,2005;吴延兵,2006;曹春方和张超,2020)。[1][2][3] 其中,创新投入
大多采用企业研发投入指标进行衡量;创新产出大多采用发明和专利申请数
目、新产品产值以及专利他引次数进行衡量。鉴于新产品产值的数据质量和
获得方面存在局限(Malerba 和 Orsenigo,1997)[4],采用专利申请数和专利他引
次数来度量创新产出。三是在主业实业方面,要引导企业聚焦主业做强实业。
根据杜勇等(2017)、胡聪慧等(2015)的研究[5][6],采用剔除金融投资收益后的
资产收益率衡量企业主业业绩能在一定程度上反映企业的持续发展能力以及
实体经济的发展。而作为我国经济发展的重要引擎和主导力量,国有企业承
担着实业投资的重要角色,因此将国有企业的实业投资率也纳入主业实业指
标中。四是在企业风险方面,要引导企业防范风险,防止国有资产流失、维护

---

① Hall, B.H., Jaffe, A. and Trajtenberg, M., "Market Value and Patent Citations", *The RAND Journal of Economics*, Vol.36, No.1, 2005.

② 夏立军、方轶强:《政府控制、治理环境与公司价值——来自中国证券市场的经验证据》,《经济研究》2005 年第 5 期。

③ 曹春方、张超:《产权权利束分割与国企创新——基于中央企业分红权激励改革的证据》,《管理世界》2020 年第 9 期。

④ Malerba, F. and Orsenigo, L., "Technological Regimes and Sectoral Patterns of Innovative Activities", *Industrial and Corporate Change*, Vol.6, No.1, 1997.

⑤ 杜勇、张欢、陈建英:《金融化对实体企业未来主业发展的影响:促进还是抑制》,《中国工业经济》2017 年第 12 期。

⑥ 胡聪慧、燕翔、郑建明:《有限注意、上市公司金融投资与股票回报率》,《会计研究》2015 年第 10 期。

国有资本安全。《考核办法》将经营风险列为国有企业需要防范的首要风险。鉴于国有企业的高负债水平,债务风险管控也不容忽视。不仅如此,国有企业承担较多政策性负担、存在委托代理问题以及信息不对称等问题增加了其面临的股价崩盘风险(马新啸等,2021)。① 因此,以经营风险、债务风险和股票价格风险衡量企业风险。

各项指标所包含的主要变量及变量定义如表5-23所示。其中,效益效率指标包括:营业收入利润率($Salerev$),根据2006年9月国务院国资委印发《中央企业综合绩效评价实施细则》的相关规定,采用营业利润与营业收入的比值进行计算;资本保值增值率($Zbbz$),是公司本期期末所有者权益的合计数与本期期初所有者权益合计数的比值;全员劳动生产率($Qyfp$),根据2023年1月中央企业负责人会议的相关精神,以营业收入与员工数量的比值进行衡量,由于指标数值较大,采用取对数②的方式缩小数据的绝对数值以方便计算;经济增加值(Eva),是税后净营业利润中扣除债务资本成本和股权资本成本后的收益。

创新能力指标包括:研发投入强度($Inno$),以公司研发支出与营业收入的比值(张杰等,2011)进行衡量③;创新质量($Innoq$),参考布拉德利等(Bradlley et al.,2016)、孟庆玺等(2018)、孟庆斌等(2019)以及曹春方和张超(2020)的研究④⑤⑥⑦,用

---

① 马新啸、汤泰劼、郑国坚:《非国有股东治理与国有资本金融稳定——基于股价崩盘风险的视角》,《财经研究》2021年第3期。

② 注:取对数之后不仅不会改变数据性质和相关关系,而且使数据更加平稳,也在一定程度上降低了模型的共线性、异方差性等影响。

③ 张杰、周晓艳、郑文平、芦哲:《要素市场扭曲是否激发了中国企业出口》,《世界经济》2011年第8期。

④ Bradley, D., Kim, I. and Tian, X., "Do Unions Affect Innovation?", *Management Science*, Vol.63, No.7, 2016.

⑤ 孟庆斌、李昕宇、张鹏:《员工持股计划能够促进企业创新吗? ——基于企业员工视角的经验证据》,《管理世界》2019年第11期。

⑥ 孟庆玺、白俊、施文:《客户集中度与企业技术创新:助力抑或阻碍——基于客户个体特征的研究》,《南开管理评论》2018年第4期。

⑦ 曹春方、张超:《产权权利束分割与国企创新——基于中央企业分红权激励改革的证据》,《管理世界》2020年第9期。

上市公司专利的他引次数衡量,具体计算方法为下一年企业申请专利的他引次数合计加 1 的自然对数;创新效率($Innoratio$),借鉴权小锋和尹洪英(2017)、曹春方和张超(2020)的研究,用每单位研发投入的专利申请数衡量,具体指标计算公式为 $Ln(1 + Patent)/Ln(1 + RD)$。[①][②]

主业实业指标包括:主业业绩($Coreperf$),参考杜勇等(2017)、胡聪慧等(2015)的研究[③][④],采用剔除金融投资收益后的资产收益率衡量企业主业业绩。具体计算公式为:(1)主业业绩=(营业利润-投资收益-公允价值变动损益+对联营企业和合营企业的投资收益)/总资产;(2)主业业绩=(利润总额-投资收益-公允价值变动损益+对联营企业和合营企业的投资收益)/总资产。实业投资率($Invest$),借鉴靳庆鲁等(2012)、张成思和张步昙(2016)的研究[⑤][⑥],采用固定资产、无形资产和其他长期资产支付的现金与总资产的比值进行衡量。

企业风险指标主要包括:经营风险(Dol),其计算公式为 Dol =(净利润+所得税费用+财务费用+固定资产折旧、油气资产折耗、生产性生物资产折旧+无形资产摊销+长期待摊费用摊销)/(净利润+所得税费用+财务费用);债务风险(Lev),是公司年末总负债与总资产的比值;股票崩盘风险(Zfx),采用以下两个指标进行衡量:

---

① 权小锋、尹洪英:《中国式卖空机制与公司创新——基于融资融券分步扩容的自然实验》,《管理世界》2017 年第 1 期。

② 曹春方、张超:《产权权利束分割与国企创新——基于中央企业分红权激励改革的证据》,《管理世界》2020 年第 9 期。

③ 杜勇、张欢、陈建英:《金融化对实体企业未来主业发展的影响:促进还是抑制》,《中国工业经济》2017 年第 12 期。

④ 胡聪慧、燕翔、郑建明:《有限注意、上市公司金融投资与股票回报率》,《会计研究》2015 年第 10 期。

⑤ 靳庆鲁、孔祥、侯青川:《货币政策、民营企业投资效率与公司期权价值》,《经济研究》2012 年第 5 期。

⑥ 张成思、张步昙:《中国实业投资率下降之谜:经济金融化视角》,《经济研究》2016 年第 12 期。

首先通过模型(5-1)剔除市场因素对个股收益率的影响。

$$r_{it} = \alpha + \beta_{1i} r_{Mt-2} + \beta_{2i} r_{Mt-1} + \beta_{3i} r_{Mt} + \beta_{4i} r_{Mt+1} + \beta_{5i} r_{Mt+2} + \varepsilon_{it} \qquad (5-1)$$

其次计算股价崩盘风险的两个指标。借鉴许年行等(2013)的研究[①],第一个指标采用负收益偏态系数(NCSKEW),计算方法为:

$$NCSKEW_{it} = -\left[n(n-1)^{\frac{3}{2}} \sum_{it}^{3} W \right] / (n-1)(n-2) \left(\sum_{it}^{3} W \right)^{\frac{3}{2}} \qquad (5-2)$$

第二个指标是公司股票收益率上下波动的比率(DUVOL),计算方法为:

$$DUVOL_{it} = \log\left\{ \left[(n_u - 1) \sum_{Down} W_{it}^{2} \right] / \left[(n_d - 1) \sum_{Up} W_{it}^{2} \right] \right\} \qquad (5-3)$$

表5-23　国资监管体制转型微观绩效指标体系

一级指标	二级指标	指标计算
效益效率	利润总额	经核定的企业合并报表利润总额
	净利润	经核定的企业合并报表净利润
	营业收入利润率	营业利润/营业收入
	全员劳动生产率	Ln(营业收入/员工数量)
	经济增加值	税后净营业利润-债务资本成本-股权资本成本
	资本保值增值率	年末所有者权益/年初所有者权益
创新能力	研发投入强度	研发支出/营业收入
	创新质量	Ln(下一年企业申请专利的他引次数+1)
	创新效率	Ln(1+专利申请数)/Ln(1+研发投入)
主业实业	主业业绩	(1)主业业绩=(营业利润-投资收益-公允价值变动损益+对联营企业和合营企业的投资收益)/总资产;(2)主业业绩=(利润总额-投资收益-公允价值变动损益+对联营企业和合营企业的投资收益)/总资产
	实业投资率	固定资产、无形资产和其他长期资产支付的现金/总资产

---

① 许年行、于上尧、伊志宏:《机构投资者羊群行为与股价崩盘风险》,《管理世界》2013年第7期。

续表

一级指标	二级指标	指标计算
企业风险	经营风险	(净利润+所得税费用+财务费用+固定资产折旧、油气资产折耗、生产性生物资产折旧+无形资产摊销+长期待摊费用摊销)/(净利润+所得税费用+财务费用)
	债务风险	年末总负债/总资产
	股价崩盘风险	负收益偏态系数,具体计算参见公式(5-2);股票收益率上下波动的比率,具体计算参见公式(5-3)

在计算出上述反映国资监管体制转型微观绩效指标值的基础上,对各指标值进行主成分分析,进而选取第一大主成分作为国资监管体制转型微观绩效的度量指标。特别指出的是,为保证主成分分析的准确性,根据指标的性质对各项指标进行了调整。其中,效益效率、创新能力、主业实业等各项正向指标不变,将企业风险取相反数,变负向指标为正向指标。

政府干预程度的度量。参照夏立军和方轶强(2005)、黎凯和叶建芳(2007)、王珏等(2015)、黎文靖和李茫茫(2017)的研究[1][2][3][4],根据王小鲁等(2021)编制的《中国分省份市场化指数报告(2021)》[5],以"政府与市场关系"指数来衡量政府对企业的干预程度。该指数综合考虑了市场分配资源的比

---

[1] 夏立军、方轶强:《政府控制、治理环境与公司价值——来自中国证券市场的经验证据》,《经济研究》2005年第5期。

[2] 黎凯、叶建芳:《财政分权下政府干预对债务融资的影响——基于转轨经济制度背景的实证分析》,《管理世界》2007年第8期。

[3] 王珏、骆力前、郭琦:《地方政府干预是否损害信贷配置效率?》,《金融研究》2015年第4期。

[4] 黎文靖、李茫茫:《"实体+金融":融资约束、政策迎合还是市场竞争?——基于不同产权性质视角的经验研究》,《金融研究》2017年第8期。

[5] 王小鲁、胡李鹏、樊纲:《中国分省份市场化指数报告(2021)》,社会科学文献出版社2021年版。

重、减少政府对企业的干预、缩小政府规模、减少企业的税费负担等因素。该指数越大,表示政府干预程度越低。由于报告数据截至 2019 年,借鉴刘星和徐光伟(2012)、黄送钦(2017)的研究[1][2],根据各地区政府与市场关系指数的平均增长率推算出各地区 2020—2021 年的政府与市场关系指数。

公司治理的度量。公司治理包含激励机制和监督机制,在广泛考察反映中国上市公司治理水平各种因素的基础上,借鉴白重恩等(2005)、张会丽和陆正飞(2012)、方红星和金玉娜(2013)的方法[3][4][5],分别从监督和激励方面选取变量。其中,监督机制选取第二至第五大股东持股比例($Top2—5$,第二至第五大股东持股比例之和)、独立董事比例(Ibr)、董事会规模($Bsize$)、监事会规模($Susize$)、董事会会议次数(Cdc)和监事会会议次数(Cjc)。激励机制选取董事持股比例(Dis)、监事持股比例(Sus)、高级管理者持股比例(Mas)、领取薪酬的董事比例(Pad)、领取薪酬的监事比例(Pap)和前三名高管薪酬的自然对数($Masa$)。在此基础上,对反映公司治理水平的各个组成要素进行主成分分析,选取第一大主成分作为公司治理的度量指标。

(二) 模型设定

《国务院关于改革和完善国有资产管理体制的若干意见》为检验国资监管体制转型绩效提供了一个很好的自然实验场景与研究契机。在已有研究的基础上,本书构建双重差分模型(5-4)来考察国资监管体制转型对企业微观

---

①　刘星、徐光伟:《政府管制、管理层权力与国企高管薪酬刚性》,《经济科学》2012 年第 1 期。

②　黄送钦:《代理成本、制度环境变迁与企业慈善捐赠——来自中国制造业的经验证据》,《上海财经大学学报》2017 年第 1 期。

③　白重恩、刘俏、陆洲、宋敏、张俊喜:《中国上市公司治理结构的实证研究》,《经济研究》2005 年第 2 期。

④　张会丽、陆正飞:《现金分布、公司治理与过度投资——基于我国上市公司及其子公司的现金持有状况的考察》,《管理世界》2012 年第 3 期。

⑤　方红星、金玉娜:《公司治理、内部控制与非效率投资:理论分析与经验证据》,《会计研究》2013 年第 7 期。

绩效的影响。

$$Jgreve_{ft} = \alpha_0 + \beta Treat_f \times Policy_t + \gamma_{year} + \delta_{ind} + controls_{ft} + \varepsilon_{ft} \quad (5\text{-}4)$$

其中，$Jgreve_{ft}$ 是企业微观绩效的综合指标，涵盖了企业效益效率、创新能力、主业实业以及风险水平。$Treat_f$ 为是否受国资监管政策影响的虚拟变量。由于国资监管体制转型更多是影响国有企业，而对非国有企业不会产生直接影响。参照廖冠民和沈红波（2014）的研究①，将实际控制人为国有企业或政府机构的上市公司界定为国有上市公司，其他上市公司则为非国有上市公司。当上市公司是受国资监管政策影响的国有企业则 $Treat_f = 1$，当上市公司是不受国资监管政策影响的非国有企业则 $Treat_f = 0$。$Policy_t$ 表示以管资本为主的国资监管体制转型的事件冲击虚拟变量。以 2016 年作为政策冲击点，将 2016 年政策冲击之后 2016—2021 年的 $Policy_t = 1$，在政策冲击之前 2008—2015 年的 $Policy_t = 0$。γ_{year} 为年份固定效应，用以控制不同时间（年份）的宏观经济波动差异；δ_{ind} 为行业固定效应，用以控制不可观察的行业特征。$controls_{ft}$ 是企业层面的控制变量，用以控制处理组和对照组可能存在的企业规模、盈利能力等方面的样本系统差异，具体包括公司规模（$Size$）、经营绩效（Roa）、公司年龄（Age）、董事会规模（$Bsize$）、第一大股东持股比例（$Large1$）、账面市值比（$Mara$）等。$Treat_f \times Policy_t$ 交叉项系数 β 揭示了国资监管体制转型对国有企业绩效的影响，是主要关注对象。

二、数据来源与微观绩效统计分析

为从微观层面更直观了解国资监管体制转型的成效以及存在的问题，在介绍数据来源和数据处理的基础上，对基础数据进行横向统计分析，考察比较国有与非国有上市公司的绩效表现。

---

① 廖冠民、沈红波：《国有企业的政策性负担：动因、后果及治理》，《中国工业经济》2014 年第 6 期。

（一）数据来源与数据处理

选取 2008—2021 年深沪两市 A 股非金融类上市公司为研究对象。由于研发支出数据最早开始于 2007 年且指标计算需要滞后一年，专利申请数据则最多能够取到 2021 年，因而选取 2008—2021 年的样本公司数据。剔除金融、保险类的上市公司、ST 或 *ST 等经营异常的公司以及数据缺失的公司，最终得到 14 年 9438 条观测值，其中 631 家国有上市公司共计 2891 个观测值，1656 家非国有上市公司共计 6547 个观测值。本书的研究数据来自国泰安 CSMAR 数据库、色诺芬 CCER 数据库、万得 Wind 数据库以及 CNRDS 数据库。为缓解极端值对回归结果的影响，对模型中所有连续变量进行了 1% 和 99% 分位的缩尾（Winsorize）处理。

（二）微观绩效指标总体分析

表 5-24 和表 5-25 报告了 2008—2021 年国有上市公司和非国有上市公司效益效率指标的描述性统计结果。从表 5-24 可以看出，不同国有企业的净利润和利润总额存在着较大差异。631 家国有上市公司中，利润总额的最大值为 1780 亿元，最小值为 -10.15 亿元，标准差为 109.4；净利润的最大值为 1422 亿元，最小值为 -9.048 亿元，标准差为 84.32；全员劳动生产率的最大值为 18.17，最小值为 11.57，标准差为 0.801。这表明样本企业间净利润、利润总额和全员劳动生产率的差异较大。通过对比表 5-24 和表 5-25 列示的国有上市公司和非国有上市公司效益效率指标，可以看出，国有上市公司利润总额、净利润和全员劳动生产率指标的平均值、中位数和标准差，以及营业收入利润率指标的中位数大于非国有上市公司。这表明样本企业国有上市公司的效益效率总体上好于非国有上市公司，但结合前文分析结果，国有上市公司的效益效率仍需进一步改进提高。

表 5-24　国有上市公司的效益效率

变量	样本量	平均值	标准差	最小值	最大值	中位数
利润总额(亿元)	2891	26.23	109.4	−10.15	1780	2.700
净利润(亿元)	2891	20.71	84.32	−9.048	1422	2.258
营业收入利润率	2891	0.080	0.110	−1.418	0.845	0.053
全员劳动生产率	2891	13.99	0.801	11.57	18.17	13.90
经济增加值	2891	0.016	0.071	−1.266	0.570	0.003
资本保值增值率	2891	1.141	0.436	0.376	14.39	1.064

表 5-25　非国有上市公司的效益效率

变量	样本量	平均值	标准差	最小值	最大值	中位数
利润总额(亿元)	6547	4.865	13.97	−8.483	337.2	1.696
净利润(亿元)	6547	4.133	11.81	−9.266	290.2	1.444
营业收入利润率	6547	0.119	0.108	−2.677	1.424	0.101
全员劳动生产率	6547	13.65	0.662	11.57	17.62	13.58
经济增加值	6547	0.034	0.064	−0.176	0.636	0.021
资本保值增值率	6547	1.201	0.436	0.610	8.584	1.082

　　表 5-26 和表 5-27 分别报告了 2008—2021 年国有上市公司和非国有上市公司创新能力指标的描述性统计结果。如表 5-26 所示,631 家国有上市公司中,研发投入强度的最大值是 0.567,最小值是 0,标准差为 0.045,平均值 0.04 大于中位数 0.034,表明国有上市公司研发投入强度差异较小,且研发投入强度较大的国有上市公司数量较少。公司创新效率的最大值为 0.556,最小值为 0,标准差为 0.075,平均值 0.154 高于中位数 0.151,表明不同国有上市公司的创新效率存在差异,创新效率较高的国有上市公司数量较少。创新质量的最大值是 10.30,最小值是 0,标准差为 1.755,平均值 3.264 大于中位

数 3.091,表示不同国有上市公司的创新效率差异较大,且创新质量较高的公司数量相对较少。综合表 5-26 和表 5-27 可以看出,国有上市公司研发投入强度的平均值和中位数低于非国有公司;国有上市公司创新效率和创新质量的平均值和中位数略大于非国有上市公司。

表 5-26　国有上市公司的创新能力

变量	样本量	平均值	标准差	最小值	最大值	中位数
研发投入强度	2891	0.040	0.045	0	0.567	0.034
创新效率	2891	0.154	0.075	0	0.556	0.151
创新质量	2891	3.264	1.755	0	10.30	3.091

表 5-27　非国有上市公司的创新能力

变量	样本量	平均值	标准差	最小值	最大值	中位数
研发投入强度	6547	0.057	0.05	0	0.728	0.042
创新效率	6547	0.143	0.067	0	0.442	0.142
创新质量	6547	2.449	1.413	0	10.29	2.303

表 5-28 和表 5-29 报告了 2008—2021 年国有上市公司和非国有上市公司主业实业指标的描述性统计结果。从表 5-28 可以看出,国有上市公司间的主业业绩和实业投资率存在着一定的差异。631 家国有上市公司中,两个主业业绩指标的最大值均为 0.413,最小值分别为 -0.319 和 -0.132,标准差分别为 0.051 和 0.049,平均值为 0.042 和 0.046,均大于中位数 0.031 和 0.035,说明国有上市公司在主业经营方面存在着一定差异,并且主业业绩偏好的上市公司数量较少。实业投资率指标的最大值是 0.259,最小值为 0,标准差为 0.039,说明国有上市公司整体的实业投资率

较低,不同国有上市公司间的实业投资率存在着一定差异。综合表5-28和表5-29可以看出,国有上市公司主业业绩和实业投资率的平均值和中位数均低于非国有上市公司。这表明国有上市公司主业实业投资业绩仍有待提高。

表5-28 国有上市公司的主业实业

变量	样本量	平均值	标准差	最小值	最大值	中位数
主业业绩1	2891	0.042	0.051	-0.319	0.413	0.031
主业业绩2	2891	0.046	0.049	-0.132	0.413	0.035
实业投资率	2891	0.044	0.039	0	0.259	0.032

表5-29 非国有上市公司的主业实业

变量	样本量	平均值	标准差	最小值	最大值	中位数
主业业绩1	6547	0.059	0.051	-0.132	0.452	0.05
主业业绩2	6547	0.062	0.051	-0.132	0.450	0.054
实业投资率	6547	0.057	0.049	0	0.464	0.044

表5-30和表5-31分别报告了2008—2021年国有上市公司和非国有上市公司风险指标的描述性统计结果。从表5-30可以看出,国有上市公司的各项风险指标存在着较大差异。631家国有上市公司中,经营风险的最大值是54.13,最小值是1.001,标准差是1.875,平均值1.841大于中位数1.486,表明不同公司间的经营风险值存在着较大差异,而且经营风险较高的公司数量较少。债务风险的最大值是1.303,最小值是0.03,标准差是0.191,平均值0.483小于中位数0.493,说明不同公司间的债务风险存在着一定的差异。股价崩盘风险的两个指标的最大值分别是4.129和1.601,最小值分别是-3.311和-1.988,标准差分别为0.726和0.488,说明国有上市公司的股价风

险存在着较大差异。综合表5-30和表5-31可以看出,国有上市公司经营风险的平均值低于非国有上市公司,债务风险的平均值和中位数高于非国有上市公司,说明国有上市公司风险相对较高。

表5-30　国有上市公司的风险

变量	样本量	平均值	标准差	最小值	最大值	中位数
经营风险	2891	1.841	1.875	1.001	54.13	1.486
债务风险	2891	0.483	0.191	0.030	1.303	0.493
股价崩盘风险1	2891	-0.365	0.726	-3.311	4.129	-0.308
股价崩盘风险2	2891	-0.236	0.488	-1.988	1.601	-0.221

表5-31　非国有上市公司的风险

变量	样本量	平均值	标准差	最小值	最大值	中位数
经营风险	6547	3.123	119.0	1.004	9607	1.328
债务风险	6547	0.362	0.171	0.011	0.916	0.355
股价崩盘风险1	6547	-0.240	0.709	-3.654	5.040	-0.192
股价崩盘风险2	6547	-0.156	0.479	-2.415	2.278	-0.154

三、国资监管体制转型对微观绩效的影响

(一)国资监管体制转型对国有企业绩效的影响分析及检验

1.理论分析及实证检验

目前关于国资监管体制转型的实证研究主要包括以下三个方面。一是以国务院国资委成立为标志,并将其作为政策冲击研究国资监管体制转型。盛丹和刘灿雷(2016)利用国务院国资委成立的外生事件,系统考察了国资监管

体制改革对国有企业经营绩效的改善。[1] 齐震等(2017)发现集中监管体制能够促进被监管企业的规模扩张。[2] 刘灿雷等(2020)研究发现国务院国资委成立后,国资监管体制改革促进了国有企业的研发投入和创新成效。[3] 二是将以管资本为主的国资监管体制转型作为调节变量进行研究。郭檬楠和吴秋生(2019)研究了国企审计全覆盖与国有资产保值增值的关系,认为国资监管机构的职能转变显著增强了审计对象覆盖面对国资保值增值的促进作用。[4] 褚剑和陈骏(2021)发现审计官员的国资监管背景能减少国有企业的盈余管理。[5] 三是从业绩考核角度考察国资监管体制转型对国有企业绩效的影响。例如,杨兴全等(2020)的实证研究表明,2012 年 12 月国务院国资委印发的《中央企业负责人经营业绩考核暂行办法》的实施显著提升了中央企业的现金持有水平。[6] 通过梳理相关文献可以发现:现有研究多是以国务院国资委成立识别国资监管体制改革、或是检验国资监管体制转型某个方面的改变对公司行为的影响,这难以系统全面反映以管资本为主国资监管体制转型的影响。而《改革和完善国有资产管理体制若干意见》为检验国资监管体制转型绩效提供了一个很好的自然实验场景与研究契机。

从理论层面看,产权理论、分工理论以及委托代理理论为阐释国资监管体制转型对国有企业绩效的影响提供了基础。从产权理论角度看,国资监管方

① 盛丹、刘灿雷:《外部监管能够改善国企经营绩效与改制成效吗?》,《经济研究》2016 年第 10 期。

② 齐震、宋立刚、何帆:《渐进式转型经济中的国有企业监管:理论框架和中国实践》,《世界经济》2017 年第 8 期。

③ 刘灿雷、王若兰、王永进:《国企监管模式改革的创新驱动效应》,《世界经济》2020 年第 11 期。

④ 郭檬楠、吴秋生:《国企审计全覆盖促进了国有资产保值增值吗? ——兼论国资委国企监管职能转变的调节效应》,《上海财经大学学报》2019 年第 1 期。

⑤ 褚剑、陈骏:《审计监督、国资监管与国有企业治理——基于审计官员国资监管背景的研究》,《财经研究》2021 年第 3 期。

⑥ 杨兴全、杨征、陈飞:《业绩考核制度如何影响央企现金持有? ——基于〈考核办法〉第三次修订的准自然实验》,《经济管理》2020 年第 5 期。

式由以管资产为主向管资本为主转变,国资监管机构转变职能,在保障国有企业法人财产权的前提下,以产权为基础、资本为纽带,凭借股东身份参与所出资企业的公司治理,这进一步分离了国有资本的所有权与经营权,激发了国有企业活力,有助于提升国有企业的经营绩效。从分工理论角度看,所有者与经营者的分工使得企业的经营效率和价值创造能力得以显著提升。以管资本为主的国资监管体制转型不仅涉及国资监管主体和国资运营主体的专业化,同时涉及如何在保障国资监管有效性的前提下,通过专业化分工使所有者和经营者在权利得到独立发挥的基础上实现共赢。从委托代理理论角度看,在以管资本为主的国资监管体制下,国资监管机构只履行国有资本出资人职能,不再直接干涉企业的正常生产经营活动,通过开展授权放权,使国有资本投资运营公司管理授权范围内的企业,这有利于优化国有资本的委托代理链条,缓解政企不分、政资不分的问题,进而有助于国有企业改善经营绩效。基于上述分析,提出如下假设。

假设 H_1:国资监管体制转型有助于促进国有企业绩效的提升。

为验证上述假设,本书构建双重差分模型(5-4)来考察国资监管体制转型对企业微观绩效的影响。在回归时逐渐引入控制变量、年份与行业特征变量,以保证估计结果的稳健性。表5-32是国资监管体制转型是否影响国有企业绩效的回归结果。其中,第(1)列引入年份与行业特征变量,第(2)列同时引入控制变量以及年份和行业特征。可以看出,第(1)列和第(2)列 $Treat \times Policy$ 的回归系数分别为0.0405和0.0532,且均在1%的水平上显著。以上结果表明,国资监管体制转型确实提升了国有企业绩效。

表5-32 国资监管体制转型对国有企业绩效的影响

变量	(1) Jgreve	(2) Jgreve
$Treat \times Policy$	0.0405 *** (0.0135)	0.0532 *** (0.0126)

续表

变量	（1） *Jgreve*	（2） *Jgreve*
Policy	−0.0702 （0.0777）	−0.2640 *** （0.0727）
Treat	0.0528 *** （0.0120）	0.0023 （0.0130）
Roa		1.5314 *** （0.1121）
Mar		−0.2090 *** （0.0252）
*Large*1		−0.0007 ** （0.0003）
Age		−0.0063 *** （0.0009）
Size		0.1448 *** （0.0047）
年份/行业	控制	控制
常数项	0.0860 （0.0940）	−2.9642 *** （0.1267）
样本量	9438	9438

注：**、***分别表示5%和1%的显著性水平。括号内为标准误。

2. 对不同指标的影响

国资监管体制转型对国有企业的效益效率、创新能力、主业实业以及企业风险的影响主要体现在以下几个方面：一是监管重点的转变对企业发展方式优化起到了很好的引导作用。《国务院国资委关于以管资本为主加快国有资产监管职能转变的实施意见》强调国资监管机构要从关注规模速度转向注重提升质量效益，坚持质量第一、效益优先，按照高质量发展的要求，完善考核规则，更好推动国有企业效率的变革。二是放管结合的监管模式，有助于增强国有企业活力。国资监管机构按照出资关系界定监管范围，能够推进简政放权，这在保障国有企业法人财产权和经营自主权的基础上，有助于激发企业的活力、创造力和市场竞争力,进而促进国有企业效益效率的提升。同时,国资监管机构通过制定国有企业的投资负面清单,强化主业管理,核定非主业投资比例,以及对国有企业的财务状况进行重点管控等措施,来引导国有企业聚焦主业实业和防范风险。三是国资监管体制转型推动国有企业进一步完善公司治理体系。通过建立健全现代企业制度,依法保护各类股东权益,完善企业治理机制和激励约束机制,激发国有企业的内生动力,进而促进企业效益效率和创新能力的提升。基于上述分析,提出如下假设。

假设 H_2:国资监管体制转型能够促进国有企业效益效率提升。

假设 H_3:国资监管体制转型能够促进国有企业创新能力提升。

假设 H_4:国资监管体制转型能够促进国有企业聚焦主业实业。

假设 H_5:国资监管体制转型能够降低国有企业风险。

为验证上述假设,运用模型(5-4)分别检验国资监管体制转型对效益效率($Xyxl$)、创新能力($Cxnl$)、主业实业(Zsy)以及企业风险(Fx)的影响。需要特别指出的是,对企业风险取相反数,变负向指标为正向指标,以保证回归系数方向的一致性。检验结果如表5-33所示,可以看出,国资监管体制转型无论是对综合绩效还是对部分绩效的影响与本书的核心结论完全一致,表明了实证检验结果的稳健性。

表 5-33　国资监管体制转型对国有企业绩效分指标的影响

变量	（1） $Xyxl$	（2） $Cxnl$	（3） Zsy	（4） Fx
$Treat \times Policy$	0.1071 *** (0.0218)	0.0722 ** (0.0294)	0.0649 *** (0.0122)	0.0752 * (0.0408)
$Policy$	−0.2876 ** (0.1257)	0.0820 (0.1696)	−0.8619 *** (0.0703)	−0.4430 * (0.2350)
$Treat$	−0.0681 *** (0.0224)	0.0934 *** (0.0302)	0.0067 (0.0125)	−0.0705 * (0.0420)

续表

变量	（1） *Xyxl*	（2） *Cxnl*	（3） *Zsy*	（4） *Fx*
Roa	1. 1497 *** （0. 1939）	−0. 6105 ** （0. 2617）	3. 3310 *** （0. 1085）	4. 4631 *** （0. 3636）
Mar	−0. 3719 *** （0. 0436）	−0. 8278 *** （0. 0588）	−0. 0222 （0. 0244）	0. 0509 （0. 0817）
*Large*1	0. 0031 *** （0. 0005）	−0. 0031 *** （0. 0007）	−0. 0010 *** （0. 0003）	−0. 0009 （0. 0010）
Age	−0. 0113 *** （0. 0016）	−0. 0041 ** （0. 0021）	−0. 0032 *** （0. 0009）	−0. 0177 *** （0. 0029）
Size	0. 3428 *** （0. 0081）	0. 4593 *** （0. 0109）	0. 0163 *** （0. 0045）	−0. 0268 * （0. 0151）
年份/行业	控制	控制	控制	控制
常数项	−7. 5113 *** （0. 2192）	−9. 9372 *** （0. 2957）	0. 1847 （0. 1227）	0. 7858 * （0. 4101）
样本量	9438	9438	9438	9438

注：*、**、***分别表示 10%、5% 和 1% 的显著性水平。括号内为标准误。

（二）国资监管体制转型的作用机理：政府干预与公司治理

在政企关系方面，管人、管事、管资产相结合的国资监管体制存在着政府过度干预企业的情况。国资监管机构按照行政化方式管理国有企业，管得过多过细，约束了企业生产经营的自主性。不仅如此，过度干预可能使国有企业承担了大量的政策性任务，这在一定程度上会对企业正常生产经营形成负担，进而有损国有企业经营效率。以管资本为主的国资监管体制转型能够厘清政府职能、明晰政企政资关系边界，在规范政府行为与企业行为、保障国家所有权的同时落实国有企业的市场主体地位。这有助于激发企业的活力、创新力和内生动力，提高企业防范风险的能力。因此，国资监管体制转型对企业绩效的积极影响，可能是通过改善政企关系、减少政府对国有企业的干预所实现的。

在公司治理方面,完善国有企业公司治理是国资监管体制转型的重要方面。国资监管体制转型对国有企业公司治理的完善主要体现在两个方面:一是落实放权授权,要求国有企业完善法人治理结构,建立各类治理主体相互制衡高效运转的治理体系。二是完善激励约束,要求国有企业完善薪酬制度,建立正向激励、权责分明的激励约束机制;保证人员能进能出、薪酬能增能减、职位能升能降的选人用人机制。以上措施均有助于改善国有企业公司治理,提升国有企业的活力和竞争力,促进国有企业绩效的提高。因此,国资监管体制转型对企业绩效的积极影响,也可能是通过完善国有企业公司治理实现的。

在上述理论分析的基础上,提出如下假设。

假设 H_6:国资监管体制转型通过降低政府干预程度,进而促进国有企业绩效的提升。

假设 H_7:国资监管体制转型通过完善公司治理,进而促进国有企业绩效的提升。

为验证以上假设,借鉴温忠麟等(2004)提出的研究方法,构建中介效应模型,以分别检验政府干预和公司治理在国资监管体制转型与国有企业绩效提升之间的中介效应。[①]

1. 政府干预的中介效应检验

为了进一步考察国资监管体制转型是否通过降低政府干预程度来促进国有企业绩效的提升,在 DID 检验的基础上,构建如下检验模型:

$$Jgreve_{ft} = \beta_0 + \beta_1 Treat_f \times Policy_t + \gamma_{year} + \delta_{ind} + controls_{ft} + \varepsilon_{ft} \tag{5-5}$$

$$GI_t = \partial_0 + \partial_1 Treat_f \times Policy_t + \gamma_{year} + \delta_{ind} + controls_{ft} + \varepsilon_{ft} \tag{5-6}$$

$$Jgreve_{ft} = \alpha_0 + \varphi_1 Treat_f \times Policy_t + \varphi_2 GI_t + \gamma_{year} + \delta_{ind} + controls_{ft} + \varepsilon_{ft} \tag{5-7}$$

[①]　温忠麟、张雷、侯杰泰、刘红云:《中介效应检验程序及其应用》,《心理学报》2004 年第 5 期。

其中:GI是中介变量政府干预程度,其衡量方法详见前文变量选择与定义中的说明;政策的总效应为β_1,直接效应为φ_1,变量GI的间接效应(中介效应)为$\partial_1\varphi_1$。前文中β_1显著为正,根据中介效应模型的检验步骤,如果回归中φ_1和φ_2均显著为正且φ_1的系数有所减小,则说明GI是部分中介变量;如果φ_1显著为正φ_2显著为负,且φ_1的系数有所增大,也说明GI是部分中介变量;如果φ_1不显著φ_2显著,则GI是完全中介变量。

如表5-34所示,第(1)列中交乘项$Treat \times Policy$系数显著为正,说明国资监管体制转型能够显著提升国有企业绩效。第(2)列中交乘项$Treat \times Policy$系数显著为正,说明国资监管体制转型能够显著缓解政府干预程度。第(3)列中的$Treat \times Policy$和GI的系数显著为正,且交乘项系数明显小于第(1)列中的交乘项系数,说明政府干预在国资监管体制转型影响国有企业绩效的过程中发挥了部分中介作用。同时,中介变量的系数乘积Sobel检验Z值为3.901(p=0.000),高于临界值0.97。以上结果说明,国资监管体制转型能够通过缓解政府干预程度进而提升国有企业绩效。

表5-34 国资监管体制转型、政府干预与国有企业绩效

变量	(1) Jgreve	(2) GI	(3) Jgreve
$Treat \times Policy$	0.0532*** (0.0126)	0.1023** (0.0431)	0.0512*** (0.0126)
GI			0.0188*** (0.0030)
$Policy$	−0.2640*** (0.0727)	0.1869 (0.2486)	−0.2675*** (0.0725)
$Treat$	0.0023 (0.0130)	−0.5006*** (0.0443)	0.0117 (0.0130)
Roa	1.5314*** (0.1121)	0.0206 (0.3837)	1.5310*** (0.1119)
$Mara$	−0.2090*** (0.0252)	−0.0256 (0.0862)	−0.2086*** (0.0252)

续表

变量	（1） *Jgreve*	（2） *GI*	（3） *Jgreve*
*Large*1	−0.0007** （0.0003）	−0.0012 （0.0011）	−0.0007** （0.0003）
Age	−0.0063*** （0.0009）	−0.0115*** （0.0031）	−0.0061*** （0.0009）
Size	0.1448*** （0.0047）	−0.0109 （0.0160）	0.1451*** （0.0047）
年份/行业	控制	控制	控制
常数项	−2.9642*** （0.1267）	8.4509*** （0.4336）	−3.1228*** （0.1290）
样本量	9438	9438	9438

注：**、***分别表示5%和1%的显著性水平。括号内为标准误。

2. 公司治理的中介效应检验

为了进一步考察国资监管体制转型是否通过完善公司治理来促进国有企业绩效的提升，在DID检验的基础上，构建如下检验模型：

$$Jgreve_{ft} = \beta_0 + \beta_1 Treat_f \times Policy_t + \gamma_{year} + \delta_{ind} + controls_{ft} + \varepsilon_{ft} \quad (5\text{-}8)$$

$$Gov_{ft} = \partial_0 + \partial_1 Treat_f \times Policy_t + \gamma_{year} + \delta_{ind} + controls_{ft} + \varepsilon_{ft} \quad (5\text{-}9)$$

$$Jgreve_{ft} = \alpha_0 + \varphi_1 Treat_f \times Policy_t + \varphi_2 Gov_{ft} + \gamma_{year} + \delta_{ind} + controls_{ft} + \varepsilon_{ft}$$

$$(5\text{-}10)$$

如表5-35所示，第（1）列中交乘项 $Treat \times Policy$ 的系数显著为正，说明国资监管体制转型能够显著地提升国有企业绩效。第（2）列中交乘项 $Treat \times Policy$ 系数显著为正，说明国资监管体制转型能够显著地提升国有企业公司治理水平。第（3）列中 $Treat \times Policy$ 和 Gov 的系数显著为正，且交乘项系数明显小于第（1）列中的交乘项系数，说明公司治理在国资监管体制转型影响国有企业绩效的过程中发挥了部分中介作用。同时，中介变量的系数乘积 Sobel 检验 Z 值为 1.848（p = 0.065），高于临界值 0.97。以上结果说明,国资监管体制转型能够通过完善公司治理进而提升国有企业绩效。

表 5-35　国资监管体制转型、公司治理与国有企业绩效

变量	（1）Jgreve	（2）Gov	（3）Jgreve
$Treat \times Policy$	0.0532*** (0.0126)	0.1566** (0.0673)	0.0491*** (0.0135)
Gov			0.0053** (0.0021)
$Policy$	−0.2640*** (0.0727)	1.7207*** (0.3654)	−0.3018*** (0.0734)
$Treat$	0.0023 (0.0130)	−2.3689*** (0.0663)	0.0069 (0.0142)
Roa	1.5314*** (0.1121)	6.6539*** (0.5662)	1.2890*** (0.1145)
$Mara$	−0.2090*** (0.0252)	1.7462*** (0.1271)	−0.2426*** (0.0258)
$Large1$	−0.0007** (0.0003)	−0.0321*** (0.0016)	−0.0005 (0.0003)
Age	−0.0063*** (0.0009)	−0.1404*** (0.0046)	−0.0048*** (0.0010)
$Size$	0.1448*** (0.0047)	−0.3051*** (0.0235)	0.1506*** (0.0048)
年份/行业	控制	控制	控制
常数项	−2.9642*** (0.1267)	8.3572*** (0.6330)	−3.0785*** (0.1282)
样本量	9438	9438	9438

注:**、***分别表示5%和1%的显著性水平。括号内为标准误。

(三) 国资监管体制转型影响国有企业绩效的调节效应分析

根据前文分析,国资监管体制转型有助于推动国有企业绩效的提高。但

这种影响并非是同质的,国有企业的内外部环境差异决定了绩效表现也会有不同。行业竞争程度、公司规模等作为反映企业外部环境和内部环境的关键要素会影响国资监管体制转型的绩效。基于此,本部分重点揭示公司内外部因素对国资监管体制转型微观绩效的影响。

1. 行业竞争程度的调节效应

为检验行业竞争程度对国资监管体制转型绩效的影响,使用赫芬达尔—赫希曼指数(HHI)度量行业竞争程度(Bova 和 Yang,2017)[1]。根据中位数将样本公司分为高低两组,具体将 HHI 小于中位数的样本归为行业竞争程度高组,HHI 大于等于中位数的样本归为行业竞争程度低组,进行了分组回归。表5-36 报告了分组回归结果。其中,第(1)、(3)列是行业竞争程度高组样本公司的回归结果;第(2)、(4)列是行业竞争程度低组样本公司的回归结果。可以看出,第(1)、(3)列 $Treat \times Policy$ 的回归系数分别为 0.0643 和 0.0590,在 1%的水平上显著;第(2)、(4)列 $Treat \times Policy$ 的回归系数均不显著。组间差异系数检验值为 chi2(1)= 4.02(Prob>chi2 = 0.0451),说明不同行业竞争度组别之间存在着显著差异。以上结果表明,与处于竞争程度较低行业的国有企业相比,国资监管体制转型更有助于提升处于竞争程度较高行业的国有企业绩效。

表5-36　国资监管体制转型、行业竞争程度与国有企业绩效

变量	(1) Jgreve	(2) Jgreve	(3) Jgreve	(4) Jgreve
$Treat \times Policy$	0.0643 *** (0.0187)	−0.0127 (0.0206)	0.0590 *** (0.0169)	0.0021 (0.0205)
$Policy$	−0.2191 * (0.1143)	0.1005 (0.1028)	−0.4275 *** (0.1033)	0.0318 (0.1028)

---

[1]　Bova, F. and Yang, L., "Employee Bargaining Power, Inter-firm Competition, and Equity-based Compensation", *Journal of Financial Economics*, Vol.126, No.2, 2017.

续表

变量	（1） *Jgreve*	（2） *Jgreve*	（3） *Jgreve*	（4） *Jgreve*
Treat	0.0140 （0.0166）	−0.0049 （0.0187）	−0.0050 （0.0170）	0.0413 ** （0.0206）
Roa			2.0545 *** （0.1634）	1.0718 *** （0.1544）
Mar			−0.2840 *** （0.0340）	0.0016 （0.0397）
*Large*1			−0.0004 （0.0004）	−0.0016 *** （0.0005）
Age			−0.0056 *** （0.0012）	−0.0061 *** （0.0015）
Size			0.1791 *** （0.0068）	0.0894 *** （0.0132）
年份/行业	控制	控制	控制	控制
常数项	0.2375 * （0.1317）	−0.0712 （0.1345）	−3.7089 *** （0.1886）	−1.9354 *** （0.2968）
样本量	4789	4649	4789	4649

注：**、***分别表示5%和1%的显著性水平。括号内为标准误。

2. 公司规模的调节效应检验

为检验公司规模对国资监管体制转型绩效的影响，以公司规模中位数为界，将样本划分为较小规模公司和较大规模公司。表5-37报告了分组回归结果。其中，第（1）、（3）列是较大规模样本公司的回归结果，第（2）、（4）列是较小规模样本公司的回归结果。可以看出，第（1）列和第（3）列 *Treat × Policy* 的回归系数分别为0.0670和0.0596，显著性水平均为1%；第（2）列和第（4）列 *Treat × Policy* 的回归系数均不显著。组间差异系数检验值为 chi2（1）=3.91（Prob>chi2 = 0.0481），说明不同组别之间存在显著差异。以上结果表明，与规模较小的国有企业相比，国资监管体制转型更有助于提升规模较大国有企业的绩效。

表 5-37　国资监管体制转型、公司规模与国有企业绩效

变量	（1） *Jgreve*	（2） *Jgreve*	（3） *Jgreve*	（4） *Jgreve*
Treat × *Policy*	0.0670*** （4.00）	-0.0111 （-0.69）	0.0596*** （3.05）	0.0015 （0.08）
Policy	-0.1878 （-1.47）	0.0253 （0.28）	-0.2579** （-2.05）	0.0425 （0.46）
Treat			0.0443** （2.27）	0.0375** （1.99）
Roa			2.5487*** （13.88）	1.3883*** （9.55）
Mar			-0.0389 （-1.05）	0.1007*** （3.01）
*Large*1			0.0012** （2.52）	-0.0012*** （-2.78）
Age			0.0000 （0.02）	-0.0035*** （-2.68）
年份/行业	控制	控制	控制	控制
常数项	0.1490 （0.99）	0.1205 （1.04）	-0.0021 （-0.01）	0.0448 （0.38）
样本量	4085	5353	4085	5353

注：**、***分别表示5%和1%的显著性水平。括号内为标准误。

（四）稳健性检验

1.安慰剂检验

为了排除其他潜在政策因素的影响，证明上述效应是由国资监管体制转型政策产生，通过将政策发生时间前置以进行安慰剂检验。具体而言，选用国资监管体制转型实施前的样本数据（2008—2015年）进行双重差分检验，将受到政策影响的时间变量与政策变量交互项虚拟变量统一前移3年，即2008—2011年 *Policy* = 0，2012—2015年 *Policy* = 1，其他变量定义不变。表5-38报告了安慰剂检验的结果，*Treat* × *Policy* 的回归系数均不显著。这表明前置的

虚拟变量并不能影响国有企业绩效,从侧面证实了国资监管体制转型开始后对国有企业绩效的改进效应,也意味着处理组与对照组的固有差异并不会影响前文的研究结论。

表 5-38　安慰剂检验

变量	（1） *Jgreve*	（2） *Jgreve*	（3） *Jgreve*
Treat × Policy	−0. 0156 （0. 0406）	−0. 0392 （0. 0400）	−0. 0419 （0. 0379）
Policy	−0. 1242 *** （0. 0262）	−0. 1473 ** （0. 0732）	−0. 0264 （0. 0714）
Treat	0. 0556 *** （0. 0169）	0. 0634 *** （0. 0168）	0. 0166 （0. 0196）
Roa			1. 0035 *** （0. 1870）
Mar			−0. 2763 *** （0. 0451）
*Large*1			−0. 0002 （0. 0005）
Age			−0. 0083 *** （0. 0017）
Size			0. 1474 *** （0. 0084）
年份/行业		控制	控制
常数项	0. 2310 *** （0. 0096）	0. 2683 *** （0. 0886）	−2. 8307 *** （0. 1870）
样本量	3393	3393	3393

注: ** 、*** 分别表示 5% 和 1% 的显著性水平。括号内为标准误。

2. PSM−DID

为了缓解企业绩效处理组和对照组在趋势变动中可能存在的系统性差异,进一步采用 PSM−DID 方法进行稳健性检验。对此,本书采用 1∶1 最近邻域匹配法对处理组与对照组样本进行倾向得分匹配,并使用匹配后的样本进行 DID 稳健性检验,从而可在一定程度上降低系统性误差以及样本自选择问题,其检验结果如表 5-39 所示。第(1)列仅控制行业和年份固定效应,第(2)列加入全部控制变量。可以看出,第(1)列和第(2)列中 *Treat×Policy* 的回归系数均在 1%的水平上显著为正。结果表明,国资监管体制转型能够促进微观绩效的提升。PSM-DID 估计结果与前文结果一致,进一步支撑了研究假设,即国资监管体制转型推动了国有企业绩效的提高。

表 5-39　PSM-DID 检验

变量	（1） *Jgreve*	（2） *Jgreve*
Treat × Policy	0.0335 ** (0.0146)	0.0467 *** (0.0136)
Policy	−0.0500 (0.0795)	−0.2447 *** (0.0741)
Treat	0.0509 *** (0.0128)	0.0074 (0.0136)
Roa		1.5618 *** (0.1219)
Mar		−0.2157 *** (0.0269)
*Large*1		−0.0010 *** (0.0003)
Age		−0.0061 *** (0.0009)
Size		0.1513 *** (0.0050)
年份/行业	控制	控制
常数项	0.1512 (0.1007)	−3.0492 *** (0.1358)
样本量	8167	8167

注:**、***分别表示 5%和 1%的显著性水平。括号内为标准误。

　　本章在综合考虑经济合理性和实践可行性的基础上,根据财务分层理论以及出资者财务理论等,构建了包含资本运作、资本布局和资本回报的宏观绩效评价指标体系,以及包含企业效益效率、创新能力、主业实业和企业风险的微观绩效评价指标体系。在整理搜集相关数据的基础上,分析评价了国资监管体制转型在宏观层面的成效和问题,并采用双重差分模型实证检验了国资监管体制转型对国有企业微观绩效的影响及其内在机制。评价检验结果显示,以管资本为主的国资监管体制转型虽然一定程度上推动了国有资本宏微观绩效的提升,但仍存在一些亟待解决的问题。因此,站在确保国有资本的保值增值、实现国有经济和国有企业高质量发展的立场上,应针对宏微观绩效评价中发现的相关问题,进一步完善国资监管体制及其配套措施,以更有效地实现国有经济和国有企业的健康有序发展,做强做优做大国有资本和国有企业。

第六章　国有资本经营预算制度与国有资本收益分配制度

国资监管体制转型是一个系统工程,需要国资管理制度的协同发力,才能顺利完成转型目标,取得监管绩效。为了实现国资监管体制转型的目标,必须构建国有资本经营预算制度和国有资本收益分配制度,以为国有资产管理制度提供重要的制度保障。

第一节　国有资本经营预算制度

国有资本经营预算制度,是指政府以国有资本出资人身份,依法取得国有资本经营预算收入、安排国有资本经营预算支出的专门预算制度,是对经营性国有资本收益进行价值管理和分配的制度。

一、国有资本经营预算制度的理论依据

从理论阐析和现实需要的角度看,建立并完善国有资本经营预算制度,是创新以管资本为主的国资监管体制的重要举措,有助于实现国有资本保值增值的经营目标,对促进国有资本的结构性战略调整也具有重要意义。

（一）制度逻辑

基于政治权力视角看，国有资本经营预算制度是涉及政治领域的一项制度。我国政府与国有企业的产权关系一直以来不够清晰，计划经济体制下的管理模式是政府集中管理，商品经济体制下的管理模式是多部门各司其职共同管理。1998 年 3 月国家国有资产管理局被撤销，随即 2003 年 3 月国务院及地方政府相继成立国资委，代替国有资产管理局履行国有资本出资人权责，由此开启了国资监管体制新模式构建历程。但迄今为止，国资监管存在的问题并没有完全解决。国资监管机构集出资人职能和监管职能于一身，导致先天存在不当之处，不可避免衍生出监管缺位、越位和错位等问题，影响国有资本运营效率和效益。在此背景下，国有资本经营预算制度的出台，是保障国家以国有资本所有者的身份享有所有者权益的需要。国有资本经营预算制度作为一项重要的制度设计，既是国有资本全口径预算制度体系的重要内容，也是配合国资监管机构职责转变，对国有企业实施和加强国资监管的有效手段和重大突破。

从财产权利的角度看，国有资本经营预算制度是落实国家股东权利和地位的有效途径。从本质上看，全体人民是国有资本的最终所有者与控制人，有权享有与国有资本相关的经济利益，但却无法直接对国有企业施加控制，而对国有企业权利的行使，可以借助于国有资本经营预算这个途径。从实务上看，政府凭借国有资本所有者的身份，代表全体人民参与国有资本收益配置，按照管资本的要求和原则享有国有资本的投资收益或税后利润分配权，增加国家的可支配收入，为国家实施宏观调控提供资金支持。通过对国有资本收益再次分配和转移支付，引导国有企业持续、健康发展。

（二）治理逻辑

国有资本兼具资本性和社会性的双重功能定位，资本性主要是促进国有资本的保值增值,社会性体现为政府加强宏观经济调控以满足社会公共服务需要,这决定了国有资本经营预算同样具有双重属性,即国有资本保值增值的盈利性以及满足社会管理需要的公共性。

第一,国有资本的营利性功能。国有资本经营预算可通过如下途径发挥其营利性功能,有效实现国有资本保值增值。首先,通过将国有资本经营预算收支纳入日常管理,将资金优先分配到亟须发展的行业或领域,从而推动国有资本实现有序流动和合理配置,最大限度提升国有资本经营效率和效益。其次,通过严格的制度规范和流程管理,监督国有资本的收支管理活动,发挥国有资本经营预算的分配与监督职能,避免国有资本无秩序、低效率的使用。再次,国有资本经营预算收支状况可以直接反映国有企业经营状况,预算收入能够凸显企业经营状况,成为政府对国企管理者实施监督与考核的手段,从制度层面为国有资本的保值增值提供保障。

第二,国有资本的公共性功能。国有资本经营预算的宏观经济调控能力,源自国有资本具有的公共性功能属性。首先是调控宏观经济总量。国有资本投资是社会总需求的重要组成,也是政府投资的重要形式之一,其增加或减少能够扩张或收缩社会总需求,进而对社会总需求产生重大影响。因此,国有资本经营预算制度可以利用国有资本投资对经济周期进行宏观调节,从而减轻国家通过公共财政调控宏观经济总量的压力。其次是调控宏观经济结构。国有资本经营预算制度可以为国有资本投资指明方向,引导国有资本退出产能过剩的行业或领域,投向重点行业或关键领域,从而实现国有经济宏观布局的调整与产业结构的优化,进一步推动国民经济实现高质量发展;通过调整预算支出,牵引多种所有制经济协同发展,增强国有资本与非国有资本的密切度和依存度,契合当前深化国企混合所有制改革战略,实现所有制结构调控。总之,国有资本经营预算制度既可以调控宏观经济总量,还可以优化宏观经济结构,有利于提高社会资源配置效率。

二、国有资本经营预算制度的现实需要

多年的发展实践已经验证,国有资本经营预算制度促进了国家预算制度体系的完善,使预算制度更趋向于规范化和制度化,并已取得显著效果。财政部门和国资委等相关部门、机构,围绕国有资本经营预算的职责分工、预算编制与审批、收支管理、执行管理、绩效评价等方面,从制度层面着手,规范完善并形成了国有资本经营预算制度体系。

(一) 国有资本经营预算与国有资本运营

现阶段国企改革和国资监管体制改革的一个重要目标就是提高国有资本的运营水平,以推动整个社会的经济发展,而这需要超前谋划、合理布局。但是,我国国有资本规模庞大、结构复杂,运营难度较高,在改革过程中要兼顾国有企业发展和民生需求,既要满足国有企业自身发展的资金需求,又要造福民生。做好国有资本运营需要综合全面考虑,进行前瞻性安排。但从目前看,国有资本运营管理、国有资本宏观布局等仍缺乏应有的统筹规划能力,因而需要国有资本经营预算制度配合,进一步引导国有企业发挥作用。

从宏观层面看,在国家的大力推动下,国有资本经营预算制度的实施已初见成效。随着国有资本经营预算的顺利实施,大部分地方政府结合实际,陆续开展了国有资本经营预算工作,国有资本经营预算收入和预算支出规模均有所上升。2022 年,全国国有资本经营预算收入 5689 亿元,比上年增长 10%,全国国有资本经营预算支出 3395 亿元,比上年增长 29.5%。[①] 国有资本经营预算发挥了国有资本在稳定国民经济运行、服务国家战略和实现人民共同富裕中的基础作用,在推进供给侧结构性改革、重点解决国有企业历史遗留问题等方面取得了显著成效,进一步推动了国有经济布局优化和结构调整。

---

① 《2022 年财政收支情况》,2023 年 1 月 30 日,见 http://gks. mof. cn/tongjishuju/202301/t20230130_3864368.htm。

从微观层面看,通过合理安排国有资本经营预算支出,减轻了企业发展过程中的负担和压力,有效提升了企业的管理水平和经营效率,大大推动了国有经济和国有企业双双向前发展。2021 年中央国有资本经营预算本级支出为1079.53 亿元,增长 23.6%,其中补充社保基金支出 0.2 亿元。[1] 其他主要用于国民经济结构调整、前瞻性战略性产业发展、生态环境保护、政策性补贴、解决历史遗留问题及改革成果等。2022 年国有资本经营预算加大对保产业链供应链稳定等支持力度,中央国有资本经营预算本级支出 1661.02 亿元,对地方转移支付 48.98 亿元。[2]

(二) 国有资本经营预算与其他预算

为了进一步转变和拓宽国家财政职能,增强财政宏观调控能力,强化预算约束,我国已经建立了全口径的预算体系,具体包括一般公共预算、政府性基金预算、国有资本经营预算及社会保险基金预算四部分(以下简称"四本预算")。一般公共预算以税收为主体,用于保障和改善民生、推动经济社会发展、维护国家安全、维持国家机构正常运转等。政府性基金预算依照法律和行政法规的规定征收及筹集资金,专项用于支持特定公共事业发展。国有资本经营预算是国家依法取得国有资本收益,专项用于国有企业发展。社会保险基金预算通过社保缴款、一般公共预算安排和其他方式筹集资金,专项用于各类社会保险支出。国有资本经营预算不是独立存在的预算体系,而是与其他预算相辅相成、相互补充(周宇,2016)。[3] 四本预算既完整独立又统筹衔接,通过有效发挥全口径预算功能,有力助推经济高质量发展。

---

① 《关于 2021 年中央国有资本经营预算的说明》,2021 年 3 月 23 日,见 http://yss.mof.gov.cn/2021zyys/202103/t20210323_3674883.htm。

② 《国务院关于 2022 年中央决算的报告》,2023 年 7 月 4 日,见 http://www.mof.gov.cn/zhengwuxinxi/caizhengxinwen/202307/t20230704_3894361.htm。

③ 周宇:《全口径预算管理视角下国有资本经营预算若干基本问题辨析》,《财政科学》2016 年第 2 期。

四本预算的权力依据不同。一般公共预算是政府凭借国家政治权力,以社会管理者的身份筹集财政收入,具有明显的政治色彩(龚旻,2020)。① 政府性基金预算以国家政治权和社会公共管理权为依据,是为鼓励或支持某些项目发展而征收的具有特定用途的资金。国有资本经营预算以国资本所有者享有的收益权、支配权等财产权为权力依据。社会保险基金预算是以国家公共权力及其派生的对国民收入的分配、再分配权为依据,体现了国家作为社会管理者享有的政治权力。

权力依据的不同决定了四本预算目标的差异性。一般公共预算通常集中于非营利性活动,重在实现社会目标,可与国有资本经营预算互补发挥作用。一是国有资本经营预算的部分收入可以用于补充一般公共预算资金(杨超和谢志华,2019),②保障政府公共财政职能的实现,服务于国计民生;二是国有资本经营预算能够有效调节国有资本运营,促进国有资本保值增值,从而增强一般公共预算收入的稳定性;三是一般公共预算支出能够为国有资本高效运营创造良好条件,维护公平公正的市场竞争环境,提高国有资本经营预算收入。政府性基金预算具有特定用途,与国有资本经营预算存在重合,可以实现资金相互流通和转移,并且有益于促进国家预算资金的科学、合理配置(陈少晖和廖添土,2012)。③ 社会保险基金具有相对独立性,其关注点是为社会福利和社会民生提供基本保障。国有资本经营预算的资金来源于国有资本运营,重在实现经济目标,为国有企业发展提供资金支持,同时也可为社会保险基金提供资金支持,弥补资金缺口。

---

① 龚旻:《基于政策确定性的一般公共预算制度安排研究》,中国矿业大学出版社 2020 年版。

② 杨超、谢志华:《国有资本经营预算与一般公共预算和社保基金预算的衔接模式》,《地方财政研究》2019 年第 10 期。

③ 陈少晖、廖添土等:《公共财政框架下的省域国有资本经营预算研究》,社会科学文献出版社 2012 年版。

三、国有资本经营预算制度的演变及现存问题

我国建立国家预算制度之初,并没有国有资本经营预算的概念,计划经济体制时期实施的是统收统支、高度集中的单式预算(廖添土,2015)①。随着社会主义市场经济的发展,为响应国企改革以及国资监管体制改革的要求,国有资本经营预算管理体制形成并历经多次演变。

(一) 制度的演变历史

第一阶段实行建设性预算(1986—1992年)。1986年3月第六届全国人民代表大会第四次会议提出编制复式预算的议案,为配合编制复式预算的需要,国务院于1991年10月颁布了《国家预算管理条例》,明确了国家预算收入和预算支出的分类,要求在保证经常性支出合理需要的前提下安排建设性支出,并要求国家预算按照复式预算编制,分为经常性预算和建设性预算,二者应保持合理的比例和结构。然而建设性预算未能实现政府社会经济管理职能与国有资产所有者职能有效分离,未能清晰地反映国有资产收支状况,从而导致国有产权归属问题与国有企业委托代理问题未能得到有效解决,这也决定了它很快就被新的制度取代。

第二阶段实行国有资产经营预算(1993—1997年)。1993年11月党的十四届三中全会通过《中共中央关于建立社会主义市场经济体制若干问题的决定》,明确提出建立国有资产经营预算,在完善国有资本产权归属和委托代理问题上迈出关键一步。此后陆续通过了一系列法规,明确了国有资产经营预算取代建设性预算,成为复式预算的组成部分。1995年11月国务院通过的《预算法实施条例》提出,各级政府预算按照复式预算编制,分为政府公共预算、国有资产经营预算、社会保障预算和其他预算。相较于建设性预算而

---

① 　廖添土:《国有资本经营预算:历史考察与制度建构》,社会科学文献出版社2015年版。

言,国有资产经营预算能更为清晰地反映国有资产收支状况,为化解我国长期存在的国有产权归属与国有企业委托代理问题奠定了基础(蒋季奎,1996)①,但国有资产的概念过于庞大。1994年实施分税制改革,国有企业将税后利润留在内部为自身发展提供流动性,但也产生了过度投资、在职消费、资金使用效率不高等一系列问题。

第三阶段实行国有资本金预算(1998—2002年)。1998年3月国务院政府机构实施改革,国家国有资产管理局被撤销,其职能纳入财政部;1999年6月财政部内设机构职能调整,由预算司负责履行编制国有资本金预算的职责。财政部明确提出,初步建立起政府公共预算、国有资本金预算和社会保障预算制度,这意味着国有资本金预算取代了国有资产经营预算。国有资本金预算是国家作为资本所有者将其资金用于资本性支出的收支计划,从概念表述上看,由资产转变为资本,更契合国有资本的性质特点,体现了国家更加尊重和重视国有资本出资人地位,也更加适应财政职能转变和国资监管体制改革的要求。

第四阶段实行国有资本经营预算制度(2003年至今)。2003年3月国务院国资委成立,标志着国资监管体制开启了新模式,同年党的十六届三中全会提出建立国有资本经营预算制度。2007年9月《国务院关于试行国有资本经营预算的意见》对国有资本经营预算的收支范围、编制审批、职责分工和组织实施作出相应规定,这是国有资本经营预算制度的里程碑,标志着国有企业同国家之间"缴税留利"的分配关系终结,中央企业除了缴税之外,开始向国家分红。2008年10月第十一届全国人大常委会第五次会议通过了《企业国有资产法》,将建立健全国有资本经营预算制度的基本框架纳入其中,为国有资本经营预算制度提供法律保障。2010年12月财政部印发《关于完善中央国有资本经营预算有关事项的通知》,提出进一步扩大中央国有资本经营预算

---

① 蒋季奎:《浅议"国有资产"概念的理解》,《上海会计》1996年第6期。

实施范围,部分地方开始正式编制省级国有资本经营预算。2014 年 8 月第十二届全国人大常委会第十次会议通过的《预算法》明确了国有资本经营预算制度的法律地位,为加强和规范国有资本经营预算管理,优化国有资本配置提供政策支持。2016 年 1 月财政部印发《中央国有资本经营预算管理暂行办法》,规定了预算收支范围、预算编制和批复、预算执行和决算、预算绩效管理与监督检查,强调了国有资本经营预算支出方向,并对预算编制事前、事中、事后的合规性作出相应说明。随着相关法律法规的不断出台和完善,近年来纳入国有资本经营预算的国有企业范围不断增加,国有资本经营预算范围有所扩大。

(二) 国有资本经营预算的现存问题

自实施国有资本经营预算制度以来,在量化资本经营目标、优化资本配置以提高资本经营收益方面取得了一定成效,但相关改革的推进仍然不畅,存在诸多尚需解决的问题。

第一,预算覆盖范围虽有扩大但不完整。自 2007 年以来,随着国有资本经营预算制度的不断完善,国有资本经营预算所覆盖的国有企业范围不断扩大。以中央企业为例,2007 年国有资本经营预算范围仅包括国务院国资委所监管企业和中国烟草,2016 年 1 月《中央国有资本经营预算管理暂行办法》细化了有关规定,进一步明确中央国有资本经营预算范围,将部分金融企业纳入国有资本经营预算编制范围。纳入国有资本经营预算编制范围的中央企业数量逐步增多,从 2015 年的 832 家[①]增加到 2017 年的 841 家[②],2021 年大幅增

[①] 《关于 2015 年中央国有资本经营预算的说明》,2015 年 3 月 24 日,见 http://www.mof.gov.cn/gp/xxgkml/yss/201503/t20150324_2510722.htm。

[②] 《关于 2017 年中央国有资本经营预算的说明》,2017 年 3 月 24 日,见 http://yss.mof.gov.cn/2017zyys/201703/t20170324_2565522.htm。

加至 1100 多家①。2017 年年底中央部门所属事业单位的 4900 余户企业中，有 4100 余户约 240 亿元净利润未纳入国有资本经营预算范围②；至 2020 年年底，有 62 个部门所属的 1257 家企业未纳入国有资本经营预算，11 家金融企业依托国有资产资源、行政权力取得的 2020 年净利润 131.66 亿元，也尚未纳入预算管理。③ 整体而言，国有资本经营预算虽然实现了大口径覆盖，但未能实现全面覆盖，预算范围被低估。近年来纳入中央国有资本经营预算的国有企业范围及资产总额虽然还在不断增加，但仍有必要继续扩大覆盖范围。

第二，预算支出不够合理。用以支持民生的预算支出与用以支持国有资本运营的预算支出具有天然的矛盾性，表现为此消彼长的关系。若国有资本经营预算支出更多向民生领域倾斜，则难以保障国有资本运营能力，民生也会失去经济保障。但如果只强调国有资本自身运营，又违背了国有资本收益的初衷，丧失了其社会职能。近年来，中央国有资本经营预算支出数额有所增长，支出方向趋于合理但仍有所失衡，用于社会保障项目以及调入公共财政预算的国有资本经营预算支出仍然偏低。例如，根据《2022 年全国国有资本经营支出决算表》，2022 年国有资本经营预算支出项目中，补充社保基金支出为 100 亿元，解决历史遗留问题及改革成本支出为 243.12 亿元，国有企业资本金注入为 1986.73 亿元。④ 由此可见，大部分国资本经营预算收入返还给了国有企业，体现出国有资本经营预算支出非民生倾向，降低了国有资本收益全民共享的程度。就社保基金而言，国有股权按统一 10% 的比例划转社保基金，划转比例固定化与地区差异化存在矛盾，不同地区基本养老保险的财务状

---

① 《关于 2021 年中央国有资本经营预算的说明》，2021 年 3 月 23 日，http://yss.mof.gov.cn/2021zyys/202103/t20210323_3674883.htm。

② 《国务院关于 2017 年度中央预算执行和其他财政收支的审计工作报告》，2018 年 6 月 20 日，见 https://www.audit.gov.cn/oldweb/n9/n1580/n1582/c123737/content.html。

③ 《国务院关于 2020 年度中央预算执行和其他财政收支的审计工作报告》，2021 年 6 月 7 日，见 https://www.audit.gov.cn/n4/n19/c145358/content.html。

④ 《2022 年全国国有资本经营支出决算表》，2023 年 8 月 25 日，见 http://yss.mof.gov.cn/2022zyjs/202308/t20230825_3904100.htm。

况不尽相同,国有企业经营状况差异较大,"一刀切"的比例可能造成有的地区养老保险缺口不能有效补偿,还可能导致另一种层面上的不公平,从而影响某些国有企业的长期发展和划转国有资本的可持续性。国有资本经营预算支出应当加强向民生领域倾斜力度,贯彻国有资本收益"取之于民、用之于民"的原则。因此,国有资本经营预算改革应当适度平衡用以支持民生的预算支出与用以支持国有资本运营的预算支出,达到经济目标和社会目标的统一,保证国有资本经营预算制度发挥其独特作用。

第三,预算编制主体不明确,各地区存在较大差异。财政部门和国资委职能交叉,导致预算编制主体不明确。国资委是主要的国资监管主体,归集和掌握大量的国有资本基础信息,然而在预算编制过程中,国资委只是负责编制国有资本经营预算建议草案,财政部门才是国有资本经营预算草案的编制主体,这就导致财政部门编制国有资本经营预算草案缺乏信息基础。国有资本经营预算支出由财政部门支配使用,限制了国资委对国有资金的使用,也使得国资委作为出资人主体无法优化国有资本布局(刘纪鹏等,2020)[1],因而国有资本经营预算编制主体的问题亟须解决。在具体实践过程中,各地在国有资本经营预算编制主体上存在较大差异,部分地区名义上是财政部门作为主管部门,但实际却由国资委负责实质性工作,或者国有资本经营预算编制过程中由财政部门和国资委共同负责,这使得责任主体不明确,权责划分不清晰,影响国有资本经营预算执行和监督管理效能。

第四,与一般公共预算衔接不畅。由于存在多种预算分类,各预算功能界定不明确,易衍生内容交叉、支出对象相同的问题。国有资本经营预算与一般公共预算的依存度不断提高,但国有资本经营预算的独立性还需要进一步加强,资金界限需要进一步明确。国有企业近年来改革发展的成就与公共财政的大力支持密切相关,因此,在公共财政收入不抵支出时,为响应公共财政需

---

① 刘纪鹏、刘彪、胡历芳:《中国国资改革:困惑、误区与创新模式》,《管理世界》2020年第1期。

求,国有资本经营预算支出应当加大调入一般公共预算的资金以缓解财政压力。当然,国有资本经营预算和一般公共预算的性质不同,其收入来源、编制方法、监督与管理、绩效评价等也必然存在明显差别。当前的相关政策只是提出需要加强国有资本经营预算与一般公共预算的衔接,增加资金转移规模,但缺少可操作性。

第五,地方预算推进不一。目前国有资本经营预算的顶层设计基本围绕中央国有资本经营预算管理发布相关文件,以中央国有资本经营预算为指导,各地方政府在中央示范的基础上陆续跟进政策。由于缺少地方层面的国有资本经营预算统一性指导,各地方政策出台进度和内容不一,加之各地方政府的国资管理基础有差异,因而国有资本经营预算推广的进度和涵盖的国企范围也相差较大,大部分省级预算只是纳入部分国企,纵向覆盖国有资本经营预算实施范围尚需时日。

四、国有资本经营预算体系的完善

党的十九大报告提出"建立全面规范透明、标准科学、约束有力的预算制度",党的二十大报告从战略和全局的高度,明确提出了"健全现代预算制度"。建立科学、规范的国有资本经营预算体系对提高预算资金的配置效率、丰富财政支出绩效评价手段大有裨益。

(一) 国有资本经营预算的编制体系

第一,建立与国资监管体制匹配的四级预算编制体系。随着国有资本授权经营体制改革的不断深化,我国构建了"财政部门—国资监管机构—国有资本投资运营公司/国有集团企业—权属企业"的监管架构。国有资本投资运营公司/国有集团企业旨在改变过去国资监管机构出资人职责和监管职责重合的弊端,以财政部门为主管的四级预算编制体系与国资监管体制相对应,财政部门、国资监管机构、国有资本投资运营公司/国有集团企业及其所出资企业,分别是一级、二级、三级和四级国有资本经营预算的编制主体。其中,财政部门是最终的预算编制主体,根据国有资本运营状况,按照相关规定测算后,向国资监管机构下达国有资本经营预算编制任务;国资监管机构接到财政部门的国有资本经营预算编制任务后,向监管范围内的国有资本投资运营公司/国有集团企业布置预算编制任务,再由其向所出资企业布置预算编报任务;所出资企业根据自身的实际经营状况和发展目标,编报国有资本经营预算支出计划建议①,并上交至国有资本投资运营公司/国有集团企业,由其审核、汇总后编制本企业国有资本经营预算支出计划建议并报送国资监管机构;国资监管机构汇总整理后编制国有资本经营预算建议草案并报送财政部门,财政部门汇总计算本年度预算收入,统筹平衡后编制国有资本经营预算草案,并报送人大审批。

第二,明确国有资本经营预算的编制内容。国有资本经营预算收入是国有资本投资运作所产生的收益,主要包括应交利润,国有股股利、股息,国有产权转让收入,企业清算收入及其他国有资本经营收入。国有资本经营预算支出一般包括资本性支出、费用性支出和其他支出等。我国目前主要采用政府预算报表格式来编制国有资本经营预算,这种格式下国有资本经营预算可以清晰地反映国有资本经营预算收支及其平衡情况,但不足以反映国有资本经营预算的全部内容。例如:难以反映国有资本保值增值情况和国有资本经营预算实施的绩效情况;仅体现当年国有资本增量,而无法反映历年国有资本存量的积累情况;不能准确反映国有资本经营预算收入支出项目的性质。编制国有资本经营预算的目的,主要是说明经营性国有资本的当年收支以及保值增值情况,反映国有资本的经营绩效和运营状况等,便于社会公众及时了解受托方运营管理国有资本的责任履行状况,监督国有资本经营预算执行。因此,

---

① 各地财政部门下发国有资本经营预算编制要求存在差异,为统一表述,本章将所出资企业和国有资本投资运营公司/国有集团企业编报的预算表名称均称为国有资本经营预算支出计划建议。

除了国有资本经营预算收支内容外,国有资本经营预算还应当包括财务会计报表等相关内容。该部分内容以国有资本投资运营公司/国有集团企业及其所出资企业为编制主体,在此基础上汇总并上报国资监管机构,主要包括以下几部分:反映国有资本存量积累情况,与国有资本经营预算收入支出项目内容互为补充的资产负债表;反映国有资本保值增值情况,也作为部分补充国有资本经营预算收入和预算支出内容的利润表;具体说明资金使用情况及投资效益等的附表。

(二) 国有资本经营预算的监督管理体系

国有资本经营预算监督管理体系,包括横纵两个子体系:纵向监督管理体系包括"人大—财政部门—国资监管机构—国有资本投资运营公司/国有集团企业—所出资企业",横向监督管理体系的监督主体为财政部门、审计部门及社会公众等,监督客体为国资监管机构、国有资本投资运营公司/国有集团企业及其所出资企业。

1. 设置预算监督机构,加强国有资本经营预算监督。

各级人大应加快建立预算工作委员会,并在该委员会下专设国有资本经营预算机构,专司国有资本经营预算的编制和监督等工作;为了提高国有资本经营预算资金审计的效率以及审计结果的真实性和全面性,各级人大还应强化专门审计机制,提升国有资本经营预算审查的独立性;各级财政部门和国资监管机构应完善对国有资本投资运营公司/国有集团企业的审计监督机制;对于国有企业自身而言,要加强董事会建设,规范公司治理行为,合理配置董事会和经理层的权力,提高国有资本经营预算的执行力。

2. 明确预算各环节相关主体的职责。

国有资本经营预算监督管理体系环节众多,牵涉多个相关主体,各预算监督责任主体以职责为核心各司其职,明晰权责边界与职责配置,助力国有资本经营预算监督体系提高监管效能。

人大作为最高的权力机关,主要承担以下监督职责(许聪,2018)。① 一是审批财政部门编制的国有资本经营预算草案。人大审核财政部门编制的国有资本经营预算草案是否符合国家当前政策,是否有助于国民经济平稳运行,如果预算草案编制不符合要求,则要求财政部门修改后提交。二是监督财政部门的预算收支管理是否合规,主要监管财政部门是否按时足额收缴国有资本收益,是否按时足额拨付预算资金给相关预算执行单位。财政部门应定期、如实向人大及其常委会上报国有资本经营预算执行情况,一旦发现因未能按时足额上交国有资本收益、拨付国有资本预算资金导致不能按正常的进度推进预算执行的情况,责令财政部门及时纠偏。三是审核国有资本经营决算草案。人大可以聘请第三方审计机构,或者由审计部门向人大提交反映国有资本经营预算执行情况的审计报告,审查财政部门是否按照既定预算,及时、足额地向预算执行单位拨付预算资金,以便于人大掌握并评估国有资本经营预算执行情况。

财政部门作为预算编制机构,负责向本级政府报告国有资本经营预算执行情况,监督国资监管机构及其所监管企业的国有资本经营预算执行情况,确保预算资金在各部门中合理分配使用。财政部门承担的监督职责主要体现在以下几个方面:一是监督国资监管机构按时编制国有资本经营预算建议草案,对于不符合国家政策要求的预算建议草案,要求国资监管机构修改完善并再次提交;二是监督国资监管机构组织其所监管企业按时足额上交国有资本收益;三是监督国有资本经营预算资金的发放和使用情况,确保资金准确、及时投入到规定的行业、领域中。针对监管过程中发现的问题,财政部门应及时予以纠正。

审计部门按规定对国有资本经营预算执行情况进行审计监督和检查。具体审计内容包括:一是关注预算分配情况,包括审查预算单位是否完整,预算

---

① 许聪:《省级人大预算监督权力考察——以30个地方预算监督条例(决定)为基础》,《财政研究》2018年第10期。

编报是否科学、合理；二是关注预算执行情况，包括预算收入的收缴、管理和使用以及预算支出等执行情况；三是关注预算支出绩效，主要是审查国有资本经营预算功能定位是否清晰，是否与其他预算之间存在交叉，资本性支出项目是否属于关键领域及重点行业。

国资监管机构负责监督、检查和评价所监管企业的国有资本经营预算执行情况。国资监管机构承担的监督职责可从以下几个方面体现：一是审核国有资本投资运营公司/国有集团企业编报的预算支出计划建议，对于不符合国家政策要求的预算支出计划建议，要求其进一步修改完善并再次提交；二是监督国有资本投资运营公司/国有集团企业的国有资本收益按时足额上交财政部门；三是严格执行经批复的国有资本经营预算草案，监督国有资本投资运营公司/国有集团企业的预算资金投向是否合规。

国有资本投资运营公司/国有集团企业在编制国有资本经营预算时，应通盘统筹考虑国有资本结构调整和布局优化等一系列国有资本配置问题，提高国有资本经营预算的编制质量，从而指引国有资本经营预算在实务中能够发挥更大的作用。国有资本投资运营公司/国有集团企业的职责具体体现如下：一是审核权属企业编报的国有资本经营预算支出计划建议，经整理汇总后编报本企业国有资本经营预算支出计划建议，并报送国资监管机构；二是组织所出资企业按时足额上交国有资本收益至财政部门；三是严格执行经审批的国有资本经营预算草案，监督预算资金投向是否合规。

（三）国有资本经营预算的绩效评价

预算反映了资金年度安排的计划，决算反映了财政收支运行的结果，而绩效评价揭示预算收支的效益。国有资本经营预算也需要绩效评价，以保证实现国有资本经营预算制度执行预期效果。国有资本经营预算绩效评价是运用科学的评价标准、程序和方法，对一定时期国有资本经营预算的执行情况、资本使用效益情况等进行的客观、公正、全面的分析和评价，是落实国有资本预算管理的重要制度保障。

国有资本经营者与所有者的利益难以完全一致,政府与国有企业形成的多重委托代理关系难免衍生委托代理问题。一是为了降低预算执行难度,编制主体可能会选择编制执行难度低、任务量少的预算,这对发挥优化国有资本配置、促进国有资本保值增值以及提高国有资本经营效益的作用甚微。二是由于各级预算编制单位存在信息不对称,因此各级国有资本经营预算的编制者可能会夸大本级预算的执行难度,导致预算执行效果不佳。三是在预算执行过程中,各级预算代理人为实现自身利益,可能产生道德风险问题,比如擅自挪用甚至侵占预算资金等,这会严重阻碍国有资本经营预算效果。我国虽然已经开展了国有资本经营预算的绩效评价工作,但还需进一步完善。

第一,确定预算评价主体,这是进行预算评价工作的基本前提。建立"人大—财政部门—国资监管机构—国有资本投资运营公司/国有集团企业—权属企业"多层次的国有资本经营预算绩效评价体系,与预算管理体系保持一致,由上级预算主体对下级预算主体实施考核评价,即逻辑链条的上一层级可以作为评价主体对下一层级施加评价,与之对应的下一层级自然就是被评价对象。不仅绩效评价主体多元,可以是人大、财政部门、国资监管机构乃至国有资本投资运营公司/国有集团企业,评价对象也多元,可以是财政部门、国资监管机构、国有资本投资运营公司/国有集团企业及其所出资企业。

第二,确定预算评价的主要内容。国有资本经营预算绩效评价的内容按照国有资本经营预算主体职责的不同而有所差别。人大对财政部门,以及财政部门对国资监管机构的评价,可围绕国有资本经营预算管理与国有资本经营预算效益,从定性和定量的角度分别展开评价。其中国有资本经营预算管理旨在评价各类支出项目的目标设定是否准确、资金管理制度是否完善、资金到位是否及时以及资金的使用是否合规。国有资本经营预算绩效评价主要围绕国有资本经营预算宏观绩效和微观绩效展开,前者例如对产业结构优化升级、国有资本整合、社会环境改善和社会就业增加等的贡献,后者例如对促进技术进步、提高盈利能力、提升发展能力和增加上缴利税等的贡献。

　　财政部门对国资监管机构以及国资监管机构对所监管国有资本投资运营公司/国有集团企业展开的预算考核评价项目应分为两部分:一是合规性考核,主要考核下级预算主体编制的预算草案是否可以实现国有资本保值增值和优化资源配置的目标,是否将预算资金投入到预算规定的领域等;二是对国有资本经营绩效以及预算执行情况的定量考核。考核评价内容主要包括三部分:一是国有资本经营预算的编制质量,主要是评价预算是否达到实现国有资本保值增值,优化资本配置以及调整国有经济结构的目标;二是国有资本经营预算的执行情况,主要考察该年度内国有资本经营预算实际完成情况,包括将预算收入实际执行情况(例如国有资本收益收缴完成率、国有资本收益收缴增长率等)和预算支出实际执行情况(例如国有资本金支出占比、费用性支出占比、转移资金占比等)等与按程序批复下达的预算收支进行比较,既了解该年度预算执行情况,又能为下年度制定更精确的预算提供依据;三是围绕盈利能力、资产质量、债务风险和可持续发展能力等,考核评价国有资本使用效率情况。

(四) 国有资本经营预算的衔接

　　国有资本经营预算的衔接是指在政府预算的框架体系内,国有资本经营预算如何与其他三本预算实现预算收支关系的对接。根据《预算法》和《企业国有资产法》等法律法规的相关规定,依据政府两种不同的身份属性,国有资本经营预算衔接模式可以概括为营利导向衔接模式和公共导向衔接模式,前者基于政府国有资本所有者的身份属性,后者基于政府公共服务提供者的身份属性(杨超和谢志华,2019)。[1]

　　第一,明确各预算相互支持的范围及规模。解决国有资本经营预算与其

---

　　[1]　杨超、谢志华:《国有资本经营预算与一般公共预算和社保基金预算的衔接模式》,《地方财政研究》2019 年第 10 期。

他预算的衔接问题,关键点就是确定预算衔接的范围和规模,明确其相互支持的资金上限。一方面,国有资本经营预算需要承担其社会职能,调整国有经济布局。国有资本经营预算如果承担部分投资收益的项目,会损害国有资本保值增值目标。此时,为避免影响国有资本投资运营效益,其他预算可以通过调出资金的方式,以弥补国有资本经营预算承担投资收益薄弱项目形成的亏损为基准,在适度资金范围和规模内提供支持。另一方面,其他预算以向社会公众提供公共产品和服务、保障和改善民生为最终目的,其特点为项目多、范围广、资金需求大,这些预算无法弥补的资金缺口,国有资本经营预算可以予以支持,但要量力而行,避免造成国有资本经营预算缺口。

第二,理顺各预算间的交叉重置科目。国有资本经营预算与其他预算衔接时,必然存在交叉重置科目,必须准确划分各科目的使用范围,才能合理构建国有资本经营预算衔接模式。国有资本收益是政府凭借国有资本所有者身份取得的,不同于凭借政治权力而获得的税收收入。因此需要明晰政府预算体系中国有资本经营预算收入和以税收收入为主要来源的一般公共预算收入等的范围。

第三,构建预算收支统筹调剂体系。构建国有资本经营预算的衔接模式,实现各种预算间的资金转移与互通,需要考虑转型时期财政职能的特殊需要,推进构建预算收支统筹调剂系统。政府是国资国企深化改革和公共财政转型的主要推动者和改革成本的承担者,面临较大财政资金支付压力。通过预算收支统筹调剂平台,国有资本经营预算可以设置专项支出,既为国资监管体制转型发生的支出提供保障,也为实现公共财政转型提供支持。

五、国有资本经营预算制度改革与国资国企改革

落实国有资本经营预算制度,发挥其制度效能,需要多项制度协同配合,才能获得最大效力。积极发展混合所有制经济、改革国有资本授权经营体制是新一轮国资国企改革的主要方向,这势必影响国有资本经营预算的运行环

境,进而影响国有资本经营预算制度的改革走向。现阶段我国国有资本经营预算应当积极适应各项国资国企改革,根据实际情况对现有管理方式方法作出适度调整。虽然就整个政府预算而言,国有资本经营预算在其中所占份额较小,但是也要通过对资金的合理规划与运营,提高资金的使用效率,不断提高国有资本经营预算制度效力和效能。

(一) 混合所有制改革与国有资本经营预算制度

大力发展混合所有制经济的改革取向势必对国有资本经营预算制度构建和运行产生较大影响。首先,混合所有制经济意味着企业经济成分的多元化,这将改变以国有独资企业税后利润扩充国有经营预算收入的方式。国有资本收益应当按照规范化公司治理要求的方式运作,采取股东会决策机制,权衡股东各方利益,制定更加规范化、市场化的企业利润分配政策,过去"一刀切"的利润收取政策将被打破。其次,国有资本经营预算支出的范围更宽泛。混合所有制经济背景下,民营资本、外国资本等其他所有制资本与国有资本相融合,使得国有资本经营预算变得更为复杂多样,需要在实践中权变管理,探索适宜于混合所有制经济形式的国有资本经营预算制度。

(二) 国有资本投资运营公司改革与国有资本经营预算制度

新型国资监管体制要求实行分层管理,如果国有资本投资运营公司运营不力,不能成为国有资本经营预算的有效互补,反而可能给国有资本经营预算管理带来新问题。一方面,国有资本投资运营公司的授权改革可能削弱国有资本经营预算的资金筹集能力。这是因为国有资本投资运营公司得到授权后,可以利用国有企业资金进行投资管理并享有相应收益,进而转移大部分国有资本收益。另一方面,国有资本投资运营公司承接国资监管机构的授权,以优化国有资本布局和结构调整为主要任务,这与国有资本经营预算职能存在重叠(谭啸,2015)。① 因此,应当关注国有资本经营预算支出分配是否会被国有资本投资运营公司的投资和布局取代,合理划分国有资本经营预算与国有资本投资运营公司的职责分工和投资范围,协调两者合理安排各类支出,协同发力以实现互补而不是互相抵触。

(三) 国有企业分类监管与国有资本经营预算制度

按照现有的功能分类,国有企业可分为商业类和公益类,前者追求经济活动的营利性,后者追求民生活动的公共性。国资监管机构按照国有企业不同的功能实行差别化分类监管,自然也应当在资金支持和利润收缴政策上对不同类别的国有企业实行差异化处理,合理地收缴和分配资金。现行的制度主要是依靠行业差异确定国有资本收益收缴比例,将收益上交比例按行业分为五类,这可能带来资金利用及配置效率低的问题。根据分类监管要求,分别制定针对不同功能类型企业的国有资本经营预算管理措施,使不同类型的国有企业既适应分类监管的要求,也能利用国有资本经营预算的制度优势,发挥不同类型国有企业既定的功能。

(四) 国有资本收益分享机制与国有资本经营预算制度

国有资本是国家公共资源的重要部分,国家以所有者身份依法享有国有资本收益并进行分配,这种依法实施的收支预算具有合法性与必然性(李燕和唐卓,2013)。② 国有资本经营预算作为规范、管理国有资本收益的财政制度安排,为落实国有资本收益分配制度提供制度保障,国有资本收益分配制度的有效实施为国有资本经营预算制度完善发展提供现实依据。首先,国有资本收益上交的适用范围与国有资本经营预算收支管理范围相匹配。其次,国

---

① 谭啸:《国有资本经营预算改革面临的形势、任务与难点》,《中国财政》2015 年第 4 期。

② 李燕、唐卓:《国有企业利润分配与完善国有资本经营预算——基于公共资源收益全民共享的分析》,《中央财经大学学报》2013 年第 6 期。

有资本经营预算明确了国有资本收益分配的事权与支出责任,与国有资本经营预算的自身定位相匹配。国有资本经营预算与国有资本收益分配制度协同配合,实现保障民生支出、优化国有经济宏观布局和结构调整,推动国有经济平稳可持续发展的目标。

第二节　国有资本收益分配制度

随着国资国企改革的不断深化,国家与国有资本收益分配的关系也在不断调整和变化。国有资本收益分配制度是国企改革的重要组成部分,有助于完善国企经营成果全民共享的机制,更好地保障和改善民生,带动全社会共同发展。本节基于国有资本收益的内涵,结合理论和制度逻辑,归纳国有资本收益分配制度的演化及困境,提出国有资本收益制度的改革框架和配套措施。

一、国有资本收益分配的理论分析

(一) 国有资本收益的内涵与性质

国有资本收益,也称"国有资本经营红利"抑或"国有企业红利",通常是指国家以所有者身份从国家出资企业依法取得的国有资本投资收益。作为资本收益的一种表现形式,国有资本收益是运营国有资本所产生的收益,主要来源于经营性国有资本的价值增值。国有资本收益的收缴是充实财政收入、促进国有经济发展的有力举措,规范、合理的国有资本收益管理制度有利于促进民生福利与保障国有企业持续发展双重目标的实现。

国有资本收益的性质主要体现在国有资本所有权的派生权利和非税收入两个方面(华国庆,2012)[1]。第一,国有资本收益依据的是国有资本所有权及其派生出来的收益索取权和支配权。根据"谁投资、谁所有、谁受益"的原则,

---

① 华国庆:《我国国有资本收益若干法律问题研究》,《法学论坛》2012 年第 1 期。

所有者依法对自己的财产享有占有、使用、收益和处分等权利。国家凭借国有资本所有权依法享有国有资本收益,包括应交利润,国有股股利、股息,国有产权转让收入,企业清算收入以及其他国有资本收益,并参与国有资本经营预算支出安排,保证国有资本收益合理归属。第二,国有资本收益属于非税收入,是国家财政收入的重要组成部分。政府凭借其身份,通过多种途径取得财政收入,总体上可分为税收收入和非税收入两大类。税收收入是国家凭借政治权力取得的财政收入,而国有资本收益是国家凭借所有者身份取得的国有资本投资收益,属于非税收入。

(二) 国有资本收益分配的内涵与性质

政府与企业间存在两层分配关系。第一层分配关系是国家向企业征收企业所得税,具有强制性、无偿性的特点,体现了国家依托政治权力形成的税收征纳关系。第二层分配关系则是国家作为国有资本的投资者和所有者收取税后利润,具有不确定性、灵活性的特点,体现国有产权的利润分配关系。国有资本收益涉及初次分配和二次分配,分别是国有资本收益收缴和国有资本经营预算支出。国有资本收益的初次分配是为保证国有资本的所有者、经营者和使用者的共同利益,建立以国家为主体的国有资本收益分配关系,分配国有资本运营过程所实现的资本收益,保证国有资本所有权和使用权合理归属的管理过程。国有资本收益的二次分配主要涉及国有资本收益的支出安排。政府对国企上交国库的国有资本收益按一定的比例和数量,用于不同方面的支出以实现预定目标,经营投资性支出通常流入生产领域,公共福利性支出则流入消费领域。本部分主要探讨的是初次分配,二次分配体现在国有资本经营预算制度中。

(三) 国有资本收益分配制度的理论支撑

国有资本收益分配体现了国家与国有企业间财政分配关系。国有资本缘何需要上交收益,需要透彻分析其支持性理论。

第一,基于产权理论的阐析。依据科斯对产权的阐释,企业剩余利润最终归所有者所占有,这是所有者运营企业并实现收益的动机,产权因而成为提高社会资源配置效率的关键因素。产权的范畴很广泛,包括所有权(占有权)、使用权、转让权、决策权、收益权等,其中使用权和收益权是财产权利的核心和关键,收益权更是产权的最终体现。因此,取得国有资本收益是国家所有者身份的本质要求,是国家行使所有者权力的表现(华国庆,2012)。① 此外,国有资本所有权作为一种特殊的产权,由政府代表人民行使剩余索取权。现实中政府承担双重角色,即社会管理者身份和作为国有投资者身份。1993—2006年利税分流期间,政府作为出资人,仅仅以社会管理者的身份收取国有企业缴纳的税收,却未能行使国有资本所有者应享有的收益权利,这难免会减少国家的财政收入,影响社会整体福利水平的提升。因此,必须理顺国家与国有企业之间的收益分配关系,从法律上保障国家享有国企收益的分配权。

国有资本收益上交本质上体现了国有产权的分配关系。国家基于国有资本所有者的身份,为实现其政治、经济和社会公共职能,对国有企业创造的收益享有分配权。国有企业产生的收益既可用于国有资本累积或增加对企业的股权投资,也需上缴财政,一部分进入竞争性行业以提升投资效率和效益,一部分用于公共建设以保障民生福利。与此同时,建立法律监督、舆论监督、行政监督等多渠道的财务监督体系,保证合理、规范使用收缴的收益,提升资金使用效益。综上,国有资本收益分配是国家以资本所有者的身份行使资本管理的重要内容,产权理论为国有资本收益制度的建立提供理论支持。

第二,基于委托代理理论的阐析。由于所有权和经营权分离,代理人有可能为了自身利益而损害所有权人的权益。信息不对称是委托代理问题的主要成因,代理人直接参与经营决策,往往掌握的信息比所有人更充分。在缺乏有

---

① 华国庆:《我国国有资本收益若干法律问题研究》,《法学论坛》2012年第1期。

效监督的情况下,代理人容易产生逆向选择、道德风险等损害所有权人利益的问题。结合中国国情,全体人民虽然是国有资本的真正所有权人和国有资本收益的最终享有者,但无法直接参与国有资本的运营管理过程,也就无法具体行使所有权和收益分配权等权能。政府以第一层级代理人身份代表人民行使出资人权利,参与国有资本的经营运作,履行出资人的义务,由此便形成了第一重委托代理关系。然而,政府并不直接参与国有企业运营,而是授权国资监管机构进行监督和约束,便形成了第二重委托代理关系。国有资本收益分配存在的双重委托代理关系导致国有资本的经营者与所有者存在较大的利益偏差(李新龙,2013)。① 留归国有企业的利润过多会降低投资效率、提高管理人员在职消费水平,这就需要采取更进一步的激励约束、更强有力的监管机制减少委托代理问题引发的不良后果。国有资本收益分配制度应运而生,成为减少代理成本的有效途径。

(四) 国有资本收益分配的现实依据

无论是从国家的宏观层面,还是从企业的微观层面,国有资本收益分配的存在都具有重要意义,是政府和国有企业服务社会的重要途径。

1. 宏观角度

第一,国有资本收益分配有利于扩大社会再生产。扩大再生产所需的资金主要依靠企业的内部积累,通过物质生产领域创造的剩余产品来实现。国有资本收益正是促进社会积累,实现扩大再生产的重要资金来源。从目前经济运行中国有企业的表现看,其上交的税款和国有资本收益,成为财政收入的重要来源和实现国家职能的财力保证;上交的国有资本收益投入社会,实现进一步运营和积累,有助于促进国民经济良性发展,创造更多的社会价值,成为现阶段扩大再生产的重要源泉。

---

① 李新龙:《国有资本收益问题的相关理论思考——从国家与国有企业利益分配关系视角观察》,《经济研究参考》2013 年第 69 期。

第二,国有资本收益分配在保障民生方面具有重要作用。国有资本收益分配充实了财政收入,支持大规模的社会福利事业以满足民众需求,例如用于公共基础建设和医疗支出、增强社会保障、弥补金额庞大的社保资金缺口、支持义务教育等,有利于促进国家稳定和社会和谐。

第三,国有资本收益分配是保全国有资本、实现社会分配公平的需要。如果国有资本收益分配缺位,即国有企业创造的利润不需要上交国家,而是留归企业内部自由支配,很容易因缺少规范、透明、严格的监督管理造成国有资本流失。一方面,大量自由支配的利润会增强管理者的投资欲望。在缺乏规范的投资激励、约束机制的情况下,会导致企业盲目投资、过度投资、计划外投资、低水平投资等不良行为,最终损害企业价值,侵蚀国有资本。另一方面,可能为个别管理层在职消费、滥发奖金福利提供机会,甚至会形成个人寻租、个人利益获取等腐败现象,加大社会分配的不公,影响共同富裕目标的实现。

2.微观角度

第一,国有资本收益分配是实现国有资本保值增值的重要途径。政府作为出资人,集中国有资本收益并纳入国有资本经营预算,作为资本投入企业运营以创造额外收益,通过国有资本收益收缴以及再投资收益实现国有资本的保值增值。其实际是政府构建的一个投资、经营、管理、收益、再投资相统一的国有资本再生系统,实现国有资本优化配置和良性循环。因此,合理收缴国有资本收益是国有资本增值的前提,有助于提高国有资本的整体运营效益。

第二,国有资本收益分配为亏损国有企业维持生产提供资金支持。国有企业通常将剩余利润用于自身发展,但亏损企业难以实现利润留存。国有企业是国民经济支柱,承担较多的社会职能,面临亏损时需要财政救济。通常而言,国有资本收益取之于企业,也会继续用之于企业,支持国企优化国有资本配置。因此,国有资本收益分配充实了财政收入,通过二次分配反哺企业,维持国有企业的资金需求和可持续发展。

第三,国有企业的实力决定了国有资本收益分配的必要性。国有企业是全民所有的组织,理应让全民分享其经营成果。在以管资本为主的新型国资监管体制下,政府作为国有股东的代理人,应和其他身份的投资者一样,按持股比例分享投资收益。我国国有企业经过几轮改革,国有经济整体实力大大提升,国有企业的竞争力及盈利能力有所增强,利润整体呈上涨趋势,有能力参与国有资本收益上交,尤其是石油、电信、电力、金融和烟草等垄断行业。若国有企业不能分享国有资本收益,那么政府作为国有股东的身份被虚置,会成为制约国有经济发展的障碍,更不利于社会和谐。

二、国有资本收益分配制度的演变和现存问题

(一) 国有资本收益分配制度的演变

毫无疑问,经济体制会对国有资本的收益分配施加影响。为适应经济体制带来的变化,国有资本收益分配制度也随之发生了阶段性的变化,主要历经"统收统支—利润留成—利改税—承包经营—税利分流—分类收缴"的制度演变(张宇霖等,2022)。[①]

第一,统收统支阶段(1949—1977年)。自新中国成立至改革开放前,我国实施的是计划经济体制,政府直接参与国有资本的运营管理,兼具所有者和管理者双重身份,此时的国营企业并没有经营自主权,其主要任务是完成国家下达的生产指令。国营企业直接向国家申请所需的生产经营资金,国家同意后予以拨付,国家与国营企业的利益分配关系直接表现为国家以所有者的身份收取利润。由此可见,计划经济体制国家与国有企业收益分配关系体现出高度集权化的统收统支特征。总体上看,计划经济时期的这一特殊制度安排有助于国民经济复苏与高速增长,最终成果也证实了统收统支制度为加快我

---

① 张宇霖、柳学信、李东升:《国有企业收入分配改革:逻辑演进与未来展望》,《经济体制改革》2022年第5期。

国经济建设作出了巨大的贡献(吴晓红,2015)。① 因此,不能撇开其所处的历史阶段,全盘否定当时的制度优势。同时也要看到这一制度的弊端,即企业缺乏经营自主权和独立经济利益,因而经营积极性不高、主动性不强,不利于激发企业活力和创新力以形成竞争优势。

第二,利润留成阶段(1978—1982年)。改革开放后,我国着力于解放和发展生产力,通过调动企业积极性、主动性和创造性,推动国民经济快速发展,国家与企业之间的收益分配关系也因此发生了变化,这一阶段首先推行的是企业基金制度,1979年在企业基金制度的基础上试行利润留成制度,并规定独立核算的盈利企业可以按照国家规定的比例,留存部分利润自主支配,用于建立生产发展基金、职工福利基金和职工奖励基金。利润留成制度给予企业更大的经营自主权,利于企业实施有效的经济决策,也增强了企业寻求创新、增产增收的动力,有助于长远发展。但也存在不足之处:企业留成比例的弹性较大,国家财政收入因而具有不稳定性,这为实施利改税提供了制度诱因。

第三,利改税阶段(1983—1985年)。利改税是以收缴税收取代利润上交的收益分配制度,即国家收缴企业所得税和调节税,税后利润归企业自主使用,国家与企业之间的利润分配关系因此转换为税收征缴关系。企业税后利润归企业自主支配使用,进一步扩大了企业作为微观经济主体享有的财产权利。由于税收具有固定性、强制性等特点,利改税制度实现了财政收入的稳定增长,为构建现代税收体系奠定基础。但在具体实施过程中所得税税率过高,导致企业税收负担过重,因而该制度面临新的改革要求。

第四,承包经营阶段(1986—1992年)。为了转变企业经营机制,1986年开始试行承包经营责任制,1988年2月国务院颁布的《全民所有制工业企业承包经营责任制暂行条例》规定,"以承包经营合同形式,确定国家与企业的

----

① 吴晓红:《我国国有企业利润分配制度的历史、现状及其完善》,《学术界》2015年第5期。

责权利关系",目的是增强企业自主性和经营活力,提高经济效益。承包经营责任制将国家与国营企业之间的收益分配关系以合同的形式确定下来,形成法律约束力,进一步调动经营者和员工的积极性,因而实施伊始的确带来了明显的激励效应,企业活力和自主创新能力显著增强。但该制度并没有从制度层面进行创新,未根本解决税利不分的问题,因此并没有打破原来的机制壁垒,导致其制度效能呈递减趋势;包盈不包亏直接诱发了企业经营承包者的短视经营行为,国营企业的经营风险、债务压力等不断向政府积累和转移,导致这一时期国家财政收入大幅降低。这些弊端决定了承包制缺乏长久的生命力。

第五,税利分流阶段(1993—2006年)。1993年12月《国务院关于实行分税制财政管理体制的决定》,拉开了财税体制重大改革的序幕,国家与国有资本收益之间的分配关系再次得到调整。税利分流是处理国家与企业利润分配关系的另一种形式,即企业先按税法规定向国家缴纳企业所得税,国家和企业对税后利润进行第二次适当分配。企业按照国家规定的统一税率纳税,在税后利润分配层面,建立国有资产投资收益按股分红、按资分利或税后利润上交的分配制度。税利分流扩大了国有企业财权,将国家凭借政治权利和财产所有权参与国有企业收益分配的双重管理身份加以区分,创造企业平等竞争的条件,促进统一市场形成。但该制度颁布后便面临着执行难题。1994年国有企业发生大面积亏损,几乎没有可供分配的利润,同时考虑到国有企业承担了大量社会职能,作为阶段性措施,国家暂缓征收税后利润。这一措施在当时的历史条件下是合适的,但随着国有企业的发展壮大,企业利润逐年增加,有的企业甚至获得巨额收益,税利分流制度不再适应新的经济形势,2007年又恢复了对国企税后利润的收缴。

第六,分类收缴阶段(2007年至今)。国家享有国有资本的所有权,那么建立国有资本收益分配制度以体现国家所有权是必然的。国有企业经营状况好转后,如何规范国有资本收益的分配,再次被提上了议程。2007年12月财政部和国务院国资委联合颁布《中央企业国有资本收益收取管理暂行办法》，国有资本收益分配制度建立，结束了国有企业只交税不分红的历史。2010年12月财政部印发《关于完善中央国有资本经营预算有关事项的通知》，将中央企业划分为四类收取国有资本收益，并适当提高了国有资本收益的上交比例。2013年11月《中共中央关于全面深化改革若干重大问题的决定》明确提出要提高国有资本收益上交比例。2016年7月财政部印发《中央企业国有资本收益收取管理办法》，规定每年动态核定、划分企业类别及净利润上交比例。国有资本收益的收缴比例历经多次修改，从最初的10%、5%和不收取的三分类到现行的五分类，中央国有资本收益的收缴比例和范围均有所提高。截至2023年，中央企业国有资本收益收缴比例分别为：第一类是25%，主要针对烟草企业；第二类是20%，主要针对资源型企业，例如石油石化、电力、电信、煤炭等；第三类为15%，主要针对一般竞争型企业，如钢铁、运输、电子、贸易、施工等；第四类为10%，主要涉及军工企业、中央部门所属企业等；第五类为政策性企业免交。

梳理国有资本收益分配制度的演变，不难看出国家和企业间的利润分配关系首先受经济环境和财政环境的影响，其对经济运行产生的影响也进一步促进国家与企业间利税关系的调整。此外，国企改革也带动了国家与企业间利税关系的改变，随着国企改革的逐步推进，国有企业功能定位从最初被视为国家的生产车间，到现在独立运行的市场经营主体，政企分开推动政企收益分配关系逐步理顺。

（二）国有资本收益分配制度的现实问题

虽然国有资本收益分配制度已经取得了初步成效，但在国有资本收益的初次分配环节仍存在一些需要解决的问题。

1. 国有资本收益分配比例较低

2013年之前，国有资本收益上交比例基本在5%—15%，2014年起国有资本收益的收取比例虽然有所提升,但从现实来看,国有资本收益分配比例仍处于相对偏低的水平。

第一,与税收收入比较。我国财政总收入主要来源于一般公共预算、政府性基金预算以及国有资本经营预算。其中,国有资本经营预算收入是独立编制预算。据财政部2022年财政收支情况的公告,全国一般公共预算收入、全国政府性基金预算收入以及国有资本经营预算收入总金额为287271亿元,其中占比较大的部分是全国一般公共预算收入,为203703亿元,占比约71%,而全国国有资本经营预算收入为5689亿元,仅占2%左右。① 以税收为主的一般公共财政收入贡献占比远大于国有资本经营预算收入,国有企业所创造的收益未能充分发挥其社会价值,国家作为所有者未能充分享有国有企业的收益。

第二,与国有企业收益增长比较。经济社会环境的稳定和国资国企改革的不断深入,为国企发展提供良好的制度土壤。2014年我国国有企业利润总额24765.4亿元②,2020年达到34222.7亿元③,2021年更是达到45164.8亿元④,虽然受到新冠疫情的影响,2022年利润较2021年同期有所下降,但近几年国有企业的整体利润保持增长态势。但与此同时,国有资本收益分配的比例却没有相应的提高,这显然与国企良好的发展态势不匹配。

第三,与海外上市国有企业收益分配比较。我国2007年恢复对国有资本收益的收缴,并开始形成较为完备的国有资本收益分配制度。但部分国外或者中国香港上市的国有企业遵循国际惯例,在此之前就向海外投资者分配红

---

① 《2022年财政收支情况》,2023年1月30日,见 http://gks.mof.gov.cn/tongjishuju/202301/t20230130_3864368.htm。

② 《2014年1—12月全国国有及国有控股企业经济运行情况》,2015年1月22日,见 http://www.mof.gov.cn/gp/xxgkml/zcgls/201501/t20150121_2512306.htm。

③ 《2020年1—12月全国国有及国有控股企业经济运行情况》,2021年1月27日,见 http://www.sasac.gov.cn/n2588035/n2588330/n2588370/c16746704/content.html。

④ 《2021年1—12月全国国有及国有控股企业经济运行情况》,2022年1月27日,见 http://www.sasac.gov.cn/n16582853/n16582888/c22940505/content.html。

利。有些同时在国内外上市的中央企业,海外投资分红较高,海内分红却明显偏低。例如中石油、中石化、中移动和中电信四家中央企业,海内外平均股利分红占利润比例稳定在40%左右,而四家企业上交的国有资本收益规模占净利润平均比例尚不足10%,比例相差实为悬殊(卢馨等,2016)。[①] 这类企业的利润是凭借国家相关政策的保护而取得的,上交较低的国有资本收益一定程度上导致了国家经济利益受损。

2. 国有资本收益及收益分配的范围和责任主体不明确

第一,国有资本收益的范围不够明确。国有资本的公有属性决定了其收益范围不同于民营企业,不同性质国有企业的收益范围也不尽相同,因而明确国有资本收益范围是落实国有资本收益分配制度的前提。对于资源型国有企业来说,使用国家资源即应支付相应的对价,其收益应包括因占用资源要素而形成的资源占用费,而不仅仅是会计经营收益。现行的国有资本收益分配制度并没有考虑到该差异,相关规定简单笼统,这就导致了收益计算口径出现问题。

第二,国有资本收益分配的适用范围不够全面。虽然国家先后颁发文件,调整、扩大国有资本收益分配征收范围,但目前仍没有将全部的国有企业纳入国有资本收益的征收范围。

第三,相关主体责任不明确。目前财政部门代表人民政府,编制国有资本经营预算草案,委托、授权国资委负责编制国有资本经营预算建议草案,并组织所监管企业上交国有资本收益。由于国资委也承担着一些行政管理职能,其身份并非是单纯的国有资产出资人,故由其负责组织监管企业上交国有资本收益,未能从根本上实现政企分开。

3. 企业上交国有资本收益的意识不强

从制度约束层面看,国有资本收益上交比例虽有所提高,但上升空间仍然

---

① 卢馨、丁艳平、唐玲:《国有企业利润去哪儿了?》,《经济与管理研究》2016年第5期。

很大。执行国有资本经营预算的基础单位是国有企业,但从实际情况来看,国有企业的经营代理人出于各种利益考虑,更愿意将利润留在企业,利润上交意识普遍不强;或者国有企业把利润交给国有资本投资运营公司/国有集团企业后,这些公司将这部分利润留存内部所有,并未及时上交国家。这部分留存利润成为企业新的资金来源,其重新配置不像外部来源资金那样受到严格监管,可能会导致企业盲目扩大投资或进行低效无效投资。

三、国有资本收益分配制度的改革

国有资本收益是充实财政收入、促进国有经济发展的有力举措。规范、合理的国有资本收益分配制度体现了人民当家作主的意识,有利于促进民生福利与保障国有企业持续发展双重目标的平衡。

(一) 国有资本收益分配制度的目标和原则

1.国有资本收益分配制度的目标

国有资本收益分配制度是国家为适应国有资产管理制度的要求,建立国家与国有企业间合理的国有资本收益分配关系,以保证国有资本收益合理归属的制度。其目的在于保证国有资产的所有者、经营者和使用者的共同利益。因此,国有资本收益分配的目标,一方面在于维护国企经营自主权,自主使用留存利润实现企业扩大再生产,另一方面在于扩充国家财政收入、改善全民物质生活水平。

2.国有资本收益分配的原则

一是民主参与原则。国有资本收益的收缴主体、标准、使用范围和支出等一系列制度,是由国务院及有关部门自上而下决定。全体人民拥有国有资本的最终收益权,也有权参与决定国有资本收益分配过程。在当前公众参与政策制定的意识逐渐强烈的形势下,首先应就国有资本收益范围、上交比例、使用范围等事项在全国范围内征求意见,然后将征求的意见归纳后提交政府有关部门或代议机关参考,全体人民也有权对相关制度的实施进行监督。

二是公平对待原则。对于国有资本投资的企业或者经营国有资本的市场主体,均有义务和责任上交国有资本收益,这不仅是落实国有资本所有者应当享有的权利,也是实现国有企业公平竞争之必须。国有企业通过市场运营活动获取经营收益、享有剩余利润的所有权和支配权,需要合理处理收益上交与资金积累间的关系,收益上交后的留存收益可供未来扩大再生产之需,增强企业的风险抵抗能力。当然,在目前分类监管的大背景下,具体到不同功能类型的国有企业,各地应当根据其企业竞争程度和经营目标等确定不同的收取比例。

三是依法收取原则。依法收取原则要求国家颁布相关法规,明确上交国有资本收益的法定比例、程序和其他相关要求,国家和企业必须严格依法执行。国家依法收取法定范围内的国有资本收益,对拒不上交国有资本收益的企业,依法追究企业负责人的法律责任。上交国有资本收益是一项法定义务,是国家代表人民行使其享有最终收益的权力,必须依法进行,因为这有助于规范国家与国有企业之间的经济利益关系,保障国家作为所有者的合法权益,也为企业经营者合法支配剩余收益提供制度支持。

(二) 国有资本收益分配制度的改革框架

国有资本收益分配制度的改革框架,主要涉及国有资本收益的收缴主体和内容、对象和范围以及比例等的确定。

1. 国有资本收益的收缴主体和内容

收缴主体是指负责收缴国有资本收益的部门或机构。国有资本收益通常由国资监管机构组织并由财政部门负责收取。中央企业上交的国有资本收益纳入中央国有资本经营预算,地方国有企业国有资本收益纳入地方本级国有资本经营预算。

国有资本收益包括国有企业经营性收益和资源性收益,通常指以下形式的收益:(1)应交利润,即国有独资企业按规定应当上交给国家的利润,计算时可按照相关要求扣除以前年度未弥补亏损和法定盈余公积金;(2)国有股股利、股息,即国有控股、参股企业国有股权(股份)获得的股利、股息收入;(3)国有产权转让收入,即转让国有产权、股权(股份)获得的收入;(4)企业清算收入,即国有独资企业清算收入(扣除清算费用),国有控股、参股企业国有股权(股份)分享的公司清算收入(扣除清算费用);(5)其他国有资本收益。

2.国有资本收益的收缴对象和范围

国有资本收益收缴对象,指纳入国有资本经营预算实施范围的、由各级人民政府授权财政部门或国资委履行出资人职责的国有企业,主要包括国有独资企业、国有控股企业以及国有参股企业。纳入国有资本经营预算实施范围的企业通常实行清单制管理,该清单根据财政部门相关文件及时动态调整,避免因企业遗漏导致的国有资本收益流失。

自 2007 年以来,随着国有资本收益收缴制度的不断完善,国有资本收益收缴所覆盖的国有企业范围不断扩大。以中央企业为例,2012 年 1 月《财政部关于扩大中央国有资本经营预算实施范围有关事项的通知》将工信部、体育总局、卫生部等所属 301 家中央企业纳入中央国有资本经营预算实施范围。2016 年 1 月财政部印发的《中央国有资本经营预算管理暂行办法》中显示部分金融企业参与编制国有资本经营预算。根据《关于 2016 年中央国有资本经营决算的说明》,2016 年参与国有资本经营预算编制的中央企业共846 户,包括中央非金融类一级企业和财政部直接持股的部分中央金融企业[①],2023 年数量达到 1971 户[②],更多国有企业被纳入国有资本收益收缴范

---

① 《关于 2016 年中央国有资本经营决算的说明》,2017 年 7 月 12 日,见 http://yss.mof.gov.cn/2016js/201707/t20170712_2647799.htm。

② 《关于 2023 年中央国有资本经营预算的说明》,2023 年 3 月 27 日,见 http://yss.mof.gov.cn/2023zyczys/202303/t20230327_3874792.htm。

围。在以管资本为主的监管体制转型背景下,国有资本收益收缴应覆盖全行业、全领域,收缴对象应囊括国家直接或间接出资所形成的国有企业。

3.国有资本收益的收缴比例

国有资本收益收缴既与国有企业的利润分配有关,也与财政再分配相联系。混合所有制改革和分类改革背景下的国有企业面临不同的情况,国有资本收益的收缴比例不能一概而论,应综合考虑宏观环境、企业的功能定位、行业竞争情况及企业实际情况,实施精细化和动态化管理。第一,在目前五分类基础上,可实行"基准比例+变化比例"的动态管理,其中基准比例为固化比例,由财政部根据中央国有资本收益上交情况确定,地方政府参考执行或自定;变化比例由各地结合宏观形势、行业竞争和企业规模等制定。例如,受新冠疫情的影响,在宏观经济下行的形势下,国企利润难免降低,则可适当降低甚至减免收益上交的比例。第二,根据不同功能类型的国有企业,确定不同的国有资本收益上交比例。对于主业处于充分竞争领域、以营利为目的、追求经济效益最大化的商业类企业以及自然垄断型企业,可以适当调高现有收益上交比例;而公益类企业更多的是承担社会责任,保障民生福利,这无疑会降低企业的利润,因而可适当降低上交比例;对于介于商业类与公益类之间的企业,也应当设定符合企业特点的收取标准,适中收缴国有资本收益。第三,根据不同领域国有企业生产经营的实际状况权变处理,建立系统、动态调节机制。例如,明确混合所有制企业的收益上交政策,建立刚性收益上交制度,连续两年盈利的国有企业,必须按行业性质适用的比例上交收益,用法律法规的强制性来约束国有企业等。

四、国有资本收益分配制度改革的配套措施

国有资本收益分配制度是新型国资监管体制中的重要环节,其良好运行离不开其他因素的配合,其中国有资本投资运营机制和国有资本经营预算制度是收益分配制度良好运行的关键所在。

（一）国有资本投资运营机制

国有资本收益分配是国有资本投资运营公司/国有集团企业作为经济委托代理人、政府作为行政委托代理人，以出资人的身份行使收益权的体现；国有资本投资运营机制则主要是通过产业资本投资或者资本运营实施股权投资管理，改善国有资本的结构和布局，提升国有资本质量和运营效益。国有资本投资运营机制与收益分配制度联系密切。一方面，国有资本投资运营机制主要决策何时追加投资、何时收回投资以及如何更好地运营国有资本。国有资本收益分配制度的良好运行，使投资运营机制的资金来源更加充分，更有利于实现投资运营机制的目标。合理、完善的投资运营机制与收益分配制度相配合，收缴的国有资本收益反哺企业，从而构建投资、运营、收益与再投资相统一的国有资本再生体系，实现国有资本的良性运转和循环。另一方面，国有资本投资运营公司是创新国有资本授权经营体制的重大改革举措，成为落实国有资本收益分配制度的重要保障。国有资本投资运营公司按照《公司法》的有关规定，审议、表决所出资企业的利润分配，及时收取并按照规定上交国有资本收益。通过国资监管机构对国有资本投资运营公司的有效监管，制约管理层滥用控制权，纠偏其决策动机，追求国有资本投资收益最大化。

（二）国有资本经营预算制度

国有资本收益的初次分配和二次分配分别代表国有资本收益收缴和国有资本预算支出，即国有资本经营预算收入的收缴和国有资本经营预算收入的分配。国有资本经营预算收入主要来源于按照国有资本收益分配制度收缴的利润，也是政府以股东代理人身份理应享有的各种国有资本收益。国有资本经营预算制度是国有资本收益分配制度的基础，为国有资本收益分配制度提供制度保障。

国有资本收益的分配需要平衡企业利益与政府出资人利益,既要保障企业留有足额利润以维持自身发展,又要用以服务民生。然而,实际上科学、合理的国有资本经营预算支出可使国有资本收益发挥最大化效果,避免出现国有资本收益分配的"体内循环"现象。人大、国资监管机构等相关部门应督促国有企业披露相关信息,促进管资本目标的实现。可重点关注以下经营预算支出:一是用于宏观层面的资本性支出,包括用于国家经济整体布局和结构的调整,例如跨地区的交通运输、邮电通讯等国民经济发展项目。二是用于国有企业自身发展的支出,例如社会技术改造等创新项目;用于产业发展规划的支出,例如开展能源高新技术项目;为弥补国企改革成本等的支出;投资于企业项目后的日常运营、是否达到预期绩效等各项支出。完善国有资本收益分配制度,实现其与国有资本经营预算改革、混合所有制改革和国企分类改革的耦合,发挥系统合力。

以管资本为主的国资监管体制需要有一系列配套制度作保障。其中,国有资本经营预算制度和国有资本收益分配制度是配套制度的重要组成部分,也是推进国资国企改革的关键制度。本章主要围绕国资监管体制转型目标,探讨如何改革与完善国有资本经营预算制度以及国有资本收益分配制度,既具有理论上的必要性,也有现实可行性。国有资本收益分配与国有资本经营预算密切相关,国有企业上交的国有资本收益是国家财政收入的来源,国有资本经营预算明确了如何对国有资本收益实施收缴与再分配。理顺政府与国有企业之间的收益分配和再分配关系,宏观上有利于促进国家财政资源的有效配置,实现社会分配的公平,微观上有助于减少代理成本,实现国有资本保值增值。

第七章　基于政府主体的国有资本
运营信息报告制度

构建以管资本为主的新型国资监管体制,需要做好信息报告与披露,而这项工作的落实需要政府与企业实现上下结合与内外联动。因此,本章及下一章分别构建基于政府主体和基于企业主体的国有资本运营信息报告制度,这是新型国资监管体制的保障制度。政府层面的国有资本运营信息报告制度的建设和实施,有助于对政府履行国资监管职责的有效性作出判断,也便于了解、分析国有经济整体的可支配资源和调动能力,为国家宏观决策的制定和实施提供数据支撑。企业层面的国有资本运营情况的报告可以反映国有企业作为资本运营主体的运营效率,以及管理者的受托责任履行情况,也有利于国家掌握国有企业的总量及发展情况,从而规范和约束企业行为和政府行为。本章从政府主体角度,研究如何构建国有资产负债表制度,如何完善政府国资监管信息披露制度以及国有资产管理情况报告制度,以保障公众的知情权与监督权,为国资监管体制转型提供信息披露方面的制度支撑和保障。

第一节　国有资产负债表制度

国有资产负债表制度是指由国资监管机构编制国有资产负债表并由财政

部门对其进行审查和报告,反映国有企业总体财务状况的报表制度。国有资产负债表汇总关于国有企业资产负债的信息,以数据的形式展示国有资产的运营状况,直观地反映国有企业资产、负债的总量和结构变化。资产负债表分析能够将宏观、微观问题结合起来(刘向耘等,2009)①,因而建立综合反映国有企业整体资产负债情况的国有资产负债表制度很有必要。

一、建立国有资产负债表制度的理论依据与现实意义

目前我国尚没有正式建立反映国有资产、负债总量和结构变化的国有资产负债表报告及审查制度,因而探讨国有资产负债表制度的理论依据,认清国有资产负债表制度的现实意义,有助于推进该制度的建立和实施。

(一) 国有资产负债表制度的理论依据

1. 基于委托代理理论的阐析

由于所有权和经营权相分离,国资监管机构负责管理企业国有资产,全体人民并不直接参与经营管理。虽然国资委网站提供了所监管国有企业的相关信息,但我国的国有资产规模庞大,加之目前国有企业尤其是非上市国有企业的信息公开披露程度仍然有待提高,社会公众能看到的基本是分散和零星的信息,其内容简略且缺乏汇总性信息,不利于对国有企业资产负债进行统一的监管。虽然国务院国资委、财政部也会定期发布"国有及国有控股企业经济运行情况"快报、"中央企业经济运行情况"快报等汇总性信息,但内容简略且时效性不高。

全体人民作为国有资产的终极所有者和初始委托人,有权通过国有资产负债表知悉国有资产的管理和运营情况,了解各级政府作为代理人对国有资产的委托代理绩效情况。政府作为国资监管机构的委托人,通过编制国有资

---

① 刘向耘、牛慕鸿、杨娉:《中国居民资产负债表分析》,《金融研究》2009 年第 10 期。

产负债表,可以督促国有企业努力提高管理水平,规范经营行为,预估企业运行的潜在风险,做强做优做大国有资本和国有企业。通过分析国有资产负债表,政府可以了解国有资产和负债比例的合理性、国有企业的资产负债变化情况、国有资产的管理情况、国有资产的保值增值情况以及国有资产的流失情况。基于此,国有资产负债表的编制有利于治财、理政,更好掌握国有资产、负债总体情况,使国有企业的资产负债情况变得清晰明了,国有资产监管的效率不断提高。

2. 基于信息透明理论的阐析

信息透明要求实现信息公开、清晰可查,满足社会公众的信息需求。国有资产负债表提供国有企业资产、负债的数字信息,如果缺乏国有企业资产、负债等的核算和报告体系,就不能透明、系统性地展示国有经济面貌,而这些信息是对国资监管机构的监管行为进行有效评价和监督的基础。建立国有资产负债表编制和报告制度后,我国不仅有关于公共财政收支预算及执行情况的公共收支财政体系,还有反映国有资产负债情况的国有资产财政体系(王永利,2014)①,二者相互配合,共同构成符合中国特色的财政体系。国有资产负债表通过详细、具体、准确汇总披露国有企业资产负债总体情况,能够使政府和社会公众摸清"家底",进而督促国有企业提高资产经营效率。

(二) 国有资产负债表制度的现实意义

第一,有利于加强有效监督。国有资产负债表与一般意义上的公众监督有着本质区别,国有资产负债表能提供我国国有资产的基础数据,成为政府、人大和其他部门进行经济决策和宏观管理的直接基础数据。目前虽然很多地方国有企业向当地政府报告国有资产信息,但是时间较为滞后,并且没有详细指标予以报告,仅涉及一些简单的财务信息。建立国有资产负债表制度,能够

---

① 王永利:《建立国有资产负债表报告审查制度》,《中国金融》2014 年第 15 期。

使政府及时获得完整和系统的国企资产、负债状况,并将其与以前年度的财务信息进行对比,有利于国家相关部门的监管和回应政府信息公开的要求,落实利益相关者的知情权与监督权,并最终维护人民群众的根本利益。

第二,促进规范政府职能的转变。社会主义市场经济的发展推动政府简政放权改革,给予国有企业更多的发展自主权。但是政府职能的转变并不是一味追求简政放权,政府应强化自身的责任意识,更好地监督国有企业的发展,在放权的职能转变下,不做旁观者,而是做一个积极监督者,政府要由事无巨细的微观管理逐步转向抓住关键的宏观监控。国有资产负债表提供的信息,从侧面反映了政府部门的监管绩效,为横向和纵向比较各地方政府的监管绩效提供信息基础,推动政府遵循管资本的要求,减少对企业的直接干预,充分发挥"看得见的手"与"看不见的手"在市场中的应有作用,避免政府由"看得见的手"转为"闲不住的手"。

第三,有利于评估经济运行风险,保障国有资本有效运行。国有企业发展状况是否良好的一个重要指标是国有资产是否安全完整以及能否实现保值增值。通过编制国有资产负债表,能够增强企业对资产质量的关注,合理控制企业自身的资产负债规模,以及资产负债项目的内部结构,正确处理好企业的负债水平和现金创造能力之间的关系。与此同时,国资监管机构和政府也能更好地了解国有资产、负债的状况,有助于进一步评估经济运行风险,保证国有资本的有效运行;通过设立相应的标准和原则,加强对国有资产负债的有效管理,督促国有企业资产负债率下降到合理水平或基本保持在同行业企业的平均水平,实现国有企业的健康可持续发展。

二、基于政府主体的资产负债表体系的协同与互补

会计主体是多元化的,既可以是微观的企业(如企业资产负债表的编制主体是企业),也可以是地方政府或国家。目前我国以政府作为编制主体和披露主体的资产负债表,主要包括国家资产负债表和政府资产负债表。国家

资产负债表是将国家视为类似于企业的经济实体,并将所有经济部门的资产和负债分类后加总得到的报表。政府资产负债表反映政府某一特定日期的财务状况,表明政府在该日期所拥有或控制的经济资源、所承担的现时义务及履行受托责任的情况。国有资产负债表是将一个国家的国有企业所拥有或控制的资产、负债进行汇总分类后形成的报表,是政府部门针对国有企业编制的报表,是对国家资产负债表和政府资产负债表的有益补充,以实现信息披露的协同。表7-1列示了国家资产负债表、国有资产负债表和政府资产负债表的联系与区别。

表7-1　国家资产负债表、政府资产负债表和国有资产负债表的比较

	项目	国家资产负债表	国有资产负债表	政府资产负债表
联系		对各自主体财务状况的反映;编制的原理一致;发挥的作用相似;三者是整体与部分的关系		
区别	编制主体	国家财政部门	国资委	各政府部门
	核算范围	国家常住单位	该地区国有企业	该政府部门
	核算目标	反映国家财务状况	反映国有企业情况	反映政府情况
	核算内容	国家的资产负债情况	国有企业的资产负债情况	政府部门的资产负债情况
	编制方法	由下而上统计	由下而上统计	先部门后整体

(一) 资产负债表体系的协同

国家资产负债表、政府资产负债表与国有资产负债表,均属于资产负债表,都应根据"资产=负债+所有者权益"这一会计等式为基础,按照复制记账的基本编制原理,经过一系列规范、严密的会计过程编制而成,因此三张报表的编制原理是一致的。虽然三张报表具有资产负债表的共性,但是对不同会计主体财务状况的反映,其在涉及主体、编制作用等方面确有不同。

从涉及主体看,国家资产负债表是将一个国家中所有的资产负债进行分

类、汇总形成的财务报表,包括非金融企业资产负债表、政府资产负债表、金融部门资产负债表及居民资产负债表,反映了一个经济体的总体存量;国有资产负债表是对国有企业资产负债等财务状况的反映;政府资产负债表是反映各政府主管部门的资产负债情况。三张编制范围不同的资产负债表,从不同的对象反映各自主体的财务状况,使国家、政府和企业层面的信息披露更加独立、丰富,有助于实现不同内容信息披露的协同,能够更加完整的披露相关信息。

从编制作用看,虽然都是为了摸清"家底",但国家资产负债表是宏观层面的报表,范围比较广泛,包括政府资产负债表和国有资产负债表;政府资产负债表是具有汇总性质的部门报表,国家资产负债表和政府资产负债表体现的是整体和部分的关系,国家资产负债表是国有企业资产负债表内容的延伸和扩展。三张作用不同的资产负债表,使国家、政府和国有企业的资产负债信息更加清晰明了,有助于实现宏观信息和微观信息披露的协同。

(二) 资产负债表体系的互补

编制国家资产负债表、政府资产负债表和国有资产负债表,不仅可实现不同内容、不同作用信息披露的协同,还能实现不同主体、不同核算范围、不同核算目标、不同核算内容和不同编制方法的互补。

第一,编制主体不同。国家资产负债表属于国民经济核算范畴,其编制主体严格意义来讲是中国这一主权国家,而非政府或者国有企业,由国家财政部门牵头,国家统计部门、审计部门和其他部门配合,由国家财政部门负责编制和披露。国有资产负债表属于国有企业核算范畴,编制主体是各级国资委,由各级国有企业的资产负债表汇总而成。政府资产负债表属于政府会计范畴,其编制主体和披露主体是政府财政部门。

第二,核算范围不同。国家资产负债表以我国经济总体作为对象,将一个国家视为与企业类似的会计主体,全面、平衡核算整个国民经济体系中所有的常住单位,主要包括非金融部门、金融机构部门、政府部门以及居民部门等整体财务状况的财务报表。国有资产负债表将全部国有企业纳入编制范围,核算的是所属行政区域内国有企业的资产负债项目,然后自下而上、层层汇总而成。政府资产负债表核算的是广义的政府部门中的资产和负债以及净资产。由此可见,国家资产负债表涵盖范围最大、内容最综合,当然编制也最为复杂。国有资产负债表和政府资产负债表可作为国家资产负债表的子表,为国家资产负债表提供其需要的信息数据,国家资产负债表涵盖这两个资产负债表反映的内容。

第三,核算目标不同。明确核算目标是编制报表的基础。三个资产负债表在核算目标方面存在着一定的差异。国家资产负债表的核算目标是能够大体反映一个国家所拥有的资产和承受的负债情况,反映一个国家的"家底"和"债务"(耿建新等,2018)①,可以为国家进行宏观调控提供参考,并且能够监督政府的行政行为,也可以作为衡量国有资产经营成效的标准。国有资产负债表的核算目标是如实反映国有企业资产的质量和负债的承担情况,促进国有企业财务信息透明化建设,以此为依据加强对国有企业的监管,进而完善我国的国资监管体制。政府是公共产品和公共服务的主要提供者,政府资产负债表是一个政府治理体系和治理能力的反映,帮助政府理清资产与负债的比例关系,挖掘政府在资产存量方面所拥有的潜力和空间,推动和规范政府的行政行为。

第四,核算内容的划分不同。国家资产负债表的核算主要包括四部门的资产负债表,内容上并非按照流动性排列,而是区分资产和负债的金融和非金融性质。而在政府资产负债表的核算中,资产主要包括服务性资产和财力性资产。其中,服务性资产主要包括金融资产、固定资产、无形资产和在建工程等;财力性资产主要包括国有经济和资源类资产。核算的负债主要包括显性

---

① 耿建新、丁含、吕晓敏:《国家资产负债表编制的国际比较——基于〈中国国民经济核算体系(2016)〉的思考》,《财会月刊》2018 年第 22 期。

负债和隐性负债,前者主要包括国债内债、地方政府偿还类负债等;后者主要包括准公共部门发行的债券、地方政府或有负债和国有金融机构不良资产等,核算内容明显具有差异性。国有资产负债表的核算内容主要包括资产、负债和所有者权益类,其中的资产负债首先按金融性和非金融性分类,然后再按流动性分类。

第五,编制方法不同。国家资产负债表的编制是由下而上进行编制,基本单位应以县为起点,由中央、省、市、县四级政府分别编制本级资产负债表,最后发至国家财政部门汇总形成全国资产负债总表。国有资产负债表的编制是由下而上进行汇总编制,由县级国资委汇总到市级国资委,再汇总到省级国资委,最后由国务院国资委汇总编制,并向财政部报告。政府资产负债表的编制是先部门后整体,汇总本级政府的资产负债以反映政府整体情况。

三、国有资产负债表的框架

国有资产负债表的编制应明确编制主体、编制范围、编制目标、核算内容及报表格式等框架性问题。

(一) 编制主体

国有资产负债表不同于一般意义上的统计报表,是用于反映国有企业资产、负债状况。国有资产负债表涉及国有企业的核心利益,必须真实地反映国有企业资产、负债的实际状况,因此其编制主体应当掌握国有企业的核心数据。从编制基础看,20 世纪 80 年代末期,国有资产管理局曾经归并过国有资产,主要披露经营性及非经营性国有资产的规模。随着更为先进的信息技术手段的运用,由国资委负责国有资产负债表的编制已具备一定现实基础。从最终目的看,国有资产负债表服务于经济运行和政府决策,对于国有资产的监管和国家的宏观调控具有重要意义。国资委作为国资监管主体,编制国有资产负债表责无旁贷。因此,国有资产负债表应当严格遵循以国有企业基本单位为起点,基础数据应首先由各国有企业提供至企业集团或国有资本投资运营公司编制集团层面的资产负债表,然后各企业集团或者国有资本投资运营公司再汇总上报至本级国资委,编制本级国有资产负债表,各级国资委层层汇总后报送国务院国资委,并由国务院国资委编制全国范围的国有资产负债表,最终上报给财政部审核后向社会公开发布。

(二) 编制范围

通常来说,国有资产负债表的核算范围主要是国有企业的国有资产和负债。建立完整的国有资产负债表报告体系,可以按照不同的口径将不同的国有企业纳入报告(见图7-1)。例如,可以按照省、市、县的行政级别分别编制国有资产负债表,由县级国资委向市级国资委再到省级国资委逐级扩大编制范围,最后再由国务院国资委编制国家整体的国有资产负债表;还可以根据行政隶属层级,分别编制中央企业与地方国有企业的国有资产负债表;也可以按照国有企业的功能定位,分为商业类和公益类国有资产负债表;还可以按照国有资本的股权结构,分别编制国有独资、国有控股及国有参股企业的国有资产负债表。

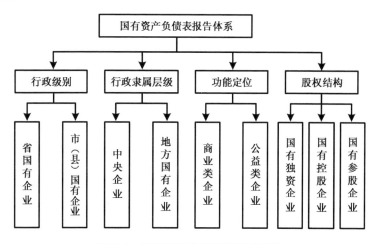

图7-1　不同口径的国有资产负债表

（三）编制目标

按照会计制度要求,每个国有企业都要编制本企业的资产负债表,其报告的目标是反映受托责任的履行、提供决策有用的信息,也就是在决策有用观和受托责任观双重目标下编制报表。国有资产负债表是国有企业资产负债表的汇总,自然也不能偏离个别财务报告的目标。但因国有资产管理的目的是要持续优化配置,做好行业产业布局,进一步发挥国有资本的功能,提高管理国有资本的效率,故还应突出其目标的宏观属性。

一是反映受托责任的履行情况。国有资产负债表的基础数据由国有企业填制,层层编制后提交至国务院国资委,由国务院国资委将汇总后的国有资产负债表及时、定期向社会发布,接受财政部监督,充分体现了财政部、国资委和国有企业之间的委托代理关系及其受托责任的履行情况。财政部对国有资产进行管理监督,国资委向财政部报告国有资产的使用情况及负债管理情况,以数据的形式反映国有资产的运营状况和国有经济的有效运行,接受财政部对国有资产负债的管理进行有效监督,体现了财务报告目标的受托责任观。

二是提供决策有用的信息。国有资产负债表以统一的核算和报告原则为标准,对国企资产、负债和所有者权益总体性信息进行汇总,因而国有企业的资产负债表具有可累计性和可比较性,能较为系统地反映国有资产存量分布与结构,体现国有资产的运营质量和效益。这些信息一方面使同层级国有企业的财务信息具有横向可比性,如不同省的国有企业资产和负债的变化具有可比性;另一方面使同一国有企业历年财务信息实现可比,即本行政区域内国有企业资产负债关系的历史变化,据此推断影响这种变化的因素,揭示国企蕴含的经营风险,为规范政府管理行为、实施或调整国家和区域的宏观决策提供依据。

（四）核算内容

企业资产负债表由企业的资产、负债和所有者权益三部分内容构成,遵循"资产＝负债＋所有者权益"的基本原理,以保持资产、负债和所有者权益之间的平衡关系,这一要求对国有资产负债表应同样适用。国有资产负债表在国有企业个别报表的基础上合并汇总而成,因此,国有资产负债表的基本内容和结构可在个别报表的基础上适当整合、简化。个别企业的资产负债表根据流动性列示资产、负债项目,在诸多国有企业金融化以及脱实向虚的现实下,国有资产负债表可按照报表项目的性质,分别列示金融资产和非金融资产、金融负债和非金融负债,然后再按照流动性细化列示每个分类下的具体项目。金融资产通常包括货币资金、信用资金、股权及债权投资、其他金融资产;非金融资产通常包括存货、固定资产、无形资产及其他。金融负债可进一步按流动性分为短期金融负债和长期金融负债。报表编制时应严格按照公认的会计核算和报告原则,大部分科目可由国有企业根据现有资产负债表提供的财务数据填列,反映经法律确认的或是通过交易形成的资产、负债。报表后面需要附上股东权益增减变动表、资产减值准备明细表等重要附表,附注则对资产负债表的有关内容和项目予以说明和解释,更便于理解报表数据。除表内资产、负债项目外,还需要反映重要的表外资产、负债,并且对发生重大变动的资产、负债项目,以及部分国有企业发生特殊状况时的变化等方面的情况作出必要的说明。所有者权益即为国有企业资产与负债之差额,突出列示按持股比例计算确定的国有资本额。

（五）表格形式

国有资产负债表可以包含表首、正表两部分,如表7-2所示。表首概括地说明报表名称、编制单位和日期、报表编号以及货币计量单位等;正表采用账户式列示各类要素项目,资产列示在资产负债表的左边,负债和所有者权益列示在右边,左右两边保持平衡。同时采用比较列报的方式,除了反映当期资产、负债数据,还应当提供所有列报项目上一会计期间的比较数据,以便于对项目的前后期进行比较分析。

表7-2　国有资产负债表
年　　　月　　　日

报表编号:

编制单位:　　　　　　　　　　　　　　　　　　　　　　单位:

项目	本期数	期初数	负债和所有者权益	本期数	期初数
金融资产			金融负债		
货币资金			短期金融负债		
信用资金			长期金融负债		
股权投资			非金融负债		
债权投资			负债合计		
其他金融资产			所有者权益		
非金融资产			国有资本		
存货			资本公积		
固定资产			盈余公积		
无形资产			未分配利润		
其他非金融资产			所有者权益合计		
资产总计			负债和所有者权益总计		

单位(部门)负责人:　　　　　主管领导:　　　　　编制司局(处室)负责人:

四、国有资产负债表编制的关键点

制定和实行国有资产负债表制度并实现其实践效果,有赖于制度设计的科学性和系列保障措施的跟进,尤其是应明确其编制的关键点。

（一）遵循公认会计核算及报告原则

国有企业要切实增强自己的责任意识,在编制资产负债表时,应遵循公认或者统一的标准和原则予以编制。国有企业的如实反映是落实国有资产负债表制度的基础保障,这不仅是企业对外提供高质量会计信息的保证,也是编制高质量国有资产负债表的基础。因此,各国有企业必须严格按照《企业会计准则》的要求进行账务处理,所有国有企业的资产、负债等情况,都需要按照公认的会计核算原则进行反映,遵循会计信息质量要求,如实编制并报告资产负债表,并接受上一级的审查和监督。如果国有企业的基础数据存在问题,那么根据国有企业的资产负债表层层汇总编制的报表质量会大打折扣,国有资产负债表的编制也失去了其价值和意义。

（二）对内部交易和持股比例的考量

国有资产负债表由国资委编制,以各企业集团或国有资本投资运营公司提交的合并报表为基础。企业集团编制合并财务报表时,必须抵消集团范围内各企业之间的内部交易,以及因此产生的资产和负债。这是基于一体化原则的考虑,企业集团内部的各子公司间的交易活动,只是内部的资金运动或者资金调拨,不属于真正的市场交易活动,不会产生新的资产、负债,同时也是为了避免集团通过内部交易虚增利润和资产。而国资委编制国有资产负债表不需要抵消内部交易,国资委监管下不同企业集团之间的交易行为,是供需双方正常的市场行为,建立在公允价值基础之上,既不会虚增集团的利润,也是企业集团经营业绩的体现,交易抵消反而会抹杀企业集团的正常经营业绩,不能如实反映企业集团的对外经营情况。正常情况下企业合并报表的编制是建立在控制基础之上的,但是国有资产负债表旨在摸清"家底"以加强监管,因而其编制可以建立在拥有基础之上,各企业集团编制的合并报表汇总至当地国资委,由国资委按持股比例,汇总各企业集团的合并报表,形成地方国有资产负债表。

（三）各政府职能部门协同配合

第一，国资委通过制度规范提供编制指引及约束。国资委是国有企业的监管主体，其出台的系列文件既是国有企业的行动指引，也是对国有企业的约束。国资委作为国有资产负债表的编制主体，应出台关于编制国有资产负债表的相关文件，明确各国有企业国有资产负债表的编制要求、时间、程序等具体事项，确定国有资产、负债的分类和分项标准。国资委以出资人的身份要求国有企业按照统一的报表格式以及内容定期报告，各地国资委应切实履行出资人管理职能，将本行政区域的国有资产负债表在官网公开披露，使国有资产的运营受到广泛的监督。

第二，政府相关部门审查国有企业的资产、负债并进行法律确认。由于我国尚未建立国有资产负债表报告和审查制度，需要对国有资产、负债进行法律确权。在初次编制国有资产负债表时，各地国有企业应首先进行内部国有资产的核查，并在规定的时间内提交给上级部门审查。国有企业需根据清查文件的要求，核查本企业拥有的国有资产和承担的负债等。例如清查固定资产、核查国有资产处置报批的合法性和真实性等，并由国资委的资产清查小组和统计部门进行监督，保证国有企业中国有资产的完整性和真实性，为国资委编制真实、完整的国有资产负债表提供坚实基础。

第三，国有资产负债表相关主体责任明确、协同配合。在明确各级国资委作为国有资产负债表的编报主体及主管部门后，由国资委牵头负责，同级统计部门、审计部门和其他部门辅助配合报表的编制工作。职责分工如下：财政部门是国有资产负债表的接收和审查主体，对国有资产负债表报告及审查制度进行立法，明确相关编制和审查要求，财政部门带头认真履行职责并由各级财政部门落地实施。国家审计部门加强对国有资产负债表质量的审计，各部门协同配合，做好国有资产、负债的确权、统计和审计工作。国有资产负债表的编制不能只依赖于某个部门的管理,需将各个政府主体联结起来各司其职,形成管理链条,通过制度规范提供指引及约束,健全新型国资监管体制下国有资产负债的信息披露制度。

第二节　政府国资监管信息披露制度

政府作为以管资本为主的国资监管体制链条上的重要一环,代表国家履行出资人职责,享有所有者权益。建立政府国资监管信息披露制度,公开国资监管机构履行国有资本出资人职责情况,既是建设"阳光政府"、提高政府管理效能和服务水平的积极举措,也是政府作为出资人和监管人解除受托责任,完善社会监督和外部治理的重要前提。本节梳理政府国资监管信息披露的治理逻辑,并结合目前政府国资监管信息披露制度现状,构建政府国资监管信息公开体系,提出完善政府国资监管信息披露制度的对策建议。

需要说明的是,为了确保政府的社会公共管理与国有资产出资人两项职能相分离,遵循政企分开、所有权与经营权分开的原则,2003 年 5 月国务院颁布的《企业国有资产监督管理暂行条例》明确规定,国务院及地方人民政府分别设立国资监管机构代表各级政府履行出资人职责,监督管理企业国有资产。本节探讨的基于政府主体的国资监管信息披露制度,即以国务院国资委以及地方政府国资委为主体的国资监管信息披露制度问题。

一、政府国资监管信息披露的治理逻辑

国有资产是全体人民共同的宝贵财富,国有资产的用途、保值增值情况都影响全体人民的共同利益,全体人民有权了解、监督国有资产的经营和管理。国资监管机构作为政府的直属特设机构,根据法律明确规定,有权代表国务院和地方各级政府以出资人身份享有股东权利,履行股东职责,主动监督管理企业国有资产,代表政府对其授权经营的国家出资企业在依法履行出资人职责

过程中,制作、获取了国有资本运营与监管的有关信息,按照"谁制作谁公开、谁保存谁公开"的原则,国资委具备了国有资本运营与监管信息公开的必要条件。更重要的是,推动政府国资监管信息披露既是政府履行公共管理职能的要求,也是政府履行出资人职能的要求。从学理角度分析政府国资监管信息披露的治理逻辑,是研究政府国资监管信息披露制度的起点。

（一）国资监管信息披露是政府履职的基本要求,是推动政府治理能力现代化的重要保证

我国是人民民主专政的社会主义国家,人民政府作为行政机关履行经济管理职能,领导和管理本行政区域内的经济工作。国有经济是国民经济的主体,国有企业是中国特色社会主义经济的顶梁柱,促进国有经济发展,做强做优做大国有企业,依法对企业国有资产实施监督管理,是各级政府履行经济职能必须抓好的头等重要工作,其履职情况属于政府信息公开的内容,自然应当向服务对象公开报告,并以制度的形式固定下来。除了履行经济管理职能,政府还应承担公共管理与公共服务职能。政府以行政管理角色履行国资监管职能,获取国有资本运营情况以及国有资本经营预算等信息,这些信息对于满足法人、公民或者其他组织的生产、生活、科研等需要具有积极意义。国资监管信息属于政务信息的范畴,政府主动公开国资监管信息既能够充分发挥国资监管信息对人民群众日常生产、生活和经济社会活动的服务作用,进一步深化"放管服"改革,优化营商环境,也是打造服务型政府,建设阳光、有为政府的必然要求。

自 2016 年 2 月中共中央办公厅、国务院办公厅印发《关于全面推进政务公开工作的意见》,2019 年 4 月国务院公布修订后的《政府信息公开条例》以来,在制度的推动下,政务公开总体取得了较大成绩,公开内容基本覆盖了政府权力运行全流程、政务服务全过程,使政务公开的制度化、标准化、信息化水平有了很大提升,公众参与度显著提高。政府在推进新时期混合所有制改革

中,需要赢得更多的社会支持,也需要依靠全民参与国有资产监督,守护共同财富,也必然要求政府继续推进和完善国资监管信息公开制度,进一步增加人民群众对国资国企改革的知晓度,建立信息公开平台,积极回应人民群众对混合所有制改革是否会引发国有资产流失等问题的质疑,提升全民参与度和满意度。以信息公开为前提,在保证知情权的基础上,鼓励人民群众广泛参与国有企业治理过程,协同国有企业内外部治理,这必将在极大地提升政府公信力的同时,提升政府的治理水平与治理能力。

（二）国资监管信息披露是政府作为国有资本出资人的基本义务,是国有资产终极所有者评价、监督代理人的重要依据

除了承担国家社会公共管理职能以外,依据2008年10月第十一届全国人大常委会第五次会议通过的《企业国有资产法》,国务院和地方人民政府代表国家对国家出资企业履行出资人职责,享有出资人权益。进一步,国资监管机构在本级政府的授权下,对国家出资企业行使出资人职权。由此实现政府与国有企业间的隔离,达到政企分开、不干预企业依法自主经营的目的。国资监管机构依据《公司法》《企业国有资产法》《企业国有资产监督管理暂行条例》等法律法规以及公司章程的规定,一方面,以国资监管代理人的身份履行监管职责;另一方面,以出资人身份承担股东义务,享有股东权利,依法依章程对所出资企业的财务状况、经营成果等实施监督,借助国有资产保值增值指标体系对国有企业经营绩效进行考核,并以考核结果为依据对企业主要负责人实施评价,进而实现维护国有资产终极所有者的权益,促进企业国有资产保值增值,防止企业国有资产流失的目的。因此,国资监管机构应进行高质量的信息披露,及时公开出资人履职情况,解除国有资本授权经营与监督的责任,接受委托人的监督与评价。

从最根本上看,国资监管机构的出资人资格与权利来源于全体人民的共同授权,人民授权的过程同时内含了监督权的获得。国资监管机构

履行监管职权的情况以及所监管国有企业运营情况,理应接受国有资产终极所有者——全体人民的共同监督。监督必须以公开为前提。公开本身就会起到自我监督的效果,公开会对国资监管机构履职产生压力,倒逼国资监管机构加强企业国有资产监督管理工作,以免引发问责。只有提升国资监管机构工作的透明度,为监督提供明确稳定的制度路径,才能将全民的监督权落到实处,以公开促进国资监管机构更好地依法履行法律赋予的出资人职责。

(三) 国资监管信息披露是国有资本全民、公共属性的内在要求,也是国有资本异质性视阈下顺利推进分类改革的保证

资本的流动与增值属性本身就内含了公开的基本要求。国有资本是全民的资本,必然要用来满足国家和人民群众的权益,国有资本运营所设定的保值增值基本目标也必须要与服务全民利益相结合。根据全国社会保障基金理事会公开的数据显示,"十三五"时期,全国社保基金累计投资收益 6857 亿元,年均投资收益率 7.58%[1],仅 2020 年,社保基金投资收益额为 3786.60 亿元,投资收益率高达 15.84%。[2] 这其中,就有国有资本划转股权充实到社保基金的作用。截至 2020 年年底,中央企业股权划转规模近 1.67 万亿元。[3] 国有股权划转社保基金这一做法,充分体现了发展为了全民,发展成果惠及全民的共享发展理念。无论是国有资本的全民属性,还是国有资本收益的全民共享,都内含了以公开透明方式将国有资本的运营状况与结果及时提供给全体人民,接受全体人民的监督的基本要义。国资监管机构作为国有资本出资人代

---

① 《"十三五"时期全国社会保障基金事业发展取得显著成绩》,2021 年 11 月 16 日,见 http://www.ssf.gov.cn/portal/hndt/hndt/webinfo/2021/11/1639751491896282.htm。

② 《2020 年全国社会保障基金理事会社保基金年度报告》,2021 年 8 月 18 日,见 http://www.ssf.gov.cn/portal/jjcw/sbjjndbg/webinfo/2021/08/1632636003310029.htm。

③ 《"十三五"时期全国社会保障基金事业发展取得显著成绩》,2021 年 11 月 16 日,见 http://www.ssf.gov.cn/portal/hndt/hndt/webinfo/2021/11/1639751491896282.htm。

表,在履职过程中制作、获取了最系统和完整的国资监管信息,自然负有主动公开国资监管信息的义务。尤其是新时代,以增强国有经济活力,放大国有资本功能,提升核心竞争力为主要任务的混合所有制改革与其他各项改革措施一起,最终都是为了实现人的全面发展和社会的全面进步,促进缩小区域差距、城乡差距、收入差距,解决人民日益增长的美好生活需要和不平衡不充分的发展之间的矛盾。因此,国有资本的配置合理与否,国有资本的增值是否达到预期,国有资本收益是否用于公共目的,都必须把成绩单交由人民来评判,由人民来监督。

与一般企业追求利润最大化的目标设定不同,国有企业肩负着国有资本价值最大化这一基本经济目标外,还不同程度担负着实现战略目标和社会目标的重要使命。为了用好国有资本,有针对性地推进改革,提高各项政策的效果,2015年12月《国资委 财政部 发展改革委关于印发〈关于国有企业功能界定与分类的指导意见〉的通知》依据国有资本的战略定位和发展目标,考虑国有企业在经济社会发展中的作用与任务,将国有企业划分成商业类和公益类,以突出差异,分类精准施策。增强国有经济活力、放大国有资本功能、实现国有资产保值增值是商业类国有企业的首要经营目标。基于此,商业类国有企业应严格按照现有法律法规实施信息公开,打造高效的监督体制机制,防止国有资产流失。其中,对于主业处于关系国家安全、国民经济命脉的重要行业和关键领域、主要承担重大专项任务的商业类国有企业,其着力点是保障国家安全和国民经济运行,追求经济效益、社会效益与安全效益的有机统一。因此需要进一步加强和推进信息公开以保障国有资本布局符合国家重大战略要求,督促企业聚焦主业,更好地配合国家宏观调控政策。公益类国有企业的主要经营目标是保障民生、服务社会、提供公共产品和服务,对于这类企业,应加大信息公开力度,接受社会监督,以提升公共产品、公共服务的质量和效率,降低成本,满足人民群众对更高生活质量的追求。另外,随着生态文明建设被提升为国家战略,国有企业在保护生态、减碳降碳、绿色发展、节能环保等方面必须起到带动作用。国有企业应积极探索社会责任和"环境、社会及治理"(Environmental,Social and Governance,ESG)信息披露的中国方案,公开和宣传成功做法,引领全社会努力按期实现"3060目标",推动生态效益更好地转化为经济效益、社会效益。

二、政府国资监管信息披露制度存在的问题

(一) 政府国资监管信息披露制度建设问题

通过梳理11项与政府国资监管信息披露相关的制度可以发现,与政府国资监管信息披露相关的制度已较为丰富,规范内容也较为全面(见表7-3)。其中,公开的内容主要包括宏观层面的国有资本整体运营情况、中观层面的地区和产业国有资本布局和效益情况,以及微观层面企业国有资产保值增值及经营业绩考核总体情况,另外还有国有资产监管制度和监督检查情况,以及承担公共服务、执行国家战略、履行社会责任情况等。

表7-3 政府国资监管信息披露制度汇总

文件名称	时间	发布机构
《国务院国有资产监督管理委员会国有资产监督管理信息公开实施办法》	2009	国务院国资委
《企业国有资产法》	2009	全国人大常委会
《国务院国有资产监督管理委员会信息公开指南》	2010	国务院国资委
《中共中央关于全面深化改革若干重大问题的决定》	2013	中共中央
《中共中央 国务院关于深化国有企业改革的指导意见》	2015	中共中央、国务院
《国务院关于国有企业发展混合所有制经济的意见》	2015	国务院
《国务院办公厅关于加强和改进企业国有资产监督防止国有资产流失的意见》	2015	国务院办公厅
《国务院关于改革和完善国有资产管理体制的若干意见》	2015	国务院

文件名称	时间	发布机构
《国务院办公厅关于转发国务院国资委以管资本为主推进职能转变方案的通知》	2017	国务院办公厅
《政府信息公开条例》	2019	国务院
《国务院国有资产监督管理委员会信息公开指南》（修订发布）	2021	国务院国资委

总体来看,政府国资监管信息披露制度框架已基本搭建完毕:在顶层设计上,2013 年 11 月《中共中央关于全面深化改革若干重大问题的决定》首次提出"探索推进国有企业财务预算等重大信息公开",2015 年 9 月《中共中央 国务院深化国有企业改革的指导意见》提出"实施信息公开加强社会监督"的总体要求;在法律法规层面上,有《企业国有资产法》对"国务院和地方人民政府应当依法向社会公布国有资产状况和国有资产监督管理工作情况,接受社会公众的监督"的权威规定,以及国务院出台的《政府信息公开条例》《国务院办公厅关于加强和改进企业国有资产监督防止国有资产流失的意见》《国务院关于改革和完善国有资产管理体制的若干意见》《国务院办公厅关于转发国务院国资委以管资本为主推进职能转变方案的通知》等法规政策文件中也涉及政府国资监管信息应主动公开,加强社会监督的基本要求,还有 2009 年 2月《国资委关于印发〈国务院国有资产监督管理委员会国有资产监督管理信息公开实施办法〉的通知》《国务院国有资产监督管理委员会信息公开指南》等专门针对政府国资信息公开的具体操作指引,共同构成了从顶层设计到法律法规的完整制度体系。

但从发挥制度的预期效果到制度的具体执行来看,现有制度仍存在进一步改进之处。例如,对于公开的要求仍过于笼统,信息公开的内容尚需进一步细化,公开主体还不够具体;对于违反政府国资监管信息公开要求或未全面、正确履行公开义务的行为,缺少严格的纠正和追责规定;缺乏对信息公开的评价考核办法并形成激励约束机制;为了扩大信息公开的影响,积极发挥信息公开对国企改革、国资监管的促进作用,还缺乏配合有关利用信息引导利益相关者,尤其是社会公众、媒体舆论、第三方专业机构参与监督的规定。此外,地方各级国资委基本完全参考国资委的各项制度,因此也存在相同的问题,且在与国务院要求保持一致的前提下,因地制宜出台适应性更强的规定尚不够充分。

因此,在现有制度的基础上,有关部门应出台更具体、可操作性的具体办法与现有制度相配合,明确国资委的信息公开主体责任,确定具体部门的信息公开职责,明确违反制度规定的法律责任;细化信息公开的内容、流程和方式;出台信息公开的评价、考核规定,以及引导外部监督主体参与监督的途径和方式。

(二) 政府国资监管信息披露制度执行问题

通过查询国务院国资委和地方国资委网站发现,以国资委为主体的政府国资监管信息公开实践取得了一定成果。以国务院国资委为例,国务院国资委充分发挥了网站、《国务院国有资产监督管理委员会公告》及其他指定公开平台载体作用,依法依规、及时准确公开相关信息。

第一,主动公开了国资监管、规章规范性文件、财政信息、其他信息以及政策解读等内容,并对接收到的依申请公开信息作出依法依规处理。其中,国资监管方面,公开了财务监管、产权管理、改革重组、考核与薪酬、企业领导人员任免、社会责任等重点内容,覆盖面较广,基本涵盖了《关于印发〈国务院国有资产监督管理委员会固有资产监督管理信息公开实施办法〉的通知》《国务院国有资产监督管理委员会信息公开指南》规定的绝大部分公开内容。规章规范性文件方面,发布了国资委当年新制定的规章、规范性文件,以及国务院及其他部委有关国有资产监督管理的政策、法律法规和规范性文件。财政信息方面,在网站公开了下年度部门预算、本年度部门决算信息,并设立预决算公开专栏,汇总集中公开信息,便于社会公众查询监督。其他信息方面,在网站及时公开当年公务员考录、党建工作、精神文明建设等内容。政策解读方面，对重要政策文件、重点工作和重大事件等解读宣传工作，加大政策解读力度，积极主动引导社会舆论，广泛凝聚社会共识。

第二，公开了政府信息管理情况。持续加强存量信息管理，持续优化网站"信息公开"栏目，对栏目已公开信息进行清理调整，更新完善了主动公开信息发布的台账。进一步明确了已发布信息的标题、类型、成文时间、发布时间、发布责任主体等信息，达到了已发布信息底数清，公开规范的效果。

第三，不断完善平台建设。对国资委网站和微博、微信等信息平台进行持续优化。在"政务公开"专栏，整合升级了网站"政策""信息公开""国资委公告"栏目，作为政务公开权威发布平台，形成了公开协同效应。优化信息栏目设计、完善信息处理流程，提高了社会公众的满意度。充分发挥新媒体平台灵活性、互动性、可视化特点，增强了国资监管政策发布和解读信息的传播力与影响力。

相比制度要求，政府国资监管信息公开实践上也存在需要进一步改进之处。

第一，重要信息公开完整性不足。《中共中央　国务院关于深化国有企业改革的指导意见》《关于印发〈国务院国有资产监督管理委员会固有资产监督管理信息公开实施办法〉的通知》均要求公开的，例如国有资本宏观层面整体运营和监管、微观层面企业国有资产的经营总体情况、企业国有资产保值增值等重要信息，没有以规范、系统、完整的形式公开，信息使用者只能通过新闻报道等渠道获得零散信息，信息的有用性大打折扣。

第二，信息公开的方式不够规范。《关于印发〈国务院国有资产监督管理委员会固有资产监督管理信息公开实施办法〉的通知》规定，国资委通过《国务院国有资产监督管理委员会公告》、国资委官方网站、新闻发布会和其他新闻媒体等途径主动公开信息，但是从信息使用者角度看，获取信息最及时、最便利的网站途径并没有设置专栏提供查询和检索，门户网站、新闻发布会或新闻媒体公开的信息都较为零散,不成体系,导致信息完整性、可比性不足,降低了信息的可获得性和可用性。

第三,信息公开的实质作用尚未完全发挥。信息公开作为参与监督和治理的基础工作,应充分发挥其对决策、评估、预测、判断的价值,但目前从公开的形式和内容来看,信息公开的象征意义远大于其发挥的实际应用价值。一方面,是由于国资委在信息公开方面尚不完善,没有提供监督和治理主体参与的路径;另一方面,外部监督和治理主体并未形成积极利用信息、挖掘信息的意识,两方动机不够充足的情况,也导致了政府国资监管信息实践领域的滞后。

三、政府国资监管信息披露制度的完善

政府国资监管信息披露制度现状与治理逻辑之间所存差距,要求以提升政府治理能力和治理水平,监督出资人履职尽责为目标,坚持问题导向,提出推进政府国资监管信息披露制度完善的对策。

(一) 构建政府国资监管信息披露制度体系

政府国资监管信息披露制度体系应全面规范作为国有资本出资人代表的国资委在履行国资监管职责过程中的信息披露问题,主要包括政府国资监管信息披露制度、政府国资监管信息披露监管制度以及政府国资监管信息披露诉讼制度。

回顾现有制度,有关规范政府国资监管信息公开的文件虽然较多,政府国资监管信息公开工作的制度架构初步形成,但受制于历史和现实原因,再加上相关理论研究的滞后,政府国资监管信息公开的制度仍存在改进的空间。一是现有制度不够细化。包括国资监管信息在内的政府信息公开制度起步较晚,整体还处于不断完善的阶段。因此比照政府国资监管信息公开的现实需求与实践,反映出制度供给不足的问题比较严重,具体表现为信息公开制度的

体系性不强、信息公开的评价规范不统一。二是监督制度不尽完善。按照既有的信息公开制度安排,国资委对所监管的国有企业信息公开负监督职责,但鉴于国资委在人力、物力和精力等多方面的限制,单一的监督主体显然不能完成监管企业信息公开"质"与"量"、"形"与"实"的目标,无法保证制度的最低要求。再加上在信息公开问题上,对"不作为""乱作为"的追责监督制度缺失,无法对未履行信息公开监督职责的主要责任人形成足够威慑。问责与追责制度的优劣,很大程度上影响了信息公开的行为,监督制度的缺失往往带来低效率的信息公开表现。所以,应建立全体人民、人大、政府、社会中介等各利益相关方参与的监督体制机制,避免单一监督造成的监管低效。

具体来说,政府国资监管信息公开制度应由政府国资监管信息公开的基本原则、主要内容、监督保障等部分组成,设计包括政府国资监管信息公开具体制度、保障制度与诉讼制度等在内的一整套体系。其中,政府国资监管信息公开具体制度是制度体系的主体和核心,主要明确政府国资监管信息公开的主要目标、基本原则、公开主体、公开内容、公开方式等具体问题;保障制度提出政府国资监管信息公开制度体系的落实方式,主要明确政府国资监管信息公开的监督主体、保障方式等内容;诉讼制度是政府国资监管信息公开制度体系落实的法律保障,有利于维护利益相关方参与治理的合法权益。

1.政府国资监管信息公开制度

第一,主要目标。建立政府国资监管信息公开制度是为了提高政府国资监管机构工作的透明度,促进依法、高效、主动履职,充分发挥国有资产监督管理信息在服务人民群众生产、生活和经济社会活动中的作用,进一步加强和完善国有资产监督,守好全民的共同财富,维护全民的合法权益,防止国有资产流失。

第二,基本原则。政府国资监管信息公开,应坚持依法、公正、公平、准确、及时、便民的原则,做到"公开为常态、不公开为例外"。但是,公开之前必须严格履行保密审查程序,以确保公开的信息不会给国家安全、公共安全、经济安全和社会稳定造成任何不利影响,也不得侵犯企业公开主体自身的合法权益,不能涉及商业秘密或个人隐私。公开信息涉及第三方的,应当与其进行沟通,争取对方确认和同意。已到保密期限的自行解密,应主动及时公开。

第三,公开主体。国务院国资委和地方政府国资委以及其他部门、机构根据法律授权代表本级政府对国家出资企业履行出资人职责。履行出资人职责的机构接受政府委托承担着国有资产的保值增值责任,必然须向政府报告履职,对委托人负责,主动接受委托人监督和考核,其理应成为政府国资监管信息公开的主体。另外,国务院和地方人民政府作为行政主体,也应在政府年度公开报告中涵盖本级国有资本投资运营的总体情况等内容。

第四,公开内容。国务院国资委和地方政府国资委主动向社会公开的内容应以公开制度的基本目标为导向,最大限度满足法人、公民或其他组织在生产、生活、科研等方面对国有资本运营与监管信息的需求。主要包括国资委的基本概况、国资委履职相关的法律法规、国资委履职的主要目标与内容、国资委履职的具体措施与成效、所出资企业经营情况、所出资企业国有资产统计信息、国资委对出资企业的考核与监管情况、国资委工作人员的招录、国资委的联系方式等。

第五,公开方式。不同于国有企业对国有资本运营信息应主动披露的要求,政府国资监管信息需根据内容、性质,分为主动公开和依申请公开。国资委需主动公开的国资监管信息,应重点通过《国务院国有资产监督管理委员会公告》或地方政府国有资产监督管理委员会公告、国资委官方网站、新闻发布会以及报刊、广播、电视等方便公众知晓的方式公开,国资委应在国家档案馆、图书馆等公共场所设置查阅设施,最大限度为公民、法人或其他组织获取信息提供便利。公民、法人或者其他组织出于自身生产、生活、科研等特殊需要而申请公开的信息,应当按照其要求的形式予以提供,或为其获取信息提供条件。

2.政府国资监管信息公开保障制度

第一,经费保障。信息公开属于国资委职责之一,为充分保障国资监管信息公开工作的正常开展,所需经费应当纳入年度预算并实行专项管理。第二,要建立和完善国资监管信息公开工作考核、社会评议和责任追究制度,落实定期对信息公开工作进行全面评价和总结的要求。第三,国资监管信息公开工作应主动接受社会公众和媒体的监督、评议,认真研究采纳社会公众和媒体的有益建议,对有关信息公开工作的舆论焦点问题应当积极认真整改。第四,国务院国资委指导地方国有资产监管信息公开工作。第五,国资委等相关部门违反法律和制度规定,未履行依法公开义务的,由驻国资委纪检监察组责令改正,情节严重的,对负有直接责任的主管人员和其他直接责任人员依法给予行政处分。

3.政府国资监管信息公开诉讼制度

第一,诉讼权利。获取政府国资监管信息,保障知情权和监督权是法律法规赋予公民的基本权利。公民、法人或者其他组织认为国资委在政府国资监管信息公开中未履行法定职责,或履行职责不当,导致其合法权益受到侵害时,可以通过行政诉讼的途径,维护自己的合法权益。

第二,诉讼情形。政府国资监管信息公开诉讼制度中,诉讼主体包括公民、法人和其他组织。修订后的《政府信息公开条例》不再对诉讼主体设置"生产、生活、科研等特殊需要"的附加条件,这将大大减少申请人的诉讼障碍。相比以国有企业为被申请人或被告面临的司法实践困境,国资委作为政府的特设机构,如果其违反信息公开条例规定,原告依照《政府信息公开条例》提起行政诉讼,并不存在直接的法律适用障碍。

（二）明确政府国资监管信息披露的内容

继续完善政府国资监管信息公开要求。主要从公开内容、公开方式、信息质量、评价考核、信息运用等方面努力。

一是突出公开重点。适应国资委管资本为主的职能转变要求,政府国资监管信息公开应聚焦强化管资本职能,落实保值增值责任,加强国有资产监督,防止国有资产流失等方面。重点公开完善规划投资监管、国有资本运营、强化激励约束,以及出资人管理和监督的有机统一、外派监事会监督履职情况。另外,对精简的监管事项也要及时公开,保障依法监管,减少对企业正常经营活动的干预。

二是细化公开内容。以《信息公开指南》为基础,应将每条要求进一步分解细化,使每条内容清晰易懂,避免要求过粗带来的解读困难,也防止在公开的时候出现避重就轻的情况。同时,细化指标也方便了后期的评价考核工作。为了增加信息的可比性,在保持信息公开内容框架基本稳定的前提下,至少应公开连续两期的信息。

三是出台分类标准。国有企业分类改革背景下,应区分商业类和公益类国有企业的不同战略定位与发展目标,研究出台共同但有区别的信息公开要求,提升国资监管透明度水平,更好地服务外部评价和监督。对商业类国有企业主要公开管资本的情况,包括对国有资本在布局、回报、运作、安全等方面的监督情况。其中,对于主业处于充分竞争行业和领域的商业类国有企业应将重点聚焦在集团企业层面,关注董事会行使重大决策、选人用人、薪酬分配等现代公司制企业制度的建立与完善等情况。对主业处于关系国家安全、国民经济命脉的重要行业和关键领域、主要承担重大专项任务的商业类国有企业,重点公开总体国有资本布局,企业聚焦主业,服务国家重大战略和宏观调控政策等的情况。公益类国有企业应以社会需求为导向,公开其提供公共产品和公共服务的质量与效率,接受社会监督。

四是完善公开方式。国资委应在门户网站、微信公众号等平台开设国资监管信息公开专栏,提供简明、清晰、便捷的入口,方便社会公众、新闻媒体等外部监督方方便、及时地查询下载信息。《国务院国有资产监督管理委员会公告》等信息也应以电子形式存储于门户网站,便于信息查询下载。

五是提升信息质量。在保证信息内容完整性的基础上,应积极试点引入第三方鉴证评价工作,提高公开信息的真实性、可读性,提升信息的价值。尤其是随着社会责任报告、可持续发展报告和 ESG 报告日益兴起,应充分发挥高质量非财务信息在解释财务信息方面的重要作用,以及在风险防控、前景预测、投资评价等方面的重要价值,避免成为企业宣传和包装的工具。

六是建立评价考核。为了充分发挥信息公开的价值,更好引导国资委履行监管职责,应积极推进信息公开评价考核机制,委托第三方对信息透明度进行专业评价后,实施奖励或惩罚,并将信息公开考核结果纳入国资委年度考核范围,考核结果也应公开,广泛接受社会监督。

七是引导信息运用。国资委应开拓多种途径,采用多样的方式,引导社会公众了解国资监管工作的重要意义,加强与社会的沟通交流,在门户网站、公众号等信息平台积极推送国资国企改革信息,为国资国企改革赢得广泛的群众基础。

(三) 强化政府国资监管信息披露监管

政府国资监管信息公开监督方面,主要是完善政府国资监管信息披露制度并加强监督主体履职。

一方面,要完善政府国资监管信息披露制度。积极适应管资本为主的监管体制转型,应尽快出台管资本为主的政府国资监管信息公开指引和国有企业分类信息公开指南,以制度为依据,便于监督主体依法履行监督职能;另一方面,要加强国资监管主体尽职履职。作为政府的直属特设机构不仅承担了国资监管责任,还代表着政府的形象和公信力,国资委的透明度也反映了服务型政府的建设成效。因此,在信息公开领域,政府应加强对国资委工作的指导和监督,落实党中央、国务院关于国资监管信息公开的各项规定,指导省、市、县各级国资监管部门信息公开工作。全国人民代表大会及地方各级人民代表大会是权力机关,对国资监管与信息公开有关法律法规落实情况可以行使人大的立法监督权。应加强人大国有资产和信息公开监督,保障政府和国资委高效履职。作为国有资产的外部监督主体,社会公众与媒体舆论对国资运营及国有资本的保值增值情况享有知情权。社会公众是政府国资监管信息公开的主要对象,信息公开保障了社会公众的基本权益,应加大社会宣传力度,提升社会公众的主人翁意识,不断为社会公众关心监督、参与监督营造良好的社会环境,并提供便利的监督参与渠道。同时应进一步完善国资委与社会公众的双向互动机制,促进双方的交流,避免单向沟通、低效沟通的情况。媒体舆论作为最经常、公开、广泛的一种监督方式,应发挥其影响力,积极促进国资委与外界的互动,并在信息公开方面监督国资委具体公开制度的执行情况。另外,社会中介机构作为独立的专业机构,应发挥其独立和专业优势,发挥独立监督的作用。

(四) 完善政府国资监管信息披露诉讼

政府国资监管信息披露制度还需要建立完善的法律保障机制,为申诉人提供通过诉讼获得公开信息、维护自身合法知情权的法律途径。

第一,拓宽政府国资监管信息披露诉讼的法律依据与受案范围。政府国资监管信息披露制度以实现、保障全民知情权和监督权为目标,政府国资监管信息披露诉讼的受案范围决定着全民知情权和监督权受保护的范围。目前涉及政府国资监管信息披露并可作为诉讼判决依据的法律法规主要包括以政府为信息公开主体的《政府信息公开条例》《企业国有资产法》《企业国有资产监督管理暂行条例》等。但这些法律法规对以诉讼方式维护全民知情权的规定不够充分和具体,因此,应建议法律制定部门修订和新增有关支持权利人在无法通过正常渠道获取国资监管信息情况下,通过诉讼维护知情权的明确规定。在具体受案范围的规定上,应坚持"以公开为原则、不公开为例外",除涉及国家秘密、商业秘密或个人隐私的信息,其他原则上均属于公开的范围。

第二,从宽界定政府信息披露诉讼的原告主体资格。由于国有资本运营信息和政府国资监管信息在一定程度上会有重合,在提起诉讼时,如有"平行选择"制度(王娅,2019)的保障①,可最大限度降低诉讼成本,最大程度保障申诉人的知情权和监督权。这一制度虽会带来一定程度上的司法成本的提升,但在目前国资国企信息公开制度尚不完善的背景下,可以对监管行政行为起到矫正作用。

第三节　国有资产管理情况报告制度

国有企业是国民经济稳定运行的"压舱石",在深化市场经济改革和建设社会主义现代化国家的历史进程中发挥着重要作用。面对复杂多变的国内外政治、经济与社会发展环境,更加需要保护好、管理好、发展好国有经济,因此国有企业资产运营、管理及改革的相关信息备受社会关注。建立国务院及地方政府向同级人大常委会报告国有资产管理情况制度(以下简称为"国有资产管理情况报告制度"或"报告制度"),依法、合规、及时、准确的披露国有资产(包括企业国有资产、金融企业国有资产、行政事业性国有资产、国有自然资源资产)的管理情况,是提高国资监管质量,完善国有资产管理治理体系的重要举措,更是宪法精神在国资监管领域的实际体现,有着切实的理论基础、丰富的制度内涵和现实意义。

根据 2017 年 12 月《中共中央关于建立国务院向全国人大常委会报告国有资产管理情况制度的意见》,2018 年 10 月 24 日,十三届全国人大常委会第六次会议审议了《国务院关于 2017 年度国有资产管理情况的综合报告》,这是自新中国成立以来国务院首次就国有资产管理情况向全国人大常委会作出的正式报告。截至 2022 年 11 月,国务院关于国有资产管理情况的综合报告已连续五年公开发布。在地方层面,各省、直辖市、自治区均陆续出台具体制

---

① 王娅:《在自由与规范之间:国有企业政治治理中的信息公开》,《云南社会科学》2019 年第 2 期。

度措施,促进国有资产情况报告制度落到实处。由此可见,国有资产管理情况报告制度的落实已取得一定成果,报告规则、程序和内容结构实现了完整建立,审议的合法性、严肃性与延续性得以凸显,报告的政治、经济与社会意义正逐步体现。

本节聚焦企业国有资产,分析国有资产管理情况报告制度的治理逻辑与现实意义,归纳国有资产管理情况综合报告的主要特征,提出改进对策,并讨论以报告制度实行为契机促进国资监管协同的相关理论和实践问题,以期推动国资监管体系实现现代化转型。因金融类国有企业和文化类国有企业在功能定位、经营特性与业务特点及监管体制等方面均具有特殊性,故本节不做专门探讨。但笔者认为,基于委托代理理论对报告制度的治理逻辑与现实意义的阐述,在不同类别的国有企业间具有"普适性"。从国有资产的产权关系上看,国资监管包含两个主要层次:一是国有资产出资人对国有资产的受托运营管理情况实施监督、评价与督促改进;二是各级人大对出资人在保护国有资产,发展国有经济等工作上的履责情况进行监督。基于此,国有资产管理情况报告制度的建立既有加强人大监督,优化国资监管工作,科学推进国资改革的现实考量,又体现了维护公民基本权利,开辟社会监督新途径的社会意义。一方面,国有资产广泛分布于各区域(或行政区划)与国民经济的各部门(或各行业),已融入我国经济社会改革发展的各阶段,对国有资产管理情况的监督与评价离不开相关信息的准确收集、综合整理与及时披露。该报告即是通过层层落实,合理整合各类信息,最终所形成的国资运行的完整图景。它既可作为科学制定国资发展规划的基础,又可严肃国资监管工作,促进监管改革。另一方面,人大监督的权威性、主动性的体现与对法律制度的有效贯彻,需要有国资信息这样可靠的抓手作为支撑和可执行的规则予以保障。国有资产管理情况报告制度兼有两者。此外,随着现代化治理体系的建立与公民法治意识的提高,社会监督在推动改革持续深化的过程(例如反腐等工作)中发挥着重要作用,社会舆论在保障公民对国有资产管理情况知情权上所表达的关切愈加明显。因此,报告制度的建立既是完善现代国资监管体制的重要举措,又是对加强信息透明与社会监督等舆论呼吁的明确回应。

一、建立国有资产管理情况报告制度的理论依据与现实意义

国有资产管理情况报告制度的建立是国资监管与治理现代化进程中的重要举措。一般认为,正式制度是制定者对某项事务治理逻辑的规范表达,对其受众行为具有较强的约束力。国有资产管理情况报告制度亦不除外,其治理逻辑可概括为:在我国现行法律框架下,以重要国资信息的生成(包括收集、梳理与分析)、审议与披露为主要方式,缓解国有资产产权关系中的内在冲突,保护所有者权益。依此,报告制度的实施将在改进国资监管和促进政府履职尽责等方面产生积极影响。

(一) 国有资产管理情况报告制度的治理逻辑

我国《宪法》规定:"中华人民共和国的一切权力属于人民。"人民享有平等占有生产资料的合法权利(杨春学,2017)。[1] 具体到国有资产,《企业国有资产法》总则第三条规定:"国有资产属于国家所有即全民所有。国务院代表国家行使国有资产所有权。"同时第七章第六十三条规定:"各级人民代表大会常务委员会通过听取和审议本级人民政府履行出资人职责的情况和国有资产监督管理情况的专项工作报告,组织对本法实施情况的执法检查等,依法行使监督职权。"由此可见,国有资产管理情况报告制度的建立具备充分的法律依据,其制度实践具有合法性与权威性。相应的,报告制度亦是对法条的具体化、程序化反映,使其能够在社会实践中有效发挥自身约束力。值得注意的是,因国有资产管理情况报告制度突出了人大监督的核心地位,故其具有了有别于其他类型监督的特性,即更强的中立性和以人民利益为中心的明确价值

---

① 杨春学:《论公有制理论的发展》,《中国工业经济》2017 年第 10 期。

取向。具体包括:一是合理保证了信息获取、报告形成及审议等环节在一定授权范围内不受政府或公民个体(或社群)自利行为的影响,保证了报告程序的中立性;二是各级人大常委会基于报告对国有资产出资人(或出资人代表)即各级政府(及国资监管部门)履职情况作出评价,保证了报告审议结果的中立性;三是报告制度的建制原则、目标、报告内容及审议结果的公开既体现了对国有资产终极所有者权益的保护也充分尊重了公民的知情权与监督权。综上,报告制度的建立与实行摒弃了包括政府在内的某一方的个体利益,而以公共利益为准绳,将以人民利益为中心的理念付诸实践。

合法性、权威性及以人民利益为中心的建制精神构成了国有资产管理情况报告制度的内核。而回答国资信息的产生与披露何以影响监管整体效能这一问题,则必须回到国有资产产权关系或结构中,沿着产权脉络,遵循解决委托代理问题的基本原则予以解析。2016 年 11 月,《中共中央 国务院关于完善产权保护制度依法保护产权的意见》指出:"产权制度是社会主义市场经济的基石",现代产权制度与法律保障成为推动经济增长与社会发展的基础要素。国有资产虽然体量大、分布广,但历经多次经济体制变革,其主要载体——国有企业的产权关系日益明晰。以"终极所有者(全体人民)—出资人代表(政府及其所属专业部门)—国有企业"为典型的产权关系模式被广泛接纳,其中各方的权利义务界定也逐步明确。与之相随,契约精神及契约本身所具有的工具作用也在解决国有资产监管问题中得以应用与发展。因此,若用隐性契约来概括国有资产经营管理活动中人民(委托人)和政府(代理人)之间的关系,那么人大监督则是委托人约束代理人不当行为、督促其履约的显性手段。国有资产管理情况报告制度作为补充、加强人大监督的新实践,弥补了经济工具(例如绩效奖、员工股权等)在激励约束政府等出资人(或出资人代表)时的缺位。实质上,形成了以明确主体责任为基础,以国资信息的生成、审议与披露为主要方式,常态化监督与问责追责相结合的激励约束机制。其具体含义包括以下两方面:

一是明确相关主体的责任。据国务院《关于2021年度国有资产管理情况的综合报告》披露,2021年全国国有企业(不含金融企业)的资产总额与国有资本权益分别达到308.3万亿元和86.9万亿元。① 如此体量的资产(资本)的运营管理与国家发展战略的执行、发展格局的形成直接相关。各级政府、国资监管部门及国有企业对发展国有经济负有共同责任。国有资产管理情况报告制度作为现行国资监管制度体系的合理补充,借由国资信息的程序化披露串联了所有者对受托各方共同履责的基本要求。以全国国有资产管理情况综合报告为例,它由国务院(及所属机构)在汇总各地国有资产管理情况后,编写报告并向全国人大常委会汇报。该程序既明确了全国人大常委会应以终极所有者代表的身份加强对国有资产运行的监督,亦明确了中央政府知悉、报告国有资产管理运营情况,发展国有经济的职责。报告内容涵盖对国有资产运营、管理、改革及监督等多环节工作的总结,直观展现了国有资产保值增值情况。同时,它也反映着国有资产委托代理链条上各责任主体履职尽责情况及各主体之间的协同合作情况。相应地,该链条上的各级政府、国有资产监管部门、国有企业都是人大监督的法理对象,都应强化自身的责任意识与履责能力,切实将人民的共同财富管理好、经营好。

二是融合常态化监督机制。监督强度与监督的持续性是有效监督的重要特征。稳定而高效的常态化监督机制将在保持监督效能的同时,合理保障国企改革的稳定性。具体到报告制度,《关于建立国务院向全国人大常委会报告国有资产管理情况制度的意见》不仅规定了报告方式与重点内容,明确了审议程序与重点,更强调了报告审议后的问责与整改要求。一方面,国有资产运营、管理及改革等情况得以序时、系统、有重点地记载与呈现,能保证关键情况均能够被真实、及时反映,抑制责任主体以证据不充分、统计时间缺乏连续性,计量口径不统一、结果不可比等主、客观事由而"应付了事"甚至"弄虚作

---

① 《国务院关于2021年度国有资产管理情况的综合报告》,2022年11月2日,见 http://www.npc.gov.cn/npc/c2/c30834/202211/t20221102_320205.html。

假"。另一方面,问责程序得以完善。报告若不结合问询,不依据问询展开问责追责,监督工作就难以落入实处并改进实践。而问责与否,问责的力度如何,是否对问题的整改情况进行追踪,既表明了监督的决心,也决定了监督的强度。对于全国人大常委会从报告中发现的疑点问题,要求国务院层层查问原委、级级落实责任,并督促其整改正是对监督有效性的维护与巩固,有利于确保国有资产运营、管理与改革的方向正确并切实取得良好绩效。值得注意的是,国有资产管理报告的编制与报告过程,也是各级政府、国资监管部门,乃至国有企业检视自身工作、发现问题的过程。相关主体可对照审议重点,参照审议意见,找准前期工作中的不足和难点,科学、合理、有重点地制订或调整工作计划,扎实有效地推进国有资产监督、国有资产运营管理、国企改革等各项工作。

(二) 国有资产管理情况报告制度与改进国资监管实践

在经济增长模式由工业化向新型工业化、信息化转型的关键时期,关键数据的收集、处理,信息解析、共享与利用成为推动经济社会发展的重要力量。国有资产管理信息在国资监管、改革与发展中属于决策所依据的基础性信息。国有资产管理情况报告制度的建立不仅提升了人大监督的整体性和有效性,还在促进国资监管信息化、现代化转型、提高监管效能上发挥着积极作用。

第一,信息获取的增量效应。面对复杂多变的环境,信息技术在提升企业适应能力、生存能力与发展能力上具有显著的积极效应。国有企业规模大,经济影响力和社会影响力大,但企业决策(或行为)变更重来的空间小。因此,无论是国资监管部门还是企业自身都需依靠及时、准确的相关信息对企业运行乃至行业发展动态变化保持关注,以便调整经营策略或实施更广范围的改革。报告制度的建立是上述需求的程序化体现,它规范并督促相关主体有重点、有质量地获取信息,不使监管工作成为"无源之水"或"空中楼阁"。作为信息获取的直接来源,国有资产管理情况综合报告不仅能够对国有资产总体情况作出"全景式"量化反映,同时深度总结了数据背后的管理情况、改革工作,有效提高了报告的信息丰富性、时效性与决策有用性,为监督和改革的有效开展增添了可靠保障。

第二,以信息为基础的监管体系建设。一方面,信息的产生与流动过程会带来积极的管理效应。从国资信息在不同主体之间的运动过程来看,国有资产管理情况综合报告的编制能够纵向连接各级政府、国有资产监管部门与国有企业,促使与国有资产管理相关的各方清查"家底",对标审视自身工作。这不仅有利于自下而上地打牢国资信息的集成基础,还可在信息加工、汇总过程中引导各主体互相了解自身的主要工作目标与绩效关注重点。在国资监管、国有企业运营管理及国企改革等方面形成更加具体的共识,降低组织间冲突(例如目标、考核标准和对象等)所带来的不利影响,提高国有资产管理的纵向协同程度。另一方面,信息的生成与输出也有利于促进监管部门间的横向协作。国资信息的系统化生成、整合与披露为搭建可在不同监管部门或相关机构间共享的信息系统提供了基础,为国资监管与国家审计、预决算审查等实现交叉连接,形成立体监督体系提供了条件。此外,国资信息的精确化、系统化、透明化也有利于国有企业提高在经营管理及改革决策方面的针对性和有效性。因此,规范信息获取、整合与共享流程,引入新兴科技挖掘国资信息的潜藏价值,合理扩大信息分享范围与深度,使其在金融投资、科技开发等领域产生价值是成为报告制度在实践中的有益延伸。

(三) 国有资产管理情况报告制度与促进政府履职尽责

政府身处国有资产委托代理链条的主导位置,肩负出资人职责。政府调配国有资产(资源),发展国有经济的权力来自于人民,与此相对应,它也必须向人民,即终极所有者负责(在实践中体现为由各级人大或人大常委会负责审议政府各项工作)。因此,国有资产管理情况综合报告既是提交给人民的成绩单,也是计划书。成绩单反映了国资管理工作的一体两面,兼具工作成果与工作不足,形成了以预期压力传导为特征的激励机制。国有资产经营、管理、改革及监管实践中所取得的成果多少,是否存在不足等问题,虽受客观因素影响,但与主体职责履行是否到位直接相关。诸如主导意见不一、决策模糊、举措失当及执行不力等均是职责理解不到位的直接后果与直观表现。如果说,报告制度的建立开辟了以"报告—发现问题—问责"为主要逻辑的监督新路径,那么序时、系统、可比的成绩单又在此基础上发挥了促进政府履职尽责的作用。促进作用的实现主要依托于预期压力的形成和传导。具体来看,如果监督者通过比较多期成果,细究绩效差异或总结性文字表述变化的深层原因后,发现责任主体未能有效履责,那么它不仅会受到人大的直接问责,还将面临包括组织内外部批评、舆论谴责、主要或直接负责人岗位调整等多重压力。同时,被问责追责的主体的声誉也将不可避免地受损。无论对企业经营还是政府有效行政来说,良好的声誉都非常重要,它代表着来自各方的信任与支持。声誉易破不易立,一旦受损,修复所投入的时间与努力都会转化为难以忽视的成本。同样值得注意的是,《关于建立国务院向全国人大常委会报告国有资产管理情况制度的意见》对问责追责的明确表述使得上述预期压力能够摆脱无效威胁的困境,责任主体必须严肃对待。因此,在被问责追责的预期压力下,各责任主体便会正确理解职责内涵,严肃看待所肩负的责任,将压力转变为实践的动力,履职尽责,维护自身声誉。与成绩单以历史绩效作为预期压力形成的客观基础不同,计划书则把压力隐含于下一步工作安排,在工作目标与计划框架中将履责的承诺具体化,达到激励责任主体的作用。如果责任主体本期的履责后果较预期存在较大程度的偏离,则需作出说明并接受可能的问责。唯有各相关主体履职尽责,改进实践,才能在复杂环境下,实现国有资产的保值增值与国资治理体系的现代化,重塑国有经济的社会共识,凝聚更多的改革力量。

（四）国有资产管理情况报告制度的社会意义

国有资产管理情况报告制度的建立与实行虽直接作用于国资监管实践，助力国有经济的稳定运行，但归根结底，其构建目的是保护人民基本权利，为人民当家作主增添一份保障。通过向人大（常委会）报告的形式披露国有资产管理情况，降低信息不对称性程度，可更好地保护人民作为国有资产终极所有者的基本权利，并在提高国有资产管理公信力上发挥积极作用。

1. 有助于落实人民当家作主的根本宗旨

保证人民当家作主的基本要旨包括在保障经济基础的前提下，确保人民能够合法行使国家权力。国有资产管理情况报告制度既以制度创新巩固并拓展了国资监管的理论与实践基础，又在保障落实人民的知情权、监督权等基本权利上发挥了桥梁作用，以信息作为基础要素，以人大监督作为中枢，连接了人民群众的监督诉求与监督实践。

《宪法》规定："中华人民共和国的社会主义经济制度的基础是生产资料的社会主义公有制，即全民所有制和劳动群众集体所有制。"共同所有是指生产资料的共同所有，并不等于共同经营。在社会化大生产的时代，由全体人民共同参与某一资源的配置与使用不具有理论和现实依据。前文已述，国有资产（资本）的管理与经营体系中形成了多层次委托代理链条。但制度不完善、组织利益与私人动机的混杂使得各委托代理环节并不能完全避免代理人侵犯委托人合法权益的风险及阻止代理冲突的产生。在社会主义公有制下，生产资料的平等占有意味着国有资产参与经济运行与资本积累必须代表人民整体利益。人民作为委托人，在向代理人让渡部分权利的同时要求对代理人的行为及结果进行监督，直接目的是防止社会整体利益被攫取，实质上是维护基本分配制度的运行，巩固社会经济基础及建立其上的公民权利体系。由此可见，监督权根植于生产资料公有制这一基本经济制度的伟大实践，其稳固性与长期性不仅存在于法理之中，还需由有效的权力实践予以保障。因此，必须建立并完善相应的制度,以保障监督实践的可行性、持续性和有效性。

国有资产管理报告制度是监督权得以落实的重要方式。在法治国家建设进程中,公民监督权的行使不能只停留于口号,更不能是"无米之炊"。如果信息披露制度与标准长期缺失,那么不仅会造成人大对国有资产管理的监督难以开展,公众对国有资产管理、监督等工作的疑问或诉求亦无法通过合法、权威的渠道反映等问题,还会导致群体共识被或拥有部分信息,或编造谎言却不乏舆论影响力的少数人把持,架空人民监督。但少数人的个人经验绝不等于人民意志,他们的固有立场与利益需求也使其不可能真正客观地将分散意见整合成为共识(秦小建,2016)。① 他们对国资信息的曲解与传播,不仅在舆论上损害国有资产管理的声誉,扭曲公众对国有经济发展的价值评判,破坏国有企业的商业运营环境,还可能诱发违反法治精神的行为。因此,国资信息的权威披露一方面可丰富信息供给,提高人民监督的可行性与客观性;另一方面可肃清不实或者片面信息与不当言论,创造清朗的舆论空间,培育理性监督、有效监督的社会基础。

从个体与组织(特别是政府)在监督实践中的特征来看,个体的、分散的诉求(或意见)易被消解于行政行为。即使服务个体监督诉求的传递渠道已逐步建立,政府部门或相关专业机构仍可能缺乏足够的资源对所诉问题的独特性、深刻性做逐一识别,最终只能做标准化处理。如此,既不能使得群众满意也不能达到以解决诉求为契机促进实践改进的目的。具体到国有资产管理上,其事务的专业性、复杂性本身就构成了横亘在普通民众与专业人士(例如政府、国资监管部门与国有企业的负责人或知情人士)之间的壁垒。而个体所拥有的相关信息的数量、质量不一,导致了意见纷繁,关注点分散,进一步加固了"壁垒"。故而形成共识,提炼关键诉求与问题成为落实公民监督权的又一主要任务。国有资产管理报告制度的建立与实行起到了弥平信息基础,提

---

① 秦小建:《政府信息公开的宪法逻辑》,《中国法学》2016 年第 3 期。

高公众所获信息质量的直接作用。同时,巩固了以人大监督为核心的监督制度,解决了群众监督专业性缺失、科学性不强且易受影响等问题,有助于多方监督诉求或意见取得一致并通过人大集中反映。这既使得人大监督的针对性增强,又能更好回应监督诉求,督促国有资产管理问题的有效解决。

2. 有助于重塑国有资产管理公信力

公信力以信任为核心,公众对国资管理的信任是在出资人、监管者和企业实际经营者切实履责并诚实回应公众所关心的问题中逐步积累形成的。由此,重塑国有资产管理公信力的重点有二:一是对相关主体责任履行情况的如实披露;二是对舆论所涉的有关国有资产、国有经济和国有企业相关问题作出权威、客观与细致的解答。对于前者,国有资产管理情况综合报告作为成绩单,能从正面回应公众对国有经济运行状况的关心,所列示的经营成果与改革进程如实、客观地反映各主体的履责情况,足以反击对国有经济的质疑。而随着法规体系与报告制度的日益完善,各级政府都将向社会披露经审议的国有资产管理情况综合报告,公众可借此更全面、更系统地从历史变迁的视角去了解国企改革与发展进程中所取得的成果及存在的问题,理解国有资产监管的自我革新对构建新发展格局的重要意义。在我国进一步实行对外开放,完善社会主义市场经济体制的时代背景下,需要巩固对国有企业的认同,建立对国有经济发展的合理预期,增强对国家大力推动国资体系改革,使改革成果惠及人民大众的信心。对于后者,国有资产管理情况综合报告虽并不直接回答具体问题,却为寻找相关问题的答案提供了可靠的信息基础。它以权威的方式,严肃的态度对国资信息的公开、传播与使用进行规范,以正视听,引导正确认知。促使社会舆论运用真实、准确、可比且具有时效性的国有资产管理信息展开讨论,科学验证不断出现的新观点和看法。

此外,国有资产管理情况报告制度的实行也将在配合反贪腐行动的开展中提高国资监管的公信力。具体而言,报告的形成过程是对与国有资产经营、管理与监督相关的每个主体、每个环节及行为后果的周期性严格审视,实质上将与国有资产有关的事务向监督者做更具体、更广泛的公开,能够抑制个别官员(或企业管理者)暗箱操作、侵吞国有资产行为的发生。在信息获取、梳理及解读中发现异常,向监察和执法部门提供线索,实现"对涉嫌违法违纪的依法依规严肃处理"。不仅有利于遏制腐败,还可树立报告制度的威信,让群众真实感受到监管的力量,加快公信力重塑的步伐。

二、国有资产管理情况报告制度的实行与改进措施

报告的发布是国有资产管理情况报告制度实行的基本标志。因此对这一制度进行评价需从归纳报告特征出发,发现现行报告制度中可进一步改进、完善之处并提出相应措施。这既是理解报告制度的需要,也是推动其在实践中有效发挥预期效用的可行途径。

(一) 现行国有资产管理情况综合报告的基本特征

作为现代化国家治理体系中的一项重要制度,国有资产管理情况综合报告与政府综合财务报告遵循着效力相当的报告规则,注重提升信息透明度与更好服务决策的功能实现(黄志雄,2017)。① 归纳现有国资报告的特征是笔者从多方面阅读、理解报告的结果,在此基础上,进一步体会报告制度内涵,提出改进报告规则的有效对策。本节以《关于建立国务院向全国人大常委会报告国有资产管理情况制度的意见》作为报告形成的逻辑框架,以国际公共部门会计准则理事会(IFAC's Public Sector Accounting Standards Board,IPSASB)、国际会计准则理事会(International Accounting Standards Board,IASB)等专业机构发布的财务报告概念框架为主要参考,对国有资产管理情况综合报告的特征作出归纳。

1.报告目标兼顾受托责任与决策有用

由于国有资产管理情况综合报告是公开发布的,且《关于建立国务院向

---

① 黄志雄:《政府综合财务报告试编阶段问题研究》,《财政研究》2017年第2期。

全国人大常委会报告国有资产管理情况制度的意见》中并未限定报告使用者范围,因此理论上报告使用者包含所有与国有资产管理利益相关的主体。相应地,综合报告兼顾受托责任与决策有用的双重目标,即一方面加强所有者对代理人受托责任履行情况的监督,缓解国有资产管理体制中的代理冲突。另一方面以准确、系统的信息为基础,服务于国资监管与经营主体提高国资管理、改革决策的环境适应性与科学性。

在我国宪法体制下,国有资产由全体人民共有,政府无论是行使社会管理职能还是经济发展职能,本质上都可看作受托配置公共资源的过程。人民政府对人大负责并报告工作,接受人大监督。作为委托人监督代理人的可行策略,政府向人大常委会报告受托管理国有资产管理责任履行情况在法律遵循和契约治理两个层次上都具备天然的合理性。故依据国有资产的基本产权属性,报告目标在加强人大监督的指导原则下必然以反映受托责任履行情况为重。人大常委会根据政府提交的报告对其受托责任的履行情况予以评价,揭示问题并实施问责,督促政府(及其他相关主体)进行整改,以完整履行对代理人的监督职责,保障全体人民的权益。同时,报告程序也体现了人大监督的最高地位,明确了人大常委会与人民政府作为报告主要使用者的定位。此外,在更广泛的意义上,报告将受托责任作为主要报告目标回应公众了解国资运行情况并参与监督的意愿,在法律和社会意义上契合了国有资产属全体人民所有的朴素共识,并在实践上为人民依法管理经济文化事业开辟了道路。而决策有用则主要体现在丰富国资信息资源,辅助决策、改进监管工作等方面。国有资产管理、运营与改革工作复杂,改革规划的制定、发展举措的落实与监督评价都离不开信息资源支持。如果失去充足、及时、可靠的信息支持,那么国资管理的各项事务将面临因信息缺失而导致的政策扭曲风险。因此,建立决策有用的报告目标不仅是对报告本身的规范,还将起到严肃国资信息管理工作的作用,以服务科学监管与决策为基准,重塑国资信息收集、整合、报告与分析的标准、规则与程序。

2.信息时间结构与内容特征呈现双重性

对一个时期内国有资产管理工作进行总结报告,不仅是对国有资产运营、管理成果的忠实记录,亦是"以史为鉴"明确国资管理体制深化改革和谋求创新发展的计划书。故以时间为基准,报告体现出历史与未来并存的信息结构。具体地,《关于建立国务院向全国人大常委会报告国有资产管理情况制度的意见》提出全国人大常委会主要从经营状况、合法合规、改革进程及未来发展等多个方面对国有资产管理情况作出评价。由此,国有资产管理情况综合报告分"国有资产总体情况""国有资产管理工作情况"以及"下一步工作安排"三个主要部分进行回应,结合关键数据总结报告期内的国有资产管理情况,并对下一时期的工作重点进行阐述。而从信息内容特征看,国有资产管理情况综合报告包含了核心财务信息与重要非财务信息两部分,前者相对简略,集中展现国有资产基本状况,后者着重反映改革推进状况与未来计划,且从中可解读出对政策走向或制度变迁的轨迹。两部分信息间的联系并不因呈现形式不同而割裂,财务信息是经济活动的反映,非财务信息则是准确分析财务数据的重要依据。需要说明的是,国有资产管理实践中有相当部分的工作因自身的复杂性、系统性与长期性导致工作成果难以量化,只能以文字的方式在报告内呈现。而考虑到报告目的、程序与使用者特征,对此类工作的探索性计量结果亦未在报告信息内采用。此外,与政府综合财务报告类似,国有资产管理情况综合报告信息内容并不能脱离所处环境(李宗彦和郝书辰,2017)。[1] 随着国有经济改革发展的推进,人大审议的重点、报告使用者的信息需求都会适时而变,更先进、更成熟的计量技术也会被开发和应用。因此,报告内容及信息呈现的形式也将不断调整以更好地服务于使用者,凸显建立国有资产管理情况报告制度的意义。

---

[1] 李宗彦、郝书辰:《财政治理视角下的政府财务报告改革——英国的经验与启示》,《财政研究》2017年第9期。

3. 报告内容凝练并突出关键信息

信息质量的高低对报告是否有效起到基础性作用。无论是国际公共部门会计准则理事会(IPSASB)还是国际会计准则理事会(IASB)都建立了对信息质量的评价标准,以相关性、如实反映、可理解性、及时性、可比性与可确认性作为判断信息质量是否达标的基本属性,同时考虑成本对信息生产的约束。国际公共部门会计准则理事会还强调了信息的重要性和不同质量特征在信息约束中的平衡。报告编制者对各质量特征的理解和取舍,深刻影响着报告的编制过程和质量。具体到国有资产情况综合报告,所有者并不掌握生成报告的原始资料,对报告的信息质量只能由人大常委会或其授权的专业机构作出评价(例如审计署)。但从《关于建立国务院向全国人大常委会报告国有资产管理情况制度的意见》对报告编制的要求与经审议后公开的报告中看出,国有资产管理情况综合报告在平衡各质量标准的基础上凸显了重要性特征。这是因为与国有资产管理事务相关的信息纷繁多样,数量庞杂,难以面面俱到,报告编制者必须在保证信息质量的基础上,以高度凝练的语言(或数据)直接反映国有资产管理情况的重要成果和关键问题。相应地,可以发现一份国有资产管理情况综合报告所能包含的内容是有限的,报告时间也受限于人大的议事日程,在一定程度上降低了报告使用率。因此,可采取如及时更新不同阶段的审议重点、合理调整报告内容分布、针对重要对象做补充披露等措施,合理增加报告的信息含量。例如国务院国资委受国务院委托,向人大常委会所做的《国资系统监管企业国有资产管理情况的专项报告》,即是一种可行有效的方式,在较大程度上补充了国资管理情况的相关信息,成为报告使用者进一步审视国资管理工作的重要窗口。

(二) 国有资产管理情况报告制度的改进措施

当前无论是中央层面还是地方层面,国有资产管理情况报告制度均步入了实施阶段,报告和审议实践按制度规定有序开展。根据现阶段报告制度与报告本身的特点,结合国资监管改革的需要和方向,继续探索完善国有资产管理情况报告制度,促进制度有效实施的对策。

1. 建立国资信息的"申请—披露"制度

国有企业在我国国民经济结构中居于核心位置,中央企业或部分地方国有企业的决策、行为可对其所处行业乃至整个经济体产生影响。国有企业经营成果如何、改革进度如何、监管环境是否发生变化等诸多信息都会产生溢出效应。对于企业经营者(特别是与国有企业存在业务往来或投融资关系的企业)、资本市场投资者或银行来说,此类信息往往事关其组织决策,不可不察。例如,国有企业(特别是行业龙头企业)的上下游企业就希望通过解读国资信息,推测国有资本布局、国有企业经营方向等是否会发生结构性变化。又如,随着国有资本在金融市场中的影响力增强,国有资产管理情况信息在推动证券价格(例如股价、债券利差)回归理性,提高市场配置效率上的权重也会增加。投资者群体(特别是机构投资者)将更加注重对重要国资信息准确、及时地获取,以帮助决策。而对于国有企业自身来说,证券价格对企业价值的如实反映可引导企业在决策上更加理性以迎合市场需求。此外,时下媒体平台借助互联网能够较快速地引导经济问题的舆论热度。如果已披露的国资信息难以回答舆论抛出的问题,那么一方面会降低公众参与监督的积极性,另一方面会滋生不实信息,使得公众受到误导,危害国有企业的声誉。但目前,关于国有资产管理情况的报告只能定期地在有限程度上新增信息,在时间和信息含量上恐难以满足上述群体的需求。为此,可考虑建立国资信息的"申请—披露"制度,作为补充披露途径,即允许部分组织(或个人)依申请获取更多信息。在制度建设方面,各级人大常委会会同主管部门,综合安全性和经济性的考虑,确定并公开申请人资格标准,规定信息披露的范围及详细流程。需注意的是,因部分国有企业运行与国家安全、社会安定密切相关,制度中必须明确主管部门保留拒绝披露或筛查后披露相关信息的权利,并要求申请人提前报备信息使用用途,同时承担相应法律责任。在基础设施建设方面,各级政府主管部门以实行国有资产管理情况报告制度为契机,归纳、整合形成报告的原始国资信息,建立国有资产管理信息查询系统,依申请授权部分组织(或个人)查询信息。

2. 提高地方层级报告的针对性和灵活性

国有资产分散在全国各级行政区划中,若需更详细、更完整地反映国有资产管理情况,更好发挥监督效力,则扩大报告主体的范围势在必行。故《关于建立国务院向全国人大常委会报告国有资产管理情况制度的意见》指出,"县级以上地方要根据本地实际情况,建立政府向本级人大常委会报告国有资产管理情况制度"。国有资产管理情况报告制度的作用力将沿着经济(或行政)层级扩散,促使监管力量进一步下沉。目前,中央层面的国有资产管理情况综合报告已为地方层面的报告编制提供了范本,明确了基本报告内容。但各地国有资产体量不一,布局重点相异,对经济发展的影响不同。同时,国有企业经营治理的现代化程度,国资改革的步伐也不一致。若地方层级的报告照抄范本,忽略报告的治理效用,则不仅会造成报告内容泛泛而谈,缺乏针对性与特殊性,反映不出问题,又会使得监督无的放矢,各方难以树立责任意识。由此,地方层级的国有资产管理情况综合报告必须实事求是地反映当地的国资运行情况,参考范本,在保证可靠性的基础上突出相关性,才能提供更有助于监督工作开展的信息,发挥报告制度的治理效用。故实践中应允许地方报告人在信息梳理、报告编制过程中保持一定程度的灵活性,遵循基本报告模式与内容范围的同时,尽可能准确地提炼与当地国资管理实践密切相关的信息和问题,使得报告的信息含量丰富起来。具体到机制设计,在考虑报告信息质量平衡性与信息成本约束下,可借鉴尹生(2015)针对国际人权报告准则多样化问题所提出的清单方式[1],将中央层级的报告作为框架性指引,以清单回复的方式实现灵活性,反映出一个行政区域内国有资产管理、监督与改革实践的特

---

[1] 尹生:《核心国际人权条约缔约国报告制度:困境与出路》,《中国法学》2015 年第 3 期。

殊性,即由本级人大常委会依上级人大常委会的审议重点,列出本地、本年度重点关注的方面(包括核心指标、改革的阶段性成果与挑战、前期问题整改情况等)形成清单交于政府(及有关部门),后者则需在正式报告中涵盖清单所列示的重点(问题),提高报告与审议的针对性和严肃性。

3. 引入第三方专家提高报告与审议专业性

报告的质量与审议的质量共同决定着人大监督的有效性。报告审议的专业化程度与报告本身的真实性与完整性同样重要,并在引导监督问责等方面更胜一筹。若缺乏专业的审议资源,就难以对报告作出准确的解读,更难以揭示国有资产管理中存在的真问题,不免使得报告和审议流于形式,更无法落实报告制度在加强人大监督、改进国资监管等方面的内在要求。因此,可尝试引入第三方专家介入报告工作流程,补充专业资源,增强业务能力。考虑到实践的可行性,第三方专家可介入报告程序的头和尾,前者是指针对优化报告内容及结构,提高信息整合速度、报告编制效率和质量等提出技术性意见;后者是指在报告审议后,应用专业知识、调查经验帮助识别潜在问题、分析问题产生的原因并提供解决方案,帮助监督、评价整改工作,确保问题得以解决。此外,在确定审议重点时也可广泛征询专家意见,打破认知的局限性与思维的固化,使更多、更深入切题的意见纳入其中,保持审议重点扎根客观实际,遵循客观规律,紧随实践与理论发展。

若引入第三方专家的尝试能形成常态化的机制,则建制的意义将主要体现在以下几个方面:一是无论专家工作介入前期的报告编制环节还是后期的审议整改环节,均有助于报告制度的落实,实现非阶段性的、整体性的质量提升。专业理念与逻辑将随着报告工作的定期开展,逐步融入政府治理与人大监督实践中,使报告编制更具科学性和真实性,问题整改更富针对性和有效性。二是从制度建立同社会规范的交互来看,专家介入一方面能提高报告及审议工作的透明度,促使社会公众对报告制度及报告本身的严肃性和可靠性产生认同;另一方面有助于新时代国有资产管理、监督的理念、逻辑的传播与沉淀(主要途径为专家在授权范围内发表的研究成果或公开言论等),促使社会公众产生对加强人大监督,培育社会监督,改进国有资产监管和改革实践的认同。三是为报告与审议的独立性增添保障。第三方专家在揭露问题、提出整改方案时,并不(或少有)受到来自各关联方的压力与掣肘,因此预期可有效降低个别代理人企图利用政治关联或权威来影响、变更专业意见的失德风险,间接促使受监督主体虚心接受专业意见,诚实对待问题并切实整改。需要强调的是,是否引入第三方专家,在报告程序的哪个环节引入,其工作方式与权限范围又应如何确定等问题应由人大常委会(本级/上级)研究并明确规定,以确保合法性与专家参与工作的中立性。

第四节　国有资本运营信息报告制度与国资监管的协同推进

国资监管体系现代化转型是我国国有经济改革发展过程中的应有之义,监管体系的现代化实践不仅包括对新技术、新方法的采用,更重要的是对监管理念与体系架构的革新,使各监督主体在理念、制度安排、行动上实现较高程度的协同,形成合力。面对国资领域内涌现的新业务、新问题具有足够的灵活性与适应性,可通过组织间的沟通与配合,找准监管重点,保持监管力量的存在。国有资本运营信息报告制度的建立在促进各监管部门构建协同基础、探索合作方式、建立协同机制中具有积极意义。本节主要从信息基础和制度兼容两个方面予以阐述。

一、建立国资监管协同的信息基础

国有资产管理(或国有企业经营)一直以来都是国家监督的重点对象,多个专业机构(例如党组织、审计和国家监察部门等)在被授权的情况下均可对国有资产管理实践中涉及到的组织、主要人员及其行为进行监督审查,若发现问题则进行报告并移交相关部门处理。在此过程中,获取相关信息既是开展工作的第一步,也是各机构实现协同合作的基础。而国有资本运营信息报告制度正是将关键国资信息的披露作为制度实践的重点,以信息的梳理、分析与披露为主线,优化国企经营及国资监管实践。因此,报告制度的实行将有助于搭建监管协同的信息基础。

一是全局性信息的提供。国有资本运营信息报告的编制过程实质上是多方面、多种类、多层级的国资信息的汇集过程。若对这些信息进行系统整理、存储,则能形成一个可供使用者深入分析国有企业、国有经济运行现状的专业数据库。不同监督机构的职能、任务与监督重点虽各有侧重,但均可利用其中的信息去发现问题、判明问题。特别是可结合自有的特殊信息对监督、核查的重点对象、核心问题作出更清晰的判断和理解。同时避免相同信息的重复收集、核查,以降低工作成本。

二是预警信息的提供。有效的国资监管不能局限于某个时点或环节,而是要逐步实现全流程持续性监督。从风险控制的角度看,"风起于青萍之末",及时感知国有资产管理中的异常情况,提早发现潜藏的问题并着手解决,将有利于提升监督效率。报告制度的建立可促使国资信息收集、整合的频率增加。相应地,专业人士从中察觉异常,发现线索的几率也会增加。相关机构间若可及时沟通、配合处理,则能将问题爆发的风险降至合理水平,避免由此引发的损失。

三是适当降低信息的冗余程度。在信息时代,获取信息的渠道增多,可得信息的数量也呈指数级增长。但无论个体还是组织都无法精确处理所有的可得信息,还会因为信念偏差造成对某些信息的过度依赖(或不信任)。因此,过多的信息量不仅不利于使用者建立准确的判断,反而会造成认知的混乱和效率的降低。而用于编制国有资本运营信息报告的信息是经过核对、整理的,其真实性与准确性均有较好保证。故可在一定程度上降低冗余信息所带来的混乱,帮助监督者更快、更高效准确地掌握情况,锁定问题。此外,信息基础的搭建是开放的,各监督部门均可参与到信息汇总和整理之中,巩固这一基础,使得国资信息真正成为协同监管的助推器。

二、推动相关监管制度的兼容

信息基础的搭建是实现监管协同的客观条件,但协同的实践还有赖于制度间的兼容。制度对行为具有约束力,若不能推动各制度(规则)间的兼容,则监管监督实践也难以形成合力。国有资本运营信息报告制度不是作为独立制度而存在的,它与不同层面的正式制度和非正式制度共同组成了复杂的制度体系。这一体系映射着一个国家(或地区)的经济社会发展进程,也极大地影响着它未来的发展路径。任何新制度的加入都意味着原有体系的更新与演进。相应地,体系是否适应新的变化,它所包含的既有制度是否与新制度相兼容以至产生协同效应,也关系到新制度的实行效果。例如,《关于建立国务院向全国人大常委会报告国有资产管理情况制度的意见》中提出国有资产管理报告制度应"与对国有资本经营预算决算、部门预算决算审查监督相结合"便说明促进相关制度协同是完善报告制度的必修课。但因不同制度的形成背景不同,目标和功能各异,其演进与变化亦不同步,所以推动制度协同不能贪图一时之功,需承认其渐进性、长期性特征。国有资本运营信息报告制度的实行时间不长或者尚未实施,与预算决算、国家审计等制度的对接也处于探索阶段,明确不同制度共有的底层逻辑,寻找制度协同的具体方面和实践方式,成为实现协同的首要任务。具体而言,相关部门既要对与报告制度相关联的制度、规则进行深入了解,纠正认识偏差,通过理论演绎发现制度间存在的不协调或冲突之处,又要开展协同实践,落实制度中需要变更的条文规则,推动制度演进。在实践之初,对国有资产管理负有监督之责的各组织可借信息共享"破冰",并在审议、问责、整改中开展更深层次的配合。在加深对制度和制度实践理解的基础上,逐步提高制度协同水平。

建立国有资本运营信息报告制度是加强国有资产管理监督,维护人民基本权利的重要举措。报告制度在改进国有资产监管工作的同时也将在促进政府履责,重塑国有资产管理公信力等诸多方面产生积极作用。随着国企改革向纵深推进,国有经济面临更加复杂的发展环境,提高国有资产管理的监督质量将成为实现国有资产保值增值目标的基础性工作。其中,国有资本运营信息报告制度亦将发挥中坚力量,以国资信息为纽带,连接各监督主体,推动监管协同实践,进一步放大监管效能。虽然某些国有资本运营信息报告制度建立和实施时间短、实行效果还有待时间检验,但笔者仍可从实践中总结其亟须调整、改进之处,提早弥补制度漏洞。同时在一定范围内对其技术、模式进行创新,提高制度的适应性和有效性,在既定建制目标的约束下,使具体的机制设计更加合理,牢固扎根于生动的社会实践之中,展现出自身的生命力。

国有企业资产运营、管理及改革的相关信息备受社会关注。依法、合规、及时、准确地披露国有资产的运营、管理情况,是提高国资监管质量,完善国有资产管理治理体系的重要举措,更是宪法精神在国资监管领域的实际体现,有着切实的理论基础、丰富的制度内涵和现实意义。正式制度是制定者对某项事务治理逻辑的规范表达,对其受众行为具有较强的约束力。基于政府主体的国有资本运营信息报告制度的建设和实施,是国资监管与治理现代化进程中的重要举措,可以使公众的知情权与监督权得到实现,对政府履行国资监管职责的有效性作出判断。本章从政府主体角度研究如何构建国有资产负债表制度、政府国资监管信息披露制度以及国有资产管理情况报告制度,为国资监管体制转型提供信息披露方面的制度支撑。

第八章 基于企业主体的国有资本
运营信息报告制度

　　形成以管资本为主的国资监管体制是党中央、国务院在国资国企改革领域作出的重大决策,是推进混合所有制改革的重要举措。国资监管体制转型,必须建立符合混合所有制改革任务要求、服务企业内外部治理的"基础设施"——国有资本运营信息报告制度。国有资本运营情况的报告不仅是反映资本运营主体及其管理者受托责任履行情况,也是企业内外各方利益相关者参与治理安排、提升治理水平的重要前提。更重要的是,实施混合所有制改革之后,要进一步强化国资监管的刚性约束,完善企业内部监督、健全高效协同的外部监督、加强社会监督,必须以公开、透明的信息为基础。因此,基于企业主体的国有资本运营信息报告制度在国资监管体制转型中具有支撑与基础性作用。本章旨在以回顾国有资本运营信息报告制度实践为基础,总结历史经验,提炼实践背后的理论逻辑,对比制度实施的现状与目标,提出完善基于企业主体的国有资本运营报告制度的对策。

　　进入"十四五"时期,高质量发展成为国企改革的重要目标。混合所有制改革背景下国资监管体制转型,也要求新型国有资本运营信息报告制度与之契合。国企改革的高质量发展分为宏观国有经济、中观国有资本、微观国有企业个体三个层次,宏观国有经济的高质量发展目标要求中观层面国有资本做强做优做大,并最终实现微观层面国有企业保值增值与高质量发展。基于国有企业主体,新型国有资本运营信息报告从内容上反映包括财务信息在内的国有资本在企业中的功能发挥及运营效率,体现中观国有资本在微观国有企业实体中的运营情况。因此,本章将反映国有企业财务信息、资本运营、社会责任履行情况等在内的各种信息统称为国有资本运营信息。

第一节 国有资本运营信息报告制度的应然逻辑与历史沿革

信息报告,即信息公开披露,分为自愿性报告与强制性报告两种类型,是两权分离状态下解决委托人与受托人信息不对称的主要手段。以制度形式对信息报告作出规定,有效地提升了自愿性报告的规范性,保证了强制性报告的权威性。国有企业的委托代理链条长、环节多,终极所有者与企业负责人信息不对称的情况极为严重,由此更凸显出建立国有资本运营信息报告制度的重大意义。实现国有资本运营信息报告制度化,不仅是作为《宪法》等法律赋予国有资产所有者身份的全体人民享有经济权利的重要基础,也是充分保障全体人民拥有监督权,行使政治权利的基本前提。另外,信息报告制度是国有资本经营与监管体制的重要组成部分:一方面,主动报告国有资本经营与监管信息是国有资本经营主体和出资人代表履行职责的应有之义;另一方面,充分、真实、及时的信息是国有资本监督主体实施监督的基本依据,也是国有企业利益相关者参与治理的前提。国资监管体制改革推动了国有资本运营信息报告制度的不断改进;反过来,国有资本运营信息报告制度的发展,也反映出国资监管体制改革的不同时代特征。分析国有资本运营信息报告制度的应然逻辑,有利于准确把握信息公开披露对于建立和完善新型国资监管体制的重要意义。梳理国有资本运营信息报告制度的历史演变,总结推动制度变革背后的逻辑,有助于指导新时代国有资本运营信息报告制度的完善,更好服务于国资监管体制转型。

一、国有资本运营信息报告制度的应然逻辑

自党的十八届三中全会作出"探索推进国有企业财务预算等重大信息公开"的决策部署,在顶层设计的推动下,国有资本运营信息公开的进程明显加快。国资监管体制正经历着由管人、管事、管资产到以管资本为主的转型,国资国企监管信息在公开重点上也相应地由国有资产信息公开向国有资本信息公开方向转变。国有资本运营信息报告制度的建立有其从宏观调控到微观治理、由顶层设计推动到全民参与需求的必然逻辑。另外,从国家治理角度,国有资本是全体人民的共同财富,保障全体人民对国有资本运营的知情权与监督权具有深刻的政治意义。

(一) 建立国有资本运营信息报告制度是国有资本基本产权属性的内在要求,也是特殊产权属性下解决治理问题的重要手段

国有资本运营和价值管理,必须保证资本在有序流动中实现提高投资回报的财务目标,也要实现资本的社会价值同步提升等非财务目标。同时,投资收益也必须用于满足公共利益需求,发挥更大社会效益。不同于私人所有的产权性质,国有资本具有全民、公共与社会属性,全体人民都是平等拥有国有资本产权的所有者,理应享有国有资本投资、经营、分配情况的知情权与监督权,而实现这一目标的前提就是搭建国有资本产权所有者行权的"基础设施"——国有资本运营信息报告制度。同时,为了实现国有企业的经营管理接受来自国有资本产权所有者的监督,保证经营结果由产权所有者共享,必须通过建立有效的国有资本运营信息报告制度,推动国有资本监管机制规范、高效运作,提高国有资本使用效率。

国有资本全民、公共与社会属性的特点,决定了国有企业的真正所有者无法直接行使股东权利,既难以直接监督国有资本的经营情况,也无法直接分享

国有资本经营收益,政府自然成为国有资本的出资人代表。政府通过构建国有资本授权经营体制,授权国资监管机构履行出资人职责,国资监管机构再以国有资本出资人身份对出资企业履行监督、管理、检查、服务等职责,国有企业作为国有资本的直接经营主体,再通过选聘管理层、建立企业管理框架开展经营活动。相比于其他企业,国有企业冗长复杂的委托代理关系易产生较大的交易成本。代理链条上的每个环节既不拥有剩余收益权,也不承担国有资本的经营风险,而只行使监管职责。这种监管链条、职责定位与管理者角色,导致国资监管机构倾向于运用行政管理模式干预国有企业具体事务,模糊公共职能与市场运行界限,极易出现国资监管缺位、越位和错位等现象。

如果不能建立科学有效的治理体系和监督制度,最终受损的必将是全民的利益。管理不规范、内部人控制,其结果是国有企业领导人员权力缺乏制约,腐败案件也会易发多发。国有资本监督工作中多头监督、重复监督和监督缺位等现象日益突出的现实也证明,仅仅依靠内部治理机制无法解决国有企业的代理问题,极有必要发挥内部与外部治理的协同作用,借助各利益相关者共同参与治理来提升公司治理水平。而各利益相关者参与治理的重要前提是获得国有资本运营信息,信息公开制度成为改善国有企业治理效率低下,弥补治理损失的重要制度安排。外部利益相关者对公司治理水平的判断,很大程度上取决于公司的透明度。大量的实证研究也证明,提升公司透明度可以减少公司内部和外部之间的信息不对称程度,对于降低融资成本、提高资本配置效率、保护投资者利益等发挥着积极作用(曾颖和陆正飞,2006)。① OECD 成员国的国有企业也遵循了比一般公司更为严格的信息披露与透明度的制度约束。这些都表明信息公开在抑制国有企业内部人控制、提升治理效率中的重要作用。

---

① 曾颖、陆正飞:《信息披露质量与股权融资成本》,《经济研究》2006 年第 2 期。

（二）建立国有资本运营信息报告制度是弥补国有企业外部治理短板，完善外部治理体系的重要前提

市场机制是实现企业外部治理的有效手段。市场治理主要以机构投资者、银行等金融机构为主体，通过资本市场等渠道，发挥价格机制的激励和约束作用。虽然目前以公开上市为重要手段的混合所有制改革正积极推进，但在集团企业层面实行混合所有制改革的企业数量并不多，对于大量的非上市国有企业来讲，市场机制功能难以发挥其治理作用。即便是对国有上市公司来说，由于目前我国股票市场还属于弱式有效市场，其治理效果也不明显。

相比于上市公司，非上市企业数量庞大、涉及领域广，企业存在的问题也更复杂且更具代表性。由于非上市企业难以受到资本市场的监督和约束，一些现象只能在非上市企业才能被观察到(陈冬华等，2010)①，许多问题在非上市国有企业中表现更加明显，因而研究非上市国有企业也更具有典型意义。例如，国有企业中存在的债务软约束问题，在缺乏市场监督的非上市国有企业中表现得更为明显，债权人监督更加无力。而即使国有企业集团中部分优质资产已然上市，其上市部分的国有资本也无法代表集团内其他未上市部分和企业集团整体的国有资本经营情况。从资本市场违法案例中也可以发现，未上市的国有企业同样极易出现问题。因此，从国资监管的角度，应将未上市国有企业的监督提升到与上市公司同样重要的位置。对于非上市国有企业而言，在监管方式上应更多运用非市场性的管制和监督手段，而获取充分、可靠、及时的信息是对非上市国有企业实施监管的基本前提。信息公开制度理应成为市场机制、政府监管、法治监督、公众监督的重要支撑，通过外部治理机制发挥监督作用，保证国有企业平衡营利性与公共性，维护国有资本安全，保障全民的根本利益。

---

① 陈冬华、范从来、沈永建、周亚虹：《职工激励、工资刚性与企业绩效——基于国有非上市公司的经验证据》，《经济研究》2010 年第 7 期。

（三）建立国有资本运营信息报告制度是适应国资监管方式转型，完善国有资产监督的必然要求

实现"十四五"规划和 2035 年远景目标纲要提出的"做强做优做大国有资本"任务，应立足国有资本的战略定位和发展目标，结合国有资本在不同类型国有企业中所发挥的作用，根据企业主营业务和核心业务范围，实施分类改革、分类施策、分类监管、分类考核，以增强改革的针对性、监管的有效性和考核的科学性。因此，作为国资监管的基本内容和重要保障，信息公开必然要结合国有资本的战略定位与国有企业分类，从公开内容上调整以突出监管重点，从公开主体上分类以明确监管侧重，从公开方式上改进以提升监管效率。2017 年 4 月，《国务院办公厅关于转发国务院国资委以管资本为主推进职能转变方案的通知》提出"以管资本为主加强国有资产监管，以提高国有资本效率、增强国有企业活力为中心"，加快实现从"以管企业为主"向"以管资本为主"的转变要求，并强调转型中应明确监管重点，精简监管事项，优化部门职能，改进监管方式，全面加强党的建设，进一步提高监管的科学性、针对性和有效性。从一系列要求来看，管资本为主的监管体制本身就内含了提升信息披露水平，回归资本本质的基本要求。资本具有保值增值的基本属性，资本的运作和结果受资本所有者的极大关注，资本所有者与监管部门预期通过建立信息披露制度，利用信息披露机制，实现对资本运营的监督和治理。而资本经营主体也有义务与投资者积极沟通，以解除受托责任。国有资本运营信息公开不仅仅是资本属性的内在要求，更是适应国资监管方式转型，扩大社会监督，补足国有企业外部治理缺陷的重要一环。因此，从不同类型国有资本的战略定位及监管要求角度，提高信息透明度，接受各利益相关者尤其是社会公众的监督，是提高国有资本回报、防止国有资产流失的重要方式，也是优化营商环境、保障各类市场主体平等参与市场竞争，维护市场公平的必要前提。

（四）建立国有资本运营信息报告制度是保障全民对国有资产享有知情权，并进一步行使监督权的基本政治保障

知情权作为全民参与国资监管的前提有着充分的法治基础。我国是人民当家作主的社会主义国家，国家的一切权力属于人民。《宪法》明文规定："中华人民共和国的社会主义经济制度的基础是生产资料的社会主义公有制，即全民所有制和劳动群众集体所有制""中华人民共和国公民对于任何国家机关和国家工作人员，有提出批评和建议的权利""一切国家机关和国家工作人员必须依靠人民的支持，经常保持同人民的密切联系，倾听人民的意见和建议，接受人民的监督"。这些规定被普遍解读为国家赋予人民知情权并对国家机关享有监督权的宪法依据，也是政府信息公开的最高层级法律渊源。国务院和地方人民政府依照 2008 年 10 月颁布的《企业国有资产法》的规定，分别代表国家对国家出资企业履行出资人职责以及享有出资人权益。因此，国务院和地方人民政府履行出资人职责以及国有企业经营情况的信息就成为关系全民利益的公共信息，或者公共资源，理应通过公开方式为全体人民共同知晓、共同享有。另外，国务院和地方人民政府在社会主义市场经济运行中还承担重要的监督职能，各级政府在对国有企业的行政监督中形成、制作的有关信息，也应纳入全民知情的范围，为接受全体人民的再监督提供基础。

我国是社会主义民主法治国家，监督权是公民的基本政治权利，是社会主义国家人民当家作主的集中表现，也是规范国家权力运行的重要保证。如果没有监督权或者监督权无法落地，人民当家作主就会变成一句空话。保障人民监督，不仅是人民民主的基本要求，也是实现人民民主的重要体现。社会主义国家的一切权力来源于人民，人民将权力授予政府的过程内含了监督权利的获得，通过监督政府，保障政府的行政为人民服务。因此，授权产生监督，监督是授权行为的延续，授权越多，监督就越强。国有资本作为全体人民的共同财富，经营国有资本需要通过共同授权，由政府统一行使国有资本的各项权

力,相应地,全体人民也获得了与授出权力相伴而生的国有资本监督权利。可以说,建立国有资本运营信息报告制度,保障全体人民对国有资本运营与监管的监督权,是人民享有《宪法》赋予的基本政治权利在经济领域的具体体现。是否享有并能否有效行使监督权,反映了全体人民是否对国有资本真正享有所有权。

二、国有资本运营信息报告制度的历史沿革

自新中国成立以来,国资监管体制改革走过"集中管理"(1949—1977年)、"管企业"(1978—2002年)、"管资产"(2003—2012年)以及"管资本"(2013年至今)四个阶段。与之对应,国有资本运营信息报告制度大体经历了"财务报告内部报送"(1978—2002年)、"信息公开披露探索"(2003—2012年)以及"信息公开制度初步建立与完善"(2013年至今)三个阶段。各阶段均具有不同的报告制度,反映了每个阶段鲜明的现实需求与实践逻辑。

(一) 财务报告内部报送阶段(1978—2002年)

自1978年改革开放至2003年国资委成立,我国处于计划经济向市场经济全面转型时期。为了推动国资监管体制向"管企业"方向转型,国家开始实施扩大企业经营自主权、设立国有资产管理局、构建授权经营体制等改革举措。为了推动和监督各项改革措施的落地,同时抑制由内部人控制引发的各种问题,建立以财务信息为主要内容的国有企业报告制度,对于加强国有企业会计监督显得十分必要且紧迫。

国有资产年度报表制度是为适应我国市场经济发展并有效地管理国有资产而制定。国有资产年报为政府部门加强国资监管,防止国有资产流失,制定宏观经济政策,深化国企改革,推进现代企业制度,提高企业管理水平提供了基本依据和数据信息。市场条件下国有企业的其他利益集团也需要在充分了

解企业会计信息基础上作出各项决策与评价(夏冬林和邹奕,1997;周晓苏,2001)。[1][2] 要解决国有企业委托代理关系导致的所有者和经营者激励不相容,就必须缓解双方信息不对称的问题,通过创造充分信息服务国企改革(林毅夫等,1997)。[3] 同时,国家也开始重点关注在社会主义市场经济条件下会计监督的变化、内涵以及加强会计监督的对策措施,通过充分发挥会计监督职能,确保经济运行的正常秩序,促进国有企业的改革和发展。另外,国家实施了会计委派制、财务总监委派制和稽察特派员制度,以加强国有企业财政财务监督,增强会计监督效果,提高会计信息质量。政府有关经济部门主要通过检查企业财务报表资料的真实性、有无违反财经纪律等方式对企业财产的保值增值状况进行监督。

为了确保国有企业全面、完整执行国家的财政经济政策,引导国有企业合理运用国家赋予的各项理财自主权,全面加强对国有企业日常财务活动的监督和检查,防止夸大业绩、徇私舞弊等内部人控制问题的发生,政府部门陆续出台了多项与国有资产监督管理以及企业报告有关的制度,以保障上述目标的实现(见表8-1)。

表8-1　内部报送阶段国资监管与报告制度(1978—2002年)

文件名称	时间	发布机构
《国务院关于加强国有资产管理工作的通知》	1990	国务院
《国家国有资产管理局关于国有资产年度汇总报表编报暂行办法》	1990	国家国有资产管理局
《国有企业财产监督管理条例》	1994	国务院
《国有资产年度报告制度》	1995	国家国有资产管理局

---

① 夏冬林、邹奕:《转轨过程中的企业监控与会计管制》,《会计研究》1997年第10期。

② 周晓苏:《论社会主义市场经济条件下的中国会计模式及其特征》,《南开管理评论》2001年第3期。

③ 林毅夫、蔡昉、李周:《充分信息与国企改革》,《市场经济导报》1997年第8期。

续表

文件名称	时间	发布机构
《国务院关于整顿会计工作秩序进一步提高会计工作质量的通知》	1996	国务院
《国有资产季度监测报表制度(试行)》	1996	国家国有资产管理局
《国务院批转财政部关于加强国有企业财务监督意见的通知》	1997	国务院
《国有资产年度统计报告制度》	1997	国家国有资产管理局
《关于印发〈关于加强国有企业财务监督若干问题的规定〉的通知》	1997	财政部
《关于印发〈国有企业年度会计报表注册会计师审计暂行办法〉的通知》	1998	财政部

通过表8-1可以看出,这一时期财政部、国家国有资产管理局等主管部门发布了较多关于国有资产监督管理与企业报告的制度,具体围绕国有资产管理与财务监督、国有资产年度报告、汇总报表编报等内容制定。其中,较为重要的制度包括1990年7月发布的《国务院关于加强国有资产管理工作的通知》、1994年7月国务院发布的《国有企业财产监督管理条例》、1995年12月国家国有资产管理局发布的《国有资产年度报告制度》等。《国务院关于加强国有资产管理工作的通知》提出,要在全国范围内有计划地开展清查资产、核实国家资金、摸清国有资产"家底"的工作,为国家全面掌握国有资产情况,管好用好国有资产,防止"家底"不清、管理混乱、损失浪费等问题的出现打好基础。《国有企业财产监督管理条例》明确国务院国有资产管理行政主管部门承担汇总和整理国有资产信息,建立国有企业财产统计报告制度并纳入国家统计体系的重要职责。为了进一步落实这一要求,《国有资产年度报告制度》明确了年度报告的工作范围及统计级次、报表类别和报告内容、工作组织和工作职责、数据运用和资料管理等具体措施。更重要的是,《国有资产年度报告制度》规定各级国有资产行政管理部门和中央各部门都应建立国有资产数据定期公布管理制度,要求国有资产的有关统计数据资料在批准后定期向社会

公布或为各类企业提供,促进企业走向市场,发挥社会监督和舆论监督的作用,为资产结构优化和合理配置提供参考依据。由此,以国有资产年度报表和国有资产经营(使用)情况年度报告为核心建立的国有企业年度报告制度,明晰了国有资产出资人、管理者与监督者之间责、权、利的界限,理顺了企业财产的国家所有、分级管理、分工监督与企业经营的相互关系,促进了政府职能的转变,保障了国家对国有财产的所有权,强化了以保障国有企业财产监督管理为目的的制度设计,并一直沿用至今。

国有资产年度报告的核心是资产负债表等国有资产年度报表和国有资产经营(使用)情况年度报告,主要反映企业资产、财务整体情况以及特殊行业的特殊指标,以标准化的内容和格式,统一报送主管财政、税务等部门。1995年12月国家国有资产管理局发布《国有资产年度报告制度》,国有资产年度报表正式被纳入国家统计体系,并开始开展国有资产年度报表编制汇总工作。国有资产年度报表主要内容涵盖了经营性国有资产总量、分布、结构状况,统计分析报告和国有资产保值增值考核及效益评价,国有骨干企业资产运营动态监测等。为提高会计信息质量,提升会计信息利用效率,规范全国会计信息管理,1999年5月财政部下发通知,要求将原有分行业企业、单位的年度汇总会计报表(含财务决算报表)和国有资产年度报表进行合并,实行统一的汇总会计报表体系(以下简称"统一报表体系"),并结合行业属性分为国有非金融企业类等七类。其中,企业类报表包括资产负债表、损益表及利润分配表、现金流量表、国有资产总量表、基本情况表和分行业补充指标表。统一报表体系的建立,适应了财政职能转变的要求,有助于扩大财政监督范围,提升财政宏观调控效率,初步实现了资产、财务信息管理的统一,适应了国有资产管理的工作要求,也满足了企业财务管理工作的需要,推动了国有企业信息化水平的提高。国有企业须将月报、季报、年报等财务报告信息,按照1997年2月发布的《国务院批转财政部关于加强国有企业财务监督意见的通知》、1997年10月财政部发布的《关于印发〈关于加强国有企业财务监督若干问题的规定〉的通知》等要求向政府部门内部报送,企业年度财务报告必须按照国家规定的要求编制,并在规定的时间内上报主管财政机关审批。各地方国有企业年度报表的汇总程序上,先由企业上报主管部门审核、汇总,再由主管部门报同级财政部门审批。

随着市场发展和政府职能转变,企业财会制度也开始随之调整,国家对企业的监督管理开始由事无巨细的微观管理逐步转向宏观财政政策调控,国有企业决算审批制度也开始改革。1996 年 4 月发布的《国务院关于整顿会计工作秩序进一步提高会计工作质量的通知》强调,应突出会计工作在国家经济管理中的重要基础性作用,整顿会计工作秩序,严格会计核算,强化会计监督,进一步提高会计工作质量。1998 年 10 月,财政部发布的《关于印发〈国有企业年度会计报表注册会计师审计暂行办法〉的通知》规定,自 1998 年起国有企业年度会计报表,除个别特殊行业(企业)外,不再实行财政审批制度,并在企业的会计核算和报告领域寻求国企监督和会计管制的协同制度改进。国有企业财务报表不再实行审批的应委托注册会计师审计,企业年度财务报告委托注册会计师审计的,主管财政机关有权对企业财务报告的真实合法性进行抽查,以保障国有企业报送会计信息的质量。对企业年度决算报表尚不通过会计师事务所等社会中介机构审查的,企业应按规定时间直接报送主管财政机关审批。各级主管财政机关继续做好决算审查批复工作,以不低于 10% 的比例进行抽查,严格执行国家财政、财务法规,保护国家和企业各方权益,从而正式确立了国有企业年度会计报表注册会计师审计制度,并取得了良好效果。另外,针对国有企业重要财务事项,实行备案或审批制度。对于企业财务制度中要求企业备案或审批的重要财务事项,必须严格履行手续,及时向主管财政机关备案或报批。对企业公司制改建、兼并、破产等过程中的财产清查、债权债务清理、利润分配等重要财务事项,要以主管财政机关的审批意见为依据进行处理。

各级主管财政机关根据国家有关规定,帮助企业制定内部管理办法,完善包括厂长(经理)、财务负责人以及财务部门和其他职能部门在内的企业内部财务监督管理责任制。厂长(经理)应积极支持、保障财务部门履行好财务监督职责,严格遵守和执行国家财经法规,接受董事会、监事会的检查以及财务部门和职工代表大会的监督。企业重大财务决策必须报经董事会或职工代表大会审议决定。企业财务部门应忠于职守,认真行使法律法规赋予的监督职权,确保对企业内部各项经济活动和财务收支进行有效的财务监督和检查。

尽管这一阶段尚无财务报告对外公开披露的较多实践,但已有学者认识到公开制度是企业民主管理和廉洁经营的"阳光工程",呼吁国有企业应依照企业章程的规定,向投资者提供财务报告,发挥企业财务管理监督作用,并提出了企业财务公开的内容、范围、形式与方法等建议。对于国有独资、国有控股或占主导地位的企业,应当至少每年一次向企业职工代表大会公布财务报告,并对重大事项作出说明(何峻,2000)。①

建立以财务信息为主要内容的内部报告制度,形成常态化的信息传递机制,对于监管部门定期掌握国有企业运行状况,评价国有资产保值增值情况,指导政府宏观政策调控至关重要,内部报送制度(国有资产年度报告)延续至今仍发挥着作用。但是,国有资本年度报告的编制周期较长,及时性不高,一定程度上影响了国有资产运营信息对评价、考核、决策等方面有用性的发挥。信息仅通过内部报送,社会公众无法获知国有企业运行情况,起不到社会监督的效果。这一时期国有企业会计信息失真、披露不规范、不及时的问题较为突出。另外,重视财务信息而忽略非财务信息,影响信息使用者全面正确评价企业财务状况与经营成果,不利于监管部门的科学决策。在未普遍实行审计鉴证制度的条件下,报告信息的可靠性普遍存在问题。而即便国有企业年度会计报表注册会计师审计制度已经出台,仍然面临企业领导不够重视,企业自身财务管理不规范、会计基础工作薄弱,审计时间与上报汇总时间冲突及其导致

---

① 何峻:《企业民主管理和廉洁经营的"阳光工程"——江苏省东台市实行企业物资采购公开制度,推进廉洁经营的调查与启示》,《生产力研究》2000年第4期。

的审计难度增大,事务所审计执业质量不高,年度会计报表审计报告"多头监督""重复监督"等一系列问题,暴露出仅依靠行政手段与内部监督存在的种种监管弊端。

(二) 信息公开披露探索阶段(2003—2012 年)

这一阶段的国资国企正式开始探索市场化、法治化、国际化的发展道路,也推动了信息公开领域一系列创新实践与制度的出现,开启了信息公开制度探索新阶段。这一时期国资监管与信息公开相关制度梳理如表8-2 所示。

表8-2　信息公开披露探索阶段国资监管与信息公开相关制度(2003—2012 年)

文件名称	时间	发布机构
《企业国有资产监督管理暂行条例》	2003	国务院
《关于国资委监管企业编报月度企业财务快报有关事项的通知》	2003	国务院国资委
《财政部关于做好地方金融类企业国有资产监管工作的通知》	2006	财政部
《关于加强国资监管信息化工作的指导意见》	2007	国务院国资委
《关于印发〈关于中央企业履行社会责任的指导意见〉的通知》	2008	国务院国资委
《企业国有资产法》	2008	第十一届全国人大常委会
《关于印发〈关于进一步加强地方国有资产监管工作的若干意见〉的通知》	2009	国务院国资委
《关于进一步推进中央企业信息化工作的意见》	2009	国务院国资委
《关于建立国有控股上市公司运行情况信息报告制度的通知》	2010	国务院国资委
《中央企业境外国有资产监督管理暂行办法》	2011	国务院国资委
《关于加强中央企业特殊资金(资产)管理的通知》	2012	国务院国资委

这一阶段发布的国有企业监管与信息公开相关重要制度呈现出较多特点:一是以 2008 年 10 月第十一届全国人大常委会第五次会议通过的《企业国

有资产法》和2003年5月国务院发布的《企业国有资产监督管理暂行条例》为代表的高层级国资监管制度出台,凸显了国资监管的重要性。二是围绕国资国企监管出台了国有企业信息公开的具体要求。国有企业信息向社会公开的要求虽然也见于上一阶段的制度条文中,但内容笼统,缺乏具体操作指引,使得规定流于形式。三是国资委对中央企业与地方国有企业的信息公开作出了明确规定。最大亮点是信息公开内容开始由财务信息为主,向财务信息和社会责任信息等非财务信息并重转变,传递出国有企业应积极承担社会责任,树立良好社会形象的重要信号。四是在信息化要求上,提出要提升信息传递的效率,为信息共享、发挥信息社会价值创造条件。另外,对金融类、特殊资金(资产)与境外国有资产监督也出台了相应制度,反映了构建国资监管大格局的目标导向。

这一阶段最具代表性的制度是2003年5月国务院出台的《企业国有资产监督管理暂行条例》。该条例的公布实施,表明我国国资监管方面的立法迈出了实质性步伐,标志着国资监管体制改革进入新的阶段。国资监管体制改革的过程,也是国资监管立法不断完善的过程。1988年以来,我国陆续公布实施了一系列有关国有资产管理的法律法规及规范性文件。但是从总体上看,多数法律法规侧重于国有资产的行政管理和基础管理,从国有资产出资人的角度对国有资产管理、监督和运营进行系统完整规范的法律法规比较少。作为企业国有资产监督管理方面的一部重要法规,《企业国有资产监督管理暂行条例》对企业国有资产监督管理的原则、框架和基本制度等进行了设计,对企业负责人管理、企业重大事项管理、企业国有资产管理、企业国有资产监督等都作了比较系统的规定。其中,在企业国有资产监督方面明确要求国家出资企业中的国有独资企业、国有独资公司应当按照规定定期向国资监管机构报告财务状况、生产经营状况和国有资产保值增值状况。该条例的公布实施不仅在国有资产管理的制度创新中发挥积极的规范、引导、调节和保障作用,也为之后国资监管立法和国企改革立法提供基本依据。尤其是在构建国有企业内外部监督方面,为以信息公开推动完善外部监督提供了坚实的制度保障。

2003 年 6 月国务院国资委发布了《关于国资委监管企业编报月度企业财务快报有关事项的通知》,对于加强出资人对出资企业运营情况的跟踪了解和动态监测具有重要作用。相比年报、季报,月度企业财务快报能够更及时、动态地反映国有企业资产、负债和经营状况,极大便利了出资人对投资企业日常财务监管、促进国有资产保值增值的需求,自然成为国有经济信息统计工作的重要组成部分。

2008 年 10 月国资国企领域最重要的法律——《企业国有资产法》正式颁布,由此搭建起国资国企法律、法规、规章组成的完整法律体系,国资监管制度建设取得重要成果。该法律明确要求国家出资企业应当依照法律、行政法规和国务院有关部门的规定,建立健全财务会计制度,进行会计核算,依照法律、行政法规以及企业章程的规定向出资人提供真实、完整的财务会计信息。国家出资企业从事生产经营活动,应当遵守法律、行政法规,加强经营管理,提高经济效益,接受人民政府及其有关部门、机构依法实施的管理和监督,接受社会公众的监督,承担社会责任,对出资人负责。国务院和地方人民政府负有向社会公布国有资产状况和国有资产监督管理工作情况并接受社会公众监督的义务,任何单位和个人有权对造成国有资产损失的行为进行检举和控告。为了提高国家出资企业年度财务信息的质量,维护出资人权益,该法还要求会计师事务所对公司的年度财务会计报告进行审计。

在制度探索的引领下,国有资本运营信息在继续坚持内部报送与企业内部公开的基础上开始了对外公开的实践尝试。2004 年 8 月中国诚通集团发布了《中国诚通控股公司 2003 年度报告》,这是我国第一家主动公开披露年度财务报告的非上市中央企业。年度报告参照上市公司信息公开的要求,全面、完整地反映了 2003 年度企业的经营情况。2008 年深圳市市属公用事业企业开始试行年度财务报告公开,积极打造"阳光国企",在全国范围内率先开创了地方非上市国企公开年报的先河。国有企业信息公开的典型实践反映出制度的巨大推动作用,也体现出信息公开先行实践的企业和国资监管部门在推动国资监管与治理理念改革创新方面的前瞻性。

2008 年 1 月国务院国资委发布《关于印发〈关于中央企业履行社会责任的指导意见〉的通知》,开始以制度形式规范中央企业履行社会责任的行动。对于国有企业而言,履行社会责任是其应尽的义务,也是树立良好社会形象的重要方式。因此,上述指导意见要求建立社会责任报告制度,鼓励企业以定期发布社会责任报告或可持续发展报告的形式,公布企业履行社会责任的现状、规划和措施,完善社会责任沟通方式和对话机制,及时了解和回应利益相关者的意见建议,主动接受利益相关者和社会的监督。这一要求将非财务信息纳入了国有企业信息公开的范围,推动了国有企业全面信息公开制度与实践的发展。

受国有企业管理模式的影响,国资委出于监管的需要,以出资人的身份要求国有企业按照统一的信息报表格式以及内容编制定期报告,但这些信息只作为内部资料使用,并不直接对外公开,导致披露对象单一。同时,由于非上市国有企业没有建立对外披露信息的固定渠道,已有网站披露的信息并不完整,且缺乏持续性和规范性。有关研究机构在连续三年对 31 个省的国资委直接监管的非上市国有企业财务透明度的调查中发现,没有一家非上市的国有企业公开利润分配状况和资产负债状况(上海财经大学公共政策研究中心,2011)。① 企业的社会责任意识不强、外部监管力度不够是国有企业社会责任信息披露存在问题的原因所在。国有企业股权流动性不强,不存在大量的专业分析人员时刻关注国有企业信息,也缺乏大量的投资者出于投资决策目的而发自内心地需要国有企业的会计信息。只用未上市来解释国有非上市公司的会计信息失真是远远不够的,公司治理结构不健全、内部机构设置存在缺

---

① 上海财经大学公共政策研究中心:《2011 中国财政透明度报告》,上海财经大学出版社 2011 年版。

陷、社会环境的不利影响、外部监管不力等都是问题产生的原因所在。

从理论上讲,国有企业信息公开在制度实践上的探索能够显著提高国资监管效能。一是从外部利益主体角度,信息公开披露提高了企业透明度,有利于保障公民知情权、扩大监督权。国企提高透明度,加强信息披露,既有利于全民对国资国企的全面监督,也是国企应承担的基本社会责任。非竞争性领域的国企或者是承担着公共政策与社会责任义务的国企应执行比一般国企甚至比私有企业更高的信息披露标准。二是从内部利益主体角度,国企定期进行信息披露,会使造假者的造假成本加大,减弱内部人控制,便于对国企进行有效监管,实现国有资产保值增值。因此,建立信息公开披露制度是提高公信力、加强国资监管的重要举措,也是提升国有企业治理效率,构建良好治理生态的基本要求。

但从这一阶段的制度现状分析,制度缺失依然是信息公开实践的一大障碍。专门的国有资本运行信息公开制度在法律上仍处于空白状态,国有企业信息公开要求分散在各层级的法律规范之中,具体的公开要求尚不明确,与这一阶段的信息公开实践结合来看,制度的缺失导致了实践的滞后,国有资本运营信息公开制度需要进一步完善。

(三) 信息公开制度初步建立与完善阶段(2013 年至今)

2013 年党的十八届三中全会开启了"管资本"为主的国资监管新时期,突出国资监管重点,推进国资监管机构职能转变,改进国资监管方式和手段等成为这一时期国资监管的主要任务。党的十八届三中全会提出"探索推进国有企业财务预算等重大信息公开",宣告国有资本运营信息报告全面开启了制度构建的新时期。国资国企信息公开被提升到了国家治理层面,有关国资国企信息公开的理论研究与实践探索也快速升温,从制度角度探索进一步推进国有企业信息公开的有效路径成为主攻方向。自 2013 年以来,多项有关国资国企信息公开的制度陆续出台,构建国家、国有企业与社会三方统一的国企信息公开制度推动信息公开实践,成为这一时期国资国企改革的一项重要任务。这一阶段发布的有关国资国企信息公开的制度如表8-3所示。

表8-3　信息公开制度初步建立与完善阶段国资监管与信息公开相关制度
（2013年至今）

文件名称	时间	发布机构
《关于进一步做好国资委监管报表整合工作的通知》	2016	国务院国资委
《关于推进中央企业信息公开的指导意见》	2017	国务院国资委
《关于做好中央企业财务快报工作的通知》	2017	国务院国资委
《关于进一步推动构建国资监管大格局有关工作的通知》	2019	国务院国资委
《关于印发〈国务院国资委关于以管资本为主加快国有资产监管职能转变的实施意见〉的通知》	2019	国务院国资委
《关于印发〈国有资产报告编报工作暂行办法〉的通知》	2021	财政部

　　这一阶段发布的国资国企信息公开相关制度有以下特点:一是适应国资监管体制由"管人、管事、管资产"向"管资本"为主转变的要求,2019年11月发布的《国务院国资委关于以管资本为主加快国有资产监管职能转变的实施意见》强化了事中事后监管,推进信息化与监管业务深度融合,统一信息工作平台,实现实时在线动态监管,提高监管的针对性和有效性,同时也给国有企业信息公开披露提供了更加便利的条件。二是2017年1月国务院国资委发布了《关于推进中央企业信息公开的指导意见》,极大地推动了中央企业信息公开工作的制度化和规范化,为推动中央企业内外部监督机制的形成,打造适应市场化、现代化、国际化发展需要的法治央企、阳光央企提供了重要前提,也为地方国有企业加快信息公开披露制度建设与实践发展提供了样板。三是对已有的内部报送制度提出了新的要求。2017年3月国务院国资委发布的《关于做好中央企业财务快报工作的通知》和2021年10月财政部发布的《关于印发〈国有资产报告编报工作暂行办法〉的通知》对原有报告制度按照新时期国资国企改革形势与特点,进行了更加细致与特色化的修订。2019年11月,

国务院国资委发布的《关于进一步推动构建国资监管大格局有关工作的通知》强调了全面掌握监管国有资产分布状况和统筹加强国有资产基础管理工作的重要意义,提出加强资产统计、综合评价和经济运行分析,按照国务院国资委关于财务预决算管理、债务风险管控等方面的要求,完善信息编报制度。为了更好地服务国企改革和国资监管工作,2016 年 3 月国务院国资委发布的《关于进一步做好国资委监管报表整合工作的通知》在推动报表深度整合、优化报表设计,从源头上减少报表数量,加强国资委监管报表管理,减轻中央企业重复填报负担,推动报表数据信息共享,建立委内报表整合协调工作机制,统一数据采集平台等方面起到了重要作用。

在新时期国资国企制度不断完善的基础上,国有企业信息公开实践也出现不少亮点。2014 年 7 月,财政部企业司公布 2013 年全国国有企业财务决算情况,这是我国国有企业家底首次对外公开亮相,被业内视为出台全面深化国企改革顶层设计的筑基之举。在中央企业方面,经历了由信息披露对象单一、财务信息等关键信息披露缺乏、信息披露渠道狭窄、信息披露监管缺失,到信息公开渠道增加、信息公开程度加大、信息受众扩大的重大变化。从各省市情况看,在深圳开创国企公开财务信息后,又有石家庄、山西、山东等地方先后开展了国有企业财务等重大信息公开的实践。目前各省市已在国资委以及企业网站公开了包括财务预算、企业负责人薪酬等重大信息。

企业应披露高质量的财务信息早已成为共识,然而非财务信息披露能够显著增加财务报告的信息含量,提升信息有用性的观点也引起了理论与实务界的普遍认同。例如被称为"三桶油"的中国石油化工集团自 2014 年开始在公司网站披露年度报告与社会责任报告,中国石油天然气集团自 2006 年就已开始在公司网站对外披露社会责任报告,中国海洋石油集团自 2005 年开始连续发布可持续发展报告。除此之外,"三桶油"还发布了党建年报、扶贫开发报告、国别报告等专项报告,报告还分为中文版和英文版,报告种类丰富,内容翔实。随着绿色低碳与可持续发展的观念不断被世界各国所接受,以 ESG 理念为指导的信息披露也迅速被纳入国有企业信息公开议程中。在新发展理念与 ESG 双重推动下，国有企业真正开始向财务和非财务信息全面披露转型。

但是，在政府出台了一系列信息公开制度之后，国有企业信息披露实践是否出现了显著变化，尚需进一步分析，信息披露转型对企业可持续发展产生的影响机理研究需进一步深化拓展。虽然社会责任、环境保护、公司治理等非财务信息与公司价值的关系研究较为成熟，然而将环境、社会与治理三者整合，并探讨 ESG 信息披露与企业发展，尤其是新时期与国有企业高质量发展关系的研究还很薄弱。在新发展理念下，如何通过 ESG 信息披露制度设计推动国有企业高质量发展等问题亟待理论与实践探索。

综上，有关信息披露的理论及实践与国有企业发展的历史阶段直接相关，与国资国企监管的不同阶段紧密相连。随着中国特色社会主义市场经济的发展，表现出与国有企业不断推进市场化转型、健全中国特色现代企业制度、完善公司治理机制，并不断向高质量发展方向迈进相适应的特点。相关制度对推动信息公开、提高信息质量、完善国资监管体制起到了极为重要的作用。

第二节　国有资本运营信息报告
制度实施效果评价

在梳理国有资本运营信息报告制度的应然逻辑与历史沿革的基础上，应进一步探讨制度在推动国有资本运营信息公开实践中取得的成效与存在的问题。本节以中央企业为例对国有企业资本运营信息报告实践进行分析与评价，检验国有资本运营信息报告制度的落实情况，以期发现"实然"与"应然"之间的差距，寻找制度存在的问题，并有针对性地提出完善对策。

一、中央企业资本运营信息报告总体评价

国有资本运营信息公开实践是人民群众对国有资产运行情况行使知情权的基本保障,回顾与总结资本运营信息公开制度实施情况是判断外部监督,尤其是社会监督能否发挥预期效果的重要前提,也是衡量制度设计目标与实际执行效果差距的重要环节。借鉴目前非上市国有企业透明度评价的研究成果(綦好东和王金磊,2016)[①],本节对非上市中央企业信息透明度情况进行了统计分析。由于中央企业受国务院国资委直接监管,其规模、影响力在国有企业中具有绝对优势,考察其在国有资本运营信息公开方面的表现,能够反映国有企业整体的公开与透明程度,以便把握现状并找出不足,进一步有针对性地提出改进方案。

通过对2012—2021年度中央企业官方网站公开的信息进行搜集与整理,计算得到2012—2021年度中央企业信息公开披露指数,并对连续10年的指数进行统计分析,可以初步得到这一阶段中央企业国有资本运营信息公开方面的实践情况(见表8-4和图8-1)。

表8-4　2012—2021年度中央企业信息公开披露指数总体情况

年度	企业数量（家）	平均值	最大值	最小值	极差	中位数	标准差	偏度	峰度
2012	115	30.86	71.17	0.02	71.15	24.38	18.90	0.44	-0.59
2013	114	29.64	71.05	0.02	71.03	23.61	19.53	0.61	-0.64
2014	112	31.67	97.62	0.02	97.60	24.16	21.17	0.70	-0.35
2015	107	31.10	72.13	0.02	72.11	27.09	21.30	0.53	-0.98
2016	103	33.62	72.58	0.02	72.56	27.72	20.66	0.50	-0.98

---

① 綦好东、王金磊:《非上市国有企业透明度评价体系设计与应用:以中央企业为例》,《会计研究》2016年第2期。

续表

年度	企业数量（家）	平均值	最大值	最小值	极差	中位数	标准差	偏度	峰度
2017	98	38.16	70.85	0.02	70.83	32.86	18.87	0.43	-0.95
2018	97	39.45	72.88	0.02	72.86	32.47	17.82	0.44	-0.81
2019	96	32.47	91.92	0.02	91.90	21.82	21.83	0.61	-0.76
2020	98	39.41	97.30	0.02	97.28	43.26	22.29	0.51	-0.22
2021	98	38.87	97.29	0.02	97.27	42.44	22.31	0.67	-0.05

资料来源:通过搜集与整理2012—2021年中央企业官方网站公开的信息,按照非上市国有企业信息透明度评价体系(綦好东和王金磊,2016)进行打分,得到2012—2021年中央企业信息公开披露指数。

从表8-4和图8-1可以看出,2012—2021年中央企业信息公开披露指数呈现出总体稳定,并有小幅波动的趋势。

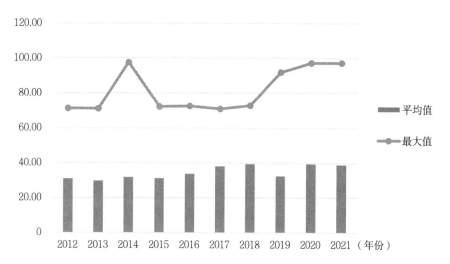

图8-1　2012—2021年度中央企业信息公开披露指数总体趋势

通过进一步观察中央企业信息公开披露指数平均值连续10年的总体趋势可以发现,指数在2015年出现了转折,即自2015年起,信息公开披露指数有了小幅稳定上升的趋势,但在2019年又出现短暂下降。

2012—2015 年中央企业总体信息公开披露指数一直较低且变化不大,反映出制度缺失是导致国有企业信息公开披露实践滞后的根源(綦好东等,2013)。① 而自 2013 年 11 月党的十八届三中全会提出"探索推进国有企业财务预算等重大信息公开",2014 年 8 月国务院颁布《企业信息公示暂行条例》,2015 年又密集出台了《中共中央 国务院关于深化国有企业改革的指导意见》《国务院关于国有企业发展混合所有制经济的意见》《国务院办公厅关于加强和改进企业国有资产监督防止国有资产流失的意见》《国务院关于改革和完善国有资产管理体制的若干意见》等一系列文件,都涉及推进国有企业信息公开的具体要求,提出要完善国有资产和国有企业信息公开制度,设立统一的信息公开平台,在不涉及国家秘密和企业商业秘密的前提下,依法依规及时准确地披露国有资本整体运营情况、企业国有资产保值增值及经营业绩考核总体情况、国资监管制度和监督检查情况,以及国有企业公司治理和管理架构、财务状况、关联交易、企业负责人薪酬等信息,建设阳光国企。这使得党的十八届三中全会提出的"探索推进国有企业财务预算等重大信息公开"任务逐步形成清晰的制度框架、目标要求和实现路径,形成了指导和规范国有企业信息公开的初步"顶层设计"。

2017 年 1 月国务院国资委发布的《关于推进中央企业信息公开的指导意见》和 2017 年 5 月发布的《国务院办公厅关于进一步完善国有企业法人治理结构的指导意见》对原有国有企业信息公开制度进行了进一步完善,为国有企业的信息公开实践提供了更明确的制度遵循。而制度的不断完善直接体现在 2016—2018 年中央企业总体信息公开披露指数逐步提升的事实。

随着深化国资国企改革成为新时期经济改革领域的主要任务,在强化创新驱动发展,实现国有资本布局优化和机构调整,健全国资监管体制,防范化解重大风险,做强做优做大国有资本和国有企业,充分发挥国有经济战略支撑

---

① 綦好东、王斌、王金磊:《非上市国有企业信息公开披露:逻辑与事实》,《会计研究》2013年第 7 期。

作用,加快建设世界一流企业的要求下,中央企业不断实施联合重组,国务院国资委直管企业的数量逐年下降。与此同时,适应新时期改革任务的新中央企业也在不断组建。例如,仅 2019 年就有中国安能建设集团、国家石油天然气管网集团两家新成立的中央企业被列入国务院国资委履行出资人职责企业名单。根据国务院国资委网站公开的信息,2020—2021 年国务院国资委履行出资人职能的中央企业数量也一直在变化。① 新成立企业未充分做好信息公开基础工作,②是导致 2019 年中央企业信息公开披露指数出现下滑的主要原因。但是在新组建的中央企业落实信息公开制度后,中央企业的总体信息公开披露指数开始回升,2020 年和 2021 年中央企业的总体信息公开披露指数恢复到了 2018 年的水平。

从 2012—2021 年中央企业信息公开披露指数的总体极值来看,最大值出现在 2014 年,为 97.62 分,最小值为 0.02 分,极差为 97.60 分。此外,从 2012—2021 年中央企业信息公开披露指数的各年度极值来看:极大值方面,除 2014 年以外,2019 年、2020 年、2021 年的极大值也均超过 90 分,分别为 91.92 分、97.30 分和 97.29 分,其余年度的极大值均在 70—73 分之间;极小值方面,各年度的极小值均为 0.02 分。上述结果表明,2012—2021 年,样本中央企业之间的信息公开披露指数差距较大,反映出不同中央企业在信息公开实践效果方面的显著差异。

从信息披露指数的得分分段统计结果来看(见表 8-5),中央企业信息公开披露指数在 2012—2021 年的表现不甚理想,除 2020 年和 2021 年达到良好(70 分以上)水平的中央企业有 7 家以外,其余各年度达到良好水平的中央企业仅有 1 家或 2 家。进一步分析中央企业信息公开披露指数区间在 2012—

---

① 根据国务院国资委网站公开信息统计,2020—2021 年通过新设、合并等方式新列入国务院国资委履行出资人名单的中央企业有 4 家,不再作为国务院国资委履行出资人职责的中央企业有 3 家。

② 因指标评价需以企业设立的官方网站为观测窗口,新设立企业未建立(或完善)官方网站并公开有关信息,是导致其信息公开披露评价得分较低的最直接原因。

2021年的变化规律①可以发现,除了10分以下极端值比率逐年下降以外,(10,20]和(20,30]两个区间占比也出现不同程度的降低,相对应地,(30,40]、(50,60]和(60,70]三个区间占比则不断上升,这反映出中央企业信息公开披露质量在结构上的不断优化。

表8-5 2012—2021年中央企业信息公开披露指数分布情况

区间 \ 企业数量及占比(%) \ 年份	2012	2013	2014	2015	2016	2017	2018	2019	2020	2021
(0,10]	16	13	12	5	4	2	1	8	4	3
	13.91	11.40	10.71	4.67	3.88	2.04	1.03	8.33	4.08	3.06
(10,20]	10	30	23	29	21	13	13	29	19	20
	8.70	26.32	20.54	27.10	20.39	13.27	13.40	30.21	19.39	20.41
(20,30]	44	30	35	22	21	11	16	21	19	21
	38.26	26.32	31.25	20.56	20.39	11.22	16.49	21.88	19.39	21.43
(30,40]	1	1	1	5	6	8	8	0	0	1
	0.87	0.88	0.89	4.67	5.83	8.16	8.25	0	0	1.02
(40,50]	28	24	20	20	18	26	20	17	33	32
	24.35	21.05	17.86	18.69	17.48	26.53	20.62	17.71	33.67	32.65
(50,60]	4	3	3	9	12	16	15	2	3	2
	3.48	2.63	2.68	8.41	11.65	16.33	15.46	2.08	3.06	2.04
(60,70]	10	12	16	15	20	20	22	17	13	12
	8.70	10.53	14.29	14.02	19.42	20.41	22.68	17.71	13.27	12.24
(70,100]	2	1	2	2	1	2	2	2	7	7
	1.73	0.87	1.78	1.87	0.97	2.04	2.06	2.08	7.14	7.14
合计	115	114	112	107	103	98	97	96	98	98

资料来源:通过对2012—2021年中央企业信息公开披露指数进行分段统计得到。

---

① 受中央企业新设和重组影响,未将2019年度纳入考察范围。

从及格率来看(见表 8-6),2012—2021 年,绝大多数样本中央企业的信息公开披露指数都处于及格线(以 60 分为及格线)以下。其中,2012 年和 2013 年的及格率最低,均在 10%左右,2014 年和 2015 年的及格率有所提高,分别为 16.07%和 15.89%,2016 年以及 2019—2021 年的及格率均在 20%左右,2017 年和 2018 年的及格率最高,分别为 22.45%和 24.74%。从 2012—2021 年不及格率的变化趋势可以发现(见图 8-2),2012—2018 年中央企业信息公开披露指数的不及格率一直处于下降趋势,2019 年有所回升,2020—2021 年趋于稳定。这一趋势说明在制度日趋完善、监管日趋严格的背景下,中央企业的信息公开披露指数在不断上升。2019 年中央企业信息公开披露指数不及格率的回升可能与当年部分中央企业的合并重组有关。

表 8-6　2012—2021 年中央企业信息公开披露指数及格率　　　(单位:%)

年度	2012	2013	2014	2015	2016	2017	2018	2019	2020	2021
及格率	10.43	11.40	16.07	15.89	20.39	22.45	24.74	19.79	20.41	19.39
不及格率	89.57	88.60	83.93	84.11	79.61	77.55	75.26	80.21	79.59	80.61

资料来源:根据表 8-5 计算得到。

二、中央企业资本运营信息报告分项评价

分解信息公开披露指数的具体评价指标,有利于更加清晰地认识中央企业的信息公开披露现状。根据现有评价指标体系,国有企业的信息公开披露指数可以分解为信息的完整性、真实性和及时性三个一级指标。三个一级指标的权重分别为真实性 65.62%、完整性 21.79%、及时性 12.59%。由于真实性指标权重占比超过 60%,而目前发布年报的国有企业较少,公开审计报告的企业更少,尽管发布社会责任报告(或可持续发展报告)的企业较多,但较少经过第三方鉴证,从而导致在完整性方面信息公开披露表现良好的中央企业,其信息公开披露总指数得分较低的情况出现。中央企业信息公开披露指

（单位：％）

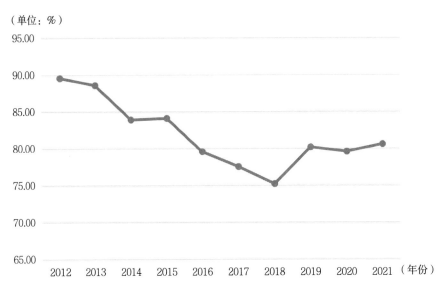

图 8-2　2012—2021 年中央企业信息公开披露指数不及格率变化趋势

资料来源：根据表 8-6 绘制。

数及其三个一级指标的得分统计情况如表 8-7 所示。

由表 8-7 可知，仅从完整性来看，除 2015—2018 年以外，其他各年度中央企业的总体信息公开披露水平均在及格线以上，但受真实性得分不高（各年度均远低于及格线）的"拖累"，再加上及时性的表现也不甚理想，最终导致中央企业信息公开披露总指数的总体水平偏低。因此，国有企业应重视对公开披露信息真实性的保证，提高信息公开披露的及时性，并进一步提高公开披露信息的完整性，以提高信息公开披露指数的总体水平。

表 8-7　2012—2021 年中央企业信息披露分项指数情况

项目	统计指标	2012	2013	2014	2015	2016	2017	2018	2019	2020	2021
总指数	均值	30.86	29.64	31.67	31.10	33.62	38.16	39.45	32.47	39.41	38.87
	标准差	18.90	19.53	21.17	21.30	20.66	18.87	17.82	21.83	22.29	22.31

续表

项目	统计指标	2012	2013	2014	2015	2016	2017	2018	2019	2020	2021
完整性	均值	62.94	60.03	61.44	40.24	42.06	45.68	48.29	63.65	69.61	70.17
	标准差	24.20	23.28	22.83	10.02	9.73	9.69	8.41	11.66	17.53	15.84
真实性	均值	16.52	15.79	18.15	30.02	31.27	33.64	35.88	20.14	27.55	26.87
	标准差	22.58	23.03	25.93	12.33	11.47	9.38	9.02	27.46	28.98	29.61
及时性	均值	50.82	49.22	50.55	25.69	25.77	25.82	27.41	42.78	48.95	47.28
	标准差	22.35	21.19	21.34	10.56	10.41	8.13	8.11	14.33	18.71	17.83

资料来源:通过对 2012—2021 年中央企业信息公开披露指数总得分及其一级指标得分进行统计得到。

三、简要评论

自 2015 年国家开始推动"预算等重大信息公开"以来,国有企业已逐步建立官方网站,通过官方网站这一信息平台,部分国有企业主动公开了基本情况、公司治理以及管理架构、经营情况、财务状况、社会责任、企业负责人薪酬等信息,自觉接受社会监督。同时,以年度报告、社会责任报告或可持续发展报告等规范形式披露信息的国有企业数量逐年增加,第三方机构、社会公众和媒体可随时从网站上检索到相关信息,为推动"阳光国企",约束国有企业的经营、投资和市场交易等行为,防止国有资产流失发挥了积极作用。

但总体看,仍存在一些问题,例如,社会责任信息披露多但时效性差,财务信息披露少且带有选择性,正、负面重大事项披露严重失衡。与制度的要求相比,仍存在财务等重大信息公开未完全落实到位等问题。按照国有企业财务等重大信息公开的总体要求,应以有关信息公开制度为依据,把包括企业财务预算,年度、中期、季度财务报告,重大决策、重要干部任免、重大项目安排和大额资金使用("三重一大")有关事项,履行社会责任情况以及其他可能对出资人、企业和职工利益产生较大影响或社会关注度较高的信息进行公开。

第三节 国有资本运营信息报告制度的完善

通过国有资本运营信息报告制度的实施效果评价可以发现,制度尤其是强制性报告制度的缺失是影响国有企业信息公开披露的关键因素。因此,本节在对现有国有资本运营信息报告制度所存在的问题进行分析的基础上,构建国有资本运营信息公开制度体系,以期进一步加大强制性制度供给,推动国有资本运营信息报告制度完善。并且,有针对性地提出保障制度落实的对策建议,强化国有资本运营信息公开的动力机制,突出国有资本运营信息公开诉讼的校正功能,更好地服务国资监管体制转型。

一、搭建完整的国有资本运营信息公开制度框架

国有资本运营信息公开制度应全面规范国有资本运营信息公开的基本原则、具体要求、监督保障、责任追究等内容,设计包括国有资本运营信息公开披露制度、国有资本运营信息公开监管制度以及国有资本运营信息公开诉讼制度等在内的完整制度框架,形成国有资本运营信息公开在具体要求、监管措施和法律保障等方面的制度闭环。

在新一轮国资国企改革的不断推进和全球"信息自由化"的背景下,党中央、国务院陆续颁发了一系列国有企业信息公开披露的相关政策性文件。2007 年 4 月国务院出台《政府信息公开条例》之后,国务院国资委分别于 2009 年 2 月和 2017 年 1 月发布了《国务院国资委关于印发〈国务院国有资产监督管理委员会国有资产监督管理信息公开实施办法〉的通知》和《关于推进中央企业信息公开的指导意见》,国有企业内部也随之制定了相应的企业信息公开制度。在中央政策指引下,有关国有企业信息公开的地方性法规和规章也日渐增多,国有企业信息公开披露制度架构初步形成。但受制于相关理论研

究的不足,以及历史和现实的惯性,国有企业信息公开实践缺乏制度指引与规范的问题依旧突出。对比国有企业信息公开披露的现实需求与实践状况,制度供给不平衡、不充分的问题集中体现在以下四个方面:一是信息公开披露制度落实不够到位。目前国有企业信息公开披露实践的制度发布主体主要分党中央国务院、国资委(包括地方国资委)和国有企业三个层次,但部分制度文件存在执行不力、执行不严、推进缓慢等问题,没有完全发挥制度体系在实践操作中的规范指引作用。二是信息公开披露要求的强制性不足。虽然对于国有企业信息公开披露的内容、时间和形式等问题已经明确,但企业在执行中仍可以根据"需要"自由选择执行力度,选择性披露、模糊性披露等做法较为常见。三是信息公开披露的评价标准不统一。由于缺乏专门的信息公开披露法律规范,中央与地方国有企业无法在一个统一的内容框架下开展信息公开披露工作,现有实践大多是上市公司年报的"翻版"或"简版"。虽然这种做法大大降低了国有企业信息公开披露的工作量,但并不契合国资国企性质与分类考核需求,无法准确反映国有企业的总体绩效,限制了对实践的反思与改进空间。四是在信息真实性的保证上存在制度空缺。已有信息公开评价研究也证明了这一点,没有真实性保证的信息公开并没有太大的实际意义。

　　针对制度目前存在的问题,并结合未来一段时期国资监管体制转型的任务要求,国有资本运营信息报告制度应从以下几个方面搭建整体框架:一是以国资国企信息公开披露为主线,形成完整的国资国企信息公开制度体系。从长远来看,需要制定统一的国有企业信息公开法律规范,对国有企业的信息公开要求予以单独规定,将国有企业与政府部门以及事业单位明确区分开来,改变实践中出现的制度相互援引与适用混乱现状。二是进一步充实、完善、明确现有的制度内容,对公开内容、公开方式、公开时间作出详细、可操作的规范。另外,需要根据国资监管体制转型的任务要求,提出普遍性与特殊性相结合的信息公开披露指引。例如,针对国有企业分类监管,应建立国有企业信息公开披露分类指引。遵循中央关于国企分类改革的思路,分类指引旨在根据国有企业所处行业的不同及所提供产品的差异,将国有企业信息公开披露内容加以具体分类。公益类国企与商业类国企分别按照不同的经营目标和企业性质,可以选择公共导向或市场导向的披露方式,满足利益相关者的信息需求。建立普遍性与特殊性相结合的制度要求,还可以解决不同类型国有企业信息公开评价缺乏一致性的问题,提高监督和评价国有企业信息公开工作的效率和效果。三是探索国有企业信息公开披露评级制度,针对财务与非财务信息引入第三方独立鉴证与评级,保证信息的真实性,提升报告的有用性。

二、明确国有资本运营信息公开制度的具体内容

国有资本运营信息公开制度的具体内容包括主要目标、基本原则、披露主体、披露内容、披露方式等。

(一) 主要目标

国有资本运营信息公开制度的构建应立足新时代国资监管体制转型背景,紧紧围绕统筹推进"五位一体"总体布局和协调推进"四个全面"战略布局,落实新发展理念,构建新发展格局,推动国有企业高质量发展,服务于完成各项国企改革任务,实现国有经济布局优化和结构调整,做强做优做大国有资本和国有企业。具体地,应以提升信息透明度为主要目标,促进国有企业依法合规经营、提高公司治理水平,加强国资监管,防止国有资产流失,实现国有资本保值增值。以完善国有资本运营信息公开披露体制机制为重点,为推进国有企业信息公开提供充分的技术条件和配套环境,积极打造适应市场化、现代化、国际化发展需要的法治国企、阳光国企。应进一步健全国有企业信息公开制度体系,以制度化、标准化、信息化、数字化为重点推进信息公开工作有序开展。同时还应使国有企业进一步增强自觉接受社会监督的意识,保障社会公众对国有资本保值增值的知情权、监督权。

（二）基本原则

一是坚持依法合规。严格遵守法律、法规等相关规定,建立健全国有资本运营信息报告制度体系,推动国有资本运营信息公开披露工作制度化、规范化。根据企业分类,明确信息公开的内容、方式、范围和程序,严格保守国家秘密,保护第三人的商业秘密和个人隐私。二是内容可靠准确。保证国有资本运营信息的内容真实、准确、完整,不得有虚假记载、误导性陈述或重大遗漏。三是积极稳妥推进。立足国有资本产权的全民、公共和社会属性,主动回应监管机构、社会公众等各方关切,不断优化国有资本运营信息公开的方式方法,探索信息公开的有效工作途径,坚持试点先行、总结经验、稳步推进,注重实效。四是严格落实责任。按照"谁形成谁公开、谁公开谁负责"的要求,落实国有资本运营信息公开披露责任制。国资监管机构负责指导监督国有企业信息公开工作,国有企业作为信息公开的责任主体,负责组织落实本企业(集团)及所属企业信息公开工作。

（三）披露主体

国有企业作为国有资本的直接经营主体,对国有资本的具体配置和经营绩效承担直接责任,是国有资本受托责任履行主体,也是国有资本运营信息报告与公开披露的主体,必须自觉接受社会公众监督,对出资人负责,按照《企业国有资产法》等要求履行信息披露义务。

国资监管机构在履行出资人职责、监督出资企业的过程中,也收集、制作了大量国有企业的个体信息,汇总并形成了国有资本运营、保值增值、整体布局等总体信息。《企业国有资产法》明确提出,"国务院和地方人民政府应当依法向社会公布国有资产状况和国有资产监督管理工作情况,接受社会公众的监督",因此,国资监管机构也理应成为国有资本运营信息公开披露主体。

（四）披露内容

服务于产权所有者宏观与微观决策,发挥信息在治理中的基础作用,加强和改进企业国有资产监督,防止国有资产流失,是国有企业在确定具体信息公开披露内容时的主要依据。同时,还应参考上市公司信息披露规则、OECD 等国外国有企业信息公开经验,及时学习借鉴国有企业信息公开领域的最新有效实践。国有企业信息公开披露的内容应包括:企业基本信息、公司治理及管理架构、重要人事变动、企业负责人薪酬;国有资本预算等财务信息、国有资本保值增值情况;国资国企改革进程;重大突发事件和应急处置情况;承担社会责任情况;其他法律法规要求主动公开的信息等。另外,国有企业信息公开披露的内容还应根据国资国企改革任务、国资监管机构的具体要求相机调整。

为适应国有企业分类改革的要求,不同类型的国有企业在具体公开信息披露上也应加以区分。其中,商业一类企业参与市场竞争最为充分,信息披露的目的主要是为了消除信息不对称,更好引导资源配置,披露内容应主要聚焦资本回报、资本增值质量与效益。在披露要求上可更加偏向参考上市公司的信息披露要求,突出财务报表的核心地位。商业二类企业主业处于关系国家安全、国民经济命脉的重要行业和关键领域,主要承担重大专项任务,信息披露的目的是为了报告受托责任履行情况和服务国家战略情况,应重点披露企业维护国家安全、实现国家战略目标、完成重大专项任务、发挥国有经济控制力和影响力的情况,完善企业公司治理、内部管理体制机制和防止国有资产流失情况。公益类企业聚焦保障民生、服务社会,以提供高效优质的公共产品和服务为主要任务,信息披露的主要目的是加强监督、提高效率、降低成本,因此,其信息披露应聚焦经营成本等信息,以便广泛接受社会监督。

（五）披露方式

为了使国有资本运营信息公开披露制度化、规范化,应建立健全规范的国有企业信息公开披露工作制度和公开操作流程指引,在遵循法律法规基础上,进一步明确国有企业对外披露财务与非财务信息的制作、审查、审批等相关部门的工作职责与程序,细化各类企业信息公开的内容、范围、形式、时限和归档要求,根据当期实际和监管要求调整公开重点与范围,规范有序地公开信息。结合企业实际情况,针对不同的信息选择适当的公开形式,其中常规性质的信息以企业与政府官方网站、报刊杂志、微博微信和客户端等传统媒体与新媒体为平台,以年度报告、可持续发展报告、企业社会责任报告或环境、社会及治理报告(ESG 报告)等为公开信息载体,对于重大事件可采用召开新闻发布会、发布临时公告等形式公开。国有企业官方网站应当在醒目位置设置专门信息公开栏目,并做好与政府部门、监管机构的网站链接,以增强信息发布的时效性和权威性。同时,配合指定的纸质报刊,在国资监管机构、国有企业驻地等处备份,方便社会公众查阅。

三、建立国有资本运营信息公开监管制度

监管制度是推动国有资本运营信息公开监管要求落地落实的重要保障,应搭建完整的国有资本运营信息公开监管制度体系,设计有效的体制机制并配套保障措施。

(一)构建国有资本运营信息公开监管制度体系

以国有资本运营信息公开监管制度为核心,在明确信息公开主体及公开内容的前提下,规范信息公开工作程序和信息公开工作保密审查,制定和实施信息公开风险评估程序,严格监督信息公开载体和形式要求。明确国有资本运营信息公开的监管目标、监管主体、监管方式等内容。其中,监管目标应确定为保证国有企业严格落实国有资本运营信息公开制度的要求,充分发挥信息的监督、决策与评价功能。坚持质量第一、效益优先的原则,按照高质量发展要求,完善信息公开监管规则,以高质量信息公开推动国有企业质量变革、

效率变革、动力变革,不断增强国有经济竞争力、创新力、控制力、影响力和抗风险能力。监管主体应以国务院国资委和地方各级国资委为主,同时各级人大以及财政、审计、税务等部门应从各自职责角度履行监督责任。监管方式上应充分运用市场化、法治化手段,严格依据法律法规规定的监管权限和程序行权履职,更加突出市场机制的作用,促进各监督主体以产权为基础、以资本为纽带,依据公司章程,通过法人治理结构推动信息公开监管职责的履行,将信息公开监管要求以股东意志的形式传递,提升国有资本运营信息公开的效果。

(二) 完善国有资本运营信息公开监管体制机制

明确国有资本运营信息公开监管的主体是各级国资委。另外,根据法律规定,人大以及财政、审计等部门依据法定职权对国有企业信息公开情况实施监督,舆论媒体、第三方机构与社会公众应积极参与社会监督。各监督主体职责明确,相互配合,防止监管重复和监管缺位。国资监管机构应牵头搭建信息共享平台,共享监管信息,切实提高监管效率。

(三) 出台国有资本运营信息公开监管的保障措施

一是加强组织保障。充分认识国有资本运营信息公开监管的重要性和紧迫性,增强企业主要负责人的责任感,提高对信息公开推动国有企业高质量发展、提升治理体系和治理能力现代化重要作用的认识,加强组织领导,积极稳妥开展工作。二是建立健全工作机制。应指定主要领导专门负责信息公开监管工作,将信息公开纳入企业重要议事日程,定期研究信息公开工作中的重大问题,积极稳妥地部署推进有关工作。三是提高人员素质。提高信息公开管理与监督队伍素质,提供人才和专业保障。组织开展多种形式的信息公开教育培训和业务研究,不断增强国有企业信息公开工作人员的专业素养,培养提高其政策把握能力、信息发布能力、解疑释惑能力、舆情研判能力和回应引导能力。四是强化监督问责。对国有企业信息公开工作开展情况适时进行督导,对不履行或未依法履行主动公开义务的,应对主要负责人采取严肃批评、公开通报等处罚措施,对在信息公开内容上弄虚作假、隐瞒实情、欺骗公众,造成严重社会影响的,责令其纠正,并依法追究相关单位和人员责任。

四、完善国有资本运营信息公开诉讼制度

诉讼制度是国有资本运营信息公开得以落实的法律保障,有利于提升信息公开制度的权威性和强制力,规范利益相关方依法参与治理,维护利益相关方的合法权益。获取国有资本经营与财务等有关信息,参与社会监督,发挥外部治理作用,是法律制度赋予社会公众等国有企业外部监督主体的法定权利。公民、法人或者其他组织认为对国有企业与国有资本经营的知情权和监督权没有得到满足,或者国有企业在国有资本运营信息公开中存在不当行为的,在与国有企业或国资监管机构协商无果后,可以通过行政诉讼的途径,依法维护自己的合法权益。

(一) 依法保障公民的信息公开诉讼权

当国有企业未遵守信息公开的制度规定,侵犯公民的合法权益时,公民可以提起行政诉讼的情形包括:国有企业不依法履行信息公开义务;国有企业公开不应当公开的信息;国有企业公开的信息有虚假记载、误导性陈述或者重大遗漏;其他违反法律、法规的行为。

(二) 构建和完善国有资本运营信息公开诉讼制度的主要措施

一是要明确国有资本运营信息诉讼被告资格的认定依据。国有企业承担提供公共产品和服务的重要任务,在一定程度上是政府职能的延伸,因此,在公共领域全体人民与国有企业之间存在委托关系,强调国有企业在国有资本运营信息公开诉讼层面的被告资格,可以简化诉讼关系,有利于涉诉当事人更加便捷、及时地解决信息公开纠纷。二是要化解义务主体的竞合矛盾。国资

委对国家出资企业履行出资人责任并承担监管职责,履行职责过程中能够获取国有企业运行、国有资本经营等关键信息,使得同一信息可能会被国资委和国有企业共同拥有,从而形成国有资本运营信息公开的双重义务主体的情况。因此,国资委和国有企业均应作为国有资本运营信息公开的义务主体,以最大程度降低申请人的诉讼成本。三是要细化信息内容性质的甄别方法。作为国有资本运营信息公开的"终极问题",在海量的信息中准确区分并适度分离商业秘密和公共信息,涉及公法与私法的边界确定,这是困扰理论与实践的现实难题。在判断国有企业信息内容是否适宜公开时,法官应把握好确立信息产生的主体、明晰信息产生的过程、鉴别信息内容的性质、分割复合性信息等步骤(王娅,2020)。① 四是加强国有企业信息公开法律法规建设。为解决国有企业信息公开诉讼的法治困境,还应追本溯源,制定专门的国有企业信息公开法律法规,避免国有企业信息公开法律依据不足的问题,为完善国有企业信息公开制度提供最坚实的基础。

适应管资本为主的国资监管体制要求,建立国有资本运营信息报告制度已成为理论与实务界的共识。国有资本运营信息报告不仅在服务国有资产管理与监督体制方面符合实践逻辑与制度逻辑,更是生产资料社会主义公有制、人民当家作主以及实现共同富裕的政治逻辑要求。通过梳理新中国成立以来国有资本运营信息报告制度的历史沿革与阶段特征可以清晰地看到,每个阶段信息报告实践都取决于当时经济社会发展大环境以及国资国企发展与改革任务的具体要求,并随着国有经济发展、国有资本布局调整和国有企业的发展改革而不断调整。将改革背景、制度要求与实践表现结合起来,通过对现阶段国有资本运营信息报告制度的实施效果进行评价不难发现,制度虽在一定程度上推动了信息公开的进程,但离理想状态还有一定差距。因此,立足新时代

---

① 王娅:《国有企业信息公开诉讼的制度困境与优化逻辑》,《北京理工大学学报(社会科学版)》2020 年第 4 期。

完善国资监管体制、健全国有企业内外部治理、保障全民利益的制度背景,应搭建更完整的国有资本运营信息公开制度框架,进一步明确国有资本运营信息公开的内容,做好国有资本运营信息公开的监管,提供更有效的国有资本运营信息公开诉讼保障,全面完善国有资本运营信息报告制度。

主要参考文献

1. [美]奥尔森:《集体行动的逻辑》,陈郁等译,上海人民出版社、格致出版社 2014 年版。

2. 白重恩、刘俏、陆洲、宋敏、张俊喜:《中国上市公司治理结构的实证研究》,《经济研究》2005 年第 2 期。

3. 卜君、孙光国:《国资监管职能转变与央企高管薪酬业绩敏感性》,《经济管理》2021 年第 6 期。

4. 曹春方、张超:《产权权利束分割与国企创新——基于中央企业分红权激励改革的证据》,《管理世界》2020 年第 9 期。

5. 陈东琪、臧跃茹、刘立峰、刘泉红、姚淑梅:《国有经济布局战略性调整的方向和改革举措研究》,《宏观经济研究》2015 年第 1 期。

6. 陈冬华、范从来、沈永建、周亚虹:《职工激励、工资刚性与企业绩效——基于国有非上市公司的经验证据》,《经济研究》2010 年第 7 期。

7. 陈清泰:《对国有资产管理体制改革的几点看法》,《党政干部文摘》2003 年第 5 期。

8. 陈清泰:《深化国有资产管理体制改革的几个问题》,《管理世界》2003 年第 6 期。

9. 陈清泰:《国企改革:过关》,中国经济出版社 2003 年版。

10. 陈少晖、廖添土等:《公共财政框架下的省域国有资本经营预算研究》,社会科学文献出版社 2012 年版。

11. 褚剑、陈骏:《审计监督、国资监管与国有企业治理——基于审计官员国资监管背景的研究》,《财经研究》2021 年第 3 期。

12. 邓靖、罗秀英编著:《国有资本运营机制研究》,中国纺织出版社 2019 年版。

13. 邓荣霖:《发挥股份公司在科技进步中的作用》,《中国软科学》1992 年第 4 期。

14. 邓子基:《深化财政改革 理顺分配关系》,《经济研究》1992 年第 11 期。

15. 杜勇、张欢、陈建英:《金融化对实体企业未来主业发展的影响:促进还是抑制》,《中国工业经济》2017 年第 12 期。

16. [法]法约尔:《工业管理与一般管理》,曹永先译,团结出版社 1999 年版。

17. 方福前:《四十年中国经济体制的三次革命》,《经济理论与经济管理》2018 年第 11 期。

18. 方红星、金玉娜:《公司治理、内部控制与非效率投资:理论分析与经验证据》,《会计研究》2013 年第 7 期。

19. 方慧、赵胜立、吕静瑶:《生产性服务业集聚提高了城市 FDI 效率吗?》,《数量经济技术经济研究》2021 年第 7 期。

20. 冯璐、邹燕、张泠然:《双循环格局下的竞争中性与国企改革——来自国有资本差异化功能的证据》,《上海经济研究》2021 年第 2 期。

21. 傅廷斌:《中国国有企业改革的理论探索》,《中南财经大学学报》2000 年第 2 期。

22. 高萍:《50 年来中国政府经济职能的变化与启示》,《中国经济史研究》2002 年第 4 期。

23. 耿建新、丁含、吕晓敏:《国家资产负债表编制的国际比较——基于〈中国国民经济核算体系(2016)〉的思考》,《财会月刊》2018 年第 22 期。

24. 龚旻:《基于政策确定性的一般公共预算制度安排研究》,中国矿业大学出版社 2020 年版。

25. 郭国荣、黄江宁:《国有资产管理体制改革的制度设计和政策走向》,《宏观经济研究》2004 年第 7 期。

26. 郭檬楠、吴秋生:《国企审计全覆盖促进了国有资产保值增值吗? ——兼论国资委国企监管职能转变的调节效应》,《上海财经大学学报》2019 年第 1 期。

27. 郭岩:《第二届全国国有资产管理理论研讨会观点综述》,《经济研究参考》1992 年第 3 期。

28. 郭彦男、李昊楠:《国有资本收益、利润转移与国企利润》,《财经研究》2020 年第 2 期。

29. 国务院体改办研究所课题组、李保民、彭绍宗:《产权制度与国有资产管理体制改革》,《经济学动态》2003 年第 1 期。

30. 郝继明:《60 年经济体制:演变轨迹与基本经验》,《现代经济探讨》2009 年第 8 期。

31. 何峻:《企业民主管理和廉洁经营的"阳光工程"——江苏省东台市实行企业物资采购公开制度,推进廉洁经营的调查与启示》,《生产力研究》2000 年第 4 期。

32. 洪银兴、桂林:《公平竞争背景下国有资本做强做优做大路径——马克思资本和市场理论的应用》,《中国工业经济》2021 年第 1 期。

33. 胡迟:《国有资本投资、运营公司监管的新发展与强化对策》,《经济纵横》2017 年第 10 期。

34. 胡聪慧、燕翔、郑建明:《有限注意、上市公司金融投资与股票回报率》,《会计研究》2015 年第 10 期。

35. 胡改蓉:《构建本土化的国有资产经营公司》,《法学》2008 年第 6 期。

36. 华国庆:《我国国有资本收益若干法律问题研究》,《法学论坛》2012 年第 1 期。

37. 黄洪敏、陈少晖:《国有资产"分级所有"体制的重构》,《财经科学》2005 年第 2 期。

38. 黄群慧:《国资委亟待改进对国有企业的监管方式》,《财经科学》2005 年第 1 期。

39. 黄送钦:《代理成本、制度环境变迁与企业慈善捐赠——来自中国制造业的经验证据》,《上海财经大学学报》2017 年第 1 期。

40. 黄速建:《国有企业改革的实践演进与经验分析》,《经济与管理研究》2008 年第 10 期。

41. 黄速建、肖红军、王欣:《论国有企业高质量发展》,《中国工业经济》2018 年第 10 期。

42. 黄志雄:《政府综合财务报告试编阶段问题研究》,《财政研究》2017 年第 2 期。

43. 季晓南:《不断完善国有资产管理体制》,《经济日报》2014 年 9 月 23 日。

44. 姜欣:《国企改制中审计与资产评估错位问题》,《经济管理》2008 年第 8 期。

45. 蒋季奎:《浅议"国有资产"概念的理解》,《上海会计》1996 年第 6 期。

46. 蒋乐民:《国家国有资产管理局的基本职责和任务》,《中南财经大学学报》1989 年第 4 期。

47. 蒋一苇:《关于企业改革的系统思考》,《中国工业经济研究》1992 年第 4 期。

48. 靳庆鲁、孔祥、侯青川:《货币政策、民营企业投资效率与公司期权价值》,《经济研究》2012 年第 5 期。

49. 经济合作与发展组织:《OECD 监管影响分析》,席涛等译,中国政法大学出版社 2015 年版。

50. [美]科斯:《企业、市场与法律》,盛洪等译,上海三联书店 1990 年版。

51. 黎凯、叶建芳:《财政分权下政府干预对债务融资的影响——基于转轨经济制度背景的实证分析》,《管理世界》2007 年第 8 期。

52. 黎文靖、李茫茫:《"实体+金融":融资约束、政策迎合还是市场竞争?——基于不同产权性质视角的经验研究》,《金融研究》2017 年第 8 期。

53. 李汉林、魏钦恭:《嵌入过程中的主体与结构:对政企关系变迁的社会分析》,中国社会科学出版社 2014 年版。

54. 李红娟、刘现伟:《优化国有资本布局的思路与对策》,《宏观经济管理》2020 年第 2 期。

55. 李锦:《发展混合所有制经济的 15 个要点》,《第一财经日报》2015 年 9 月 29 日。

56. 李松龄:《新时代经济体制改革重点的理论认识与制度安排》,《现代经济探讨》2018 年第 7 期。

57. 李松森:《建立国有资产管理新体制的现实意义——分级所有,分层管理》,《财经问题研究》2004 年第 2 期。

58. 李晓明、刘海、张少春:《强化国有资产受托经济责任的审计监督》,《审计研究》2004 年第 2 期。

59. 李新龙:《国有资本收益问题的相关理论思考——从国家与国有企业利益分配关系视角观察》,《经济研究参考》2013 年第 69 期。

60. 李燕、唐卓:《国有企业利润分配与完善国有资本经营预算——基于公共资源收益全民共享的分析》,《中央财经大学学报》2013 年第 6 期。

61. 李毅中:《深化国有资产管理体制改革》,《管理世界》2003 年第 9 期。

62. 李章忠:《我国经济体制改革 40 年的主要特点》,《理论与改革》2018 年第 6 期。

63. 李宗彦、郝书辰:《财政治理视角下的政府财务报告改革——英国的经验与启示》,《财政研究》2017 年第 9 期。

64. 厉以宁主编:《中国道路与混合所有制经济》,商务印书馆 2014 年版。

65. 廖冠民、沈红波：《国有企业的政策性负担：动因、后果及治理》，《中国工业经济》2014年第6期。

66. 廖红伟、李凌杰：《完善国资监管体制与深化国有企业改革协同发展路径研究》，《内蒙古社会科学》2021年第4期。

67. 廖红伟、杨良平：《协同推进完善国资监管体制与深化国企改革》，《经济参考报》2021年10月18日。

68. 廖添土：《国有资本经营预算：历史考察与制度建构》，社会科学文献出版社2015年版。

69. 林盼、郭冠清：《监管主体的变迁过程与国有资产监督体系的制度分析》，《上海经济研究》2023年第7期。

70. 林毅夫、蔡昉、李周：《充分信息与国企改革》，《市场经济导报》1997年第8期。

71. 刘灿雷、王若兰、王永进：《国企监管模式改革的创新驱动效应》，《世界经济》2020年第11期。

72. 刘行、李小荣：《金字塔结构、税收负担与企业价值：基于地方国有企业的证据》，《管理世界》2012年第8期。

73. 刘纪鹏、刘彪、胡历芳：《中国国资改革：困惑、误区与创新模式》，《管理世界》2020年第1期。

74. 刘纪鹏、岳凯凯：《实现经营性国资的统一监管》，《政治经济学评论》2015年第6期。

75. 刘克崮：《关于国有企业产权管理体制改革的思考》，《财政研究》1993年第9期。

76. 刘现伟：《以管资本为主推进国企分类监管的思路与对策》，《经济纵横》2017年第2期。

77. 刘现伟、李红娟、石颖：《优化国有资本布局的思路与策略》，《改革》2020年第6期。

78. 刘向耘、牛慕鸿、杨娉：《中国居民资产负债表分析》，《金融研究》2009年第10期。

79. 刘星、徐光伟：《政府管制、管理层权力与国企高管薪酬刚性》，《经济科学》2012年第1期。

80. 柳学信、孔晓旭、牛志伟：《新中国70年国有资产监管体制改革的经验回顾与未来展望》，《经济体制改革》2019年第5期。

81. 龙泓任：《功能分类融入国有企业监管规则的兼容性分析》，《东北大学学报（社会科学版）》2023 年第 2 期。

82. 卢馨、丁艳平、唐玲：《国有企业利润去哪儿了？》，《经济与管理研究》2016 年第 5 期。

83. 陆军荣：《国有企业的产业经济学分析》，《上海经济研究》2008 年第 6 期。

84. 陆军荣：《国有企业的产业经济学分析》，上海人民出版社 2014 年版。

85. 罗建钢：《委托代理：国有资产管理体制创新》，中国财政经济出版社 2004 年版。

86. 罗新宇主编：《国有企业分类与分类监管》，上海交通大学出版社 2014 年版。

87. 马建堂：《国有资产管理体制改革的再思考——设立国资监管体制必须注意的几个问题》，《经济管理》2002 年第 23 期。

88. 马骏、张文魁：《国有资本管理体制改革研究》，中国发展出版社 2015 年版。

89. ［德］马克思：《资本论》，中共中央马克思恩格斯列宁斯大林著作编译局编译，人民出版社 2018 年版。

90. 马新啸、汤泰劼、郑国坚：《非国有股东治理与国有资本金融稳定——基于股价崩盘风险的视角》，《财经研究》2021 年第 3 期。

91. 马新啸、汤泰劼、郑国坚：《非国有股东治理与国有企业的税收规避和纳税贡献——基于混合所有制改革的视角》，《管理世界》2021 年第 6 期。

92. 马忠、张冰石、夏子航：《以管资本为导向的国有资本授权经营体系优化研究》，《经济纵横》2017 年第 5 期。

93. ［法］孟德斯鸠：《论法的精神》，彭盛译，当代世界出版社 2008 年版。

94. 孟庆斌、李昕宇、张鹏：《员工持股计划能够促进企业创新吗？——基于企业员工视角的经验证据》，《管理世界》2019 年第 11 期。

95. 孟庆玺、白俊、施文：《客户集中度与企业技术创新：助力抑或阻碍——基于客户个体特征的研究》，《南开管理评论》2018 年第 4 期。

96. 年志远、夏元琦：《完善对国有资产监督管理机构的监管研究》，《经济体制改革》2016 年第 4 期。

97. 牛播坤：《中国地方政府债务：正在发生的未来》，《债券》2018 年第 11 期。

98. 欧阳敏、朱少平、李保民、贾康：《国有资产管理体制改革：从"九龙治水"到"分级履行出资人职责"》，《人民论坛》2003 年第 5 期。

99. 漆思剑：《否定之否定：国资委监管职能之未来回归》，《江西社会科学》2019 年第 1 期。

100. 齐守印、何碧萍:《关于国有资产管理体制的理论辨析、逻辑结构、国外经验与总体建构目标》,《当代经济管理》2019 年第 10 期。

101. 齐震、宋立刚、何帆:《渐进式转型经济中的国有企业监管:理论框架和中国实践》,《世界经济》2017 年第 8 期。

102. 綦好东、郭骏超、朱炜:《国有企业混合所有制改革:动力、阻力与实现路径》,《管理世界》2017 年第 10 期。

103. 綦好东、彭睿、苏琪琪、朱炜:《中国国有企业制度发展变革的历史逻辑与基本经验》,《南开管理评论》2021 年第 1 期。

104. 綦好东、王斌、王金磊:《非上市国有企业信息公开披露:逻辑与事实》,《会计研究》2013 年第 7 期。

105. 綦好东、王金磊:《非上市国有企业透明度评价体系设计与应用:以中央企业为例》,《会计研究》2016 年第 2 期。

106. 乔琳、綦好东:《国资监管体制改革对国有企业绩效的影响——基于以管资本为主改革的准自然实验》,《改革》2023 年第 3 期。

107. 秦荣生:《国有企业监督的机构设置和制度安排研究》,《审计研究》2003 年第 3 期。

108. 秦小建:《政府信息公开的宪法逻辑》,《中国法学》2016 年第 3 期。

109. [日]青木昌彦、奥野正宽编著:《经济体制的比较制度分析》,魏加宁等译,中国发展出版社 1999 年版。

110. [日]青木昌彦、金滢基、奥野-藤原正宽主编:《政府在东亚经济发展中的作用:比较制度分析》,张春霖等译,中国经济出版社 1998 年版。

111. 邱卫东:《论有计划商品经济体制的历史地位——基于经济哲学视角的考察》,《华东理工大学学报(社会科学版)》2014 年第 1 期。

112. 曲亮、谢在阳、郝云宏、李维安:《国有企业董事会权力配置模式研究——基于二元权力耦合演进的视角》,《中国工业经济》2016 年第 8 期。

113. 权小锋、尹洪英:《中国式卖空机制与公司创新——基于融资融券分步扩容的自然实验》,《管理世界》2017 年第 1 期。

114. [美]萨缪尔森:《经济学》,高鸿业译,商务印书馆 1980 年版。

115. 上海财经大学公共政策研究中心:《2011 中国财政透明度报告》,上海财经大学出版社 2011 年版。

116. 沈志渔、林卫凌:《国有资产监管体制的制度变迁及目标模式》,《新视野》2005年第1期。

117. 盛丹、刘灿雷:《外部监管能够改善国企经营绩效与改制成效吗?》,《经济研究》2016年第10期。

118. [美]斯蒂格利茨:《美国真相:民众、政府和市场势力的失衡与再平衡》,刘斌等译,机械工业出版社2020年版。

119. 宋方敏:《习近平国有经济思想研究略论》,《政治经济学评论》2017年第1期。

120. 宋方敏:《我国国有企业产权制度改革的探索与风险》,《政治经济学评论》2019年第1期。

121. 谭啸:《国有资本经营预算改革面临的形势、任务与难点》,《中国财政》2015年第4期。

122. 汤倩、苏琪琪、朱炜:《新时期国有金融资本管理体制构建探析》,《财务与会计》2020年第4期。

123. 王鸿:《国有资产管理体系构建论——经济与法律视角的制度分析》,人民出版社2007年版。

124. 王景升:《我国国有资本经营预算体系及运行机制研究》,《财经问题研究》2008年第11期。

125. 王珏、骆力前、郭琦:《地方政府干预是否损害信贷配置效率?》,《金融研究》2015年第4期。

126. 王珏、肖欣:《正确认识股份制改革的性质》,《经济理论与经济管理》1992年第4期。

127. 王兰芳、胡悦:《创业投资促进了创新绩效吗? ——基于中国企业面板数据的实证检验》,《金融研究》2017年第1期。

128. 王强:《国资监管经济学:从价值坚持到制度创新》,东方出版社2012年版。

129. 王文成、焦英俊:《中国国有资本投资效应与效率研究》,经济科学出版社2020年版。

130. 王小鲁、胡李鹏、樊纲:《中国分省份市场化指数报告(2021)》,社会科学文献出版社2021年版。

131. 王娅:《在自由与规范之间:国有企业政治治理中的信息公开》,《云南社会科学》2019年第2期。

132. 王娅:《国有企业信息公开诉讼的制度困境与优化逻辑》,《北京理工大学学报（社会科学版）》2020 年第 4 期。

133. 王勇:《"垂直结构"下的国有企业改革》,《国际经济评论》2017 年第 5 期。

134. 王永利:《建立国有资产负债表报告审查制度》,《中国金融》2014 年第 15 期。

135. 韦伟、张飞飞:《两权分离与政企分开》,《学术界》1988 年第 4 期。

136. 魏杰、赵俊超:《必须构建新的国有资产管理体制》,《改革》2002 年第 6 期。

137. 魏明海、蔡贵龙、柳建华:《中国国有上市公司分类治理研究》,《中山大学学报（社会科学版）》2017 年第 4 期。

138. 温忠麟、张雷、侯杰泰、刘红云:《中介效应检验程序及其应用》,《心理学报》2004 年第 5 期。

139. 文宗瑜:《国资管理体制改革的建议》,《经济参考报》2002 年 12 月 25 日。

140. 吴敬琏:《经济改革二十年:实践和理论的发展》,《马克思主义与现实》1998 年第 5 期。

141. 吴敬琏等:《大中型企业改革:建立现代化企业制度》,天津人民出版社 1993 年版。

142. 吴晓红:《我国国有企业利润分配制度的历史、现状及其完善》,《学术界》2015 年第 5 期。

143. 吴延兵:《中国工业产业创新水平及影响因素——面板数据的实证分析》,《产业经济评论》2006 年第 2 期。

144. 夏冬林、邹奕:《转轨过程中的企业监控与会计管制》,《会计研究》1997 年第 10 期。

145. 夏立军、方轶强:《政府控制、治理环境与公司价值——来自中国证券市场的经验证据》,《经济研究》2005 年第 5 期。

146. 谢志华:《国有资产授权经营体系:理论和框架》,《北京工商大学学报（社会科学版）》2016 年第 4 期。

147. 徐传谌、翟绪权:《国有企业分类视角下中国国有资产管理体制改革研究》,《理论学刊》2016 年第 5 期。

148. 许聪:《省级人大预算监督权力考察——以 30 个地方预算监督条例（决定）为基础》,《财政研究》2018 年第 10 期。

149. 许红洲:《着力优化国有资本布局结构》,《经济日报》2016 年 8 月 21 日。

150. 许年行、于上尧、伊志宏:《机构投资者羊群行为与股价崩盘风险》,《管理世界》2013 年第 7 期。

151. 杨超、谢志华：《国有资本经营预算与一般公共预算和社保基金预算的衔接模式》，《地方财政研究》2019 年第 10 期。

152. 杨春学：《论公有制理论的发展》，《中国工业经济》2017 年第 10 期。

153. 杨德才：《中国经济史新论（1949—2019）》（上册），经济科学出版社 2020 年版。

154. 杨立新主编：《〈中华人民共和国民法典〉条文精释与实案全析》（上），中国人民大学出版社 2020 年版。

155. 杨培新：《怎样才能搞活企业》，《中国工业经济研究》1991 年第 6 期。

156. 杨瑞龙：《现代企业产权制度》，中国人民大学出版社 1996 年版。

157. 杨瑞龙：《论国有经济中的多级委托代理关系》，《管理世界》1997 年第 1 期。

158. 杨瑞龙：《国企宜实行分类改革》，《前线》1997 年第 3 期。

159. 杨瑞龙：《国有企业的重新定位及分类改革战略的实施》，《国企》2013 年第 7 期。

160. 杨瑞龙等：《国有企业分类改革的逻辑、路径与实施》，中国社会科学出版社 2017 年版。

161. 杨瑞龙：《分类改革逻辑下的国企混改》，《企业家日报》2018 年 1 月 15 日。

162. 杨瑞龙、刘刚：《双重成本约束下的最优企业所有权安排——企业共同治理的经济学分析》，《经济学（季刊）》2002 年第 2 期。

163. 杨瑞龙、周业安：《论利益相关者合作逻辑下的企业共同治理机制》，《中国工业经济》1998 年第 1 期。

164. 杨瑞龙主编：《企业共同治理的经济学分析》，经济科学出版社 2001 年版。

165. 杨兴全、杨征、陈飞：《业绩考核制度如何影响央企现金持有？——基于〈考核办法〉第三次修订的准自然实验》，《经济管理》2020 年第 5 期。

166. 尹生：《核心国际人权条约缔约国报告制度：困境与出路》，《中国法学》2015 年第 3 期。

167. 余明桂、回雅甫、潘红波：《政治联系、寻租与地方政府财政补贴有效性》，《经济研究》2010 年第 3 期。

168. 袁宝华：《国有企业必须解决好政企不分的问题》，《经济管理》1994 年第 1 期。

169. 曾培炎：《从战略上调整国有经济布局》，《求是》1999 年第 24 期。

170. 曾颖、陆正飞:《信息披露质量与股权融资成本》,《经济研究》2006 年第 2 期。

171. 张爱萍、胡奕明:《僵尸企业、地方政府与经济高质量发展——基于企业贡献度的研究视角》,《山西财经大学学报》2021 年第 2 期。

172. 张晨:《以功能评价效率——国有企业定位问题研究》,经济科学出版社 2013 年版。

173. 张成思、张步昙:《中国实业投资率下降之谜:经济金融化视角》,《经济研究》2016 年第 12 期。

174. 张晖明等主编:《国企改革:难点突破与路径选择》,格致出版社、上海人民出版社 2019 年版。

175. 张晖明、张陶:《国有企业改革再出发:从"分类"到"分层"》,《学术月刊》2019 年第 1 期。

176. 张会丽、陆正飞:《现金分布、公司治理与过度投资——基于我国上市公司及其子公司的现金持有状况的考察》,《管理世界》2012 年第 3 期。

177. 张杰、周晓艳、郑文平、芦哲:《要素市场扭曲是否激发了中国企业出口》,《世界经济》2011 年第 8 期。

178. 张林山、蒋同明、李晓琳、刘现伟:《以管资本为主 加强国资监管》,《宏观经济管理》2015 年第 9 期。

179. 张宁、才国伟:《国有资本投资运营公司双向治理路径研究——基于沪深两地治理实践的探索性扎根理论分析》,《管理世界》2021 年第 1 期。

180. 张守文:《政府与市场关系的法律调整》,《中国法学》2014 年第 5 期。

181. 张守文:《国有企业降杠杆、防风险问题研究》,《云南社会科学》2018 年第 5 期。

182. 张维迎:《理解公司:产权、激励与治理》,上海人民出版社 2014 年版。

183. 张文魁:《国资监管体制改革策略选择:由混合所有制的介入观察》,《改革》2017 年第 1 期。

184. 张晓文、李红娟:《国有资产管理体制的变革:从管理到监管》,《经济与管理》2016 年第 5 期。

185. 张宇霖、柳学信、李东升:《国有企业收入分配改革:逻辑演进与未来展望》,《经济体制改革》2022 年第 5 期。

186. 张治栋、樊继达:《国有资产管理体制改革的深层思考》,《中国工业经济》2005 年第 1 期。

187. 张治栋、黄威:《目标导向的国有资产管理体制及其改革趋势》,《经济体制改革》2005 年第 5 期。

188. 张卓元、路遥:《积极推进国有企业改革》,《财经论丛(浙江财经学院学报)》2003 年第 1 期。

189. 章百家、朱丹:《中国经济体制两次转型的历史比较》,《中共党史研究》2009 年第 7 期。

190. 赵国良、干胜道:《国有资产管理体制改革:难点与突破》,《财经科学》2003 年第 4 期。

191. 郑海航:《中国国有资产管理体制改革三十年的理论与实践》,《经济与管理研究》2008 年第 11 期。

192. 中国宏观经济分析与预测课题组:《新时期新国企的新改革思路——国有企业分类改革的逻辑、路径与实施》,《经济理论与经济管理》2017 年第 5 期。

193. 中国社会科学院工业经济研究所课题组:《论新时期全面深化国有经济改革重大任务》,《中国工业经济》2014 年第 9 期。

194. 周柯、唐娟莉:《我国省际创新驱动发展能力测度及影响因素分析》,《经济管理》2016 年第 7 期。

195. 周绍妮、王中超、张红芳:《民营参股、市场化进程与国企市场竞争力》,《北京交通大学学报(社会科学版)》2020 年第 3 期。

196. 周晓苏:《论社会主义市场经济条件下的中国会计模式及其特征》,《南开管理评论》2001 年第 3 期。

197. 周宇:《全口径预算管理视角下国有资本经营预算若干基本问题辨析》,《财政科学》2016 年第 2 期。

198. 朱鸿伟:《政企关系的国际比较及启示》,《南方经济》2003 年第 1 期。

199. 朱舜:《企业国有资产管理体制创新研究》,《管理世界》2004 年第 11 期。

200. 朱炜、李伟健、綦好东:《中国国有资产监管体制演进的主要历程与基本特征》,《经济学家》2022 年第 2 期。

201. Andersen, P. and Petersen, N.C., "A Procedure for Ranking Efficient Units in Data Envelopment Analysis", *Management Science*, Vol.39, No.10, 1993.

202. Bai, C., Lu, J. and Tao, Z., "The Multitask Theory of State Enterprise Reform: Empirical Evidence from China", *American Economic Review*, Vol. 96, No. 2, 2006.

203. Bova, F. and Yang, L., "Employee Bargaining Power, Inter-firm Competition,

and Equity-based Compensation", *Journal of Financial Economics*, Vol.126, No.2, 2017.

204. Bradley, D., Kim, I. and Tian, X., " Do Unions Affect Innovation?", *Management Science*, Vol.63, No.7, 2016.

205. Bradshaw, M., Liao, G. and Ma, M., "Agency Costs and Tax Planning When the Government is a Major Shareholder", *Journal of Accounting and Economics*, Vol.67, No.2-3, 2019.

206. Cornaggia, J., Mao, Y., Tian, X. and Wolfe, B., "Does Banking Competition Affect Innovation", *Journal of Financial Economics*, Vol.115, No.1, 2015.

207. Demsetz ,H., "Toward a Theory of Property Rights", *American Economic Review*, Vol.57, No.2, 1967.

208. Hall, B.H. and Harhoff, D., "Recent Research on the Economics of Patents", *Annual Review of Economics*, Vol.4, No.1, 2012.

209. Hall, B.H., Jaffe, A. and Trajtenberg, M., "Market Value and Patent Citations", *The RAND Journal of Economics*, Vol.36, No.1, 2005.

210. Malerba, F. and Orsenigo, L., "Technological Regimes and Sectoral Patterns of Innovative Activities", *Industrial and Corporate Change*, Vol.6, No.1, 1997.

211. Solow, R.M., "Technical Change and the Aggregate Production Function", *The Review of Economics and Statistics*, Vol.39, No.3, 1957.

责任编辑：张　燕

封面设计：汪　莹

图书在版编目（CIP）数据

新时代国有资产监管体制转型研究 ／ 綦好东等著.

北京 ：人民出版社，2024. 7. -- ISBN 978－7－01－026704－3

Ⅰ．F123.7

中国国家版本馆 CIP 数据核字第 2024ZQ5289 号

新时代国有资产监管体制转型研究

XINSHIDAI GUOYOUZICHAN JIANGUAN TIZHI ZHUANXING YANJIU

綦好东　朱　炜　等　著

人民出版社 出版发行

（100706　北京市东城区隆福寺街 99 号）

北京汇林印务有限公司印刷　新华书店经销

2024 年 7 月第 1 版　2024 年 7 月北京第 1 次印刷

开本:710 毫米×1000 毫米 1/16　印张:27.75

字数:420 千字

ISBN 978－7－01－026704－3　定价:110. 00 元

邮购地址 100706　北京市东城区隆福寺街 99 号

人民东方图书销售中心　电话 (010)65250042　65289539